JUDICIAL

ADMINISTRATION

INFORMATIZATION

DESIGN AND

PRACTICE

司法行政信息化设计与实践

数字法治与智慧司法研究丛书

陈雪松 ◎ 著

华中科技大学出版社
http://www.hustp.com
中国·武汉

内 容 提 要

本书从"数字法治 智慧司法"理论分析、设计、建设、应用、管理的角度,为读者解读"数字法治 智慧司法"建设的基本原理、顶层设计、基础理论、行动方案、技术路线、总体方案、实施方法、应用需求和保障措施。书中所讨论的全部素材和相关技术,均来自实际案例,并经过了"数字法治 智慧司法"建设的实践验证。书中具体阐述了司法行政管理、监狱管理、戒毒管理、社区矫正管理、法治政府、立法管理、执法监督、司法所管理、行政审批、公共法律服务等司法行政各业务的信息化建设思路和逻辑关系,以及信息化建设的规划,明确了云计算、区块链、物联网、大数据、移动互联、人工智能、生物识别、远程视频在"数字法治 智慧司法"建设中的具体价值、应用和实施要点。

图书在版编目(CIP)数据

司法行政信息化设计与实践/陈雪松著.—武汉:华中科技大学出版社,2021.12(2022.7 重印)
(数字法治与智慧司法研究丛书)
ISBN 978-7-5680-7487-2

Ⅰ.① 司… Ⅱ.① 陈… Ⅲ.① 司法-行政-信息化-研究-中国 Ⅳ.① D926.1

中国版本图书馆 CIP 数据核字(2021)第 262819 号

司法行政信息化设计与实践
Sifa Xingzheng Xinxihua Sheji yu Shijian

陈雪松 著

策划编辑:张馨芳	
责任编辑:刘 烨	
封面设计:孙雅丽	
责任校对:李 弋	
责任监印:周治超	
出版发行:华中科技大学出版社(中国·武汉)	电话:(027)81321913
武汉市东湖新技术开发区华工科技园	邮编:430223
录 排:华中科技大学出版社美编室	
印 刷:湖北金港彩印有限公司	
开 本:787mm×1092mm 1/16	
印 张:24 插页:2	
字 数:513 千字	
版 次:2022 年 7 月第 1 版第 2 次印刷	
定 价:58.00 元	

本书若有印装质量问题,请向出版社营销中心调换
全国免费服务热线:400-6679-118   竭诚为您服务
版权所有 侵权必究

前 言
preface

司法行政信息化建设不仅涉及信息化技术的知识，还涉及司法行政业务、管理学、法学、基层治理、法治体系建设等多领域知识，对其进行全面完整的分析和描述是一件很困难的事情。作者长期从事司法行政信息化建设理论研究和实践，曾应邀在多地司法行政机关、监狱、戒毒所、社区矫正中心讲课并承担高校相关教学任务，特别是近些年承担了全国司法行政信息化建设规划研究课题，并作为技术总监承担了省级司法行政系统信息化建设任务。在实践工作中，作者总感觉缺少一本有针对性的、在司法行政系统信息化建设方面既有理论高度又有技术指导性的论著。在这种背景下，作者产生了撰写本书的冲动。

全书分别从"数字法治 智慧司法"的数据属性分析与逻辑结构、智慧应用设计、基础设备与环境设施、安全与运维体系、项目管理等几个部分进行了论述，讨论的全部素材和相关技术均来自实际案例，并经过了"数字法治 智慧司法"建设的实践验证。希望读者能够在主持研究、设计、管理"数字法治 智慧司法"建设时，明确"数字法治 智慧司法"建设的基本理论、技术路线、数据模型、信息处理的特点和具体的实施方法；在实施"数字法治 智慧司法"建设工程项目时，能够清楚有哪些工作要做，应该怎样去描述业务逻辑关系和用户需求，怎样去设计和实施，在实践中需要掌握的要点是什么，如何分析和规避信息化建设中的风险点等。

本书可作为各级司法行政机构理解司法行政体系与信息化体系的关联关系、进行信息化建设的指导用书，司法行政系统高等院校各专业的通识教材和司法信息技术及相关专业的专业基础教材，以及各地司法行政机关在职培训和晋衔培训时的培训资料。

陈雪松

2021 年 12 月

《司法行政信息化设计与实践》
各类读者使用本书重点章节对应指南

章节	司法行政系统用户				高校用户				公司用户
	智慧监狱	智慧禁毒	智慧矫正	智慧司法局	高职生	本科生	硕士生	博士生	工程师
第一章 "数字法治 智慧司法"概述	√	√	√	√	√	√	√	√	
第二章 "数字法治 智慧司法"体系架构	√	√	√	√		√	√	√	√
第三章 "数字法治 智慧司法"数据分析	√	√	√	√		√	√	√	√
第四章 数字法治业务平台				√		√	√	√	√
第五章 刑事（行政）执行与应急指挥业务平台	√	√	√		√	√			√
第六章 公共法律服务业务平台				√	√	√			√
第七章 综合保障与政务管理业务平台	√	√	√	√	√	√			√
第八章 司法数据资源平台	√	√	√			√	√	√	√
第九章 司法数据共享交换平台	√	√	√	√		√	√	√	√

续表

章节	司法行政系统用户				高校用户				公司用户
	智慧监狱	智慧禁毒	智慧矫正	智慧司法局	高职生	本科生	硕士生	博士生	工程师
第十章 应用支撑系统平台	√	√	√	√	√	√	√	√	√
第十一章 应用系统设计总体要求	√	√	√	√	√	√	√	√	√
第十二章 司法行政网络规划与建设	√	√	√	√	√	√	√	√	√
第十三章 安全防护体系	√	√	√	√	√	√	√	√	√
附录 "数字法治 智慧司法"标准名录	√	√	√	√	√	√	√	√	√
参考文献									

目 录
contents

第一章 "数字法治 智慧司法"概述 /1
第一节 "数字法治 智慧司法"含义 /1
第二节 司法行政信息化含义 /2
第三节 司法行政管理发展趋势 /3
第四节 "数字法治 智慧司法"的意义 /4
第五节 "数字法治 智慧司法"的趋势 /10
第六节 从法治体系信息化看"数字法治 智慧司法"建设 /11

第二章 "数字法治 智慧司法"体系架构 /14
第一节 "数字法治 智慧司法"系统架构 /14
第二节 司法行政业务与信息化的层级架构说明 /18
第三节 "数字法治 智慧司法"技术架构 /19

第三章 "数字法治 智慧司法"数据分析 /21
第一节 数据是"数字法治 智慧司法"的核心 /21
第二节 "数字法治 智慧司法"信息基本关系分析 /27
第三节 信息量指标 /31

第四章 数字法治业务平台 /37
第一节 法治政府建设与责任落实督察平台 /37
第二节 行政立法与备案业务平台 /42
第三节 行政执法协调监督业务平台 /45
第四节 行政复议与行政应诉业务平台 /51
第五节 法制研究中心业务平台 /55

第五章　刑事（行政）执行与应急指挥业务平台　　/59

  第一节　监狱、戒毒执法监管平台　　/59

  第二节　社区矫正管理平台　　/86

  第三节　司法行政应急指挥平台　　/107

第六章　公共法律服务业务平台　　/125

  第一节　公共法律服务中心政务服务系统（实体平台）　　/125

  第二节　公共法律服务网（网络平台）　　/132

  第三节　公共法律服务12348热线系统（热线平台）　　/142

  第四节　公共法律服务一体化平台　　/151

  第五节　法治宣传综合管理系统　　/153

  第六节　律师综合管理系统　　/159

  第七节　公证综合管理系统　　/166

  第八节　司法鉴定综合管理系统　　/171

  第九节　法律援助管理系统　　/173

  第十节　基层法律服务综合管理系统　　/175

  第十一节　仲裁综合管理系统　　/177

  第十二节　人民调解综合管理系统　　/180

  第十三节　司法所管理系统　　/186

  第十四节　国家统一法律职业资格制度综合管理系统　　/187

  第十五节　政务服务综合管理系统　　/194

  第十六节　行政审批管理系统　　/197

  第十七节　司法行政门户网站　　/208

  第十八节　人民监督员选任信息管理系统　　/210

  第十九节　人民陪审员信息管理系统　　/211

  第二十节　安置帮教系统　　/213

第七章　综合保障与政务管理业务平台　　/218

  第一节　司法行政机关政务公开系统　　/218

  第二节　人员机构综合信息管理系统　　/220

  第三节　工会管理系统　　/227

  第四节　警务管理与警务督察系统　　/229

  第五节　党建综合管理系统　　/231

  第六节　主体责任综合管理系统　　/234

  第七节　离退休人员管理系统　　/235

第八节　纪检监察管理系统　　　　　　　　　　　　/237
　　第九节　共青团综合管理系统　　　　　　　　　　　/239
　　第十节　组织宣传管理系统　　　　　　　　　　　　/241
　　第十一节　舆情采集与分析系统　　　　　　　　　　/243
　　第十二节　司法行政在线学习及考试系统　　　　　　/245
　　第十三节　OA办公　　　　　　　　　　　　　　　　/248
　　第十四节　财务装备　　　　　　　　　　　　　　　/255
　　第十五节　OA后勤保障　　　　　　　　　　　　　　/259
　　第十六节　绩效考核　　　　　　　　　　　　　　　/260
　　第十七节　信访管理　　　　　　　　　　　　　　　/263
　　第十八节　信息报送系统　　　　　　　　　　　　　/265
　　第十九节　人民满意度评价系统　　　　　　　　　　/266
　　第二十节　视频会议构建　　　　　　　　　　　　　/267
　　第二十一节　协同办公系统　　　　　　　　　　　　/269
　　第二十二节　系统应用电子监察　　　　　　　　　　/271
　　第二十三节　文件同步私有云　　　　　　　　　　　/272
　　第二十四节　司法行政移动应用平台　　　　　　　　/274

第八章　司法数据资源平台　　　　　　　　　　　　　　/277

第九章　司法数据共享交换平台　　　　　　　　　　　　/288
　　第一节　前置交换子系统　　　　　　　　　　　　　/288
　　第二节　中心交换子系统　　　　　　　　　　　　　/289
　　第三节　后台管理子系统　　　　　　　　　　　　　/290
　　第四节　大数据共享应用　　　　　　　　　　　　　/292

第十章　应用支撑系统平台　　　　　　　　　　　　　　/299
　　第一节　应用支撑系统的需求分析　　　　　　　　　/299
　　第二节　应用系统设计和部署原则　　　　　　　　　/300
　　第三节　系统结构的平台化设计　　　　　　　　　　/302
　　第四节　统一机构用户管理　　　　　　　　　　　　/302
　　第五节　统一权限分配原则　　　　　　　　　　　　/303
　　第六节　统一信息资源管理服务　　　　　　　　　　/305
　　第七节　统一身份及单点登录系统　　　　　　　　　/307
　　第八节　电子公章系统与CA认证中心集成　　　　　　/309

第九节　GIS 地理信息服务能力　　　　　　　　　　　　　　/310
　　第十节　统一短信服务能力　　　　　　　　　　　　　　　　/315
　　第十一节　全文检索服务能力　　　　　　　　　　　　　　　/318
　　第十二节　智能应用能力　　　　　　　　　　　　　　　　　/319
　　第十三节　远程可视通信能力　　　　　　　　　　　　　　　/337
　　第十四节　视频行为分析能力　　　　　　　　　　　　　　　/338
　　第十五节　视频 3D 矫正技术　　　　　　　　　　　　　　　/343
　　第十六节　数据可视化能力　　　　　　　　　　　　　　　　/343
　　第十七节　时钟服务　　　　　　　　　　　　　　　　　　　/344
　　第十八节　即时通信系统　　　　　　　　　　　　　　　　　/346
　　第十九节　应用服务器中间件软件　　　　　　　　　　　　　/348

第十一章　应用系统设计总体要求　　　　　　　　　　　　　　/351
　　第一节　应用系统设计基本原则　　　　　　　　　　　　　　/351
　　第二节　多语种、多文字、无障碍浏览　　　　　　　　　　　/352
　　第三节　UI 设计　　　　　　　　　　　　　　　　　　　　/353
　　第四节　移动应用　　　　　　　　　　　　　　　　　　　　/353
　　第五节　智能提醒　　　　　　　　　　　　　　　　　　　　/357
　　第六节　基于消息中间件的用户、字典和行政区划同步方案　　/358

第十二章　司法行政网络规划与建设　　　　　　　　　　　　　/361
　　第一节　网络设计概述　　　　　　　　　　　　　　　　　　/361
　　第二节　司法行政网络平台建设需求分析　　　　　　　　　　/363
　　第三节　"数字法治 智慧司法"及网络基础架构　　　　　　　/364

第十三章　安全防护体系　　　　　　　　　　　　　　　　　　/367
　　第一节　总体理解　　　　　　　　　　　　　　　　　　　　/367
　　第二节　网络安全域拓扑结构　　　　　　　　　　　　　　　/369

附录　"数字法治 智慧司法"标准名录　　　　　　　　　　　　/371

参考文献　　　　　　　　　　　　　　　　　　　　　　　　　/372

致谢　　　　　　　　　　　　　　　　　　　　　　　　　　　/374

第一章 "数字法治 智慧司法"概述

根据司法行政业务范围、职能分工结合信息化以数据为核心的特点,描述司法行政对信息化建设的需求,信息化支撑司法行政工作带来的新格局,从数据分析角度解析"数字法治 智慧司法"中"一切业务数据化、一切数据业务化"的整体设计思路。

第一节 "数字法治 智慧司法"含义

"数字法治 智慧司法"是司法部在机构重组后提出的信息化建设总体目标。

数字法治是指让所有司法行政领域工作都以数字化形式呈现,让各类法治工作的业务、流程、统计、分析、存储、传输、展现都以数字化方式进行,以数字化代替业务信息的传统的记录、存取、调用、流转形态。

智慧司法是基于各业务的数字化状态,利用云计算、物联网、大数据、人工智能、区块链、机器人技术参与日常工作并辅助决策分析,从而提升司法行政各领域工作效能。

智慧是指需要用人工智能来实现的一组软硬件协调工作,可自我学习、自我提升的类人智能化系统或装置所能达到的能力。

目前可用于进行人工智能分析的数据主要有视觉、听觉、触觉数据。视觉数据主要包括文字、数字、符号、图像、视频,比如指纹、人脸、汉字等。听觉数据主要指音频,比如声纹、语言。触觉数据主要指压力、摩擦力、电磁场力等,比如气压、摩擦阻力等。

智慧司法可简单理解为,利用各种计算机技术,让计算机学习司法行政及相关领域的视觉、听觉、触觉数据之间的逻辑关系,进而像人一样分析出司法行政工作中的规律性、耦合性、异常性关系,随着时间和数据量的增加,这种分析能力还应该自行提升,为司法行政系统工作人员提供辅助支持,为司法行政工作效能提升提供决策支持。

第二节 司法行政信息化含义

司法行政信息化是指充分应用现代信息技术，开发利用司法行政信息资源，促进司法行政信息共享，推进司法行政法治职能泛在化、监管职能科学化、法律服务职能惠民化、行政管理职能精细化，提升国家司法行政各业务履职水平，实现国家司法行政法治能力、监管体系和法律服务水平现代化。在谋划司法行政服务国家经济社会发展规划的层面，提出信息化支撑司法行政全面改革，既是对当今时代发展主题的深刻把握，也是对信息化驱动现代化战略决策的有力诠释。它是"十四五"期间经济和社会发展的必然选择，更是实现中华民族伟大复兴战略目标不可或缺的重要支撑。

"数字法治 智慧司法"需要把原来业务相对独立的立法执法、依法治理、监管安全、公共法律服务用网络和数据连接起来，构建出司法行政业务一体化平台，让数据在平台内流动，让经验在平台内积累，让知识在平台内沉淀，形成智慧司法大脑，携手智慧公安、智慧交通、智慧医疗等智慧平台，共筑智慧中国。平台对内可实现传统业务网上互通、数据全域共享、用户单点登录、智能辅助决策，对外统一服务标准、统一数据接口、统一反馈需求，形成司法行政系统统一对外形象。司法行政业务一体化平台框架如图1-1所示。

依法治理体系	应急指挥体系	公共法律服务体系			
立法征集与调研	场所智慧安全监管	法律咨询服务			
执法监督管理	突发事件应急指挥	征立法 1	督执法 2	请法援 3	寻鉴定 4
规章备案管理	监狱服刑管理	找律师 5	办公证 6	办审批 7	报法考 8
法制政府建设	强制戒毒管理	打热线 9	约探视 10	诉复议 11	寻安置 12
应诉与复议	社区服刑管理	要调解 13	学普法 14	查案例 15	志愿者 16
依法治理研究与协调	警官学院人才培养				

图1-1 司法行政业务一体化平台框架

第三节　司法行政管理发展趋势

"数字法治 智慧司法"的提出,源于时代发展的内在需求,源于形势任务的问题倒逼,更源于信息化驱动现代化的战略引领。

一、司法行政建设是全面依法治国战略布局的重要抓手

从党的十一届三中全会对法制建设"十六字方针"的阐释,到党的十五大把依法治国确立为党领导人民治国理政的基本方略;从党的十七大宣布"中国特色社会主义法律体系基本形成",到党的十八届四中全会做出"全面推进依法治国若干重大问题的决定",再到十九大提出"深化司法体制综合配套改革,全面落实司法责任制,努力让人民群众在每一个司法案件中感受到公平正义",全面依法治国的战略布局愈辩愈明、愈发清晰,即建设中国特色社会主义法治体系,建设社会主义法治国家。这就是,在中国共产党领导下,坚持中国特色社会主义制度,贯彻中国特色社会主义法治理论,形成完备的法律规范体系、高效的法治实施体系、严密的法治监督体系、有力的法治保障体系,完善的党内法规体系,坚持依法治国、依法执政、依法行政,坚持法治国家、法治政府、法治社会一体化建设,实现科学立法、严格执法、公正司法、全民守法,促进国家治理体系和治理能力现代化。这一目标,既明确了全面推进依法治国的性质和方向,又突出了司法行政在监管安全和法律服务领域工作使人民群众对公平正义的获得感。司法行政这个重要抓手就是建设中国特色社会主义法治体系的重要组成部分,依法治国的重要组成部分就是做好法治泛在、监管安全和公共法律服务。

二、司法行政及其信息化支撑面临严峻的形势

目前,政法机关间"信息孤岛"问题突出,各部门信息互通共享的途径和机制亟须构建;公安、检察院、法院、司法行政和国家安全等政法部门协同办案信息平台尚未建立;警务公开、狱务公开的阳光司法机制需要进一步完善。法律的权威源自人民的内心拥护和真诚信仰。人民权益要靠法律保障,法律权威要靠人民维护。司法行政履职中的问题主要有:部分社会成员遵法、信法、守法、用法以及依法维权意识不强;覆盖城乡的公共法律服务体系尚未建立;公民依法维权和化解纠纷的机制有待完善。

上述存在于执法、司法服务、普法、守法各个环节中的问题,与信息化支撑司

法行政建设力度严重不足密切相关。主要表现在：顶层设计方面缺乏规划性，各政法信息化建设参与主体分散建设、重复建设、盲目建设的情况比比皆是；网络贯通方面，各政法信息化建设主体专网林立，孤岛现象严重，导致信息交互阻力较大，网络互通成本较高；业务协同方面，缺乏能够统筹全局、协调各方的适当建设主体，工作中协调、沟通、反复的行政成本远远大于技术开发的经济成本；信息共享方面，部分政法单位对自身数据有部门所有、特权思想等错误认识，信息共享举步维艰，严重影响依法治国整体效能的发挥。

三、司法行政建设必须适应信息化这一新常态

全面推进依法治国是一个系统工程，是国家治理领域一场广泛而深刻的革命，需要付出长期艰苦努力。中央指出"没有信息化就没有现代化"，国务院在政府工作报告中正式提出要实施"互联网＋"行动计划。信息化水平已经成为衡量一个国家、地区或城市的综合实力、竞争力和现代化水平的重要标志。其不仅是国家治理体系和治理能力现代化的重要内容，也是加快推进国家治理体系和治理能力现代化的重要手段。在信息时代，要充分认识信息化在推进国家治理体系和治理能力现代化中的重要作用，用"信息化思维"推进国家治理体系和治理能力现代化。因此，"数字法治 智慧司法"建设应当强调系统性、整体性、全面性推进，也就是应当着眼于整个司法行政体系，全方位、系统地推进信息化建设。强化信息化在司法行政体系建设过程中的支撑作用，推进"数字法治 智慧司法"建设，对于解决前述全面推进依法治国进程中面临的问题有着重要的基础性、路径性、体制性价值。

第四节 "数字法治 智慧司法"的意义

"数字法治 智慧司法"是国家法治体系信息化建设的重要组成部分，依法治国的统筹协调职能并入司法行政系统职能之后，要着眼法治体系信息化的整体建设，明晰信息化在工作推动中的动能作用。

一、法治体系信息化建设是推进科学立法、民主立法，完善立法体制的需要

完备的法律规范体系是推进国家治理现代化的前提条件。建设完备的法律规范体系必须进一步健全宪法实施和监督制度，完善立法体制，深入推进科学立法、民

主立法，加强重点领域立法，要把公正、公平、公开原则贯穿立法全过程，完善立法体制机制，坚持立、改、废、释并举，增强法律法规的及时性、系统性、针对性、有效性。

推进科学立法、民主立法，重点在于解决三个方面的问题：一是解决立法决策科学性、针对性的问题，二是解决立法协商机制问题，三是解决立法信息公开问题。现代信息技术的应用可以对上述问题的解决提供有效的支撑。

1. 信息技术改变了信息传递样式与组织结构，有利于提高立法决策的科学性、针对性

首先，网络技术的直接性与多元性使现代组织结构中中间层级的信息传递功能减弱，这就消除了信息源与立法决策层之间的人为阻隔，使信息传递迅速、及时，有利于避免信息传递过程中出现的信息失真。

其次，网络技术拓展了决策信息源，有利于改善立法决策者的有限理性。有限理性阻碍了立法决策科学化的实现，而造成人类理性有限性的原因主要是信息的缺失、信息量的不足。互联网将各终端用户都发展为潜在的决策信息源，他们的意愿、要求可以随时上传网络。由于网络终端交互联系，其意愿表达往往会牵发网上信息的集聚，即某种意愿的表达有可能带动其他用户就相关问题发表各自见解，表达各自意愿，从而逐步实现在适当的时候把适当的信息提供给恰当的立法决策者，避免信息不完全而产生的有限理性。

在立法规划阶段，建立基于互联网的信息采集机制，提供综合性立法决策参考信息，提升立法需求信息数据收集、热点跟踪与分析评估整合能力，充分发挥大数据治理能力，可以有效保障立法决策的科学性、针对性。

2. 信息技术搭建了信息交互渠道，有利于充分保障科学立法、民主立法的落实

在立法程序的各环节，现代信息技术可以充分保障科学立法、民主立法的落实。通过建立基于互联网的公众参与机制，将立法过程对全社会开放，保障全民的参与。通过建设立法公开协商信息平台，可以规范与保障政协委员、民主党派、工商联、无党派人士、人民团体、社会组织在立法协商中的作用。通过建立立法中重大利益调整论证咨询机制，可以提供国家机关、社会团体、专家学者对立法中重大利益调整咨询意见的信息收集、汇总、分析和展示的平台，提升立法咨询中的便捷性、实效性、规范性。通过网站、论坛、微博、微信、抖音等信息技术的应用，可以畅通立法机关与社会公众的交流沟通渠道，及时反馈意见采纳情况和公开立法信息。

3. 信息技术增加了立法的透明度，有利于推进立法公开

立法信息公开是立法协商的首要条件，立法信息公开应当贯穿立法的全过程。

除了公开法规草案以外，在立法规划阶段、法规草拟阶段、法规审议阶段、法规表决阶段以及法规颁布阶段，都要对相关信息进行公开，通过平等的协商讨论，使立法过程和结果得以充分体现，从而有效地提高立法质量。利用信息技术手段实现立法信息公开，可以使公众及时、便捷、全面地获取立法信息，有效地参与到立法协商中来，为公众提出建设性意见，发挥良好的引导作用，保证立法信息的对称性。

二、法治体系信息化建设是推进严格执法，建设法治政府的需要

建设高效的法治实施体系是推进国家治理现代化的途径之一。建设高效的法治实施体系必须依法全面履行政府职能，健全依法决策机制，深化行政执法体制改革，坚持严格、规范、公正、文明执法，强化对行政权力的制约和监督，全面推进政务公开。全面推进依法治国的重点是保证法律严格实施，做到严格执法。现代信息技术在严格执法方面大有作为。

1. 信息化建设使跨部门信息共享成为可能，有利于推进综合执法，提高执法效率

十八届四中全会要求，深化行政执法体制改革，推进综合执法，大幅减少市、县两级政府执法队伍种类。从信息角度考虑，非网络时代政府各部门间的协调可概括为信息不对称的协调。信息不对称缘于信息传递工具的欠缺和信息流通渠道中的人为因素。信息技术的发展促进了执法信息共建共享，使执法信息的收集和存取更为便捷可行。行政执法的信息化有利于强化各行政执法部门的信息资源的整合能力，推进行政执法信息共享，实现跨部门综合执法，满足行政执法体制改革要求，进一步提高执法效率和服务水平。

2. 信息化建设有助于规范执法程序，强化执法监督，实现严格规范、公正文明执法

信息技术发展有利于实现并强化公众监督机制的效用。信息技术简化了监督信息反馈的传输渠道。信息网络对决策监督反馈环中的中间环节的替代，避免了反馈信息传输过程中的失真。监督能否到位就只取决于监督者的意愿，而不会出现"拦路虎"，这无疑有利于充分发挥公众的监督作用，形成强大的监督网络，规范政府行为。

信息技术的发展为行政执法的自动化提供了新的手段。信息技术具有随时记录、全程留痕、动态跟踪、开放透明的特点和优势，可实现对行政执法行为即时性、过程性、系统性的监督管理，对于规范行政行为、防止行政权滥用具有特殊的、重要的意义。

3. 信息化建设有助于推进政务公开建设，提高权力运行的透明度

全面推进政务公开，推进决策公开、执行公开、管理公开、服务公开、结果公开，重点推进财政预算、公共资源配置、重大建设项目批准和实施、社会公益事业建设等领域的政府信息公开。这些措施都有很强的针对性，对法治政府建设十分重要。信息化有利于提高权力运行的透明度。

信息化使政府运作透明度大大提高，人们可以轻易揭开行政决策的帷幕，将决策目标、方案的选择项与个人利益做对照，确定自身立场，发表自己的见解，从而使决策过程由孤立、封闭的操作过程，变为下级和公众积极参与的开放、民主过程。总之，信息技术缩短了时间和空间的距离，将决策参与范围扩展到一切具有网络终端的公众，扩大了智囊团的范围，使行政系统的集体决策特征更为明显，这有助于政府摆脱决策的质疑。

三、法治体系信息化建设是推进司法体制改革，提升司法公信力的需要

公正是法治的生命线。司法公正对社会公信具有重要引领作用。提高司法的公信力必须完善确保依法独立公正行使审判权和检察权的制度，优化司法职权配置，推进严格司法，保障人民群众参与司法，加强人权司法保障，加强对司法活动的监督。

司法信息化可以促进政法机关信息资源共享、协同办案，构建开放、动态、透明、便民的阳光司法机制，推进审判公开、检务公开、警务公开、狱务公开。

1. 信息化建设有助于增强司法透明度，提升司法公信力

人民群众期望的公平正义，不仅应当是实在的、及时的，还应当是可以看得见、感受得到的，而信息化无疑是最好的媒介。司法机关通过网站、微博、微信等信息公开平台，主动公开司法工作信息和案件审理信息，让公众参与司法过程，使手中的权力在阳光下运行，这不仅增强了司法过程的透明度，也进一步完善了民意沟通渠道。利用信息化技术，通过审判流程信息公开平台，在互联网上公开立案、送达、庭审、裁判等全部流程节点和信息，当事人随时查询案件审判流程各个节点信息；通过建立裁判文书公开平台，将符合上网条件的判决书和裁定书及时、有效公布，能够消除各方质疑，切实提升司法公信力；通过建立信息公开平台，对执行案件的所有信息数据，按照不同要求，在规定时间内完整地录入系统中，并逐步向当事人公开相关案件执行信息。信息化的工作方式使法院信息公开速度更快，杜绝群众猜测和质疑。开放的门户网站、微博平台等都能向全社会公开，打破了法院旁听的诸多限制，能直接地保障公正，让权力在阳光下运行。通过信息技术，把公开作为执法司法机关连接社会的桥梁，构建开放、动态、透明、便民的司法新机制，实现公开与公正的高度契合，使司法在公开、自信中赢得社会的公信。

2. 信息化建设有助于深化司法体制改革，促进司法公正

司法机关的办公自动化、网络化大大提高了司法机关的办事效率以及准确性和公正性。利用信息化技术，可以完善司法机关内部管理、为司法机关"公正与效率"工作主题提供重要的技术支持，有利于深化司法机关审判方式改革，完善诉讼程序制度，改革审判管理制度，有利于进一步规范诉讼行为，节约诉讼资源，促进资源共享，提高法院信息传递速度，方便群众诉讼，进而有效提高工作效率和工作质量，提升司法权威和司法形象，促进司法公正。

3. 信息化建设有助于增强政法部门的业务协同，推进司法协同办案体系建设

公安机关、检察院、法院、司法行政和国家安全部门等政法部门彼此间信息资源共享利用缺乏合理规划和整合协调，严重影响司法工作的权威与效率。借助云服务等现代信息技术，充分发掘司法信息资源的价值，具备公安机关、检察院、法院、司法行政和国家安全部门等政法部门之间业务协同互联，强化政法部门的信息资源的整合能力，为政法工作提供有力支撑。通过建立司法公共信息资源共享服务中心，可以形成统一的信息资源目录体系，提供统一的信息资源发布、目录服务等功能，支持信息查询、信息订阅、信息推送与接收、信息接口访问等信息资源服务。通过建设各政法部门信息资源共享数据中心，为各政法部门提供信息共享平台。

四、法治体系信息化建设是增强全民法治观念，推进法治社会建设的需要

法律的权威源自人民的真心拥护和真诚信仰。推进法治社会建设必须推动全社会树立法治意识，推进多层次多领域依法治理，建设完备的法律服务体系，健全依法维权和化解纠纷机制。法治体系信息化有助于增强全民法治观念，推进法治社会的建设。

1. 信息化建设有助于促进法治观念的形成，推进法治社会的建设

依法治国，是我国从本国实际出发，为构建现代法律制度，以建设法治国家而提出的具有战略性意义的宏伟目标。要实现这一宏伟目标，首先要求从根本上转变公众的法律观念。信息化社会的来临，为依法治国，形成法治观念提供了机遇。信息化不仅极大地改变了人们的社会生活、生产方式，还从根本上影响了人们的价值观念和思维模式。在信息网络上，开放、动态的信息思维方法，有利于增强公民的民主、法治意识。信息社会本身的规范性、有序性，有利于培养公众的规则意识。信息化是我国法治观念确立的有力保证。社会信息化大大提高了人们对法律制度了解、掌握和运用的程度。信息技术把文字、数据、图像、声音集成传输，改变了公

众的学习方式。在信息化水平不高的时代，法律的宣传教育只能以布告的形式进行，这导致其影响范围极其有限。现在，无线通信技术的发展，电视、网络、手机的广泛普及，更为法律知识传播创造了方便的条件。因此，普法教育成效卓著，大大增加了人们的法律知识和法治意识。

2. 信息化建设有助于健全公共法律服务网络，整合公共法律服务资源

通过健全公共法律服务网络，可以有效整合公共法律服务资源，大力拓展公共法律服务领域，不断提高公共法律服务能力和水平，加快建立健全符合国情、覆盖城乡、惠及全民的公共法律服务体系，满足人民群众基本法律服务需求，推进平安中国、法治中国的建设。

五、法治体系信息化建设是加强和改进党的领导，提升依法执政能力的需要

十九届四中全会决定明确提出，坚持和完善党的领导制度体系，提高党科学执政、民主执政、依法执政水平。

加强和改进党对全面推进依法治国的领导必须坚持依法执政，加强党内法规制度建设，提高党员干部法治思维和依法办事能力，推进基层治理法治化。

1. 推进法治体系信息化有助于提升依法执政能力

信息化不仅促进着当代经济的现代化，同样也在促进着治理的现代化，并深刻影响着党的发展。信息化发展不仅成为加强执政能力建设的一种有效手段，而且它已经成为一个不可逆转的时代潮流。要充分认清信息化在加强党的执政能力建设中的地位，注重发挥其积极作用，使信息成为加强党的执政能力建设的重要手段。

推进法治体系信息化，有利于健全党领导依法治国的制度和工作机制，完善党确定依法治国方针政策和决策部署的工作机制和程序。推进法治体系信息化，有利于加强对全面推进依法治国统一领导、统一部署、统筹协调。推进法治体系信息化，有利于完善党委依法决策机制，发挥政策和法律的优势，促进党的政策和国家法律互联互动。

2. 推进法治体系信息化有助于提高党员干部法治思维和依法办事能力

全面推进依法治国，党员干部是关键。重视信息化应用的思想观念已经成为信息化时代党员干部必须具备的基本素养，是提高党员干部执政能力的必要手段。党员干部作为政府信息化的践行者，作为加强执政能力的主体，要不断提升信息化应用水平，推动党务、政务管理体制改革，形成以业务为导向、以为人民服务为宗旨的党务、政务管理理念。推进法治体系信息化，提高党员干部法治思维和依法办事能力，对于实现治国理政的科学化、民主化与法治化具有十分重要的现实意义。

推进普法宣传的信息化，以创新的思路推进党员干部法治教育工作，加强党员干部法治教育工作的"顶层设计"，特别是积极借鉴现代科学成果，研究法治思维的形成过程和运用法治方式的行为要素，创新途径、创新机制等手段，对于推动党员干部带头做到学法遵法守法用法具有重要意义。

电子党务、电子政务等信息系统的应用，可以有效提升党员干部依法办事能力。电子党务、电子政务等信息系统具有鲜明的时代特点和法治内涵，它的程序性、公开性、透明性要求领导干部严格执行既定程序并接受更广范围的监督。党员干部必须树立法治信仰，弘扬法治精神，运用法治思维和法治方式来处理国家和社会治理中的各项工作，更加有效推进依法治国，努力实现国家各项工作的法治化。

3. 推进法治体系信息化有助于推进社会主义民主政治的发展

积极推进信息化在党务、政务方面的应用，增加国家机关工作的透明度，在国家机关与公众之间建立良性互动的关系，使人民群众方便快捷地对国家的工作和事务提出意见，行使当家作主的权利；通过信息化手段促进党务公开、政务公开等办事公开制度，为基层群众依法行使民主权利创造条件；通过建立健全决策咨询信息支持系统，推进决策的科学化、民主化；通过推进信息化拓宽和健全监督渠道，逐步扩大网上审批，完善监督手段，从源头上预防和治理腐败。推进法治体系信息化，有利于丰富民主形式，扩大公众有序的政治参与，促进人民依法享有广泛的权利和自由，为保证人民当家作主开辟了新的途径和渠道。

第五节 "数字法治 智慧司法"的趋势

一、我国法治体系信息化建设的基础

信息技术的发展为立法、执法、司法提供了先进的技术支撑。从我国立法实践来看，主要做法有：在立法规划阶段，将一定时期的立法规划通过网站向社会各界征集意见；在立法程序的各环节利用电子信息化手段征求专家或公众意见；通过政府网站公布相应立法信息，构建公众与立法主体的信息交互平台；将信息技术与现有的行政立法程序融合，提升原有立法程序的效果。经过多年的建设，我国电子政务已取得了重要进展。以"金"字头为代表的金关、金财、金税等多项工程取得了突破性进展，政府上网工程实现全覆盖。在公检法司领域，公安部推进的公安信息化建设应用工作取得了突出的成就，"金盾二期工程"竣工验收，增强了统一指挥、快速反应、协调作战、打击犯罪的能力，极大地提高了公安工作效率和侦察破案水平。最高人民检察院大力推进电子检务工程建设，积极探索构建"互联网＋检察"

的工作模式，推动信息网络技术与检察工作深度融合，以信息化引领检察工作现代化。最高人民法院以"天平工程"建设为载体，积极推进审判流程公开、裁判文书公开、执行信息公开、庭审公开四大平台建设，强力推进人民法院信息化建设。司法部积极推进并着力打造"数字法治 智慧司法"建设，突出智慧监狱、智慧戒毒所和智慧矫正达标示范作用。业务软件开发和推广工作不断加快，物联网与大数据模型开发应用试点初见成效，智慧监狱和智慧戒毒所建设取得重要进展，一批监狱戒毒所被授予信息化示范单位。科技兴监、科技兴所工作得到全面加强。

二、我国"数字法治 智慧司法"建设亟待解决的突出问题

"数字法治 智慧司法"需要在现有信息化基础上进行取舍、整合、升级，而现有司法行政各相关单位、领域已有的信息化系统存在种类繁多、数量庞大、数据重复、功能重叠、界限不清的现象，缺乏"一盘棋"的整体战略思维和顶层设计；各系统间数据标准、流程标准、响应标准、接口标准不尽相同，没有统一的标准，为系统对接带来技术障碍和管理困难；各相关单位、领域信息共享已具备一定的基础并进行了一些探索，但信息共享工作滞后仍是深入推进我国司法行政建设工作的瓶颈，由于各种行政因素和市场因素，存在数据打通难、数据开放严重不足、数据话语权堪忧等问题；城乡、区域经济发展的差距巨大，信息化基础设施投入不一致，信息化观念、认识存在差距，政策各异，司法行政的互联网思维还未形成；专业技术人员缺乏、经费保障偏低、组织机构缺位等也同样制约着"数字法治 智慧司法"发展。

第六节 从法治体系信息化看"数字法治 智慧司法"建设

推进法治体系信息化建设的总体目标是以全面推进依法治国为引领，运用大数据、云计算、物联网技术等信息化手段，建设涵盖法治体系各领域统一的法治基础信息资源库和重要信息系统，形成层级明确、权限清晰、安全高效的法治信息资源协同共享体系，构建科学立法、严格执法、公正司法、全民守法及依法执政的信息化支撑体系，促进国家治理体系和治理能力的现代化。

一、建设法治基础信息资源库，为依法决策管理和公共服务提供有力支撑

构建"法治云"。利用法治体系各相关单位建设的基础信息数据库、业务数据库和国家四大基础数据库提供的数据共享接口建设法治基础信息资源库，解决信息重复采集、多方采集、无法统一的问题，实现数据源头唯一、准确无误、责任自

担。按照一数一源、多元采集、共享校核、及时更新、权威发布的原则，实现法治基础信息资源共享，为全面推进依法治国各行业、领域法治化建设提供数据分析、科学研究、风险评估、危机预警、决策支持等法治信息支撑。

二、建立完善立法公开协商信息平台，为科学立法、民主立法提供有力支撑

构建立法信息化支撑体系。建立立法需求采集评估机制，保障立法决策的科学性、针对性。建设立法公开协商信息平台，完善立法论证咨询、网上听证系统，加强对立法中重大利益调整咨询意见的信息收集、汇总和展示，增强立法咨询的便捷性、实效性、规范性。利用网络信息平台扩大立法信息公开，在立法规划、法规草拟、法规审议、法规表决以及法规颁布阶段，及时公开相关信息，从而将公正、公平、公开原则贯穿立法全过程，使立法过程和结果充分体现和尊重公众的意见，有效提高立法质量。

三、建立完善行政执法管理与政务公开信息平台，为加快法治政府建设提供有力支撑

建设智慧型政府。推进网上执法办案系统建设，实现执法信息网上录入、执法程序网上流转、执法活动网上监督和执法培训网上进行，实现对执法活动的即时性、过程性、系统性管理。完善执法信息共享机制，有效整合执法信息资源，积极推进跨地区、跨部门执法信息共享及互联互通，形成执法合力。建立完善政务公开信息平台，切实提高执法管理活动的透明度，有效保障群众的知情权、监督权，以公开促公正。加强互联网政务信息数据服务平台和便民服务平台建设，大力推行网上行政服务工作，形成线上服务与线下服务相结合的一体化服务模式，让数据多跑路、让群众少跑腿。

四、建立完善司法协同办案与司法公开信息平台，为提高司法公信力提供有力支撑

大力推进公安、检察、法院、司法行政等领域司法信息化建设，加强部门之间的业务协同互联，形成侦查权、检察权、审判权、执行权相互配合、相互制约的网上协同办案新机制。构建开放、动态、透明、便民的司法公开信息平台，推进审判公开、检务公开、警务公开、狱务公开，依法及时公开执法司法依据、程序、流程、结果和生效法律文书，加强法律文书释法说理，建立生效法律文书统一上网和公开查询制度。提升司法信息数据的分析处理能力，准确把握司法工作规律，提高司法效率。

五、建立完善法治宣传与法律服务信息平台，为推进法治社会建设提供有力支撑

推动"互联网＋普法"和"互联网＋法律服务"行动。充分利用互联网资源构建法治宣传平台，做好传统媒体与新媒体的资源整合，形成多维度、立体化的普法格局，提高普法实效。大力发展以互联网为载体、线上线下相结合的新型法律服务模式，建立符合国情、覆盖城乡、惠及全民的公共法律服务体系，有效整合公共法律服务资源，提升公共法律服务能力和水平，满足人民群众法律服务需求。

六、建立完善法治人才信息化管理平台，为培养过硬法治队伍提供有力支撑

建设法治专门队伍、法律服务队伍、法学研究队伍信息库，为法治队伍建设政策决策、法治人才分类分层培养、法治人才交流互聘提供基础数据支撑。建设法治教育资源库、在线法治培训系统、领导干部法治考核系统等，为法治人才的教育培养、领导干部的法治能力提升提供保障。建设法治专门队伍遴选、法律服务队伍执业、政法部门与法学院校、法学研究机构人员双向交流信息化管理体系，形成合法、公开、科学、规范的人才选拔运作机制。

七、建立完善依法执政信息化保障平台，为加强和改进党的领导提供有力支撑

围绕加强党的依法执政能力建设，进一步深化拓展信息化应用。建立领导班子和领导干部法治建设成效考核信息化系统，为提高党员干部法治思维和依法办事能力提供科学手段。建设党内法规备案审查和解释信息系统，强化统计分析、预测预警和评估研判。建设党的依法执政决策支持系统，充分整合各级党委和政府及相关机构的信息资源，不断提升信息保障和辅助决策能力。

第二章 "数字法治 智慧司法"体系架构

第一节 "数字法治 智慧司法"系统架构

从落实网络强国战略思想,落实中央政法委全国跨部门大数据办案平台建设要求,加快"数字法治 智慧司法"建设,司法部提出"数字法治 智慧司法"建设要求。"数字法治 智慧司法"系统架构如图2-1所示。

一、理念和原则

1. "数字法治 智慧司法"理念

"数字法治 智慧司法"理念要以网络强国战略为基础,紧紧围绕全面依法治国和数字中国战略部署,秉持"创新、协调、绿色、开放、共享"的发展理念,聚焦司法行政职能,着力推进"数字法治 智慧司法"建设跨越式、融合式发展,提高治理能力现代化水平。

2. "数字法治 智慧司法"基本原则

1) 统筹规划

借鉴国家大力发展政务云和公有云的时机,着眼重新组建司法行政的职能,全国"一盘棋",统筹发展规划、完善顶层设计,构建"数字法治 智慧司法"信息化体系。

2) 服务为本

重视基层感受,强调用户体验。应用移动互联网技术,拓宽在线业务、公共法律服务渠道,寓管理于服务中。使行政立法、行政执法和法律服务工作者充分感受信息化的力量和便利,为广大用户提供高效、便捷、多元化的服务。

3) 资源整合

充分利用已有的信息资源,对现有业务信息系统升级改造。新建系统必须符合新要求,在云平台上建设。将存量整合与增量投入有机结合,充分发挥信息系统最大效益。

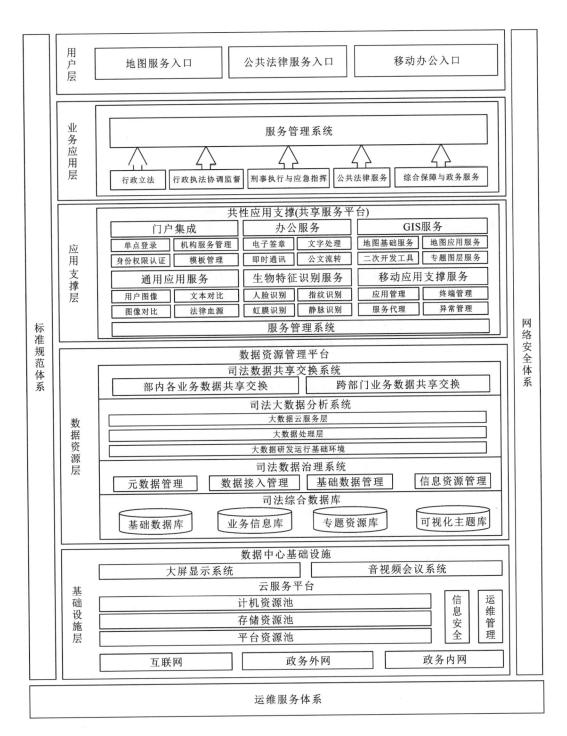

图 2-1 "数字法治 智慧司法"系统架构图

4）安全可控

涉密和非涉密分开。独立建网承载涉密业务和信息。非涉密系统也构建高标准的云上安全防护体系，积极防御、综合防范，确保高水平的网络、数据安全防护能力，保障"数字法治 智慧司法"人员数据、业务数据、案件数据的安全、共享、可控。

二、建设目标

以前沿科技泛在融合为驱动，利用大数据、云计算、物联网、移动互联、人工智能、区块链技术全面打造"数字法治 智慧司法"。促进行政立法、行政执法监督、司法监管和法律服务在全领域、全过程、全方位由智能化向智慧化发展。实现信息流、数据流、业务流实时汇聚。动态感知社情民意，精准把握社会脉搏，提供社会风险热点预警。建立大数据评价体系，客观评估法治国家、法治政府、法治社会一体化建设的成效，为实现全面依法治国提供技术支撑。

搭建"司法云""业务汇聚平台""协同共享入口"的信息化系统架构。满足各类云上业务的在线闭环运行与云上资源的共享融合。实现资源集中化、服务在线化、业务移动化、交互智能化的"数字法治 智慧司法"生态。用"一切业务数据化、一切数据业务化"思维推动司法行政工作机制的持续演进升级与流程完善。

1. 建设"司法云"

"司法云"是结合公有云为民服务便捷性和政务云行政业务私密性的混合云。基于服务分别建设国家级和省级"司法云"，作为所有司法行政非涉密业务信息化的基础设施，采用政务云和公有云相结合的模式，为"数字法治 智慧司法"提供先进的云环境支撑。面向公众服务的业务和司法行政非敏感业务建设在公有云上，司法行政敏感业务建设在国家电子政务外网的政务云上，涉密业务不在"司法云"上运行。司法行政现有的涉密业务将通过专网传输，与"司法云"物理隔离。

"司法云"将发挥如下功能：一是实现司法部及全系统在公有云上互联互通，解决基层司法所及法律服务机构无法接入国家电子政务外网的难题；二是通过提供高效、可动态伸缩的计算、存储、网络等各类基础云资源与云安全防护服务，支撑全部已有应用和数据的迁入、优化；三是帮助全系统快速搭建各类创新业务应用，实现云上开发、云上发布、云上应用、云上运维、云上演进；四是为司法部及全系统提供"地理信息、实名认证、全文检索、舆情采集、移动终端、智能语音、智能客服、流媒体、数据可视化分析"等一系列开放式在线云服务。

2. 建设业务汇聚平台

业务汇聚平台即司法数据资源平台和司法服务共享平台。借鉴公有云中"一切业务数据化，一切数据业务化"的实践经验，将数据资源最大化在线汇聚。同时，各类业务能力也将通过统一的"司法云"环境实现有效汇聚与动态演进,打破原有上下层级和业务部门间的壁垒,提升工作效率。

(1) 司法数据资源平台将统一汇聚云上业务应用的数据,对统一的底层数据加工处理。司法数据资源平台具备如下功能:一是构建包括行政立法全生命周期的信息资源等全国性法治政府基础资源;二是打通司法部及全系统内各业务条线与系统外相关部委的数据资源,并依此建立可服务于法治国家、法治政府、法治社会一体化建设的数据资源体系与各类主题数据模型(如法治建设评估模型、行政立法主题模型、行政执法监督主题模型、行政复议和行政应诉主题模型、备案审查及法律服务主题模型、普法主题模型、场所监控主题模型等);三是基于统一的数据安全、管理与使用规范,实现数据的互通共享,提供数据地图、数据血缘、数据整合、数据开发、数据管理等一系列服务;四是基于数据唯一性、完整性、可靠性、共享性原则,向全国司法行政各级机构无条件提供所有数据共享。

(2) 司法共享服务平台将打造一个可服务于司法部及全系统的"一站式共享服务平台"。司法共享服务平台具备如下功能:一是将基于数据资源平台开发的各类可在司法部及全系统共享的数据业务(如法律法规知识图谱、一法一档、一人一档、一所一档、执法足印、信用积分、法律服务机构关系图谱等)与各类云上业务应用的公共模块(如将单点登录、公共服务目录查询、案件库、法规规章备案查询接口)汇聚到一起,作为可被各类业务调用的接口;二是充分利用司法部及全系统已有的业务能力进行快速搭建,提升应用开发效能、缩短开发周期、加速业务应用动态适应社会态势的能力;三是由司法行政统一开发各类业务系统(如行政复议、备案审查、立法公开征求意见、社区矫正、人民调解、法治宣传、法律援助、律师管理、公证管理、鉴定管理、人民监督员选任、安置帮教、基层法律服务、司法所管理、国家统一法律职业资格考试、中国法律服务网、法治政府建设、电子监察等),实现 PC 端和移动端功能一致,线上线下统一办理,全系统业务人员按岗位和权限使用。

3. 建设"协同共享入口"

协同共享入口即统一地图服务入口,统一公共服务入口,统一移动办公入口。

(1) 统一地图服务入口。建设对外服务公众、对内服务办公的中国"法治地图"。基于统一的在线互联网地图,运用二维、三维地图引擎,汇聚司法行政全部在线服务与资源,统一开发基础公共地图服务平台。

统一后的地图服务入口具备如下功能:

一是在地图的每个位置上展示并融合所有的服务与资源,公众可通过访问在线地图进入公共服务业务入口,通过地理位置信息实现身边服务一键定位;

二是全系统内部可根据地图位置,在线获取系统内各类服务资源的运行状态,通过大数据可视化技术,实现动态监管、动态分析、动态调度、动态跟踪。

（2）统一公共服务入口。借鉴淘宝模式，整合中国法律服务网和各省级法律服务网，建立面向公众的统一服务入口。统一后的公共服务入口具备如下功能：

一是广泛集成立法意见征集和反馈、法律法规智能化关联查询、执法社会监督、复议结果查询、普法学法、法治地图、法律咨询以及各类专业化法律服务，实现法治舆情的广泛感知，公共法律服务的广泛触达；

二是通过建设法律服务类目库与用户多维画像，主动智能匹配法律服务资源，建立服务过程反馈机制、线上线下服务对接机制和法律服务评价机制，创新法律服务方式，创造一个完整的公共法律服务闭环生态。

（3）统一移动办公入口。基于"司法云"和"业务汇聚平台"提供的基础设施与资源服务，建设覆盖司法行政的统一移动智能客户端。

统一后的移动办公入口具备如下功能：

一是接入各项业务，开发各类智能化移动办公应用；

二是通过智能客户端后台应用的市场发布、推送，提供语音识别、图像识别、智能客服、文本提取等智能服务；

三是通过业务、服务过程数据的自动采集与分析，减少手工录入，提升工作效率，实现工作智能化。

完成上述建设任务，将最大限度地释放互联网新技术新动能，全面推动司法行政工作创新。实现行政立法意见和法治舆情的全面采集与科学分析，凝聚社会共识，增强行政立法科学性、民主性。实现对行政执法行为的监督、规范。提升工作效率，保障公共法律服务供给均衡充分。强化人民依法维权意识，提升社会矛盾纠纷化解效能。使人民的获得感、幸福感、安全感更加充实，更有保障，更加可持续。最终形成科学立法、严格执法、公正司法、全民守法的良好态势，推动依法治国战略进程。

第二节 司法行政业务与信息化的层级架构说明

司法部作为立法、执法、司法、普法、公共法律服务等业务的监督管理机构，其主要需求应是对全国"数字法治 智慧司法"业务数据（如立法、执法、司法、普法、公共法律服务数据）进行统计分析，掌控全局。它不是"数字法治 智慧司法"中条目数据的生产者，也不是必要的条目数据存储中心，而是数据统计分析中心。

省级司法厅（局）是本省立法、执法、司法、普法、公共法律服务、依法治省的具体发布、管控、监督机构，因此要在省级建立适用于全省的"数字法治 智慧司法"的云平台，平台应包含数据生产系统、数据存储系统、数据共享系统、数据交换系统、数据分析预警系统、数据核查系统等。省级平台可向司法部提供统计结果，也可以按需提供条目数据记录。向市州、区县、所等各级提供全省统一的数字法治业务系统和业务功能，也可将所有条目数据分享给当地司法行政机关和政府，以便于其对本地智慧政府、智慧城市建设进行大数据分析。

省级政府各执法管理机关，是本省执法、司法、普法的发布、管控、监管机构。应按照自身业务范围和需求建设本系统的执法管理平台，用于将条目数据（统计数据应自动生成）同步到省级司法厅执法监督平台。

市州、区县、所一级用户是数据生产者，他们在日常工作中以案件记录的方式完成每一条记录数据。这些数据都存储在"司法云"省级业务系统和数据中心。

第三节 "数字法治 智慧司法"技术架构

"数字法治 智慧司法"技术架构包含基础网络架构、基础数据库架构、信息流架构和业务应用系统架构，如图 2-2 所示。

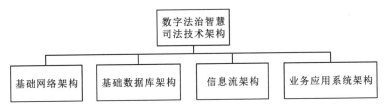

图 2-2 "数字法治 智慧司法"技术架构图

基础网络架构要充分考虑司法行政组织管理结构、人财物信息管理关系、司法行政业务职能和管理关系、业务覆盖范围、地区经济发展状况等。

司法行政相较于公安、检察、法院、国安等政法单位有其自身特点。

第一，司法行政各类业务管理归属司法部管理和指导，资金和人员归属各级政府管理。

第二，其业务范围纵向要与司法部各业务保持一致，也要与当地政府和党委政法委工作保持步调一致，还要与所管辖的下级司法行政机构实现业务统一；横向要与当地公安、武警、检察、法院、司法（监狱、戒毒、社区矫正）实现业务互通、数据共享、信息互核、联合办案，而公安、武警、检察、法院、监狱、戒毒所等政法单位都有各自业务专网。

第三，其服务对象范围既有服刑人员，也有强制隔离戒毒人员，还有所辖业务范围内的全体公众。

第四，跨区域业务互联时，异地政法机构的互联互通需要实现异构网络通信。

第五，司法行政监管业务数据属工作敏感信息，不宜在互联网上存储和传输，司法行政公共法律服务数据属一般信息，可在互联网上存储和传输。

选择司法行政基础网络架构尤为重要。现有信息化网络有公众广泛应用的互联网，各行业自上而下的专网如检察院专网、法院专网、政法专网，各单位自行组建的内部网如监狱内网、戒毒内网，国家电子政务办建设的电子政务外网。

司法行政需要为公众提供各类公共法律服务，需要在互联网上为用户提供各类数据交互。为保障工作敏感数据的存储和传输安全，需要在有安全保障的网络上传输，可以选择电子政务外网或专网。目前国家已不再审批政府机构的行业专网建设，因此全国司法行政的基础网络架构应选择以国家电子政务外网为核心网络，互联网为扩展网络，实现司法行政业务互联网受理，电子政务外网办理，互联网反馈的结构。

第三章 "数字法治 智慧司法"数据分析

第一节 数据是"数字法治 智慧司法"的核心

司法行政系统信息化是借助信息化发展技术的创新,将信息化技术应用到司法行政各层级、各领域、各环节,从而以信息化引擎提升司法行政工作效能和体制机制创新。从这个意义上来说"数字法治 智慧司法"的实现应该遵循信息化发展的客观规律,即由电子技术时代、信息技术时代、数据技术时代到大数据时代的发展规律。在"数字法治 智慧司法"建设中这几个时代无法逾越,可以缩短时间,无法划定边界,但可以并行存在。司法行政系统化历程框架如图3-1所示。

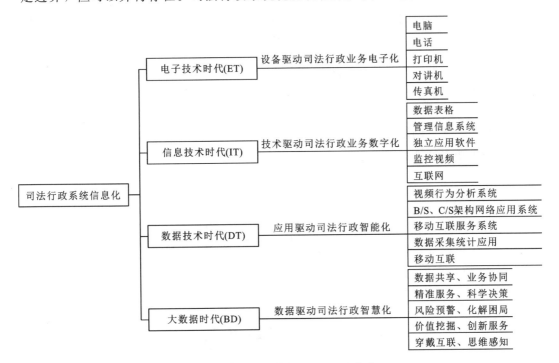

图 3-1 司法行政系统信息化历程框架

司法行政电子技术时代（1979—1999年）：以电脑、电话、打印机、对讲机、传真机为代表的电子设备驱动司法行政业务电子化时代。

司法行政信息技术时代（2000—2010年）：以办公软件、管理信息系统、安防监控、网络互联为代表的技术驱动司法行政业务数字化时代。

司法行政数据技术时代（2011—2019年）：以视频行为分析、移动互联服务、数据采集统计应用为代表的应用驱动司法行政智能化时代。

司法行政大数据时代（2020年至今）：以"司法云"、数据共享、业务协同、精准服务、风险预警、穿戴互联、思维感知等人工智能技术为代表的数据驱动司法行政智慧化时代。

全国司法行政系统信息化随着信息技术发展不断升级，由电子技术到信息技术再到数据技术，并将朝着大数据时代迈进。应用驱动司法行政智能化虽然还没有全面建成，但信息化发展已把我们推向了数据驱动司法行政智慧化建设的新阶段。

数据是"数字法治 智慧司法"的核心。数据驱动司法行政智慧化的动力源于数据来源多样、数据应用丰富、数据通道畅通、数据生存环境良好和数据价值的体现。

1. 数据来源多样

在国家加强信息化全面推进的战略背景下，各领域都将以不同方式共享自身数据，同时也可充分获得自身发展所需的数据，目前国家已经从行政命令和市场行为两个方面要求加强数据共享，保障了数据来源的多样性。

第一类是通过自身设备、应用软件、业务系统生产的数据，如智能设备、传感器提交的数据，以及司法行政服务为民采集的数据。

第二类是政府行为要求共享的数据，如政法机构共享数据，政府机构、社会团体协同数据。

第三类是从商业、企业购买的数据。

第四类是通过网络技术在互联网上微博、论坛等社交媒体上获取的数据。

数据来源多样性如图3-2所示。

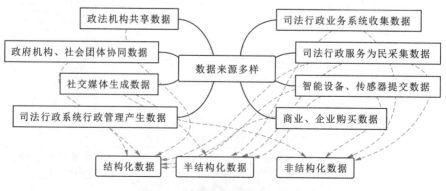

图3-2　数据来源多样性示意图

2. 数据应用丰富

无论是自身设备产生的数据，还是业务系统产生的数据、政府机构共享的数据和从商业、企业购买的数据，都将应用于司法行政全领域、全业务，实现立法、执法监督、安全监管、公共法律服务的全业务数据化，实现"数字法治 智慧司法"的一切业务数据化和一切数据业务化。数据应用情况如图3-3所示。

3. 数据通道畅通

现在建设的"数字法治 智慧司法"已经不是单个功能软件形成的数据孤岛，也不是单个业务部门形成的数据烟囱，更不是独立服务器运行的孤立系统，而是通过技术手段和安全边界与互联网、电子政务外网、电子政务内网、政法专网、监狱专网、戒毒专网、公安专网、检察专网、法院专网、其他专网和物联网形成的数据高度共享、业务高度协调的数据流动畅通的信息通道。政法系统业务逻辑关系如图3-4所示。

4. 数据环境良好

数据环境良好主要体现于对数据生命周期的管理和服务。

数据生命周期是一种基于策略的方法，用于管理信息系统的数据在整个生命周期内的流动：从创建、存储、治理、管理、开发、展现、安全到废弃。

由于业界对数据驱动信息化的一致认可，数据生命周期的管理和服务也形成了相应的规范和标准，这就形成了良好的数据环境，主要体现在网络资源（云化网络资源池）、计算资源（云化计算资源池）、存储资源（云化存储资源池）、各类服务器、数据库系统、安全资源（云化安全资源池）、同城灾备系统、异地灾备、公有云环境、私有云环境、UPS保障、市电双回路保障，以及机房场地和机房环境温度、湿度、洁净度、防雷、防静电、防火、防盗、软硬件运维与监测等为数据提供保障的方方面面。

5. 数据价值体现

数据价值是"数字法治 智慧司法"建设最终实现智慧司法的表现形式，主要是当数据逐渐变成信息，形成知识，应用到业务提升、辅助决策、发挥智慧功能的过程。

（1）数据（data）：由传感器、业务软件或由人为记录、标记的一种电子化的符号，是事实或观察的结果及对客观事物的逻辑归纳，用于表示客观事物的未经加工的原始素材。

（2）信息（information）：美国信息管理专家霍顿（F. W. Horton）给信息下的定义是，"信息是为了满足用户决策的需要而经过加工处理的数据"。简单地说，信息是经过加工的数据，或者说，信息是数据处理的结果。

```
┌─ 数据应用 ─┐
```

统筹协调依法治国
书面督察、实地督察、网络督察、听取汇报、个别访谈、查阅资料、询问约谈、实地走访、暗访、调查、核实、转交协办、整改流程及反馈、督察数据分析、智能督察建模、简报、专报上报、表彰、奖励、意见建议、分析原因、存在的问题、责任落实、困难、成效、进展、报告评议、超时通报、预先提醒、典型案例库

行政立法
法律法规、上位法、司法解释、调研材料、案例、论文目录、立法动态、立法名称、类别、议题来源、必要性、权力机构、原因、紧急程度、时间表、任务表、责任单位、责任人、每一次修改的版本、内容、原因、佐证、专家意见、OCR、语义分析、自然语言理解、意见汇总、类别划分、分类统计表、备案审查、调研报告、会议纪要、会议通知、征求意见

执法监督
执法机构、人员、事项、标准化、名称、职能配置、机构设置、人员编制、职责分工、管辖范围、执法区域、办公地点、联系方式、执法依据、自由裁量标准、听证标准、行政执法流程图、行政执法文书、执法人员身份信息、行政执法服装、标志、标识、执法证件、办理条件、办理方式、办理流程、法定时限、承诺时限、收费方式、收费依据、执法证管理、发证（制证）执法环节监督、执法档案记载、执法风险监控、执法案件管理、执法流程管理、执法质量考评、移动端实现

安全监督
应急指挥、定位跟踪、调查评估、矫正衔接、矫正实施、矫正终（中）止、矫正解除、狱政管理、刑罚执行、狱内侦查、教育改造、劳动改造、生活卫生、财务管理、狱情预警、掌上执法（警务通）、接口规范、系统联动、用户权限管理、日志管理、戒毒诊断评估、戒毒心理矫治、戒毒在线考试管理、戒毒教育矫正、戒毒康复训练管理、戒毒所政管理、戒毒个人资金管理、戒毒超市购物管理、戒毒被服管理、戒毒医疗管理、戒毒伙房管理、戒毒生卫管理、政工管理、纪检监察管理、移动办公执法平台、财务系统

公共法律服务
政务公开、公共法律服务及网站、司法行政移动应用平台、远程可视通信、法治宣传、律师综合管理、公证综合业务、法律援助管理、法律援助外设工作站办案、"12348"公共法律服务热线、基层法律服务综合管理、人民调解综合管理、国家统一法律职业资格考试、司法鉴定机构综合业务办理、司法鉴定行政管理、法制工作业务办理、司法行政案例库、人事综合信息管理、警务管理及警务督察、司法行政在线学习及考试、党建综合管理系统（含行业协会党建）、工会工作管理、共青团综合管理、离退休干部管理、纪检监察管理、组织宣传管理、主体办管理、人民监督员选任信息管理、人民陪审员管理、仲裁综合管理

应用支撑与辅助决策
指纹识别、人脸识别、声纹识别、印章比对、笔迹比对、身份证识别、银行卡识别、RFID识别、二维码识别、WIFI嗅探识别、无人机、GIS、数据可视化、大数据服务支撑、司法行政信息分析、司法行政信息资源目录体系分析、社会关系网络分析、事件分析研判、知识库、案例库、特殊人群智能管控、精准普法、质量提升、系统大数据分析、辅助决策

图 3-3　数据应用丰富

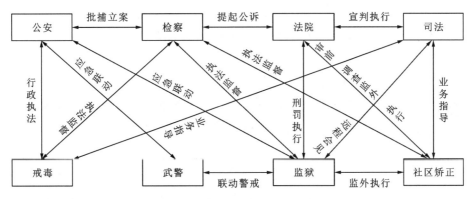

图 3-4　政法系统业务逻辑关系图

（3）知识（knowledge）：是人类在实践中认识客观世界（包括人类自身）的成果，它包括事实、信息的描述或在教育和实践中获得的技能。知识是人类从各个途径中获得的经过提升总结与凝练的系统的认识。知识可以看成构成人类智慧的最根本的因素，知识具有一致性、公允性，真伪要以逻辑关系来判断，而非立场。

（4）智慧（wisdom）：是生命所具有的基于生理和心理器官的一种高级创造思维能力，它包含对自然与人文的感知、记忆、理解、分析、判断、升华等所有能力。当计算机具有类人思考能力或是人类思考能力以程序方式用计算机实现，便被称为智慧计算。

在"数字法治 智慧司法"建设中需要借助计算机等设备实现将数据、信息向知识的逐步转变，还需要将知识进行类人分析，形成决策建议，从而实现人机合一的智慧司法。对知识的加工主要实现以下智慧决策目标。

1）降低服务成本，发现隐藏线索进行产品和服务的创新

如立法辅助系统可以分析执法监督、人民调解、舆情感知、法律咨询等系统数据，发现立法需求，测算立法成效，提出立法议题。

2）服务对象细分，为每个群体（人）量身定制精准服务

精准普法可以分析矛盾纠纷、公证、鉴定、仲裁、法院文书等数据，形成针对个人、群体、组织、地点、时间不同维度的精准普法产品，使普法随要随有、随普随用。

3）模拟现实环境，发掘新的需求同时提高投资回报率

如对基层法律服务、律师业务管理、公共法律服务平台数据进行分析，以法律服务资源分布和法律服务诉求进行建模，形成供需平衡指引，指导国家司法考试政策制定，发挥均衡法律服务资源导向，推进均衡法律服务资源为全面依法治国服务。

4）加强部门联系，提高整条管理链条和服务链条的效率

如做好特殊人群大数据分析平台，实现特殊人群的就业、教育、医疗、生活的全维度管理和服务，降低重新犯罪率，保障社会安全稳定。

因为 ET 时代和 IT 时代推动了信息的电子化，促使各类行为数据和事件数据呈指数级增量发展，并沉淀下来成为数据资源。这些数据资源类似矿产资源，经过清洗、提炼，能为全面依法治国、立法、执法、监管、服务等工作从供给侧提供科学的决策支撑。

整个司法行政系统信息化建设要以"云"的理念进行建设，由基础层提供计算资源、网络资源、存储资源、安全资源等各类资源。以省一级为单位建设司法行政基础数据库，再形成主题库、专题库为应用层提供数据支撑。应用系统产生的数据再沉淀到数据中心成为信息资源池，信息资源池为数据挖掘、流程再造、预测预警提供数据支撑。数据中心向上对应司法部"司法云"，向下对应市县政务云，横向对应省级政务云，为其提供数据保障和协同办公，从而保障"数字法治 智慧司法"数据的准确性、完整性、可靠性、及时性、安全性和保密性。司法行政系统信息化体系架构图如图 3-5 所示。

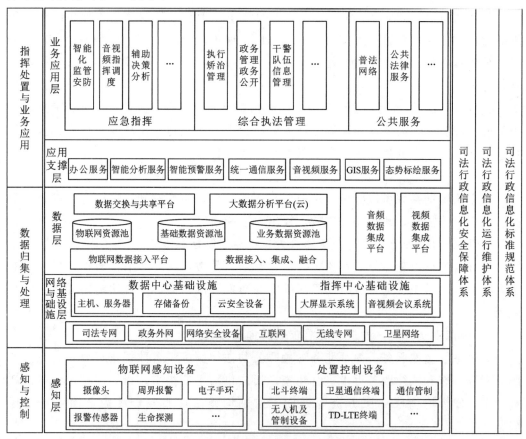

图 3-5 司法行政系统信息化体系架构图

第二节 "数字法治 智慧司法"信息基本关系分析

"数字法治 智慧司法"是以人参与或与人交互的方式实现司法行政全业务的信息化。"人"是控制信息资源、协调信息活动的主体,是主体要素,而信息的收集、存储、传递、处理和利用等信息活动过程都离不开信息技术的支持。没有信息技术的强有力作用,要实现有效的信息管理是不可能的。由于信息活动本质上是为了生产、传递和利用信息资源,信息资源是信息活动的对象与结果之一。因此,"数字法治 智慧司法"中的各种信息之间的数量关系、逻辑关系、因果关系是构成信息化的基础,也是实现智慧司法的前提。了解各类信息之间的关系,将有助于对"数字法治 智慧司法"进行顶层设计、全面应用、科学分析。先对信息进行梳理,确定信息在司法行政信息系统中的重要性、时序性、层次性等,再对司法行政系统信息化进行顶层设计和统一规划。

一、基础信息

因为"人"是控制信息资源的主体,所以在建设基础信息库时要以人和人的基本社会属性来分析和建库。基础信息包括人员信息、机构信息、场所信息和资产信息。

1. 人员信息

司法行政所有业务系统需要有人参与,因此人员信息应包括"数字法治 智慧司法"的所有用户信息,人员应包含司法行政公务员、购买服务的人员、律师、公证员、鉴定人、仲裁员、基层法律服务工作者、人民调解员、人民陪审员、人民监督员、普法宣传员、志愿者、服刑人员、服刑人员家属、戒毒人员、戒毒人员家属、社区矫正人员、安置帮教人员、行政执法人员、公众用户以及所有与司法行政业务有关联的人员。

人员信息基本字段应包含编号、姓名、性别、民族、身份证号、用户名、密码、所在机构、类别、电话号码、电子邮箱等。

人员信息扩展字段可包含学历、工作经历、警衔、职务、职称、籍贯、奖惩等,按人员所在机构和所在业务系统类别扩展相应数据字段。

2. 机构信息

司法行政系统中人员的社会属性表现为一个或多个组织机构,因此机构包含司法部及业务司局、司法厅及业务处室、司法局及业务科室、司法所、公证机构、鉴定机构、律师事务所、社区矫正中心、仲裁委员会、基层法律服务所、调解委员会、志愿机构、监狱局、监狱、戒毒局、戒毒所、相关企业、法院、检察院、公安局、派出所等。

机构信息基本字段应包含编号、机构名、机构全国统一代码、上级机构、下级机构、类别、机构场所、位置坐标、负责人、联系人、电话号码等。

机构信息扩展字段可包含机构属性、人员数量、业务范围、机构职能、经费来源、资金量、获奖情况、按机构属性和所在场所扩展相应数据字段。

3. 场所信息

司法行政系统中每一个机构应该存在于一个具体的场所，因此场所信息包含国家、特别行政区、省（自治区、直辖市）、市（州、盟）、县（区、市、旗）、乡（镇、街）、村（社区）、组等行政区划。

场所信息基本字段应包含编号、场所名称、场所区划位置、地理位置、联系人、权属人、权属人身份证、电话号码等。

场所信息扩展字段可包含面积、状态、形状、权属证明、结构图、区域划分、房间划分、功能划分、按场所属性和对应功能扩展相应数据字段。

4. 资产信息

司法行政系统中资产信息和人员信息一样，需要确定在一个机构和场所中，因此资产信息包含流动资产、固定资产、长期资产、低质易耗品、无形资产、递延资产、生物资产和其他资产等。

资产信息基本字段应包含编号、名称、数量、规格、型号、价值、来源、日期、使用人、所在机构、所在场所等。

资产信息扩展字段可包含性状、状态、处置信息、按资产属性和对应功能扩展相应数字字段。

二、业务信息

业务信息主要按业务系统划分，一般业务信息是以业务事件为主线把业务人员信息、业务机构信息、业务场所信息、业务资产信息和业务事件进行关联而形成一条业务信息。

以司法鉴定人行政审批业务为例分析业务信息构成。

1. 业务人员

业务人员的信息构成有司法鉴定申请人（用户名、用户密码、姓名、性别、民族、出生日期、身份证号、学历、学位、职务、职称等）、鉴定中心（所）内勤人员、鉴定中心（所）审批人、地市司法局（政务中心）纸质材料预审员、司法局业务审核员、司法厅业务审核员、司法厅法核员、司法厅业务处长和分管厅长，以及以上除申请人外的所有人员的用户名、用户密码、姓名、性别、操作权限、操作时间信息。

2. 业务机构

司法鉴定中心（所），地市司法局，地市政府集中审批服务的政务中心，司法厅等机构的机构名、机构代码、机构位置、机构法人、联系方式、电子签章等。

3. 业务场所

司法鉴定中心（所），地市司法局，地市政府集中审批服务的政务中心，司法厅等机构的行政区划、区划代码、地理位置、地理类别、场所权属、面积、定位经纬度、外观图像、楼层分布、房间分布等。

4. 业务资产

业务资产数据是指在业务办理过程中产生的实物资产或数据资产。

1）实物资产

办公场地、办公设备、办公家具等按国家关于固定资产相关规定进行编目、记录。

2）数据资产

数据资产是在司法鉴定人行政审批业务事项中提交和产生的数据，包括：

(1) 个人的身份证（复印件，扫描版）。

(2) 学历学位证（复印件，扫描版）。

(3) 教师证、执业证（复印件，扫描版）。

(4) 职称证（复印件，扫描版）。

(5) 二寸蓝底便服登记照片六张（提供原件和电子版）。

(6) 个人品行证明（申请人所在单位人事处开具，盖章，扫描版）。

(7) 个人申请相关司法鉴定执业类的工作经历证明（申请人所在单位人事处开具，盖章，扫描版）。

(8) 同意在某某司法鉴定中心兼职做司法鉴定人执业的证明（申请人所在单位人事处开具，盖章，扫描版）。

(9) 《行政许可申请书》《司法鉴定人登记申请表》（签名处手写签名，扫描版）。

(10) 个人承诺书原件（全文必须手写并签名，扫描版）。

(11) 无犯罪记录证明（由本人所在户籍管辖的派出所开具，盖章，扫描版）。

(12) 所在鉴定执业单位开具的同意执业证明（原件，扫描版）。

(13) 与所申请的鉴定执业单位签订的劳动合同（原件，扫描版）。

(14) 司法鉴定人培训合格证（原件，扫描版）。

5. 业务事件

业务名、业务编号、提交时间、受理时间、预审结论、预审时间、预审人、退回时间、补充材料提交时间、逐级审核时间、逐级审核结果、通过时间、证书编号、签章时间、各节点环节发出的短信（微信）提醒信息、各节点环节操作人。

三、感知信息

感知信息是司法行政领域各种物联网设备中传感器工作过程中生产的信息，传感器与人员信息、机构信息、场所信息关联，为司法行政业务提供各种结构化、半结构化和非结构化数据，用于解决人不易、不能或不宜获取的信息。如视频监控、热红外成像、测温、雷达测距、键盘录入、语音录入、指纹门禁、脉冲电网、高拍仪、摄像头、评价机、取号机等。这些感知设备利用光电、压电、声电转换原理把模拟信号转换成数字信号，提供给"司法云"进行数据处理和数据分析。

四、能力信息

能力信息是为满足业务信息生产的需要，对业务信息生产过程进行能力支撑的信息，能力信息是一种按规则把基础信息、业务信息进行逻辑判断的结果，是系统是否先进、是否智能、是否服务用户的重要标志。如OCR文字识别、人脸识别、图像识别、身份证号检测、声纹识别、印章识别、语音识别、自然语意理解、数据可视化能力等，这些信息由感知设备获取并传送给能力系统进行分析应用，形成能力信息。

五、知识信息

知识信息又称为二次信息，是由基础信息、业务信息、能力信息生产过程或生产结果按照时序、空间、因果等各种关系计算出来的信息，知识信息一般用于数据分析、预警预测、辅助决策等，是司法行政系统信息化建设智慧程度的主要因素。知识信息一般表现为大数据分析和人工智能。如监狱犯人稳定性评估、公共安全态势感知、关系业务分析、特殊人群管控、效能评估、精准普法、基本公共法律服务均等。

司法行政信息基本关系架构图如图3-6所示。

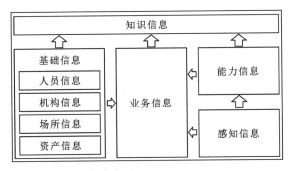

图 3-6 司法行政信息基本关系架构图

第三节 信息量指标

"数字法治 智慧司法"体系中对信息系统的优劣评价可以从信息量指标来衡量。信息量指标包含信息记数指标、存储量指标、质量指标。其中，质量指标又包含规范性指标、完整性指标、准确性指标、一致性指标、时效性指标、可访问性指标等。

一、记数指标

司法行政各信息系统记数指标用以统计实际业务发生量被相应业务信息系统记录的数据元素（字段）的数量和数据记录的赋值条目数量，单位一般有条、个、件、项、人次等。以人民调解管理系统为例对各类纠纷进行分类计数统计。如：人民调解业务管理系统中按纠纷类型进行分类计数统计，纠纷类型的数据元素有20种，数据记录的赋值条目数量共计3233件，可显示各类型纠纷的数量及在所有纠纷业务中的占比，以可视化饼形图方式展现。（见表3-1、图3-7）

表 3-1 矛盾纠纷数据量分类统计表

类型	婚姻家庭纠纷	邻里纠纷	房屋宅基地纠纷	合同纠纷	生产经营纠纷	损害赔偿纠纷	山林土地纠纷	征地拆迁纠纷	环境污染纠纷	农民工纠纷	劳动争议纠纷	计划生育纠纷	消费纠纷	医疗纠纷	企业改制纠纷	村务管理纠纷	交通道路事故纠纷	物业纠纷	其他纠纷
编号	1	2	3	4	5	6	7	8	9	10	11	12	13	14	15	16	17	18	19
数量/件	603	890	279	206	96	159	141	287	34	32	91	0	22	11	0	0	57	35	289

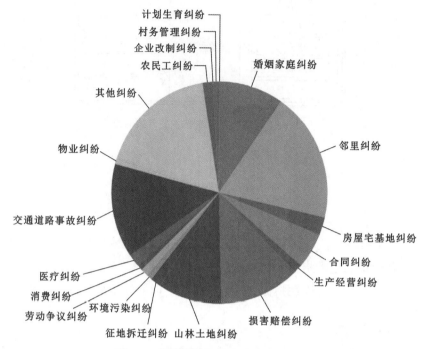

图 3-7 矛盾纠纷数据量分类统计图

二、存储量指标

司法行政各信息系统中存储量指程序算法执行过程中所需的最大存储空间，也指在磁盘或数据库中存储数据的多少，单位有位、字节、千字节、兆字节、吉字节、太字节、拍字节、艾字节等。一般情况下，一个西文字符是 1 字节，一个汉字是 2 字节，一份带格式的 600 字文档约 30 千字节，一张手机照片约 4 兆字节，一首 mp3 格式歌曲约 3 兆字节，一部 1 小时的标清电影约 200 兆字节。

其中 $1024=2^{10}$ （2 的 10 次方，方便二进制计算）

1 位＝1 比特（Bit，简称 b（注意小写））

1 字节（Byte 简称 B 注意大写）＝8 比特（bit）

1 千字节（Kilobyte 简称 KB、K）＝1024 字节（B）

1 兆字节（Megabyte 简称 MB、M）＝1024 千字节（KB）

1 吉字节（Gigabyte 简称 GB、G）＝1024 兆字节（MB）

1 太字节（Terabyte 简称 TB、T）＝1024 吉字节（GB）

1 拍字节（Petabyte 简称 PB、P）＝1024 太字节（TB）

1 艾字节（Exabytes，简称 EB）＝1024 拍字节（PB）

了解存储量指标有助于司法行政日常工作中对数据量估算，如上传一张公证书的图片约需要 4 兆字节，记录一次远程会见视频约需要 100 兆字节。

三、质量指标

司法行政各信息系统质量指标是从两方面来衡量系统的质量，一方面需要评估系统在使用和运行时的缺陷率、响应时间、操作便捷性等；另一方面需要评估各系统采集数据的完整性、准确性、有效性、时效性、一致性。两方面共同影响信息系统的高质量运行。

1. 信息系统质量指标

1）缺陷率

缺陷率是指在司法行政各信息系统的软件功能测试中，功能不完备数占该系统所有期望功能数的比值。它所表达的意思是在一个独立系统中所有功能进行测试时，测试用例中所失败的测试用例数。

$$缺陷率 = 失败的测试用例 / 所有经过测试的用例数 \times 100\%$$

在系统缺陷测试时，除了常用的顺序流程执行操作外，还应测试流程回退、流程中断和终止的情况。

2）响应时间

响应时间就是用户感受软件系统为其服务所耗费的时间。响应时间是衡量一个信息系统优劣的重要指标，对一些高并发、高时效、高流量的系统尤为重要。

用户感受的响应时间 = 客户端响应时间 + 服务器响应时间 + 网络响应时间

因用户可接受响应时间的相关研究一般为小于 3 秒，因此司法行政各信息化系统的响应时间应控制在 3 秒以内。

测定响应时间除考虑系统运行的软件、硬件、网络、数据库响应时间外，还应考虑以下三个指标。

（1）吞吐量（Throughput）：系统每秒钟可以处理的请求数、任务数。

（2）系统延迟（Latency）：系统在处理一个请求或一个任务时的延迟。

（3）单位时间响应量（TPS）：每秒响应的任务数量。

评估系统性能时需要同时考虑吞吐量、系统延迟、单位时间响应量三个性能指标。比如允许 3 秒以内的延迟时，系统最多可以承受多大的并发。在描述系统性能时，响应时间参数必须和吞吐量挂钩，单纯的响应时间意义不大。

3）便捷性

便捷性是指用户对信息系统获取、使用、操作的方便程度。它体现在对信息系统的界面设计、流程设计、功能设计、操作设计、反馈设计等各个方面。如操作界面是否友好，是否可以直观便捷地找到用户需要的功能，调解简易纠纷记录后是否提供当事人手机屏幕手写签名,服刑人员个别谈话教育时是否可以通过语音转文字记录并上传。

便捷性的衡量一般借助用户体验数据指标来表达,用户体验指标有客户满意度、净推荐值、客户费力度。

(1) 客户满意度 CSAT (Customer Satisfaction):用户对特定事件/体验的满意程度大多使用的是五点量表呈现。五点量表包括五个选择:非常满意、满意、一般、不满意、非常不满意。将满意(非常满意、满意、一般)和不满意(不满意、非常不满意)两类数据求和后,计算满意度。司法行政系统各业务软件的满意度受后台服务团队服务质量的影响较大,实际使用时要加以区分。

(2) 净推荐值 NPS (Net Promoter Score):指通过测量用户的推荐意愿,了解用户的忠诚度。净推荐值通过问题:"您是否愿意将某个司法行政信息系统推荐给您的朋友或者同事?"然后根据愿意推荐的程度让客户在 0 至 10 分范围内打分,并根据得分情况来判断客户意愿。

$$净推荐值(NPS) = \left(\frac{推荐者数}{总样本数}\right) \times 100\% - \left(\frac{贬损者数}{总样本数}\right) \times 100\%$$

(3) 客户费力度 CES (Customer Effort Score):用户通过非常简单、简单、有点简单、中立、有点困难、困难、非常困难选项表达自身感受。利用分数将行为分为容易、一般、困难,容易用户数的百分比减去困难用户数的百分比,得出测量数值。如测量数值超过 50%,说明该体验是容易获取的;如低于 50%,说明服务路径和体验需要优化。客户费力度 CES 可以帮助司法行政信息系统消除或减少用户服务中的障碍,但是 CES 只可以指出用户服务中的障碍,并不会深究为什么用户会遇到问题,或这些障碍会是什么。具体产生障碍的原因除了软件系统本身的界面、流程、功能、操作外,还有可能是司法行政系统后台服务团队的服务水平、解决问题能力及用户自身对法律法规的认识程序和掌握程度。

2. 数据质量指标

1) 数据的完整性

完整性描述数据信息缺失的程度,是数据质量中最基础的一项评估标准。数据缺失的情况可以分为数据信息记录缺失和字段信息记录缺失。数据完整性检测的步骤如下:

(1) 对于数据信息记录缺失的检测,可以通过对比源库中表的数据量和目的库中对应表的数据量来判断。

(2) 对于字段信息记录缺失的检测,选择需要进行完整性检查的字段,计算该字段中空值数据的占比,通常来说表的主键及非空字段空值率为 0。空值率越小说明字段信息越完善,空值率越大说明字段信息缺失越多。

完整性指标体现为数据元素(记录)的赋值程度:

$$X = A/B$$

X 表示完整率,即赋值程度;A 表示预期数据集中被赋值元素(记录)的个数;B 表示被赋值的数据集中元素(记录)的个数。$0<X<1$,理想值是 1,即所有应该记录的信息全部都记录下来。

2)数据准确性

准确性用于描述一个值与它所描述的客观事物的真实值之间的接近程度,有来检测数据记录的信息是否存在异常或错误。如法律援助系统中的工作人员将申请人的姓名"章三"录入成"张三",手误输错了这一信息,造成了数据库里存在的信息与客观事实不一样。数据准确性的检测较为困难,一般情况下很难解决,因此在信息系统设计时需要考虑由申请人自行输入个人信息,或由申请人对个人信息进行确认,或由身份证识别仪(扫描提取)提取申请人的个人信息,从而最大限度地减少数据人工录入导致的数据准确性降低的情况。

数据准确性指标包括内容正确性、格式合规性。指标体现为数据准确程度

$$Y = C/D$$

Y 表示准确率,即准确程度;C 表示满足数据正确性(格式)要求的数据集中元素的个数;D 表示被评价的数据集中元素的个数。$0<Y<1$,理想值是 1,即所有数据与实际相符,数据格式与要求相符。

3)数据有效性

有效性描述数据遵循预定的语法规则和逻辑关系的程度,即是否符合其定义。比如数据的类型、格式、取值范围等是否符合常理或逻辑关系。数据有效性检测的步骤是用户选择需要进行有效性检测的字段,针对每个字段设定有效性规则。

有效性规则包括类型有效、格式有效和取值有效等。类型有效检测字段数据的类型是否符合其定义,如法律问题留言咨询的问题内容全部是数字,没有文字是否被允许。格式有效性检测可以通过正则表达式(正则表达式通常被用来检索、替换那些符合某个模式/规则的文本)来判断数据是否与其定义相符,如寻求法律咨询人员在预留电话号码时数字中间多输入了一个空格,需要把空格去掉。取值有效检测则通过计算最大最小值来判断数据是否在有效的取值范围之内,如寻求法律咨询人员在填写法律案件发生时间时误写成了 2200 年,这明显不符合事件发生的逻辑事实。

数据有效性指标体现为数据的有效程度

$$Z = E/F$$

Z 表示有效率,即有效程度;E 表示满足数据有效性要求的数据集中元素的个数;F 表示被评价的数据集中元素的个数。$0<Z<1$,理想值是 1,即所有数据都是有效数据。

4)数据时效性

时效性是指信息仅在一定时间段内对决策具有价值的属性。数据从生成到录入

数据库存在一定的时间间隔，若该间隔较久，就可能导致分析得出的结论失去了借鉴意义。如社区矫正管理系统中社区服刑人员的每日签到数据，当天的签到数据在签到机生成后没有及时被系统获取或与目标数据库之间产生同步延迟，则会导致统计结果和真实结果存在一定误差。

数据时效性指标是基于时间戳的记录数、时间段、频率分布或延迟时间符合业务需求的程序，体现为数据时效程度：

$$M = G/H$$

M 表示时效率，即时效程度；G 表示满足数据时效性要求的数据集中元素的个数；H 表示被评价的数据集中元素的个数，$0<M<1$，理想值是 1，即所有数据都是满足时效要求的。

5) 数据一致性

一致性是把待检测的表作为主表，首先用户确定一致性检测的主表字段，然后选择需要给定检测的从表和从表字段，设置好主表和从表之间的关联项，关联项可以是多个字段，但是关联项必须是拥有匹配值的相似字段。匹配关联之后检查主表和从表相同或者类似字段字段值是否一致。如寻求法律咨询的人在 12348 热线平台咨询时口述为自己单身，需要了解购房问题，在 12348 法网平台咨询同一问题时描述为离异，需要了解购房问题。此时两大平台数据应该进行一致性比对，提醒法律服务人员确认相关信息后再回复，避免提问人认为法律法规有双重标准。

数据一致用于根据数据约束条件来检测数据在不同位置或在应用时数据的一致性，体现为数据的一致程度：

$$N = J/K$$

N 表示一致率，即一致程度；J 表示满足数据一致性要求的数据集中元素的个数；K 表示被评价的数据集中元素的个数，$0<N<1$，理想值是 1，即所有数据都是满足一致性要求的。

第四章 数字法治业务平台

以业务管理、行政管理、服务管理、协同管理的角度分析司法行政系统各级各类岗位对信息化的软件需求,结合司法行政职能与信息化建设体系要求从行政立法、行政执法监督、刑事(行政)执行、公共法律服务、行政管理、安全运维、数据分析、人工智能等维度提出各分项应用软件的体系架构、功能模块、流程结构、数据关系、共享交换设计要求,满足司法行政业务对信息化的需求,让智能应用融合到业务系统中,使数据像血液一样在业务系统中流动,呈现有活力的"数字法治 智慧司法"。

第一节 法治政府建设与责任落实督察平台

法治政府建设是各级各地党委政府在依法治国的总体框架下对本地所辖范围工作统筹协调全面依法治理工作,坚持依法治理、依法执政、依法行政共同推进,坚持法治国家、法治政府、法治社会一体化建设,研究全面依法治理重大事项、重大问题,统筹推进科学立法、严格执法、公正司法、全民守法,协调推进中国特色社会主义法治体系和社会主义法治国家建设等。按照职能划分,目前全国各级法治政府建设与责任落实督察平台是各级司法行政机构履行依法治省(自治区、直辖市)协调职责的业务管理平台。通过平台各项功能实现在全面依法治理协调工作中各级政府提高依法执政能力。深入推进法治建设、普法宣传、公正司法、依法行政、全民守法等治理工作。

一、平台理解

法治政府建设与责任落实督察平台是按照依法治国要求,对各级政府机构进行责任落实督导的平台,平台要依照体现人民意志和社会发展规律的法律治理国家,而不是依照个人意志和主张治理国家;要求国家的政治、经济运作、社会各方面的活动全面依照法律进行,而不受任何个人意志的干预、阻碍或破坏。简而言之,平台的各项目数据采集遵照依法治国要求，将传统数据上报、信息汇编、考核计分、排序比较，用网络和信息化方式实现。在此基础上通过大数据分析和人工智能辅助决策，实现对各级政府和职能部门的督察、督导、提升。法治政府建设与责任落实督察平台结构如图 4-1 所示。

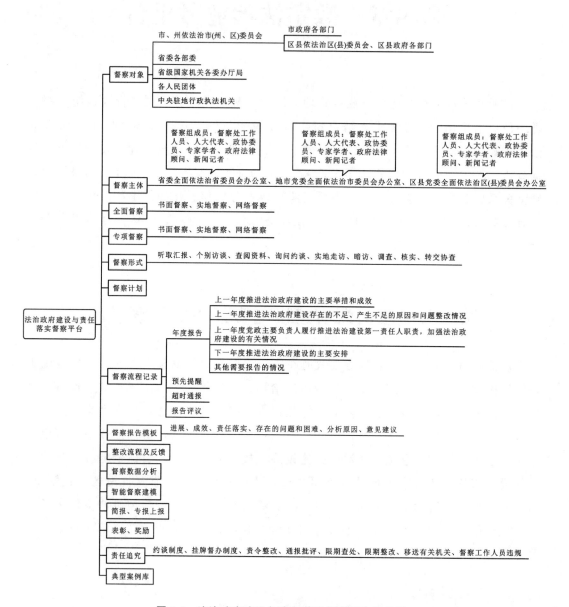

图 4-1　法治政府建设与责任落实督察平台结构图

二、功能描述

（一）信息采集录入功能

1. 全面督察

全面督察包括书面督察、实地督察、网络督察。

2. 专项督察

专项督察包括书面督察、实地督察、网络督察。

3. 督察形式

督察形式包括听取汇报、个别访谈、查阅资料、询问约谈、实地走访、暗访、调查、核实、转交协查。

4. 督察计划

通过年初工作计划，年度工作要点制订督察工作计划，录入平台并对各项工作时间节点进行提醒、催办、办结。

5. 督察流程记录

督察流程记录年度报告、预先提醒、超时通报、报告评议。

其中，年度报告包括：

（1）上一年度推进法治政府建设的主要举措和成效。

（2）上一年度推进法治政府建设存在的不足、产生不足的原因和问题整改情况。

（3）上一年度党政主要负责人履行推进法治建设第一责任人职责，加强法治政府建设的有关情况。

（4）下一年度推进法治政府建设的主要安排。

（5）其他需要报告的情况。

6. 表彰、奖励

对依法治理各项指标优秀的单位、个人给予表彰和奖励。

7. 责任追究

约谈制度、挂牌督办制度、责令整改、通报批评、限期查处、限期整改、移送有关机关。

督察对象违规现象表现为：

（1）对党中央、国务院和省委、省政府的法治政府建设决策部署懈怠拖延、落实不力，影响中央政令畅通，造成严重后果的。

（2）制定的政府规章、行政规范性文件违反宪法、法律、行政法规、地方性法规，破坏国家法制统一的。

（3）违纪违法决策或者依法应当做出决策而久拖不决，造成重大损失或恶劣影响的。

（4）执法不作为或者乱执法、执法牟利、粗暴执法等，侵犯公民、法人或者其他组织合法权益造成损害的。

（5）违纪违法干预监察工作、行政执法、行政复议或者司法活动的，拒不执行生效行政复议决定、法院生效裁判的。

（6）在行政复议工作中失职渎职、徇私舞弊、违法违规的。

（7）其他不履行或者不正确履行法治政府建设职责，依纪依法依规需要追责的情形。

8. 简报、专报上报

平台提供各级政府和直属机构把涉及依法治理工作的亮点、特色工作以简报、专报方式向上级依法治理协调机构上报，对有典型、示范作用的通过平台自动转发到内部网站、公众网站、宣传平台中。

（二）提供报告模板

1. 督察报告模板

进展、成效、责任落实、存在的问题和困难、分析原因、意见建议。

2. 整改流程及反馈

对督察问题转入整改流程，以任务表、责任人、时间表、路线图方式逐一落实整改问题，确保整改全流程跟踪，达到预期效果，及时反馈整改情况。

3. 督察数据分析

督察数据对时间、空间、人员、数量、范围等多维度分析，列出排名、形成分析报告。

（三）建模建库分析

1. 智能督察建模

以大数据中心为核心，对督察数据、业务数据、佐证数据进行分析运用数据挖掘技术对数据建模，以普法、投诉、应诉、执法监督等系统数据形成依法治理在评价模型，以立法、执法监督、备案、民意调查等数据形成法治政府画像模型等。

2. 典型案例库

将平台中的优秀案例、简报专报中的优秀案例、表彰奖励中的优秀案例、责任追究中的突出案例归集到典型案例库中,进行依法治理中的经验总结、知识入库,为依法治理工作提供案例借鉴。

3. 对各级政府部门、中央驻地行政执法单位和其他依法履行行政职能的单位履行推进本部门法治政府建设主体职责进行督察

(1) 认真学习贯彻习近平新时代中国特色社会主义思想,全面落实党中央、国务院和省委、省政府关于法治政府建设的决策部署,制定并组织实施本部门法治政府建设规划和年度计划,研究解决本部门法治政府建设中的重大问题并及时向本级党委和政府请示汇报。

(2) 全面正确履行部门职能,推进政府职能转变和简政放权、放管结合、优化服务,激发市场活力和社会创造力,推动经济社会高质量发展。

(3) 推动法律法规规章有效实施。完善依法行政制度体系,依法制定行政规范性文件,加强行政规范性文件的备案审查和清理工作,全面推行行政规范性文件合法性审核机制。

(4) 推进行政决策科学化、民主化、法治化,严格执行《重大行政决策程序暂行条例》,认真落实政府法律顾问制度、公职律师制度。

(5) 深入推进服务型行政执法建设,转变行政执法理念,创新行政执法方式,完善管理服务体系,积极培育服务型行政执法先进典型。

(6) 全面落实行政执法责任制,全面推行行政执法公示制度、执法全过程记录制度、重大执法决定法制审核制度,完善执法程序,严格执法责任,加强执法监督,推进严格规范公正文明廉洁执法。

(7) 规范行政权力运行,自觉接受党内监督、人大监督、民主监督、司法监督、社会监督、舆论监督,推动完善部门内部层级监督,加强对重点岗位的制约和监督。

(8) 切实推进政务公开,严格落实政务公开相关规定,完善政务公开制度,及时归集、推送、公开信息,依法依规履行信息发布和政策解读责任。

(9) 依法有效化解社会矛盾纠纷,积极履行行政调解、行政裁决职能,加强和改进行政复议工作,纠正违法、不当的行政行为,尊重并执行生效行政复议决定,努力将争议纠纷化解在基层、化解在萌芽状态;落实行政机关负责人依法出庭应诉制度,严格执行法院生效裁判。

(10) 严格落实领导干部学法制度,制订领导干部年度学法计划,部门办公会议(党委、党组会议)每季度至少学法1次,每年至少举办2次法治专题讲座;加强对部门工作人员的法治教育培训和法治能力考查测试。

(11) 认真落实"谁执法谁普法"普法责任制,加强本部门法治政府建设宣传教育工作,积极总结成功经验和创新做法,大力培育先进典型。

（12）统筹推进对本部门及所属机构依法行政、法治政府建设情况的考核评价和督促检查，对工作不力、问题较多的，应当及时约谈、责令整改、通报批评。

（13）其他依法依规应当履行的法治政府建设有关职责。

对县级以上政府部门、中央驻地行政执法单位和其他依法履行行政职能的单位重点督察主要负责人履行推进法治政府建设第一责任人职责情况，以及部门其他负责人在其分管工作范围内履行相关职责情况。县级以上政府部门、中央驻地行政执法单位和其他依法履行行政职能的单位主要负责人应当坚持以身作则、以上率下，带头抓好本部门推进法治政府建设的各项工作。

4. 对地方各级党政机关工作人员履行推进法治政府建设职责进行督察

（1）认真学习贯彻关于法治政府建设的决策部署。

（2）认真学习以宪法为核心的中国特色社会主义法律体系，熟练掌握与本职工作密切相关的法律法规规章，积极参加法治教育培训。

（3）注重提高法治思维和依法行政能力，想问题、做决策、办事情必须守法、重程序、受监督，不得以言代法、以权压法、逐利违法、徇私枉法。

（4）依法全面履行岗位职责，严守法定程序，无正当理由不得拖延或者拒绝履行法定职责，不得滥用职权侵犯公民、法人或者其他组织的合法权益。

（5）自觉遵法学法守法用法，大力弘扬社会主义法治精神，认真落实"谁执法谁普法"普法责任制，积极在工作中向人民群众普法，做法律法规的遵守者、执行者、宣传者。

（6）其他依法依规应当履行的法治政府建设有关职责。

第二节　行政立法与备案业务平台

行政立法是指国家行政机关制定行政法规和规章的活动。宪法规定国务院可以根据宪法和法律制定行政法规，国务院各部、各委员会可以根据法律和行政法规制定部门规章。省（自治区、直辖市）以及省（自治区、直辖市）人民政府所在地的市和经国务院批准的较大的市的人民政府，可以根据法律、行政法规制定地方政府规章。

行政立法的内容包括：行政机关和公务人员的法律规范；行政机关管理国家事务的法律规范；对行政机关的活动进行监督的法律规范。不同等级的国家行政机关的行政立法的效力等级不同。

一、平台理解

行政立法与备案业务平台严格按照《中华人民共和国立法法》及相关法律法规

要求设计，系统要求平台提供行政立法的议案（议题）广泛征集、立法过程规范管理、辅助分析智能化、数据对比分析精准、法规备案自动审核、立法效果评估客观等功能。

行政立法本身是一个涉及部门广，对社会活动影响大的工作。一套科学、有效、智慧的行政立法业务管理平台不仅可以更广泛征集各方意见，也可以在立法的计划、立项、调研、起草、征求意见、修改、送审、审议、备案、审查、评估等各个环节依照规范程序进行规范管理，全程留痕。平台可以对立法依据、法规条目进行智能分析，判断是否服从上位法、是否符合立法规定等。

二、功能描述

（一）业务流程管理

以省级行政立法与备案业务平台为例。

（1）全省各级立法机构工作人员登入省级司法厅行政立法与备案业务平台编报立法计划，按要求填写立法名称、类别、议题来源、必要性、权力机构、紧急程度、时间表、任务表、责任单位、责任人等。

（2）本级司法行政机构立法管理部门对立法计划进行审核，可以进行时间、顺序调整，明确是否纳入立法计划中，对审核结果以任务下发或模板文件形式反馈给计划编报单位。

（3）各级立法计划编报单位相关人员、专家学者进行行政立法的起草和修订工作，上传草案、修订内容、对应法规。

（4）对草案或修订内容进行多轮意见征集和专家评审，确保立法的合法、合理、公开性。对在起草和修订过程存在争议的文件、视频、手稿、会议记录、会议纪要、音频，特别是争议较大法条进行存储，全程记录。需要对公众或专家进行网上意见征集的可采取网站、微投票、App等方式对草案全部或某一条款进行意见征集，并将反馈结果自动记录到相应法条位置。

（5）与OA系统对接，经过多轮论证和评审的法规规章对接OA系统，待各级领导审批通过后反馈到对公众开放的网站、微信、微博、论坛、App发布。

（6）备案的法规规章要按规范性文件要求进行智能审核，确保备案不仅达到历史版本存储安全目标，还要达到智能分析功能，备案的法规规章导入系统后，系统能将其自动分章节、条款和句子，与立法知识库中的上位法、历史版本、相关法条形成一对多或多对多的对应关系，对立法和备案的法规规章或规范性文件进行自动审核，特别是在法规的有效范围、时效要求、条款不一致的情况进行自动标识，可以方便审核人对其进行鉴别。实现对法规规章的自动化备案管理和冲突矛盾自动识别并预警。

（7）公布的法规规章应有相应的征集反馈意见窗口，对多种渠道反馈的意见进行分类、整理、评估。

（8）所有业务实现 PC 端和移动端均可操作，确保数据源头唯一、确保业务办公可移动化。对公众、专家和领导关心的各类数据进行可视化展现。

（二）全媒体意见征集

（1）书信，以书信方式发布、收集对草案或修订内容的征集。

（2）传真，以传真方式发送意见征集通知（函）并收集反馈意见。

（3）电话，以人工电话或自动语音电话方式收集意见征集对象的意见，并手工或自动记录到意见征集数据库中。

（4）现场，以座谈、研讨等方式进行意见征集，对现场进行音视频的记录、会议记录、意见手稿等文字材料和音视频材料进行识别和语义分析。

（5）门户网站，通过门户网站或邮件系统以问卷、填表等方式收集意见。

（6）移动门户，通过移动应用以邮件、问卷、填表等方式 收集意见。

（7）小程序，通过小程序等公众常用软件或 App 收集意见。

（三）智能核查辅助

（1）建立立法资源库，供立法时有足够的法条、司法解释、案例进行查询。

（2）通过 OCR、语义分析、自然语言理解等智能化应用和大数据建模分析，对草案或修改内容进行分析、比对，找出与上位法、相关法条的关联关系以不同颜色标明区别、联系，并逐条进行研判。

（3）通过对社交网络、微信、微博和网络舆情分析，结合已颁布的法规规章进行立法效果评估，特别是网络舆情负面消息较多，关注度较高的重点案件涉及的法条进行对比分析、上位法分析，以正确方式引导舆情走向。

（四）时序管理

（1）以时间顺序推进方式对立法过程进行管控，确保立法过程各环节按顺序完成，超期预警。

（2）以倒排时间推进方式对立法过程进行管控，对时间要求较紧的立法任务，要求设定完成时间，以倒排工期的方式，自动生成每一环节完成的最后时间节点，确保立法在规定时间内完成。

三、平台数据关系

1. 数据生产

行政立法与备案业务平台数据来自各级司法行政机构和立法权机构，以及参与立法的专家、公众等。立法本身是一种体现公平、公正、公开的法律行为，因此，其平台应建设在互联网或电子政务外网的 DMZ 区，以确保所有参与立法的人员都可以随时、随地、随需参与。

2. 数据流向

数据以省级司法行政机构"司法云"为中心，各级司法行政机构和立法权机构按所分配的权限进入平台进行业务操作，在需要向外征集意见时，以传统或线上方式发布信息并回收数据到"司法云"数据中心。正式颁布的法规规章以"司法云"为核心对外进行发布或共享到相关单位数据中心。

3. 数据权限

行政立法与备案业务平台需要有行政区划的上下级审批管辖关系，各级立法服务本级政府工作并对下级立法进行备案审查。省级立法业务平台供各级立法业务使用，因此数据权限以本级数据共享为主并向下按区划分级授权。

4. 数据利用

所有已颁布的法律、法规、规章都自动列入立法资源库中，立法资源库中的所有数据都提供给各级行政立法机构和有立法权的机构，以共享方式使用。

第三节 行政执法协调监督业务平台

行政执法协调监督业务平台严格按照《中华人民共和国行政处罚法》及相关法律法规要求设计，系统要求行政处罚自由裁量权标准化管理、案件网上流转、执法行为网上监督，将执法行为从日常巡查、执法检查、立案处理、调查取证、审查、告知、听证、决定、执法文书打印、送达、执行、复议申请，到结案归档、案卷评审等执法环节全过程纳入系统管理。

一、平台理解

行政执法协调监督业务平台（以下简称执法监督平台）是以推动司法行政执法规范化和公正廉洁执法建设为导向，以建设高端应用的网上执法监督管理新模式为目标，对行政执法、社矫执法、监狱执法、戒毒执法等执法流程和重点、风险点进行智能化监督研判分析和可视化监控预警展示，变事后监督考评为全流程、实时监控，增强监督效果，提升执法监督管理实效，实现司法行政系统的部门执法、执法监督、执法考核一体化。执法监督平台是保障执法监督工作顺利开展的重要信息化工具。

二、平台架构

执法协调监督平台部、省（自治区）、市、县四级（直辖市为部、市、区三级）行政执法机构的执法监督数据汇聚互联，进行自下而上的归集。这些数据是指执法监督所需要的业务详细数据而不仅是统计数据。

1. 数据生产

执法监督数据由区县以下执法人员在日常执法工作中，通过 PC 端或移动执法终端伴随式收集执法全过程信息。执法单位的监督部门按照监督业务需求对执法过程、执法行为、执法结果的规范性、合法性、时效性、业务量等进行监督，形成业务数据和统计分析数据。

2. 数据流向

一些没有建设执法监督业务系统的执法单位，可直接使用省级司法厅建设的通用型执法监督系统，数据流向一般按同一执法业务体系自区县向地市级业务主管部门汇聚，再向省级业务主管部门逐级汇聚，各省级执法业务主管部门的汇聚数据同步到全省行政执法协调监督业务平台，由全省执法监督平台向司法部执法监督平台同步全量数据。

由省级司法厅建设的通用型执法监督系统所汇聚的数据按地域、层级反哺给当地法治政府建设使用。

已建设有本行业执法监督系统的执法单位，直接将司法部要求的执法监督数据全量同步到省级执法监督平台，由全省执法监督平台向司法部执法监督平台同步全量数据。

3. 数据权限

纵向在同一执法业务体系省（自治区）、市、县三级（直辖市为市、区两级）机构中，数据权限是自上而下的，可对所辖执法机构数据进行查询、统计和管理。横向因全国司法行政机关是执法监督的管理机构，因此，省（自治区）、市、县三级司法厅（局）可对本级和下级各类执法机构的执法数据进行查询、统计、管理。

4. 数据利用

执法监督数据可用于执法业务体系对执法的规范性、时效性进行分析和改进，也可对本级政府所辖执法机构的执法规范性、时效性、合法性、普适性进行横向比较，为法治政府建设提供清晰的脉络和必要的决策建议辅助。

5. 执法监督系统完整架构

执法监督系统完整架构如图 4-2 所示。

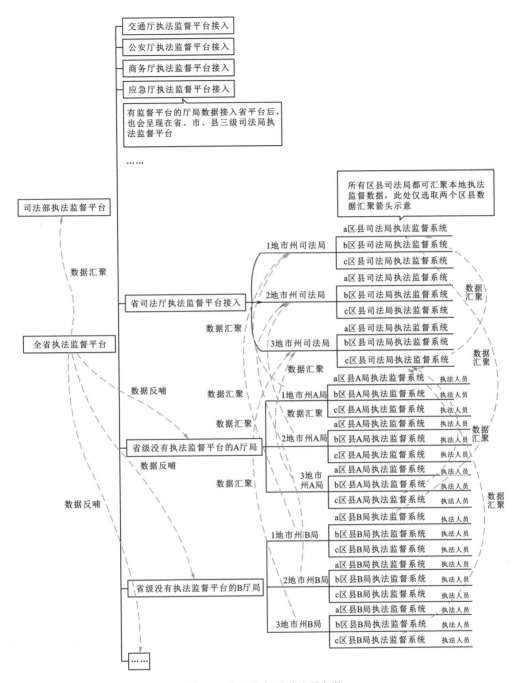

图 4-2 执法监督系统完整架构

三、平台组成

1. 推进依法行政

包括年度依法行政工作要点，召开/举办依法行政工作有关会议、活动，年度依法行政工作报告、年度依法行政考核等业务工作的记录、发布与管理。

2. 完善决策机制

包括重大决策规则制定、重大决策论证、重大决策风险评估、重大决策合法性审查和重大决策后评价等决策过程的信息化管理。

3. 加强制度建设

包括编制年度立法计划、规范性文件制定计划、政府立法和规范性文件管理配套制度、规范性文件评估、规范性文件清理、年度规范性文件制定报备情况等工作的信息化管理。

4. 规范行政执法

包括对执法人员的管理、执法人员在线培训（培训和考试）、执法案卷评查、执法质量考评、执法典型案例等。

5. 防范化解社会矛盾

包括行政调解体制、机制、制度建设和开展行政调解工作情况等。

6. 强化行政监督

包括行政复议受理和审理情况、国家赔偿受理和审理情况、行政机关负责人出庭应诉情况，行政复议、行政应诉、国家赔偿、行政处罚案件统计，重大处罚和重大许可备案，行政许可监督等。

7. 法制机构建设

包括对机构和人员的管理。

8. 司法行政法律法规知识库建设

包括国家法律法规、司法解释、部颁规章和规范性文件、地方规章和规范性文件、省级司法厅规范性文件等。

四、功能描述

（一）执法监督平台主要功能

1. 执法机构、人员、事项标准化

（1）执法主体的名称、职能配置、机构设置和人员编制、职责分工、管辖范围、执法区域、办公地点、联系方式等。

（2）实施行政执法所依据的法律法规规章、自由裁量标准、听证标准等。

（3）主要执法事项清单、随机抽查事项清单等。

（4）各类行政执法流程图、行政执法文书式样等。

（5）执法人员身份信息，行政执法服装、标识及执法证件的样式信息等。

（6）政务服务事项的服务对象、办理条件、办理方式、办理流程、法定时限、承诺时限、收费方式、收费依据以及申办材料的目录、表格、填写说明、示范文本等。

（7）接受监督举报的地址、邮编、电话、邮箱及受理反馈程序、时限等。

（8）法律法规规章规定的其他应当主动公示的行政执法信息。

2. 执法证管理

（1）执法证的规范管理，发证（制证）、补证、换证、撤销、送达、查询、与电子证照系统对接。

（2）在线学习系统，包含以下几方面的管理：

① 教师管理（基本信息、工作量、考核、学生评价、增删改查）；

② 学员管理（基本信息、登录信息、学习情况记录、增删改查）；

③ 课程管理（类别、专业、层次、增删改查）；

④ 视频课件管理（容量、学习时长、学生评价、增删改查）；

⑤ 电子课件管理（容量、学习次数、学习页数、学生评价、增删改查）；

⑥ 习题管理（类别、专业、层次、章节、难度、增删改查）；

⑦ 学习时长计时；

⑧ 学习积分计分。

（3）在线考试系统，分为考题管理、监督型考试和自觉型考试。

① 考题管理（含类别、专业、层次、章节、难度、增删改查）。

② 监督型考试，指在固定场所，有监考教师，用纸质试卷、电脑或手机电子试卷方式进行考试，适用于初次执法证考试。

③ 自觉型考试，指自主在家或手机移动端答题，适用于继续教育、知识更新教育。

3. 执法超期预警

将各类执法监督问题风险点发生的频次与其他年度同期情况进行对比，建立红色、橙色、黄色、绿色四级梯次预警机制。

4. 执法统计研判

通过智能检索分析统计工具，对执法相关数据进行分析统计，掌握各类型、各环节执法办理情况，并及时精确地查询具体个案办理情况。

5. 执法环节监督

对各类执法行为流程的关键环节设置监督重点，为发生执法风险点建立相应的监督机制。

6. 执法档案记载

系统按照"一人一档、如实记载,执法评查、定期考核,统一管理、分级建档"的原则,为单位与执法人员建立执法档案。

7. 执法风险监控

通过风险识别、评估、预警、处置、分析、防范等功能,实现对执法行为潜在风险的管理。

8. 执法案件管理

实现对各级各类行政执法行为的数据进行动态监测。

9. 执法流程管理

建立前后相连、环环相扣的办案管理流程,在最大程度保障执法流程规范性的同时,规范执法行为并起到规范权力的作用。

10. 执法质量考评

根据考评需要设定抽取执法卷宗的标准、制度,杜绝人为干预,保证考评的公平性。

对部门的考核涉及履职考核、抽查成绩、人员参与率、装备使用率、周报月报、定制报表。

对人员的考核涉及办案质量、装备使用情况、执法规范性。

11. 移动端实现内容

简易程序、一般程序、宣传教育、执法检查、地图定位、移动勤务、执法规范、人员管理、信息通信、法规学习、执法考试、数据共享、履职监督、案件抽查、案件监察、执法动态、执法考核、周报月报等。

(二)平台特色

1. 全系统覆盖

覆盖省(自治区、直辖市)、市、区县、街道多级执法监督部门,实现"纵向多层、横向多元"的执法监督主体用户全覆盖,并基于用户的角色及权限,提供相匹配的信息服务。

2. 全过程覆盖

对执法全过程进行在线监控,提示执法流程和内容,并记载执法过程,建立执法案件信息库,深度融合执法活动、执法人员、执法文书资源,建立执法电子档案模块推进执法案件库、执法人员库和执法文书库。

3. 全业务覆盖

对交通、卫生、环保、住建、应急、金融等全领域行政执法行为进行监测,包含数据监测、问题预警、动态研判、流程管理、质量考评、工作指导等功能，实现对各类执法行为的全面跟踪。

第四节 行政复议与行政应诉业务平台

行政复议，是指个人、法人或者其他组织认为行政主体的具体行政行为违法或不当，侵犯其合法权益，依法向主管行政机关提出复查该具体行政行为的申请，行政复议机关依照法定程序对被申请的具体行政行为进行合法性、适当性审查，并做出行政复议决定的一种法律制度。

行政复议以行政争议和部分民事争议为处理对象；行政复议直接以具体行政行为为审查对象；行政复议以合法性和合理性为审查标准；行政复议以书面审理为主要方式；行政复议以行政相对人为申请人，以行政主体为被申请人；行政复议以行政机关为处理机关。

行政诉讼，是个人、法人或其他组织认为国家机关做出的行政行为侵犯其合法权益而向法院提起的诉讼。

行政诉讼是诉讼的一种有效方法。行政诉讼的被告一般为国家行政机关，其接到人民法院的应诉通知书后，应积极、认真地做好相关应诉工作，在规定期限内提交答辩状进行答辩，按法院要求提供有关材料和证据，按时出庭参加审理活动。

一、平台理解

行政复议与行政应诉业务平台是将行政复议从网上申请复议到复议决定书发送给申请人，将应诉通知从接收到应诉结案的全流程电子化管理。将复议和应诉放在一个平台中便于基层业务办理人员兼任两项业务时的操作，也便于复议业务和应诉业务案例的相互共享，可提升业务技能和工作效能。平台除提供业务流程的全信息化管理外，还可提供各级政府机构的复议、应诉案件统计、分析、案例分享，与立法系统对接实现案件与立法建议和立法议案对接。

二、平台架构

行政复议与行政应诉业务平台采用省（自治区）、市、县三级（直辖市为市、区两级）业务架构，用户涵盖省（自治区）、市、县三级政府（用户为本级司法行政机关相应人员）及政府直属单位（用户为本单位复议和应诉人员）、律师、专家学者和社会公众。平台系统内部按角色分权限进行管理和访问控制，平台对外提供网站、微信、App 入口接受个人、组织申请复议，与法院系统通过接口接收应诉通知书，与司法部"司法云"系统进行数据对接。行政复议与行政应诉业务平台架构如图 4-3 所示。

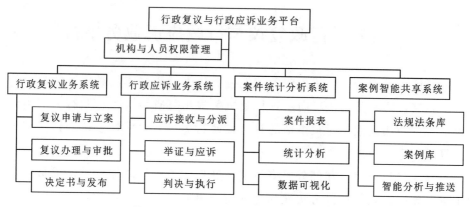

图 4-3　行政复议与行政应诉业务架构图

平台与司法行政系统其他业务系统一样，与司法行政系统统一人员身份认证系统、单点登录、统一权限管理系统对接。保障所有用户无论从哪一个门户进入，最终人员、机构数据源头都唯一。便于用户修改个人信息，更换手机、邮箱号，找回密码和修改密码。

行政复议业务系统按省（自治区）、市、县三级（直辖市为市、区两级）分权限给全省各级行政复议业务人员使用。以流程化方式对复议申请集中受理、统一指派、自动跟踪、规程标准、可查可看、统一反馈、规范归档。

行政应诉业务系统按省（自治区）、市、县三级（直辖市为市、区两级）分权限给全省各级行政应诉业务人员使用。以流程化方式对应诉案例统一受理、统一指派、规程标准、智能举证、判决跟踪、智能提醒、规范归档。

案件统计分析系统对全省各级政府和职能部门的复议案件、应诉案件按省（自治区）、市、县三级（直辖市为市、区两级）划分，也可按卫生、教育、市场、公安、交通等行业进行实时状态跟踪、数据统计、可视化展现，达到案件状态更新与全省统计数据实时同步，给各级业务管理机构和责任人提供直观的案件办理进度、办理时间、完成情况、数据走势可视化驾驶舱展示。数据共享以供各级政府和各行业主管单位使用。

案件智能共享系统与立法资料数据库对接，与法规法条库对接，与司法行政案例库对接，给复议工作人员和应诉律师提供全面的资料查询和案例查询。系统可根据案件敏感程序设置用户权限，供各类工作人员使用，通过大数据挖掘和人工智能算法，在案件库中匹配与新发生案件相似的案例推送给办案人员参考、借鉴。

三、功能描述

1. 行政复议业务系统

行政复议业务系统包括以下功能。

1）复议申请

提供复议申请说明、复议申请表格、表格收入、附件上传、信息修改。

2）复议预审

对服务大厅和网上提交的复议申请进行预审查，符合行政复议范围且资料齐全的出具复议受理回执单；不符合行政复议范围的以相应条款依据回复"不予受理告知书"，并建议以何种方式表达诉求；符合行政复议范围但资料不全的出具资料补齐信息表。

3）立案分派

预审通过的进行立案并分派给指定人员进行办理，办理人员可以接受也可以退回，进行再次分派或分派给多人参与案件办理。

4）案件记录

复议案件在办理过程中涉及办案时限提醒、关联案件合并、资料收集、证据上传、专家讨论、专题讨论、法规法条依据等信息的录制、录入、卷宗归档。对案件做出维持决定、撤销决定的审批文件与OA系统对接，执行内部行政办公流程。

5）出具决定书

按内部办公流程结果，自生统一编码的决定书，打印决定书（含二维码），可选择与快递系统对接，也可与短信、微信系统对接通知申请人领取决定书并记录决定书是否送达。决定书可通过二维码与申请人的要素信息认证后从区块链或政务网电子证书中查询、读取。

2. 行政应诉业务系统

行政应诉业务系统包括以下功能。

1）应诉接收

对法院送达的应诉通知书接收录入并指派工作人员和律师。

2）案件侦办与记录

联系法院调阅卷宗并记录诉讼内容，在案例库或卷宗中调阅相关资料，联系相关机构、人员取证，讨论分析应诉方案所有轨迹资料上传。一审、二审资料上传，审理过程中涉及办案时限提醒、关联案件资料合并、资料收集、证据上传、专家讨论、专题讨论、法规法条依据等信息的录制、录入、判决或裁决文书录入、卷宗归档。

3. 案件统计分析系统

案件统计分析系统包括以下功能。

1) 按案件状态统计

复议案件申请中、不受理、补齐中、立案、办理中、审结待批、已审结、审结送达中、审结实达、维护决定、撤销决定、被申请人自行撤销、申请人撤回申请、和解协调结案。应诉案件出庭一审案、二审案、判决、裁定、胜诉、败诉。

2) 按行政区划统计

按省（自治区）、市、县三级（直辖市为市、区两级）行政区域进行案件统计分析。

3) 按行业统计

按卫生、教育、市场、公安、交通等行业进行案件状态数量统计。

4) 按时间统计

一种是按时间点统计，在某一时间点各地处于各种状态的案件数量进行统计；另一种是按时间段统计，在某一时间段内各地处于各种状态的案件数量进行统计。

5) 综合统计

按案件状态、区划、行业、时间综合统计，也可按案件关键要素信息进行查询统计。如同一申请人是否在不同区划有多起复议申请等。

6) 数据可视化

以条形图、扇形图、环形图、拆线图、同比、环比、3D可视、实时动态数据更新等方式给用户提供可视化的数据看板，当出现异常数据变化时进行预警提醒，如对超时办理的预警。关联类案、关联同一申请人多案、关联复议决定后又应诉案件等。

4. 案例智能共享系统

案例智能共享系统包括以下功能。

1) 卷宗电子化

将复议和应诉结案的卷宗进行档案电子化标准处理。

2) 法规法条库

用于收集、解构、存储全国性法律、法规，地方各级各领域法规、规章、规范性文件，形成知识库。

3) 案例库

用于收集、解构、存储全国典型案例和本地案件，提供给智能分析系统查找类案。

4）智能分析

针对复议和应诉案件进行智能分析，利用语义理解系统自动列出相关法律法规条文，找出相关案例推送给用户。

第五节　法制研究中心业务平台

法制研究中心是各级政府从事政府法制工作理论研究的主要机构。其职责包括依法行政基础理论研究和政府立法、行政执法与行政执法监督、精准普法、公共法律服务的应用研究；开展政府法制研究课题的组织管理，负责政府法制系统课题的申报立项、实施、中期检查、结题验收等工作；承担当地《政府法制研究》（公开或内刊）编辑发行工作；承办政府法制系统工作人员业务培训，参与行政执法人员岗位、依法行政与法治政府建设等培训。

鉴于法制研究工作需求，法制研究中心业务平台主要由课题管理系统和期刊管理系统组成，其他业务可通过司法行政OA管理系统完成。

一、平台理解

法制研究中心业务平台旨在解决大多数法治中心现在沿用的网站发布课题信息和期刊征稿信息，电子邮件接收课题申报和文章投稿方式，信息的发出和反馈是两套隔离的系统，工作人员需要逐一对应、逐一下载、逐一编码进行后续外审、评审、管理、结项、出版等工作。虽然已经使用了信息化技术来组织这些工作，但由于每一环节工作都相对孤立，不便于岗位轮换后的工作连续性，也不便于防止违规申报和违规投稿现象出现。平台将把课题管理和征稿管理按标准化流程进行规范，对课题名、课题内容、课题申报人、课题参与人、审核人、结项、稿件、稿件作者、作者单位、发行、资金等进行全流程跟踪、全数据库比对，实现整个业务流程的自动化。

二、平台架构

法制研究中心业务平台提供给司法厅（局）本级法制研究中心使用，涉及三类用户，分别是法制研究中心工作人员、课题申报或文章投稿人、评审专家。三类用户个人注册信息、机构、权限均由司法行政系统统一身份认证、单点登录和权限管理系统统一管理。平台分课题管理、期刊管理、专家管理三个子系统，如图4-4所示。

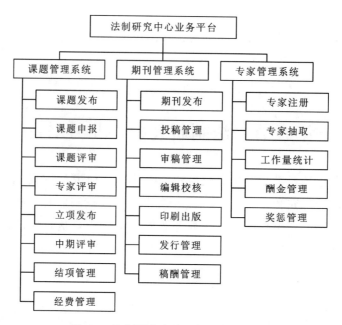

图 4-4　法制研究中心业务平台架构图

1. 课程管理

课题管理系统是对法制研究领域课题的全生命周期管理，除完成课题网上申报、网上受理、网上评审、立项公布、中期评审、结项管理、经费管理外，还需按照课题管理文件要求对课题申报人的资格、课题内容、完成情况进行自动逻辑研判和预警。

2. 期刊管理系统

期刊管理系统提供网上投稿、网上审稿、修改上传、状态查询和发行管理外，还将进行稿件查重、作者学术审查等工作。

3. 专家管理系统

专家管理系统是对参与课题评审和稿件评审的专家进行资格、学术方向、业务能力的审查和管理，对专家库进行及时更新和补充，统计工作量、核发酬金、考核业绩等。

三、功能描述

1. 课题管理系统

课题管理系统主要功能有以下几个方面。

1) 课题发布

与网站、微信公众号、微博进行接口对接，自动发布课题相关信息，减少多系统登录多次发布。

2）课题申报

提供课题申报说明、申报表格、申报模板、在线上传、自动判断申报人资格、参与人资格、格式自动归一化、统一编号。

3）课题预审

对课题申报书进行自动查重、学术审查、人工预审等，然后确定是否送专家评审。

4）专家评审

系统自动通知专家登录系统，填写审阅意见，修改意见，必要时以盲审方式屏蔽专家信息和申报人基本信息。

5）立项发布

对专家评审通过的课题，进行立项评审，对接 OA 系统行政审批后，在发布系统进行立项发布，办理相关手续。

6）中期评审

系统按中期评审时间设定提前一个月自动提醒课题管理人和课题申报人准备中期评审，提交中期评审报告，组织中期答辩、专家评审，将相关结论和附件录入中期评审记录中。

7）结项管理

系统按项目到期时间自动提醒课题管理人和课题申报人准备课题结项。提交结项成果、结项报告，组织结项答辩、专家评审，将相关结论和附件录入结项管理中。

8）经费管理

对课题经费进行管理，按课时类别，记录经费发放标准、发放进度、发放时间等，上传相关凭证。

2. 期刊管理系统功能

期刊管理系统的功能主要有以下几个方面。

1）期刊发布

与期刊网站、微信、微博对接，实现电子版期刊的网上发布，从技术上禁止用户复制粘贴、添加水印、跟踪分享连接、统计用户量。

2）投稿管理

提供作者注册、投稿注意事项、网上投稿、附件上传、修改稿件等功能。

3）审稿管理

对作者和稿件进行预审、查重，送专家外审（或盲审），专家反馈意见后，给作者反馈意见。

4）编辑校核

编辑审稿，反馈意见，审稿校核。

5）印刷出版

与 OA 系统对接走内部审批程序，分配刊期、排版、清样、校对、印刷、出版。

6）发行管理

管理发行读者机构，定期更新读者机构、联系人、数量等信息。

7）稿酬管理

管理已发行期刊文章作者的稿酬发放。

3. 专家管理系统功能

专家管理系统的功能主要有以下几个方面。

1）专家注册

专家需要经推荐、审查后方可注册，由法制研究中心人员录入基本信息后，由系统发送注册信息给相应专家，录入系统完善信息。

2）专家抽取

对课题和期刊文章进行分类抽取专家，按专业对口方式分派任务。

3）工作量统计

按月、季度、年进行工作量统计。

4）酬金管理

按课题、文章、评审会等不同形式给付专家酬金，管理专家账号等信息。

5）奖惩管理

对专家工作进行定量、定性考核，分析专家工作业绩。对不能胜任工作的进行更换，提供专家补充建议信息。

第五章 刑事（行政）执行与应急指挥业务平台

第一节 监狱、戒毒执法监管平台

司法行政系统肩负司法体系中最后一个环节国家——刑罚执行。刑罚执行主要由监狱和社区矫正机构承接，监狱需要在特定区域、时间段对服刑人员进行监管，这种监管涉及场地、周界、门禁、劳动、教育、生活、卫生等各环节。强制隔离戒毒属行政执行范畴，但其在特定区域、时间段对戒毒学员的强制戒毒措施与监狱监管措施有共通之处，因此将戒毒所的信息化建设与监狱信息化一并阐述，戒毒所信息化参照监狱信息化进行设计和建设（后续监狱、戒毒所内场地一并称为监所，监狱、戒毒单位一并称为监管单位）。智慧化的监管平台可以在日常监管中保障对在押人员的精细化管理、科学化管理，也可保障民警的执法规范性，对民警的正当权益进行保护。

一、总体逻辑架构

监狱、戒毒系统信息化系统应由两级建设主体承担，一级是省级司法厅或监狱管理局或戒毒管理局，二级是监狱和戒毒所。可由省级建设主体统筹资金、整体设计，省级和基层单位分级承担建设任务。

总体逻辑架构，是在统一的网络基础设施支撑下，建立和整合监狱系统、戒毒系统分别集中统一的信息资源库，构建与监狱、戒毒业务紧耦合、完全自主可控的统一信息安全防护体系，在智慧监狱、智慧戒毒信息化标准及规范体系支撑下，建立目录服务、信息安全服务和政务信息交换等系统，并通过内、外网服务接入门户，建设覆盖全监狱系统、戒毒系统的应急联动指挥、智能安防管理、综合业务管理、罪犯（戒毒学员）教育改造、狱务（所务）公开等业务平台。监狱、戒毒执法监管平台总体逻辑结构如图5-1所示。

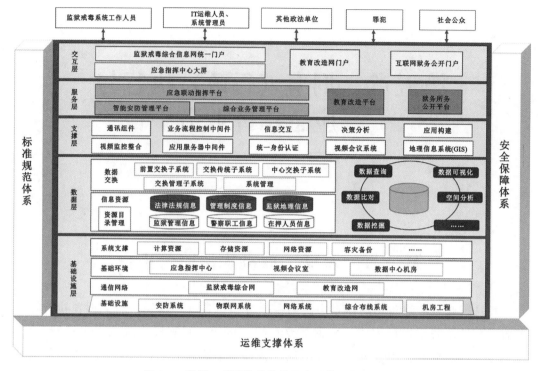

图 5-1 监狱、戒毒执法监管平台总体逻辑结构图

1. 交互层

交互层,对智慧监狱(戒毒)信息化系统资源进行严格的配置管理和权限管理,实现对全监狱(戒毒)系统信息资源和综合分析数据统一发布、收集和交换等管理,通过门户系统将经过整合处理或主题加工后的各种层次的成品数据或分析成果对外发布,在应急指挥中心大屏等终端设备上进行展示,为监狱(戒毒)系统内、外不同类型的用户提供个性化的数据共享和信息服务。

2. 服务层

服务层,在信息安全防护体系和标准及规范体系基础上,依托信息资源层及中间服务层,由支撑层合并运行分属于应急联动指挥、智慧安防管理、综合业务管理、罪犯(戒毒学员)教育改造、监狱狱务(戒毒所所务)公开等政务服务平台。同时,整合监狱(戒毒所)原有适用的可以整合的业务应用系统。

省级监狱(戒毒)管理局负责业务平台的开发和全省各监狱(戒毒所)的系统部署,对各监狱(戒毒所)的安防、应急指挥等基础设施进行集成;监狱(戒毒所)负责智能安防、应急指挥中心、数据机房等基础设施的建设。

3. 支撑层

支撑层是抽取应急联动指挥、安防监测分析、监狱政务(戒毒所所务)公开、行政执法和内部管理等政务功能平台共性功能模块,支撑应急联动指挥、智慧安防管理、综合业务管理、罪犯（戒毒学员）教育改造、监狱狱务（戒毒所所务）公开等服务应用，通过对共性功能模块的组件化、规范化、装备化，利用模型化、可视化的应用构造工具体系，实现应用软件可针对业务的需求快速定制与演化。

4. 数据层

数据资源层包含建设数据交换系统和信息资源系统。数据交换系统，包括基础中间件、分布式数据交换处理中间件、数据智能中间件、信息管理中间件、应用协同中间件、元数据与模型交换中间件、资源目录交换中间件，这些中间件可以通过动态扩展形成一个整体集成的分布式中间服务平台体系，为上层的业务系统提供中间层服务。

信息资源系统，通过收集和整理政策法规类、管理制度类及全监狱（戒毒所）监管对象类、业务应用类等信息资源，完成全监狱（戒毒所）大数据中心信息资源和数据库体系的建设。

信息资源层利用中间服务层对外提供数据交换与共享接口，包括了封装的数据访问服务，数据管理、数据交换和信息资源目录服务，以及基于 XML 的数据层交换管理，Web Service 的应用接口及交换管理。

5. 基础设施层

基础设施层包括监狱（戒毒）管理局和监狱（戒毒所）的信息化基础环境、网络系统、安防监控系统、物联网系统等智慧监狱（戒毒）信息化系统，是支撑全省智慧监狱（戒毒）信息化工程建设的基础。

监狱（戒毒所）的信息化基础建设，包括安防信息系统、应急指挥中心、数据机房等基础设施。

网络系统根据全监狱（戒毒）系统政务业务需求，依托国家电子政务内网、外网和综合信息网，联结全监狱（戒毒）各级机关部门，升级改造现有监狱（戒毒）专网，提供数据、文件、图像等多种数据类型的通信服务。

基础环境主要建设各级应急指挥中心、行政视频会议室、数据中心机房的基础设施，为各信息化系统安全、稳定地运行提供基础保障。

系统支撑主要包括各类计算资源、存储资源、操作系统和数据库管理系统等。

以上每一层，都可以通过信息安全保障体系进行可信的访问控制，并且都有相应的运行管理标准及规范体系贯穿其中作为保障。为了实现自主可控的总体应用目标，基础设施层软硬件及网络主要依赖的是国产化的网络设备、服务器设备、客户端工作站设备和安全保密设备。

二、总体网络架构

智慧监狱（戒毒）信息化需要至少构建三张物理隔离的通信网络：监狱（戒

毒）综合信息网、教育改造网、安防网。其中，综合信息网承载监狱（戒毒）综合管理、应急指挥、安防管理等业务，教育改造网承载罪犯（戒毒学员）使用的各项应用业务。（见图 5-2）

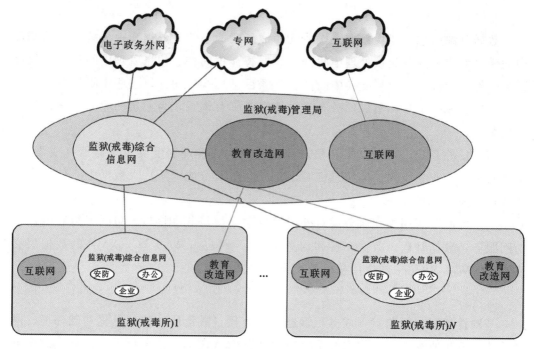

图 5-2　网络总体架构图

依托各省（自治区、直辖市）政法专网，实现监狱（戒毒）管理局和监狱（戒毒所）与公、检、法、司及安保等单位信息交换传输，依托综合信息网、电子政务外网、教育改造网、互联网以及信息发布系统，提供面向民警、监狱（戒毒所）工作人员、企业、社会公众、罪犯家属的各项业务应用。

省级监狱（戒毒）管理局：它是监狱（戒毒）网络系统的核心，负责汇聚全监狱（戒毒所）的综合信息网、教育改造网，两张网物理隔离，通过摆渡机进行连接，实现两张网络间的数据交互。

1. 监狱（戒毒）专网

承载场所办公、财务等业务，并且通过防火墙与省局互联。戒毒专网核心交换机与其他分所共用，核心交换机部署在网络中心机房，要求交换机预留足够的扩展槽，需要时增加接口板卡即可。

2. 安防网

接入视频监控系统、门禁系统、广播系统、对讲系统等安防设备。安防网核心交换机与监狱（戒毒所）二级单位共用，核心交换机部署在网络中心机房，要求交换机预留足够的扩展槽，需要时增加接口板卡即可。

3. 罪犯（戒毒学员）教育网

在办公楼、帮教楼、院区宿舍楼、教学楼等楼宇建设罪犯（戒毒学员）教育网。罪犯（戒毒学员）教育网核心交换机与其他监区（分所）共用，核心交换机部署在数据中心机房，要求交换机预留足够的扩展槽，需要时增加接口板卡即可。

网络根据场所建筑特点采用核心层—汇聚层—接入层三级结构，监狱（戒毒所）内各类业务终端就近接入接入层交换机。接入层到汇聚层采用千兆互连，汇聚层到核心层根据业务带宽流量需求及系统冗余设计需求采用单个千兆端口上行或两个千兆端口链路聚合的方式互连。

三、行政视频会议（视频点名）系统

多媒体视频会议系统（可实现与指挥中心点名功能），旨在通过计算机网络，采用图形图像和情报信息处理技术，实现会议室范围内的信息互通和资源共享。其应用先进的计算机网络、多媒体通信和图形图像显示技术，以计算机信息系统为核心，以有线/无线通信为介质，是融图形图像显示、计算机网络传输、计算机辅助决策、集中控制等多种系统于一身的远程可视化会议系统。

（一）行政视频会议（视频点名）系统组成

行政视频会议室建设包括会议扩声系统、视频显示系统、电视会议系统及其他辅助系统。

1. 会议扩声系统

由前端拾音器、信号处理切换设备、功率放大设备及扩声扬声器组成。

2. 视频显示系统

由前端采集设备、视频控制设备、会场显示设备组成。

视频显示系统可由多种显示设备组合而成，具有灵活的组合方式。视频显示系统还可接入闭路电视、录像机、DVD、电视会议、计算机、本地会场等信号。

3. 电视会议系统

主要由高清会议摄像头、会议室远程视频会议终端、电视会议系统中心控制设备组成。

（二）功能描述

1. 会议功能

通过监狱（戒毒）专网，可灵活召开多方会议，会议速率可以灵活调整，各会场可根据情况，以不同速率灵活接入会议。

可以提供 VGA/HDMI 和双视频流的数据会议解决方案，可以提供全网范围内的高质量的数据会议，满足远程培训和资料共享等应用。

设备基于 Web 方式管理，各个会场只要经过授权都可以登录设备进行会议的配置管理，自主召开会议。

可以提供先进的电话接口功能，普通电话/移动电话的语音可以混入电视会议，将电视会议延伸至每一个普通电话和移动电话终端。

设备具有高安全可靠性设计。支持加密及多级权限管理等安全机制，保证用户会议的安全。

2. 点名功能

1）网络穿透

包括内网穿透即 NAT 穿透，让处于不同网系的设备可以正常通信；具备 P2P 网络穿透，支持 NAT 会话时间检测，能适时调整连接心跳周期。

2）地理区域展现

实现以全国地图展现各省级司法厅单位信息，以省级地图展现各省级司法厅、监狱局、戒毒局下级单位信息。

3）视频点名展现

以全国地图实时展现司法部对各省级视频点名情况进行统计展现，以省级地图实时展现司法厅、监狱局、戒毒局对下属单位视频点名情况进行统计展现。

4）零报告展现

以全国地图实时展现司法部对各省级零报告数据，以省级地图实时展现司法厅、监狱局、戒毒局对下属单位零报告数据。

5）突发事件报告展现

以全国地图实时展现司法部对各省级突发事件报告数据，以省级地图实时展现司法厅、监狱局、戒毒局对下属单位突发事件报告数据。

6）设备巡查展现

以全国地图实时展现各省级司法厅设备运行情况，以省级地图实时展现地市县各级司法行政机关、监狱局、戒毒局、监狱、戒毒所、县级以上社矫中心、县级以下设备运行情况。

7）多路视频点名

司法部指挥中心通过全国地图实现对各省级司法厅发起多路视频点名，各省级司法厅、监狱局、戒毒局指挥中心通过省级地图对下属单位发起多路视频点名。

8）语音关键字识别和操控

运用嵌入式离线语音关键字识别引擎，零流量实时响应，实现快速稳定的本地化语音关键字识别；支持万条语法规模的词汇量，可以自定义命令词实现语音关键字操控。

3. 工作方式

任意开会会场可以在任意时间申请成为主席（主会场），主席会场同时只存在一个，主席会场实现控制视频切换；批准发言会场；从系统中切断分会场，结束会议，远遥摄像头等功能。

会议控制方式可根据会议性质的不同而分别选择主席控制、语音控制、导演控制和演讲人控制方式。

4. 会议的组织方式

会议组织有"预定会议"和"即时会议"两种组织方式。预定会议方式下，会议的开始时间为将来某一时刻，当到达该时刻时，会议自动开始。在即时会议方式下，会议从当前时刻马上开始。

5. 显示方式

采用双显监视器和画中画功能，各会场可同时显示本会场图像、某一其他会场的图像或静止图像。

全部会场的画面可依次显示，由主会场进行操作。当主会场切换各会场画面进行轮换广播时，不中断发言会场的声音。

6. 实时添加滚动字幕

用户可根据需要输入字幕信息，并向各会场广播。字幕的字体、大小、颜色、滚动时间间隔等均可方便地进行设置及更改。

7. 发言方式

除主会场与发言会场可对话外，还允许其他会场插话。任何会场均有权请求发言，申请发言的信号在主席会场的显示屏上显示，由主席决定是否允许其发言。

8. 摄像机控制

主会场可遥控操作参加会议的全部受控摄像机的动作，调整画面内容和清晰度。能控制摄像机摇摆、倾斜、变焦、聚焦等动作。

9. 切换方式

一般当主席允许某会场发言或点名某会场发言时，图像和声音将自动切换到该会场。

10. 其他功能

在会议期间，任一会场可以静音（其他会场听不到该会场的声音）或哑音（听不到其他会场的声音）。

任何会场加入或退出会议时，各终端控制台都有显示并发出提示音。

四、应急联动指挥平台

此处应急联动指挥平台是指监狱、戒毒等监管场所的指挥软件平台，可结合本书姊妹篇《司法行政信息化建设与管理》中应急指挥中心章节一并学习。

（一）业务理解

监狱、戒毒应急联动指挥平台是依靠现代科技手段，整合视频监控系统、门禁控制系统、周界防范系统、电子巡更系统、综合报警系统、监仓对讲系统、数字广播系统、智能侦测系统等智能安防系统和融合通信系统、视频会议系统、三维电子地图等支撑系统以及预案管理、指挥调度、指挥中心管理和显示墙控制等子系统，实现各安防系统与其他业务之间的互联互控及信息融合与共享，为领导分析决策和指挥调度提供全面的信息支撑和灵活的技术手段，是构建"以人防为主、技防为辅，人机交互"的监管安全保障运行模式的重要内容。

（二）功能描述

1. 接警管理

实现对接警信息进行登记、呈报，并根据情况启动最佳预案。

2. 安防联动

在接警后，根据应急预案，自动实现一系列的安防设备联合动作，如：接到民警移动报警，立即调出覆盖该位置的视频监控图像，自动发送语音信息到监狱广播系统等。

3. 处置过程管理

实现各个梯队处置信息收集、确认，实现处置现场实时指挥。

4. 信息调阅

实现应急指挥过程中，罪犯（戒毒学员）基本信息、图片信息、罪犯（戒毒学员）动态移动轨迹信息、视频监控信息、音频监听信息、报警信息、红外周界信息、围墙电网信息、门禁信息、短信信息、广播信息和历史案例等相关信息的调阅。

5. 现场录像录音

实现应急指挥现场的录像录音。

6. 事态评估

根据对突发事件事态进展的掌握，对突发事件事态进行评估，实现各级工作人员对事态评估的管理。同时根据判断模型，实现对突发事件事态的辅助研判，系统根据关联分析，自动链接相关预案，为采取合理的应急响应提供支持。

7. 案例分析

实现对收录案例剖析与总结工作的信息化管理，能够辅助工作人员实现对突发事件的应急处置剖析，对剖析总结出的突发事件防范及处置工作的好经验、存在的问题和薄弱环节、提出的改进建议等进行条理化的管理。

8. 应急资源管理

应急资源管理按照不同的管理对象及其特有属性，可分为应急单位管理、应急组织管理、应急队伍管理、应急物资管理、应急专用工具管理、应急专家管理、应急知识管理等。

9. 执行应急预案

实现对各种预案（如罪犯脱逃、挟持人质事件、狱内行凶事件、罪犯暴狱事件、聚众冲击监管区域事件、公共卫生事件、重大安全生产事故、自然灾害事件、其他突发事件）的执行记录登记和管理。

10. 安防设备集中控制

实现对各个安防设备设施的集中控制，如：调阅现场视频、监控云台调整、调阅现场音频、监听声音调整、启动门径联动、解除门禁联动、自动语音广播、广播喇叭控制和发送短信等。

11. 预案管理系统

预案管理系统是针对各类可能的突发事件，保证迅速、有序效地开展应急行动而预先制定的工作计划或方案的管理系统。

12. 指挥调度系统

指挥调度系统是负责收集和管理监狱办公区、监管区、监狱生产区、罪犯（戒毒学员）生活区以及监狱管理局、戒毒管理局、武警防暴队、公安特警队等相关单位的资料，配合电子地图库，为指挥长提供全局、实时、详尽和直观的决策辅助信息。根据实际需要，可以随时调用信息数据、现场视频图像、电台等，利用相关系统提供的应用模块，进行应急事件的指挥调度，将指挥调度指令及时并准确地发布到各指挥调度机构，方便相关人员查阅，实现对整个突发事件的统筹安排。

13. 指挥中心管理系统

指挥中心管理系统完成平台用户管理、角色管理、设备管理以及功能权限管理等操作，系统中每个用户隶属于一个角色，每个角色配置设备的操作权限、功能操作权限、报警接收权限，用户数量和角色数量可根据具体需要无限制预设。系统实时管理在线用户及设备，实时监测流媒体服务器的负载，自动调整分配流媒体的访问负载。

14. 显示墙控制系统

显示墙控制系统模拟硬件矩阵，以系统解码的方式实现显示墙的管理和显示，系统通过前端软解码服务器驱动显示系统，软解码服务器接收来自客户端以及联动服务器的命令，将指定的视频以不同的分屏模式显示在指定的电视大屏上，同时具有记忆功能，每次开机重启时能自动播放上次的视频。显示控制客户端用来统一管理各路视频在显示墙的显示，用户可自由选择分屏模式，自由选择播放的视频。

系统有报警产生时，若联动服务器中设置了联动大屏显示，则联动服务器在接收到报警信息时立即向显示墙前端软解码服务器发送命令，控制报警视频显示在指定模式的屏幕上，同时屏幕闪烁表示为报警视频画面，提醒监控人员注意查看。

15. 融合通信系统

融合通信是指把计算机技术与传统通信技术融合一体的新通信模式，融合计算机网络与传统通信网络在一个网络平台上，实现电话、传真、数据传输、音视频会议、呼叫中心、即时通信等众多应用服务。

监狱（戒毒所）多媒体融合平台是一个以通信网络为核心的、独立的多媒体综合信息应用系统，是采用有线与无线相结合、固定与机动相结合的立体化、快速反应的应急指挥调度系统，实现各业务数据库、决策支持数据库等数据信息的共享和处理，实现指挥中心对各种资源及各岗位人员的统一指挥和调度。该系统技术先进、组网灵活、模块化升级、实时性好、可靠性高、方便易用。

监狱（戒毒）系统多媒体融合通信平台完全基于监狱（戒毒）系统内部IP网络部署，所有设备均直接接入IP网络，通过网络实现语音、视频的通信；除实现内部办公通信、召开视频会议、发布远程广播等业务模式以外，还提供开放的接口和现有视频监控系统、大屏幕显示系统、监狱业务系统、现有各种通信和业务系统进行集成的接口，实现多系统协同作业的多媒体融合。融合通信系统如图5-3所示。

16. IP电话系统

通过监狱（戒毒）综合信息网的建设，为监狱（戒毒）系统各单位之间实现IP电话提供了必要的通路条件，在此基础上通过在各单位部署IP电话网关设备（IP-PBX），建立与各单位指挥中心间的应急IP电话网。

17. 对讲机系统

在各监狱（戒毒所）通过部署无线集群网关，通过监狱（戒毒所）内部IP网络与各监狱（戒毒所）的部署语音网关进行对接，实现对电台的状态监控及单呼、组呼等特有的功能。

18. 即时通信系统

构建一个强大的内部即时通信统一平台，提供文字、语音、视频等多种即时沟

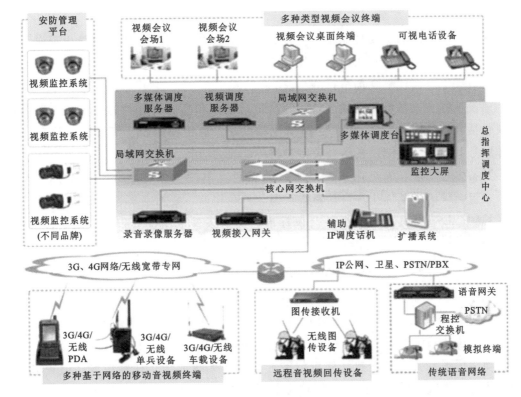

图 5-3 融合通信系统图

通手段，部署省级监狱系统组织机构树，支持跨组织、跨部门、跨地域的迅速沟通。同时，提供"会议室""文件服务"等丰富的群组协作功能与手段，实现全监狱（戒毒）系统高效协作和信息实时共享，有效提升工作能力和管理效率。

通信平台具有支撑超大组织机构能力，提供各种安全加密、信息过滤、权限管理的方式，保障信息的高度安全性。

1）即时消息

通过桌面客户端、移动客户端发送文本消息进行聊天。

当消息接收方处理离线状态时，消息会转为即时消息存储，等用户上线后再下发给用户。

2）短信功能

部署短信网关，当用户无应答或离线或占线而未接到电话，将有短信发送到预先配置的手机号码上。

3）文件传输

终端之间能够传输文件，文件传输信令通过服务器中转，数据采用直连方式传输。接受方收到发送文件请求后，可以选择是否接收，在接收的过程中能够中止接收。

19. 视频会议系统

视频会议系统的主要功能是实时传送声音、图像，同时还要附加静止图像、文件等信号的传送，使在不同地点参加会议的人感到像在和对方进行"面对面"的交谈，在效果上可以代替现场举行的会议。

建设视频会议系统使视频会议达到高清晰视频和高保真音频的会议效果。视频会议包括高清线路、高清 MCU、高清视频终端、高清摄像机、高清显示设备、流媒体服务器、视频存储、视频会议室装修等建设内容。

具备多种功能，满足用户的需求。如点对点电视会议、多分屏会议、双流会议、多组会议、带宽优化、自动断线重邀、自动轮询、叠加字幕等功能。

视频会议系统具有高清视频会议标准；高清条件下组会、传输、录制、录播；央控制单元应具有备份功能；友好的控制操作界面；系统对网络具有良好的适应性；与全监狱（戒毒）视频会议系统互联互通；智能会议系统与视频会议的融合；录播系统的备份功能。

20. 移动执法系统（警务通）

移动执法系统是日常监管执法的单兵装备，也是应急联动指挥的移动终端。应急联动指挥平台要与移动执法系统（警务通）的无线通信、视频传输、语音电话、短信传输、无线对讲、黑白名单等功能实现融合。

21. 接口规范

应急联动指挥平台和各子系统的数据交换是通过接口设计来实现的。对于各子系统的通信接口和协议，采用通信集中管理方式，即通过前置转换程序将各平台和子系统的通信接口都统一标准，不同子系统只需对其通信协议和数据格式编程，即可方便地集成到指挥中心。

（三）系统联动

1. 报警联动系统

接收来自各个报警源的报警信息，按照报警信息的位置、级别等属性进行一系列动作联动。系统需预先按照实际情况编制报警联动动作序列，如防区发生移动侦测时联动广播系统、联动摄像机抓拍录像、联动声响报警设备、联动大屏显示以及联动地图定位等，每个报警可设置多个联动动作。

报警联动子系统是集无线、有线、安防报警、接警、处警于一体的接处警综合联动报警平台。联动报警系统采用二级管理结构；一级为监狱（戒毒所）应急指挥中心、二级为监区（大队）分控中心。在各类报警发生时，能自动显示报警者所处的地理位置、详细资料、警力分布等情况，便于快速调用警力前往处置；安防监控系统的各类报警与音视频联动，能实时显示报警现场的视频画面，在电子地图上显示报警点所在位置,便于及时处置狱内突发事件。并能自动启动录音录像,用于事后的查询和分析;能实时记录报警语音,供以后分析处理、追踪,数码录音回放应清晰、逼真;电子地图显示位置应精确,坐标输入方式应简单方便;电子地图、报警信息、接处警录入、资料管理、录放音以及其他各种功能集成统一,便于切换操作,有利于指挥调度;系统具有很强的可扩展性,与狱政(戒毒)管理系统无缝链接。

报警方式包括:视频监控联动报警、门禁控制联动报警、触发式报警联动报警、目标跟踪地理信息联动报警、巡更联动报警、周界探测系统联动报警、围墙脉冲电网报警、隔离网报警、地感线圈、无人机探测、自动巡逻机器人系统联动报警等。

2. 武警联动系统

武警部队主要负责监狱围墙、监门等重要安防区域的安全保卫,将监狱报警信息、AB门等重防部位监控系统接入武警指挥中心和武警备勤室,武警可以收到监狱报警信号,实时查看监狱重防部位监控。将武警报警信号和部分区域监控接入到监狱指挥中心,应急指挥中心可以收到武警报警信号,实时查看部分区域监控画面。

为加强监狱与武警之间的快速响应,实现监控、通信、指挥、调度"四位一体"的安防格局,对各监狱建立一套武警联动系统。

3. 业务子系统联动

实现报警联动时,通过狱政、劳动改造等业务子系统联动查询相应的数据,实时展示罪犯、房间以及警察等信息,为报警处理提供具体的业务和数据支撑。

4. 设备生命周期管理

应急指挥联动平台对指挥中心内部各种设备资料和图纸、设备维护和维修记录、易耗品和备件的库存进行电子化管理。同时,能够在设备维护检修到期前进行预警,以声音或闪烁提示,并给出实施地点、所需的准备工作信息,自动生成设备维护检修单。当各系统设备工作出现异常情况和故障时,系统可立即调出相应位置的布防图,显示报警设备、位置和状态等,并以用多种形式(如声音、颜色、闪烁等)进行报警,同时提示相应的处理方法。

5. 用户权限管理

应急联动指挥平台应具有用户权限管理功能,实现应急联动指挥平台内用户的集中式的账户管理、授权管理,为不同级别的人员赋予不同的操作权限,防止系统信息泄露和被非授权人员所干扰。

6. 日志管理

系统提供完备的历史日志记录,以便用户进行查询。系统日志分为用户日志、设备日志、告警日志三种。

日志的主要功能如下：

（1）支持通过不同的字段查询相应日志信息，具体字段包括名称、类型、时间段（具体字段视不同的日志类型而定）。

（2）支持用户对指定的日志条目以文本的方式导出保存。

（3）可查询所有用户的权限、状态、操作的历史记录。

五、智能安防管理平台

（一）业务理解

智能安防管理平台是以监狱、戒毒管理数据库和罪犯（戒毒学员）数据库为基础，分别建设监所视频监控、门禁控制、周界防范、电子巡更、综合报警、监仓对讲、数字广播、智能侦测等各种安全防护系统，各个子系统独立运行，通过系统接口与智能安防管理平台进行通信，在智能安防管理平台上进行信息集成和功能集成，实现各系统之间的互联互控及信息融合与共享。通过信息集成、功能集成和联动控制，实现监狱、戒毒所一体化的安全防范。

（二）功能描述

1. 安防集成

智能安防管理平台具备与服刑人员（戒毒学员）信息库、警察职工信息库、监所管理信息库的接入能力，通过后台数据共享可以在安防管理平台实现服刑人员、戒毒学员、警察等的信息查询和显示。通过开放的安防管理平台开发接口，与狱政应用系统对接，实现资源共享。

2. 远程监控

省级监狱管理局（戒毒管理局）指挥中心可通过全省电子地图监狱（戒毒所）机构分布图或监控点树形目录导航逐级对全省各监狱（戒毒所）的图像进行显示或分组轮巡，各监狱（戒毒所）指挥中心可对内部各监控点图像通过 GIS 平台逐级进行显示或分组轮巡。可以任意调阅监控图像、报警信息等。

3. 录像调阅回放

主要用于监视视频录像的查询、播放和下载功能。

4. 监听与对讲

对重要的场所及亲情会见通话语音，可进行监听及调阅实时视频，音频数据可传送到语音识别系统进行语音转文字，然后将文字送入自然语言识别系统进行语义分析,对敏感内容示警,系统中包括音视频数据的同步存储及历史记录的搜索等。

5. 门禁监控

重点监视门禁系统刷卡和刷脸通过情况,含读卡器、人脸识别装置、持卡人、刷卡时间、通过时间等。

6. 电网监控

电网监控与电子地图集成在一起,可以从电子地图上直观地看到电网设备的信息,高压电网安装在监狱围墙上。在电子地图上,双击电网图标则可以进行电网重点监控。

7. 广播系统

用来进行监狱和戒毒所相关区域的广播播放和控制。支持终端音量调节控制、广播的实时播放控制、广播预案的编辑管理、广播预案的播放控制和直接喊话广播。

8. 监控巡查

根据实际监管要求,对重点区域监控图像进行手动点击监控点进行巡查,也可设置巡查路径,由3D融合后的视频系统按指定路线进行巡查。系统提供两种方式进行监控图像的巡查:

(1) 根据各监控点树形目录选择监控图像巡查。

(2) 通过监狱三维电子地图上标注监控点和巡查路径,进行监控图像巡查。

智慧自动巡逻可自行编辑三维巡逻路线,直观可见,按设定的三维路线自动在空中巡逻,无需人工干预,在警报信息出现时自主飞行到报警区域,第一时间展现应急场景。三维路线的空中巡逻比真实地面巡逻更为方便快捷,巡逻点还可以加提示说明,便于熟悉地点和快速查询。

9. 视频分析

智能分析与检测功能利用计算机视觉和数据分析技术,对监控场景进行禁区检测、绊线检测、人数统计检测。禁区检测用于某一固定区域在固定时间范围内设置禁区报警;绊线检测用于对敏感区域或位置设置绊线报警;人数统计检测用于对某重点范围内的人数密度进行统计。

10. 视频3D重构

将位于各区域的不连续摄像头,利用3D重构技术,融合到一个虚拟的3D空间,按房间空间位置排序,对视频做数学计算矫正,使3D显示效果达到掀顶式监控视觉效果,更有利于值守民警的视觉观察。(见图5-4)

图 5-4 视频 3D 重构实例图

11. 设备状态

包括设备的开关状态及运行状态。通过 GIS 平台可以查看设备（门禁、电网、报警）当前的开关状态（开/关）及设备当前的运行状态（正常/故障）。GIS 中以不同的颜色标示，让相关人员更直观地获知当前设备的各种状态，以便及时对安全漏洞做好防范。

12. 设备巡检

根据不同人员管理不同区域设备，对各类设备的巡检情况（设备名称、巡检时间、正常/非正常、巡检人员等）进行登记与上报处理。

13. 联动报警

联动报警发生时，联动本地摄像机开始录像并记录声音；平台弹出相关界面，通过 GIS 平台展示报警点位置，在总控或分控显示墙显示当地视频图像。报警方式包括门禁报警、手动报警、围墙周界自动报警、电网报警。

14. 接口规范

智能安防平台和各子系统的数据交换是通过接口设计来实现的。对于各子系统的通信接口和协议，采用通信集中管理方式，即通过前置转换程序将各平台和子系统的通信接口都统一标准，不同子系统只需对其通信协议和数据格式编程，即可方便地集成。

（三）系统联动

监狱、戒毒所智能安防管理平台集成监狱、戒毒所建设的音视频监控系统、门禁控制系统、周界防范系统、电子巡更系统、综合报警系统、监仓对讲系统、数字广播系统、智能侦测系统、移动监控接入等智能安防系统。系统允许监狱、戒毒所综合信息网上的任一工作站通过一致的软件界面对各子系统设备的运行数据和运行状态进行高性能的实时监测、采集、整理、分析和储存。同时，使用者可根据权限设置在电子地图上实现对设备的操作管理，实现对各监狱运行状态的实时情况掌握，当有异常发生时，可通过弹出窗口、声光报警、短信等手段通知相关人员。

1. 视频监控接入

监狱、戒毒所视频监控系统因为建设时间不同而存在模拟、数字和模数结合的多种系统同时存在的特点，考虑到以后全高清 1080P/4K 数字监控的发展需要，同时兼容现有模拟或数字标清设备。

系统将设立二级控制中心：一级设立在监狱（戒毒）管理局应急指挥中心，二级设立在各监狱、戒毒所应急指挥中心。监狱（戒毒）管理局通过视频专网随时调阅录像，实时查看任意区域的监控视频并拥有更高的控制和指挥权限。

监区分控中心、监狱（戒毒所）应急指挥中心，以及监狱（戒毒）管理局应急指挥中心等各级管理人员可以在权限范围内查看前端图像并对前端图像采集设备进行操控。

监控图像根据要求进行可靠的存储，各级管理人员可以在权限范围内方便地调用、查询。

2. 门禁控制接入

可根据各个监狱、戒毒所的实际需求，在每个监狱、戒毒所应急指挥中心设置门禁系统管理中心，如当门禁系统发出非法进入报警时，智能安防管理平台软件能自动跳出报警信息，工作人员也可马上通过闭路电视监看报警点的情况、显示电子地图、预案分析，并组织人员及时处理，系统会将信号自动上传到应急指挥中心服务器上同时通过安保集成管理软件拨打相关人员的电话，并将报警情况记录在案。

3. 车辆管理系统

1）在线登记

登记功能是指对要进入监管区的外来人员和外来车辆进行登记，登记信息包括人员基本信息、进入事由、现场面部特征采集照片和带领干警。外来车辆除了人员信息外还要登记车辆信息并现场抓拍整车样貌照片。

2）联网审批

审批功能包括外来人员和车辆的审批单填写功能和领导审批功能。审批功能可支持二级审批，并可以制定审批领导，审批支持 PC 网上审批和警务通移动端审批。

3）流程控制

进出监管区流程控制功能主要是指对生产人员和车辆进出监管场所进行记录并能够抓拍进出监照片，以供事后查询。同时，不符合进出监管场所要求的会给出相应提示信息。

4）查询功能

查询功能是指可以对进出监管场所的记录和进出审批单按条件进行查询，并能够查看人员和车辆的详细信息。同时支持查询结果导出功能。

5）实时统计

统计功能是指能够对进出监管场所AB门及内部分区的外来车辆、外来人员和干警的数量进行实时统计和核对。

6）维护管理

系统维护管理功能包括监狱、戒毒所，干警资料维护，审批流程维护，设备参数维护，操作员维护，用户权限分配等。

4. 周界防范接入

为防止监狱（戒毒所）的在押人员通过围墙越出，各监狱、戒毒所已设置周界防范系统，来帮助民警和武警及时发现可疑情况，防止出现重大的逃逸事故。

当周界系统发出非法进入报警时，智能安防管理平台软件能自动跳出报警信息，工作人员也可马上通过闭路电视监看报警点的情况、显示电子地图、预案分析，并组织人员及时处理，系统会将信号自动上传到应急指挥中心服务器上，同时通过安保集成管理软件进行拨打相关人员的电话，并将报警情况记录在案。

5. 紧急报警接入

各监狱、戒毒所为了保证人员的安全，需建立紧急报警系统。在建筑物重要地点和区域布设报警装置，一旦接到人员的报警信息，则系统会自动检测入侵事件并及时向有关人员报警，同时启动电视监视系统对入侵现场进行录像。

系统控制中心规划设于各个监狱、戒毒所应急指挥中心，扩展模块的信号接收端口与相应的探测器连接，实现探测器与主机的通信。报警主机可即时接收探测器的报警及状态信息，管理人员通过管理工作站或主机配置的键盘对系统进行维护管理。系统具有声光报警、电子地图方式显示报警点，并通过接口直接联动视频监控系统的矩阵，实现联动控制。

6. 监舍对讲接入

监狱（戒毒）管理局和各监狱、戒毒所通过平台具备对每个监区以及监舍的点对点和一点对多点的对讲，也能对系统内的任意一个监听点进行监听。当监狱、戒毒所对讲系统发生报警信号时，智能安防管理平台软件会自动跳出报警信息，工作人员也可马上通过监控显示屏查看报警点的情况、电子地画、预案分析，并组织人员及时处理，系统会将信号自动上传到应急指挥中心服务器上，同时通过安防集成管理软件进行拨打相关人员的电话，并将报警情况记录在案。当前端没有及时处理报警信号时，监狱、戒毒所中心值班室和监狱（戒毒）管理局能及时接管处理突发事件。

7. 综合报警接入

在人员发生紧急情况时按下按钮，系统自动将报警信息上传至报警主机，通过主机联动控制喇叭或警灯现场报警，阻吓非法入侵人员，同时将警情通过各种传输媒介远距离传输到智能安防管理平台及指挥中心，使指挥中心迅速、及时指挥处置现场的各类突发事件，最大限度地保护现场人员的安全，具有发现、控制和打击的重要作用。

8. 电子巡更接入

为了确保监狱建设和监控的万无一失，杜绝可能存在漏检、漏报以及监控的死角，需要电子巡更系统把守另一道防线，科学、客观、实时地对巡查情况进行监督。消除事故隐患，也为巡检人员的考勤管理提供了可靠的依据。

针对各监狱、戒毒所的实际情况，综合管理平台系统支持使用在线巡更系统。在线巡更系统可以及时传送数据到平台软件，在平台软件的地图上可以清晰地看到巡更人员巡查的情况。

电子巡更系统与热成像巡更机器人对接，热成像系统可在夜间360°观测周围道路、草丛、灌木、树林中是否有隐藏的人员，并联动报警，配合机器人的路径规划可实现自动巡更、自动跟踪、联网报警。

9. 智能侦测接入

系统设计多种视频智能分析技术，如视频行为分析技术、自动跟踪技术、无缝自动跟踪技术等对监狱、戒毒所周界、监舍、禁闭室、AB门、值班室等区域进行视频智能分析侦测。

10. 移动监控接入

应急指挥和人员转运车辆也是监狱、戒毒所监控系统不可缺少的一部分，智能安防管理平台能实时显示车辆的位置和相关的信息，通过点击地图上的图标实时查看车辆的视频信息和车辆的行走轨迹。

在移动视频接入的同时要考虑网络的安全性，前端移动视频设备通过虚拟专用拨号网（VPDN）把现场的信息传输到监狱（戒毒）管理局指挥中心和监狱、戒毒所指挥中心，保证网络安全性。

11. 物联网应用系统接入

1）目标定位系统

实时掌握监狱、戒毒所内各个受控区域在押人员的详细信息及数目。

对干警、监狱服刑人员和戒毒学员的历史行动轨迹查询统计。

与监狱、戒毒所内其他智能化子系统（门禁系统、视频监控系统、报警系统、监管改造系统等）联动，实现信息共享。

结合电子地图，各个分控中心区、监狱、戒毒所领导、指挥中心可以实时了解干警当班情况、警力分布情况。

了解各位置在押人员人数及人员分布等信息，实现人数统计、电子点名。

2）劳动物资（工具）管理系统

劳动物资（工具）管理系统主要通过对劳动工具的种类、数量进行编号，制成条形码或 RFID 信息录入系统，建立劳动工具档案数据库。劳动物资管理系统与监狱企业管理系统互联互通。

3）智能钥匙柜系统

报警提示功能，通过软件硬件实现对管理柜存取行为的自动快速跟踪管理，达到全方位监管。遇有异常情况可自动触发报警系统。

适时查询功能，通过管理电脑值班人员及经授权人员可以适时查询存、取钥匙行为，结合考勤需求实现对工作人员上班情况的管理考核。

统计报表功能可根据管理者要求可以自动生成所需要的统计报表，包括按人、时限、异常情况统计的各类型报表。

4）智能床垫监测系统

智能床垫通过分布式多种类、多维传感器采集到用户数据，导入人的体温、心率，以及抬头、抬脚、翻身、站姿、坐姿等相关数据在云端进行分析，给监管平台和监管人员提供参考和预警。

12. 无人机防控接入

无人机在监狱、戒毒所上空的监舍区、教学楼、活动区、生活区、行政办公楼和驻监武警营区等场所上空绕飞和悬停，可能存在投放毒品、危险物品、拍摄监管设施等重大隐患，影响了监狱、戒毒所管理安全。应对无人机采取干扰、反制等措施，以避免对监狱、戒毒所造成不良影响。

无人驾驶飞机简称"无人机"，是利用无线电遥控设备和自备的程序控制装置操纵的不载人飞行器。无人机实际上是无人驾驶飞行器的统称，从技术角度可以分为无人固定翼飞机、无人垂直起降飞机、无人飞艇、无人直升机、无人多旋翼飞行器、伞翼无人机、扑翼无人机等。无人机绝大部分采用 2.4 GHz、5.8 GHz 无线上行遥控信号进行控制。可使用无人机反制设备，对监狱、戒毒所上空进行防护。

无人机反制设备具有以下特征：

1）侦测和干扰打击的无人机类型

一般无线电工作频率为 2.4 GHz/5.8 GHz/130～3000 MHz 频段范围内的各类"低、慢、小"无人机，这类无人机包括以多旋翼型为主的消费类无人机和工业类无人机、以固定翼为主的工业类无人机和娱乐类无人机。

2）干扰和反制措施方式

采用全自动化、智能化、7×24 h 无人值守的工作方式：一是全自动模式，侦测和干扰打击不需任何人工参与；二是半自动模式，自动侦测识别，但在干扰打击前询问，由人工确定后实施干扰打击；三是净空模式，对全周或指定角度空域实施不间断持续扫描式干扰，可有效阻止使用无线电工作的无人机在禁飞区、防御区和警戒区的起飞和飞入；四是人工模式，侦测、识别和干扰打击均由人工操作，该模式主要由技术人员实施。

3）无线电干扰打击能力

干扰打击半径一般为监狱周围1公里。采用全向干扰方式，能对干扰范围的所有目标进行干扰打击，干扰的信号对象包括工作在2.4 GHz、5.8 GHz、1.5 GHz、433 GHz、915 GHz频段的无人机上行遥控信号、下行遥测和图传信号。

13. 自动巡航机器人接入

自动巡航机器人用于监狱、戒毒系统可减少简单、重复、危险岗位警力分布，自动巡航机器人搭载人脸识别系统、语音识别系统、视频摄像头、红外摄像头、热成像系统和雷达等装置，可实现监管场所的全天候巡逻，生产生活区域的点名、巡查，监管场所空域的无人机防控。

机器人（Robot）是自动执行工作的机器装置。它既可以接受人类指挥，又可以运行预先编排的程序，也可以根据以人工智能技术制定的原则纲领行动。它的任务是协助或取代人类工作，例如生产业、建筑业，以及各行业中危险的工作。

自动巡航控制（Cruise Control）是让处于移动状态的机器装置，借助视频摄像头、雷达或红外线探测器等设备，利用人工智能算法形成对周围空间的感知，自动控制机器快速、准确到达目标地址或按既定路线移动。

14. 外周界地感线圈接入

地感线圈用于监狱、戒毒所大门和周界外围的监测并与视频监控联动，用以对监狱、戒毒所周边环境，特别是大型移动装备（比如汽车、装甲车）进行感知和报警。

地感线圈是一个振荡电路，用于检测是否有汽车经过以及经过的速度。其原理是在地面上先造出一个直径大概1米的圆形的沟槽或是面积相当的矩形沟槽，在沟槽中埋入两到三匝导线，这就构成了一个埋于地表的电感线圈。

这个线圈是振荡电路的一部分，它和电容组成振荡电路。振荡信号通过变换送到单片机组成的频率测量电路，可以测量这个振荡器的频率。

当有大的金属物如汽车经过时，由于空间介质发生变化引起了振荡频率的变化（有金属物体时振荡频率升高），单片机便可以测出变化的频率值，也可以感知有汽车经过。同时这个信号的开始和结束之间的时间间隔又可以用来测量汽车的移动速度。

15. 振感隔离网接入

振感隔离网是在传统隔离网的基础上部署振动光纤传感器形成可联动报警的狱

内隔离防护网。基于激光干涉原理的分布式光纤传感系统能够实现对振动信号的报警。当有振动作用在传感光缆上时，光缆内传输光信号的相位，偏振态等参量会发生变化；光信号被接收后，进行高速采集与实时处理，根据信号的特征判断出破坏信号与干扰信号。该系统能够监控光缆的运行状态，对破坏光缆安全进行有效预警。

振动信号作用在两干涉光纤上时，由相位差变化导致干涉输出的光强发生变化。

振动光纤系统使用高灵敏度的光纤传感器，实时监控各种周边设施上的振动信号，对入侵防护区域的信号发出报警，并进行防区定位。系统能无遗漏地监测非法破坏、翻越防护区域等行为，通过声光报警联动，能及时提醒安保人员处理警情，并对入侵对象起到警示作用；结合视频联动，有助于监狱、戒毒民警对入侵图像进行复核与识别，并有效排除误报警。

16. 高压脉冲电网接入

高压脉冲电网（高压脉冲电子围栏）是智能型脉冲电子周界阻挡防范报警系统的简称，是以阻挡威慑为主，报警为辅的目前国际上最新周界安防理念的新一代周界防范报警系统。基本原理就是发出高压脉冲，由脉冲发生器（主机）和前端围栏组成智能型周界系统。它具有防盗、报警等高安全等级的周界防范功能。

高压脉冲电网相对于传统周界安防产品，具有一定的优越性，高压脉冲电子围栏在起到阻挡作用的同时，对人体无伤害，能够真正实现阻挡、威慑和报警。同时，高压脉冲电子围栏具有极低的误报率，并且其安装调试方便，可靠性高，在起到报警作用的同时，更具有威慑力。另外，高压脉冲电子围栏系统以主机设备为核心，系统结构简洁，从安装调试、维护、使用寿命等综合因素来考虑，其显然是所有周界安防产品中更好的选择。

（四）集成管理

智能安防管理平台中各系统均应与应急联动指挥平台联动，实现视频、音频、报警等数据与指挥中心、武警、特警等系统联动。

1. 设备生命周期管理

智能安防管理平台可对全省各监狱、戒毒所内部各种安防设备资料和图纸、设备维护和维修记录、易耗品和备件的库存进行电子化管理。同时，能够在设备维护检修到期前进行预警，以声音或闪烁提示，并给出实施地点、所需的准备工作信息，自动生成设备维护检修单。当各系统设备工作出现异常情况和故障时，系统可立即调出相应位置的布防图，显示报警设备、位置和状态等，并以多种形式（如声音、颜色、闪烁等）进行报警，同时提示相应的处理方法。

2. 用户权限管理

智能安防管理平台具有用户权限管理功能,实现对安防平台用户集中式的账户管理、授权管理,为不同级别的人员赋予不同的操作权限,防止系统信息泄露和被非授权人员所干扰。

3. 日志管理

系统提供完备的历史日志记录,以便用户进行查询。系统日志分为用户日志、设备日志、告警日志三种。

日志的主要功能如下:

(1) 支持通过不同的字段查询相应日志信息,具体字段包括名称、类型、时间段(具体字段视不同的日志类型而定)。

(2) 支持用户对指定的日志条目以文本的方式导出保存。

(3) 可查询所有用户的权限、状态、操作的历史记录。

六、狱务所务公开平台

(一)业务概述

狱务所务公开平台是监狱、戒毒所面向社会服务的重要载体,目的是把社会最关心的、与罪犯关系最密切、最容易引发矛盾、最容易滋生腐败的执法环节置于社会的有效监督之下,以促进监狱、戒毒所系统公开、公正、透明地服务社会。

狱务所务公开平台是监狱、戒毒所工作法制化建设的重要环节,也是监狱、戒毒系统在社会关注的敏感领域从事的"阳光行动"。狱务所务公开是指监狱、戒毒所单位在法律规定可以公开的范围内,将日常管理中有关事项(如罪犯(学员)生活待遇、零用金、医疗保健、劳动保护、记分考核、分级处遇、行政奖励、减刑假释、申诉控告和检举)的制度和执行结果向罪犯(学员)、家属和社会公开,提高执法的透明度,接受广泛监督,提高监狱戒毒人民警察业务素质和执法水平,促进公正执法和依法行政。

狱务所务公开平台以互联网门户网站为窗口,结合移动 App、微信公众号、微博和监狱管理局戒毒管理局热线电话等移动互联网技术,面向社会公众和在押人员家属提供综合服务的应用平台,是政务信息发布的新媒体和与公众互动交流的新渠道。在第一时间内面向公众推送国家相关政策及法律法规、监狱管理局戒毒管理局大工作动态、各类权威政务信息、监狱戒毒系统各部门工作职责等消息。利用新媒体的互动功能,以及时、便捷的方式与公众进行互动交流。不仅体现了狱务所务公开的力度,更加突出狱务所务公开的方式,既满足了人民群众的知情权,也信息化地实现了司法部及社会各界的监督权,同时也是"谁执法谁普法"的具体实践,体现了司法改革公开透明的探索和创新,让老百姓更加直观地了解监狱戒毒所职能及工作,了解相关法律和程序等,着力打造让人民群众满意、为人民群众服务的监狱新媒体。

(二)功能描述

1. 统一门户

监狱戒毒(局)公众服务统一门户网站是展示监狱工作成效的新载体、对外宣传的新领域、为民服务的新平台。全面地显示了在押人员的基本情况、违法犯罪性质、刑期变化、改造表现和监狱戒毒减刑减期的建议情况。亲属通过狱务所务公开平台,不仅可以查询监狱戒毒执法对服刑人员(学员)实施奖惩依据的法律制度,输入查询账号,按照规定程序和身份识别后,还可查询到服刑人员(学员)在监狱戒毒所的刑罚变动、提请减刑、狱(所)内奖惩、分级处遇、健康状况、消费明细以及劳动考核、积分考核等情况,也可通过网站互动平台,进行网上举报、网上咨询,或向监狱长(所长)信箱、驻狱检察室信箱反映意见建议,查询回复情况等。

2. 狱务所务公开

狱务所务公开系统按照对象(罪犯、学员、家属、监狱戒毒民警、社会公众)区分,通过多种途径,实现信息发布、信息互动和业务应用功能。主要在建筑物楼的活动大厅、生产车间、食堂、会见大厅、医院大厅、教学楼大厅等区域设置液晶显示屏,利用多媒体和计算机技术,对民警、在押人员进行宣传、教育。通过这一系统,可以使民警、在押人员及其亲属能够更加及时准确地了解监狱戒毒所的各种情况,包括减刑、假释、计分考核、奖惩情况的公开及服刑人员劳动报酬的公示。播放狱务所务信息,了解国家法律法规、监狱戒毒所方针政策、监内新闻等动态信息。

3. 网上互动

以信息服务为导向,建设和完善监狱戒毒外网办事服务和互动交流栏目功能,通过在线访谈、领导信箱、意见征集、公众问答、网上调查等方式,加强与公众的网络互动,完善公众意见的收集、处理、反馈机制,了解民情、回答问题,提供服务,提升监狱戒毒机关社会沟通能力。

4. 呼叫热线

呼叫热线是监狱管理局(戒毒管理局)深化狱务所务公开、促进执法规范的一项有力举措,旨在于监狱、服刑人员亲属、戒毒所、学员家属及社会大众之间架起桥梁,供信息查询、求助服务、投诉受理三大类别服务,共同促进服刑人员、戒毒学员在监狱戒毒民警的教育、亲人的呼唤、社会的关爱下加速改造,早日踏上回归社会、回归正确的人生之路。狱务所务公开热线对各类问题统一受理、统一答复。

一般查询求助问题直接回答，疑难复杂问题限时回复，建议投诉有件必复。在"数字法治 智慧司法"大平台的总体系统设计中可以考虑把监狱（戒毒）呼叫热线与公共法律服务 12348 热线进行融合或对接，实现全国司法行政系统热线呼叫一号通。

七、监狱罪犯（戒毒学员）教育改造平台

（一）业务概述

罪犯（学员）教育改造平台以服刑人员为主要使用对象，以狱务公开为核心，以信息共享为出发点，以教育改造网为依托，以每个监舍一台电脑为终端，集成高清电教、服刑指导、网上图书馆、云课堂、健康指导、出入监模拟、消费操作等应用系统，以后台数据处理为集成策略，提供多业务系统数据提取与发布，满足服刑人员（学员）了解社会信息、个人服刑改造信息等的需求，为服刑人员（学员）提供浏览查阅等公用信息服务及个人信息服务，并借助社会力量进行帮教改造的专项业务平台。平台与监狱戒毒所综合信息网实现逻辑隔离，并提供基于权限的个性化操作风格及安全管理。

1. 提供公共信息浏览和个人信息查询

（1）提供监区文化、监狱戒毒所新闻、社会热点、国际国内时事等新闻类信息的浏览。

（2）提供各项政策、法律、法规等信息的浏览。

（3）提供劳动报酬、零用金存款、订货清单、购物消费清单、处遇等级、计分考核信息、奖惩信息、减刑信息、食堂食谱、个人心理情况等信息查询。

（4）提供经审查的音乐、视频欣赏。

2. 实现教育改造的信息化管理

（1）实现包括入监教育、科学文化、思想政治、技术技能、生理卫生、出监教育等服刑过程中涉及教育改造的业务功能等。

（2）实现各项教育内容的考核管理，利用不同教育内容的题库，自动组卷、自动评分。

（3）建立民警、服刑人员（学员）的沟通桥梁，包含心理咨询、健康指导、情况反馈、意见箱等功能。

3. 提供多种辅助方式提高教育改造质量

（1）实现内部报刊、论坛、监区信息发布、社会帮教信息发布等功能。

（2）提供服刑人员（学员）个人心得体会、文学作品的发布。

（3）提供集体化的思想教育、文化教育电化教学、云课堂服务。

（4）提供图书借阅、图书订购和生活物资订购等电子商务功能。

（二）功能描述

1. 高清电教

高清电教系统，采用网络传输高清音视频数据，网络拥有 AV、HDMI、SDI 接口，将教育节目与电视节目播放到各监室，实现高清电教功能。

2. 心理指导

心理指导系统主要以服刑人员（学员）为对象，民警为系统日常维护者，集成心理测试软件和心理测试题库，提供专业化咨询、提供人员角色与权限管理，确保系统安全性。

心理指导具备三个功能：

1）心理咨询

心理咨询专业人员或专家通过与服刑人员（学员）沟通交流等方式反映其心理问题，并进行分析、开导、矫治工作，促进服刑人员（学员）的心理健康。

2）心理测试

通过试题答卷，问答等方式针对人格、职业、性格、婚姻、家庭等多方面多角度心理因素进行测试，反映出服刑人员（学员）的各方面心理状态或问题，并对测试结果进行鉴定，分析并提出解决方案。

3）心理治疗

对存在心理问题或心理失衡的服刑人员（学员），甚至产生精神问题的服刑人员（学员）进行心理矫正、药物治疗，使其恢复心理正常状态。

3. 网上图书馆

网上图书馆主要用于为服刑人员（学员）提供充足的网上图书阅览和快捷的查询手段。能够为服刑人员（学员）提供相关政策法规、技能知识及生活卫生知识等。服刑人员（学员）通过网上图书馆的教育与教学，端正思想，积极改造。

4. 云课堂

"云课堂"是基于云计算技术的一种高效、便捷、实时互动的远程教学课堂形式。监狱戒毒所内的服刑人员（学员）只需要通过教育改造网访问"云课堂"界面，进行简单易用的操作，便可快速高效地访问全省优质的教学培训资源，是一种突破时空限制的全方位互动性学习模式。

5. 健康指导

健康指导是指通过服刑人员（学员）佩戴的电子手环和智能床垫系统，监测其心率、血压、脉搏、体温、压力等一系列健康指导。一方面能够对服刑人员（学员）的健康状况进行全面了解，及时采取就医诊断；另一方面能够通过服刑人员（学员）的指数波动，掌握其心理活动，及时进行心理及思想上的指导，有助于帮助其减刑改造或降低非正常死亡概率。

6. 消费操作

利用计算机技术、网络技术和通信技术，实现整个消费（买卖）过程的电子化、数字化和网络化。监狱戒毒所消费操作是建立在服刑人员（学员）专网上，实现网上购物、网上商品预订功能。

1）网上购物

网上购物具备与现有教育改造平台对接的应用接口，提取该系统库存商品种类、售价、库存量，服刑人员（学员）零用金存款余额等业务数据，实现商品浏览、购物车、消费结算（与生活卫生系统接口）等功能，并形成购物小票记录，服刑人员（学员）超市据此记录发货。

2）商品预订

针对服刑人员（学员）超市、图书馆中未提供的相关商品如图书等的预订功能，并对相关商品的预订信息进行审核控制，以保证预订商品的合法、合理。

7. 接口规范

罪犯（学员）教育改造平台和各子系统的数据交换是通过接口设计来实现的。对于各子系统的通信接口和协议，采用通信集中管理方式，即通过前置转换程序将各平台和子系统的通信接口都进行标准统一，不同子系统只需对其通信协议和数据格式编程，可方便地集成起来。

8. 系统联动

罪犯（学员）教育改造平台中各系统均应与应急联动指挥平台联动，实现罪犯（学员）信息数据与应急联动指挥平台的联动。

9. 设备生命周期管理

罪犯（学员）教育改造平台可对各监狱戒毒所内部各种罪犯（学员）使用的设备资料和图纸、设备维护和维修记录、易耗品和备件的库存进行电子化管理。同时，能够在设备维护检修到期前进行预警，以声音或闪烁提示，并给出实施地点、所需的准备工作信息，自动生成设备维护检修单。当各系统设备工作出现异常情况和故障时，系统可立即调出相应位置的布防图，显示报警设备、位置和状态等，并通过多种形式（如声音、颜色、闪烁等）进行报警，同时提示相应的处理方法。

10. 用户权限管理

平台具有用户权限管理功能，实现对安防平台用户进行集中式的账户管理、授权管理，为不同级别的人员赋予不同的操作权限，防止系统信息泄露和被非授权人员所干扰。

11. 日志管理

系统提供完备的历史日志记录，以便用户进行查询。系统日志分为用户日志、设备日志、告警日志三种。

日志的主要功能如下：

（1）支持通过不同的字段查询相应日志信息，具体字段包括名称、类型、时间段（具体字段视不同的日志类型而定）。

（2）支持用户对指定的日志条目以文本的方式导出保存。

（3）可查询所有用户的权限、状态、操作的历史记录。

第二节　社区矫正管理平台

社区矫正工作是与监狱矫正互补的行刑方式，是指将符合社区矫正的罪犯置于社区内，由专门国家机关在相关社会团体和民间组织以及社会志愿者协助下，在判决、裁定或决定确定的期限内，矫正其犯罪心理和行为恶习，并促使其顺利回归社会的非监禁刑罚执行活动。

目前，社区矫正包含五个主要业务环节：

1. 调查评估

调查评估环节，是受公安、检察院、法院等部门的委托，对服刑人员展开各方面的调查和评估，形成调查评估报告，并反馈给委托部门，为服刑人员是否进入社区矫正提供依据。

2. 矫正衔接

矫正衔接环节，根据接收的服刑人员的信息，对服刑人员进行登记、建立矫正档案，并在风险评估的基础上成立矫正工作小组，制定社区矫正方案。

3. 矫正实施

矫正实施环节，对服刑人员在社区期间的各类活动进行监督管理，完成教育矫正，并进行社会适应性帮扶。

4. 矫正终（中）止

在矫正实施阶段，如果发现服刑人员有漏罪、余罪，或者出现重新犯罪等情况，将被中止矫正；如果服刑人员死亡，矫正终止。

5. 矫正解除

矫正解除环节，指的是当服刑人员矫正期满后暂予监外执行且刑满释放，则可对其解除矫正。

建设社区矫正管理系统需根据以上各业务环节构建多个功能子系统。社区矫正业务流程如图5-5所示。

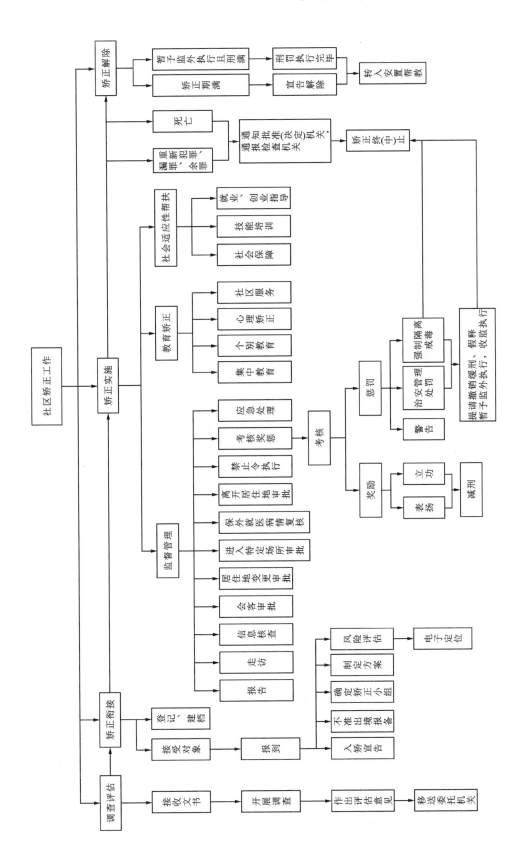

图 5-5 社区矫正业务流程

一、调查评估子系统

调查评估子系统包括委托函管理模块、犯罪前科调查模块、调查评估模块三个模块。

1. 调查评估子系统的内涵

1）调查评估子系统的业务理解

针对拟适用社区矫正的被告人、罪犯,人民法院、人民检察院、公安机关、监狱需要调查其对所居住社区的影响,可以委托县级司法行政机关进行调查评估。

受委托的司法行政机关应当根据委托机关的要求,对被告人或者罪犯的居所情况、家庭和社会关系、一贯表现、犯罪行为的后果和影响、居住地村(居)民委员会和被害人意见、拟禁止的事项等进行调查了解,形成评估意见,及时提交委托机关。

2）调查评估子系统的业务规则

委托单位：法院、公安局、检察院、监狱、看守所。

受托单位：区县级社矫局。

调查单位：区县级社矫局、乡镇（街道）级司法所。

犯罪前科调查单位：区县级公安机关、乡镇（街道）级派出所。

2. 调查评估子系统的功能模块

调查评估子系统具备如下功能（见表 5-1）。

表 5-1 调查评估子系统的功能模块

子系统	功能模块	功能点
调查评估	委托函管理	委托函录入
		委托函撤回
		委托函导出
	犯罪前科调查	调查申请
		结果录入
		犯罪前科导出
	调查评估	调查评估笔录
		调查评估访谈
		调查评估意见

1）委托函管理

委托函管理包括委托函录入、委托函撤回、委托函导出。系统通过委托录入功能,可以将法院下发的委托资料录入到调查评估子系统中,实现对委托函资料的相关管理。区县社矫局可以将下发成功的委托函进行撤回操作，撤回的委托函，对应的司法所不再具有查看权限；可按指定格式导出调查评估委托函。

2）犯罪前科调查

区县社矫局通过系统可录入犯罪前科调查委托函，通过保存操作，列表对应生成一条明细并归档。系统需与公安机关对接，区县级公安机关可以同步查看犯罪前科调查委托函，并在系统中填写违法犯罪前科证明，回复犯罪前科调查结果，区县社矫局可以同步查看犯罪前科调查结果并归档，同时可按指定格式导出犯罪前科调查结果。

3）调查评估

系统具备拟适用社区服刑人员基本情况录入功能，形成拟适用社区服刑人员基本情况登记表，内容需包括姓名、性别、民族、政治面貌、家庭住址、犯罪事实、个人简历、家庭成员等信息。

系统具备调查评估笔录录入功能，乡镇街道司法所可通过下拉选项框的方式选择不同调查评估笔录对象，填写具体谈话事项后，列表对应生成一条谈话明细，同一被调查人可以记录多条笔录，同时可按指定格式导出调查评估笔录。

调查评估完成后，区县社矫局可通过系统回复委托单位调查评估意见，委托单位在收到意见书以后通过系统可回执给委托单位，法院填写回执单内容后，系统自动回复区县级司法局。

3. 调查评估子系统的主要流程

业务流程描述如下：

（1）委托机关对拟适用社区服刑人员居住地的区县级司法机关发出调查评估委托函。

（2）区县级社矫局接收到委托机关的调查评估委托函后，开展调查评估，生成意见书回复委托单位。

（3）乡镇（街道）级司法所接收到的委托函是由区县级社矫局下发的，被指派开展调查评估，生成意见书回复给区县级社矫局，区县级司法局指派两名以上干警组成调查评估小组，开展调查评估，形成初步意见，经集体评议由区县级社矫局统一回复委托单位。

（4）调查评估工作包括犯罪前科调查，登记谈话笔录和询问笔录，调查评估表测评，回复调查评估意见书，查看委托单位回执。

二、矫正衔接子系统

矫正衔接子系统包括报到登记管理模块、入矫宣言模块、矫正小组管理模块、矫正方案管理模块。

1. 矫正衔接子系统的内涵

1）业务理解

矫正衔接业务主要包括服刑人员的报到登记、入矫宣告、矫正小组成立及矫正方案制定。

2）业务规则

业务对象：社区服刑人员。

系统用户：司法所、县社矫局。

协同部门：公安机关、人民检察院、人民法院、监狱机关。

2. 矫正衔接子系统的功能

矫正衔接子系统具备如下功能（见表5-2）：

表 5-2 矫正衔接子系统的功能模块

子系统	功能模块	功能点
矫正衔接	报到登记	身份核实
		登记手续
		服刑人员信息归档
	风险评估	在线评估
		结果报告
		量表管理
	入矫宣告	宣告安排
		宣告记录
	成立矫正小组	新建矫正小组
		小组成员添加
		小组成员更改
		小组成员删除
	制定矫正方案	新增矫正方案
		矫正方案更改
		矫正方案删除

1）报到登记

系统与相关设备对接，对服刑人员的身份进行核实，工作人员可以通过系统为服刑人员办理登记手续，同时将服刑人员信息录入系统形成档案。

2）风险评估

社区服刑人员风险评估系统通过对社区服刑人员危险指标的测验、分析和判断，评估社区服刑人员的人身危险性及心理健康程度，并对社区服刑人员进行危险

等级分类,对社区服刑人员进行分类管理、分阶段教育,为社区矫正工作规范化、科学化提供根据:

(1) 在线评估模块。

在线评估模块包括量表评估、批量录入功能。

① 量表评估:量表评估是对社区服刑人员进行评估测试,测试主要包括风险评估、人格/个性测试、危机筛选和职业规划等内容。

② 批量录入:可以对被测试的人员进行批量录入,还可以进行新增、删除和修改等操作。

(2) 结果报告模块。

结果报告模块包括个人统计、量表统计、县局报表、人员管理、综合评分功能。

① 个人统计:用来统计不同被测试人员的评测结果,可以查看该人员评测的具体情况。

② 量表统计:是用来统计同一量表不同被测试人员的评测情况,通过选择不同的量表以及分值区间(两个查询条件既可以单独使用,也可以混合使用),来获得指定条件下不同被测试人员的评测情况。

③ 县局报表:是用来汇总统计不同县(区)的量表测试情况。

④ 人员管理:用来管理被测试人员的基本信息,可以通过不同的查询条件进行过滤,例如名称、罪名、矫正类型、性别、年龄等内容。

⑤ 综合评分:是用来管理社区服刑人员风险评估的综合测评结果,综合评分的前提是需要进行相关的测评之后,才能进行社区服刑人员风险评估的综合测评结果的合并操作。

(3) 量表管理模块。

量表管理模块包括问题管理、分组管理、评分规则功能。

① 问题管理:用来管理每个不同量表的各项组成元素,包括量表的基本信息维护、量表的测试内容、量表测试的答案,等等。

② 分组管理:用来管理量表的结果分组信息,可以根据实际使用情况进行调整,以适应不同的变化要求。

③ 评分规则:是用来管理量表的规则,可以根据具体情况进行相应的调整。

(4) 系统关系模块。

省级系统关系模块包括菜单管理、地市管理、县局管理、站所管理(直辖市为菜单管理、区局管理、站所管理)。

① 菜单管理:是用来管理系统中的菜单名称。

② 地市管理:是用来管理行政地市局的相关信息。省局管辖的市局或州局,由省局进行统一添加管理并维护。

③ 县局管理:是用来管理区/县局的相关信息。此处的县局指的是市局下属的

区局或县局。

④ 站所管理：是用来管理司法所相关信息。

3）入矫宣告

入矫宣告是系统具备对社区服刑人员的入矫宣告进行管理的功能，可新增社区服刑人员社区矫正宣告书，录入入矫宣告时的基本信息，同时可上传入矫宣告时的相关文书及相关音视频文件，也可进行文件的导出和打印。

4）成立矫正小组

系统与相关设备对接，对服刑人员的身份进行核实，同时工作人员可以通过系统为服刑人员办理登记手续，同时将服刑人员信息录入系统形成档案。

5）制定矫正方案

系统可创建矫正方案，可根据社区服刑人员情况个性化地制定矫正方案，工作人员可以通过系统将矫正方案以 Word 或其他规定形式导出到本地。

三、矫正实施子系统

矫正实施子系统包括：服刑人员定位管理模块、监督管理模块、风险评估模块、考核奖惩模块、帮扶救助分析模块、教育矫正模块、社会适应性帮扶模块、安全分析预警模块。

1. 矫正实施子系统的内涵

1）业务理解

矫正实施业务是社区矫正的一项重要工作。社区服刑人员定期以电话、书面等形式向司法所报告自己的思想、活动等情况。社区服刑人员会客、变更居住地、外出请假、进入特定场所、离开居住地需要进行审批，经同意后方能执行。每三个月需要对保外就医的社区服刑人员进行病情复核。司法所对社区服刑人员还需要落实教育矫正和社会适应性帮扶。

在日常管理当中，司法所的工作人员需要对社区服刑人员建立日常考核制度，根据其参加学习、教育、社区服务情况和日常表现，进行综合评议鉴定。对矫正表现较好的，可以根据相关考核规定予以表扬和减刑等；表现差的，可以根据相关考核规定予以相应处置。

2）业务规则

委托单位：法院、公安局、检察院、监狱、看守所。

受托单位：区县级社矫局。

调查单位：区县级社矫局、乡镇（街道）级司法所。

犯罪前科调查单位：区县级公安机关、乡镇（街道）级派出所。

2. 矫正实施子系统的功能

矫正实施子系统具备如下功能（见表5-3）。

表 5-3 矫正实施子系统的功能模块

子系统	功能模块	功能点
矫正实施	监督管理	重点人员甄别
		禁止令执行
		调查走访
		服刑人员思想汇报
		服刑人员定期报到
		督办整改
		动态分析会报告自动生成
		进入特定区域审批
		外出请假审批
		保外就医罪犯病情复查情况审查
		居住地变更审批
		居住地变更异议指定
		管理等级变更审批
		社区服刑人员不准出境报备
		提请追捕脱逃的社区服刑人员
	考核奖惩	计分考核
		月、季度考核
		行政奖励表扬审批表扬审批
		警告审批
		社区服刑人员不服从警告处罚的复核
		提请治安管理处罚审批
		提请撤销缓刑（假释）审批
		提请收监执行审批
		提请减刑审批
	教育矫正	集中教育
		个别教育
		集中社区服务
		个别社区服务
		心理矫正
		心理健康教育功能

续表

子系统	功能模块	功能点
矫正实施	教育矫正	集中教育、集中社区服务请假
		提出免于参加集中教育、社区服务审批
	社会适应性帮扶	帮扶人员信息管理
		社区服刑人员帮扶申请
		技能培训
		就业创业指导
		特困救助金发放
		落实责任田
		落实低保

1）监督管理

监督管理主要包括进入特定区域、外出请假、居住地变更、警告、治安处罚、撤销缓刑、撤销假释、收监执行、减刑、管理等级变更等申请（审批）流程。对于未成年社区服刑人员系统可实现与成年社区服刑人员分开管理的功能。

（1）重点人员甄别。

由系统自动筛选出高风险人员，由县社矫局决定是否列为重点人员，如果该服刑人员被列为重点人员，县社矫局为服刑人员调整管理类别，更新矫正方案、帮扶措施。

（2）禁止令执行。

在调查委托期间对禁止令内容进行相关调查，入矫宣告时向服刑人员以及相关人员宣告禁止令，监督管理期间执行禁止令的要求，并对禁止令执行的相关审批，从严进行。发现服刑人员违反禁止令时，社矫部门进行查证，并根据严重程度进行相应的处理。

（3）调查走访。

工作人员按计划对服刑人员进行调查走访，走访完毕后在系统中完成调查走访记录。

（4）服刑人员思想汇报。

服刑人员按规定定时进行思想汇报，由工作人员进行记录。

（5）服刑人员定期报到。

服刑人员需要定期到指定社矫局或者司法所报到，系统可以自动提醒服刑人员。服刑人员报到时系统自动录入数据。

（6）督办整改。

系统可提供上级部门对下级部门的督办整改。

(7) 动态分析会报告自动生成。

根据统计报表情况,生成动态分析会报告。

(8) 进入特定区域审批。

对于人民法院禁止令确定需经批准才能进入的特定区域或者场所,社区服刑人员确需进入的,应当经区县级司法行政机关批准,并告知人民检察院。

乡镇街道司法所工作人员可通过"进入特定区域"选项进行申请,选择申请进入特定区域的矫正对象和进入场所,填写相关理由后进行保存,列表对应生成一条申请明细。新增的申请默认状态为"审批中",下一步待上级司法局审批,审批通过则可查看通知书。

区县社矫局(司法局)工作人员可通过"进入特定区域"选项,查看到列表中"状态"为审批中的申请,通过审批选项进行操作,选择审批结果填写审批意见,进行保存操作后完成审批,列表中状态由"审批中"变更为"通过"或"不通过"。可通过审批表导出和申请书导出选项,以 Word 或其他规定形式导出到本地。

(9) 外出请假审批。

社区服刑人员未经批准不得离开所居住的市、县(市)。

社区服刑人员因就医、家庭重大变故等原因,确需离开所居住的市、县(市),在七日以内的,应当报经司法所批准;超过七日的,应当由司法所签署意见后报经区县级司法行政机关批准。

返回居住地时,应当立即向司法所报告。

社区服刑人员离开所居住市、县(市)不得超过一个月。

(10) 保外就医罪犯病情复查情况审查。

司法行政部门每三个月组织一次保外就医,罪犯到指定医院复查,将复查结果发送至县级司法局,由县级司法局审查复查情况,县级司法局可以根据需要将情况通知批准、决定机关。

系统每三个月会自动提醒相关工作人员组织保外就医的罪犯到指定医院复查,并将复查结果录入系统,系统将会提交给县司法局,县司法局审查复查情况,同时县司法局可以根据需要将复查情况通知批准、决定机关。

(11) 居住地变更审批。

社区服刑人员未经批准不得变更居住的县(市、区)。

社区服刑人员因居所变化确需变更居住地的,应当提前一个月提出书面申请,由司法所签署意见后报经区县级司法行政机关审批。

区县级司法行政机关在征求社区服刑人员新居住地区县级司法行政机关的意见后做出决定。

经批准变更居住地的,区县级司法行政机关应当自做出决定之日起三个工作日内,将有关法律文书和矫正档案移交新居住地区县级司法行政机关。

有关法律文书应当抄送现居住地及新居住地区县级人民检察院和公安机关。

社区服刑人员应当自收到决定之日起七日内到新居住地区县级司法行政机关报到。

(12) 居住地变更异议指定。

如果服刑人员对居住地变更有异议，需提前一个月向司法所提出书面申请，司法所在三个工作日内审核上报，原居住地县级司法局在三个工作日内发函征求新居住地县级司法局意见，新居住地县级司法局五个工作日内做出答复，原居住地县级司法局在五个工作日内做出是否准予变更决定，如果省辖市范围内居住地和新居住地的县级司法局意见不一致，则由省辖市司法局指定；如果省辖范围内原居住地与新居住地的县级司法局意见不一致，由地市级司法局报省级司法厅指定。

系统在服刑人员 App 中提供服刑人员申请选项，同时并以通知的形式提前告知服刑人员，如果对居住地变更有异议，需提前一个月提出申请。系统将申请送达至当地司法所，并告知司法所在三个工作日内审核上报，司法所相关工作人员可以选择"同意并上报""不同意"，司法所同意之后系统将相关内容送至原居住地县司法局，原居住地司法局在三个工作日之内发函征求新居住地县级司法局意见，系统内保存有函件模板。新居住地司法局在五个工作日之内做出答复，包括"同意""不同意"，同时将答复结果送至原居住地县司法局，原居住地司法局需要在五个工作日内做出是否准予变更决定，包括"同意变更""不同意变更"。如果不同意变更，需要向上级部门提出申请，如果原居住地与新居住地在同一地级市，则结果由该地级市司法局指定；如果原居住地与新居住地不在同一地级市内，则需上报至省级司法厅，由省级司法厅指定。

(13) 管理等级变更审批。

管理等级变更依据量化分数自动分配管理等级，显示在列表中的申请由司法所代为提交。

(14) 社区服刑人员不准出境报备。

司法行政机关为了严格有效地控制社区服刑人员出境，将会对每一个社区服刑人员进行不准出境报备。县级司法局要向同级公安机关通报社区服刑人员情况，由公安机关出入境挂技能里部门办理法定不准出境手续。

系统将会通过与公安部门的接口向同级公安机关通报社区服刑人员情况。

(15) 提请追捕脱逃的社区服刑人员。

如果社区服刑人员脱逃，县级司法局应立即向同级公安机关通报，提请追逃并收监执行，同时进入应急指挥程序。由公安机关对该服刑人员进行追捕。

2) 考核奖惩

考核奖惩业务分为计分考核，月、季度考核，以及行政奖惩、司法奖惩。其中，行政奖励包括表扬，行政惩罚包括警告、提请治安管理处罚；司法奖励包括减刑，司法惩罚包括收监执行、撤销缓刑（假释）。

（1）计分考核。

按照《监狱计分考核罪犯工作规定》进行分值变更，系统将实时统计每一位服刑人员的分值。计分考核的分值将会作为管理等级变更以及服刑人员奖惩的依据之一。

（2）月、季度考核。

工作人员每月、每季度对社区服刑人员遵纪守法、接受监督管理、参加教育学习和社区服务等情况进行考核，将考核结果录入系统，系统将会自动按季度评定管理等级，将管理等级建议告知工作人员，并将考核结果进行公示。

（3）行政奖励表扬审批。

如果某服刑人员连续三个月月度考核优良，且符合其他表扬条件的，可以由司法所呈报表扬，提交司法局审批，审批通过后进行通报表扬。

系统需要根据服刑人员的表现记录自动筛选出可以进行通报表扬的人员，由司法所提请表扬申请，并提交给县级司法局进行审批，县级司法局可以选择"通过""不通过"，通过后系统将会发送表扬通知，对该服刑人员进行通报表扬。

（4）警告审批。

社区服刑人员有下列情形之一的，区县级司法行政机关应当给予警告，并出具书面决定。

① 未按规定时间报到的；
② 违反关于报告、会客、外出、居住地变更规定的；
③ 不按规定参加教育学习、社区服务等活动，经教育仍不改正的；
④ 保外就医的社区服刑人员无正当理由不按时提交病情复查情况，或者未经批准进行就医以外的社会活动且经教育仍不改正的；
⑤ 违反人民法院禁止令，情节轻微的；
⑥ 其他违反监督管理规定的。

（5）社区服刑人员不服从警告处罚的复核。

系统需要为社区矫正服刑人员提供申请界面，可以在服刑人员App中实现。系统直接将该申请提交至对应地市司法局，由司法局相关人员进行复核并做出复核决定，在系统中选择"同意"或者"驳回"，同时加盖电子章以及进行电子签名，系统将复核结果通知服刑人员。

（6）提请治安处罚审批。

社区服刑人员违反监督管理规定或者人民法院禁止令，依法应予治安管理处罚的，区县级司法行政机关应当及时提请同级公安机关依法给予处罚。公安机关应当将处理结果通知区县级司法行政机关。

(7) 提请撤销缓刑（假释）审批。

缓刑、假释的社区服刑人员有下列情形之一的，由居住地同级司法行政机关向原裁判人民法院提出撤销缓刑、假释建议书并附相关证明材料，人民法院应当自收到之日起一个月内依法做出裁定。

① 违反人民法院禁止令，情节严重的；
② 未按规定时间报到或者接受社区矫正期间脱离监管，超过一个月的；
③ 因违反监督管理规定受到治安管理处罚，仍不改正的；
④ 受到司法行政机关三次警告仍不改正的；
⑤ 其他违反有关法律、行政法规和监督管理规定，情节严重的。

司法行政机关撤销缓刑、假释的建议书和人民法院的裁定书同时抄送社区服刑人员居住地同级人民检察院和公安机关。

(8) 提请收监执行。

暂予监外执行的社区服刑人员有下列情形之一的，由居住地区县级司法行政机关向批准、决定机关提出收监执行的建议书并附相关证明材料，批准、决定机关应当自收到之日起十五日内依法做出决定。

① 发现不符合暂予监外执行条件的；
② 未经司法行政机关批准擅自离开居住的市、县（旗），经警告拒不改正，或者拒不报告行踪，脱离监管的；
③ 因违反监督管理规定受到治安管理处罚，仍不改正的；
④ 受到司法行政机关两次警告，仍不改正的；
⑤ 保外就医期间不按规定提交病情复查情况，经警告拒不改正的；
⑥ 暂予监外执行的情形消失后，刑期未满的；
⑦ 保证人丧失保证条件或者因不履行义务被取消保证人资格，又不能在规定期限内提出新的保证人的；
⑧ 其他违反有关法律、行政法规和监督管理规定，情节严重的。

司法行政机关的收监执行建议书和决定机关的决定书，应当同时抄送社区服刑人员居住地同级人民检察院和公安机关。

(9) 提请减刑审批。

社区服刑人员符合法定减刑条件的，由居住地区县级司法行政机关提出减刑建议书并附相关证明材料，经地（市）级司法行政机关审核同意后提请社区服刑人员居住地的中级人民法院决定。

人民法院应当自收到之日起一个月内依法裁定；暂予监外执行罪犯的减刑，案情复杂或者情况特殊的，可以延长一个月。

司法行政机关减刑建议书和人民法院减刑裁定书副本，应当同时抄送社区服刑人员居住地同级人民检察院和公安机关。

3）教育矫正

系统可对矫正对象进行管理方案设定,由司法所按照管理方案,对矫正对象开展矫正活动,对社区服刑人员书面思想汇报进行管理,并在系统中记录活动考核情况、违规情况、书面思想汇报情况等,对于未成年社区服刑人员可设定易于接受的管理方案,社区服刑人员的书面思想汇报可通过社区服刑人员移动应用 App 按规定时间进行上传。

(1) 集中教育。

集中教育由县社矫局组织,同时县社矫局需承担签到、会务保障等工作,司法所需组织服刑人员到县社矫局参加集中教育,同时需维持纪律。在集中教育结束后,工作人员在系统中记录教育情况、考核情况,同时录入系统。

(2) 个别教育。

个别教育由司法所/县社矫局实施,针对社区服刑人员的犯罪类型、矫正期限、心理状态、行为特点以及动态表现,结合报告、走访等活动进行,可以包括法律常识、公共道德、时事政策、心理健康教育、解矫教育等。

(3) 集中社区服务。

集中社区服务由县社矫局组织,在指定的场所进行服务,由工作人员进行签到、计分考核等工作。在集中教育完毕之后由服务场所提供证明,同时录入系统。

(4) 个别社区服务。

除县社矫局组织的集中社区服务,服刑人员可以通过系统提供的个别社区服务或者自己联系经过认可的服务场地进行社区服务。

(5) 心理矫治。

工作人员在系统中为服刑人员安排心理咨询师,同时安排心理矫正的时间、地点,心理矫正结束后对工作人员在系统中录入矫正情况,并进行登记。

(6) 心理健康教育功能。

根据社区服刑人员的学习成果和日常表现,工作人员可以针对有心理问题的社区服刑人员进行视频交流,加强心理辅导。

系统提供在线心理矫正功能,为心理矫正的社区服刑人员评估确定心理矫治方案,根据矫正方案安排矫治活动,同样由管理人员安排矫治活动的时间和地点。提供专业辅导课程和视频,并可预约专家安排一对一、一对多的专业心理矫正活动。对社区服刑人员的心理矫治情况进行跟踪记录,了解矫治后的身心状况并按需调整矫治方案。

(7) 集中教育、集中社区服务请假审批。

如果服刑人员因故无法参加集中教育、集中社区服务,可以向司法所提出申请,再由县司法局进行审批,并告知服刑人员审批结果。

系统在服刑人员 App 中需提供集中教育、集中社区服务请假审批申请,并提交给司法所进行审核，司法所可以选择"通过""不通过"，如果不通过则发送通知给服刑人员，审核通过则提交给县司法局，由县司法局进行审批，司法局可以选择"通过""不通过"，并将审批结果以通知的形式发送给服刑人员。

（8）提出免于参加集中教育、社区服务审批。

部分服刑人员由于身体或其他原因无法参加集中教育以及集中社区服务的，需要向司法所提出申请，同时工作人员在系统中确认无法参加的原因，并由县社矫局审核。

4）社会适应性帮扶

系统需考虑矫正对象在矫正结束后能很好地回归社会，在解除矫正后，拥有一技之能养家糊口并为社会效力，需具备社会适应性帮扶功能，根据每名矫正对象的不同兴趣爱好及工作经历，以及企业和用工要求对矫正对象进行技能培训，实现矫正对象的身心和生活的同步矫正。

（1）帮扶人员信息管理。

系统"帮扶人员信息管理"选项，系统可以进行帮扶人员的添加和现有帮扶人员信息的补录，补录的信息包括人员基本信息、服刑劳教信息、人员管理类别、家庭成员情况、帮扶小组情况和备注信息。

（2）社区服刑人员帮扶申请。

社区服刑人员可通过社区服刑人员移动应用 App 提出帮扶需求和申请，工作人员可以在系统上答复服刑人员的帮扶申请，提供相关的帮扶或者根据相关规章制度拒绝提供相关的帮扶，同时将理由告知社区服刑人员。

（3）技能培训。

被帮扶人员可以通过系统观看教学视频来学习专业技能。

可通过系统"教学视频"选项，进行新增或查看教学视频，同时可以查看此教学视频的观看记录。

（4）就业创业指导。

① 企业信息管理。

可通过系统"企业信息管理"选项，对企业信息进行管理。

系统可以对新增的企业信息进行录入，企业创建成功后可以进行修改、发布与删除等操作，刚创建的企业信息默认为未发布状态，需手动点击发布，未发布的企业则不可以新增用工信息且不会在企业信息查询表出现。

② 用工信息管理。

在系统企业信息管理选项中，已发布的企业可以在此页录入招工信息，并在此页筛选简历，处理申请人员的用工申请。

系统可以添加用工信息，创建后的用工信息可以进行删除、修改、查看、已招满/未招满、查看申请等操作，如果企业已招满，则隐藏该条用工信息。

③ 企业信息查询。

系统可以查看已发布的企业信息。

④ 用工信息查询。

系统可以在用工信息查询页面查看正在招工的用工信息，并对合适的岗位进行用工申请。此处只显示未招满的用工信息，用工申请由司法所工作人员操作。

⑤ 用工申请管理。

系统可以在用工申请管理页面查看用工申请和申请情况，若用工信息需要调整，列表中可以对该条申请进行修改或删除操作。

(5) 特困救助金发放。

司法所对社区服刑人员进行审核，将符合申请特困救助金发放的社区服刑人员通过系统提交给县社矫局进行初审，系统需录入符合特困标准的相关证明，如单位和社区出具的证明，县社矫局上交给市州社矫局，市州社矫局最终上报给省社矫局，省局最终确定符合特困救助金发放的社区服刑人员名单和请示，并将名单和请示提交给财务。在进行特困救助金发放时，需要社区服刑人员签字，社区服刑人员可通过司法所前端配置的签字版进行签名，系统需与签字版进行对接，实现电子签名并反馈到省社矫局。

(6) 落实责任田。

县社矫局工作人员帮助服刑人员所在村集体为服刑人员落实责任田。同时记录相关情况并录入系统。

(7) 落实低保。

区县社矫局帮助服刑人员落实低保，同时记录系统。

四、矫正解除子系统

1. 矫正解除子系统的内涵

矫正解除子系统包括解矫提醒管理模块、解矫宣告管理模块、矫正终（中）止管理模块。

1) 业务理解

社区服刑人员矫正期满，司法所应当组织解除社区矫正宣告。宣告由司法所工作人员主持，按照规定程序公开进行。司法所针对社区服刑人员的不同情况，通知有关部门、村（居）民委员会、群众代表、社区服刑人员所在单位、社区服刑人员的家庭成员或者监护人、保证人参加宣告。

县（市、区）级司法行政机关应当向社区服刑人员发放解除社区矫正证明书，并书面通知决定机关，同时抄送县（市、区）级人民检察院和公安机关。

暂予监外执行的社区服刑人员刑期届满的，由监狱、看守所依法为其办理刑满释放手续。

社区服刑人员死亡、被决定收监执行或者被判处监禁刑罚的，社区矫正中止。

2）业务规则

业务对象：服刑人员。

系统用户：县社矫局、司法所。

协同部门：公安机关、人民检察院、人民法院、监狱。

2. 矫正解除子系统的功能

矫正解除子系统具备如下功能模块（见表5-4）：

表5-4 矫正解除子系统功能

子系统	功能模块	功能点
矫正解除	解矫提醒	解矫倒计时
		逾期解矫处理
	解矫宣告	发放解矫材料
		解矫手续
	矫正终（中）止	矫正终止
		矫正中止

1）解矫提醒

对符合解矫条件的服刑人员进行解矫提醒，办理相关解矫事项。

2）解矫宣告

司法所应当组织解除社区矫正宣告。宣告由司法所工作人员主持，按照规定程序公开进行。

3）矫正终（中）止

社区矫正人员死亡、被决定收监执行或者被判处监禁刑罚的，社区矫正终（中）止。社区矫正人员在社区矫正期间死亡的，县级司法行政机关应当及时通过书面通知批准、决定机关，并通报县级人民检察院。

五、定位管理子系统

社区服刑人员定位业务是对社区服刑人员进行定位监控和管理的综合业务。定位管理可以实时查看社区服刑人员位置，查看历史活动轨迹，还可以对社区服刑人员数据进行管理，并可以对设备拆除、逃脱、人机分离、低电量等各种情况进行智能分析和告警。

（一）功能描述

1. 账号管理

提供机构、管理员的新增、修改、删除等操作。

机构对应乡镇（街道）级、县（市、区）级、地（市、州）级、省（区、市）级等不同级别。创建每个机构会同时创建一个管理员。

2. 监控对象管理

管理员添加监控对象（服刑人员），同时把定位手环分配给对应的服刑人员，对具体的服刑人员进行管理。添加的服刑人员依附于管理员所属机构。

（1）信息完善。

添加服刑人员时，系统可凭服刑人员的身份证信息从矫正工作子系统调取数据自动添加服刑人员的信息，也允许管理员增加额外信息。

（2）信息查询。

对服刑人员的各类信息查询，包括基本信息、法律文书、刑罚执行、个人简历、家庭成员及主要社会关系、接收报到、矫正小组、指纹信息、奖惩情况和脱管情况等。

（3）电子围栏管理。

允许对服刑人员添加电子围栏，或管理在禁出围栏和禁入围栏中已关联的服刑人员的围栏情况，可以进行增加、修改、查看和删除。

围栏分为禁出围栏、禁入围栏。

① 禁出围栏：在地图上直接划定禁出区域，通过关联禁出人员为其设定禁出围栏。在人员列表中选取后，这个人员的禁出围栏就确定了，一个人员只能关联一个禁出围栏；已关联禁出围栏的矫正人员，离开围栏区域则系统会即时报警。系统解除禁出人员关联后，该人员离开围栏区域则系统不会报警。

系统具有默认围栏的功能，默认的围栏为服刑人员所在的地级市边界，也可以选择省、市、县、区边界，或用鼠标选点的方式进行多边形围栏的绘制和添加。

② 禁入围栏：在地图上直接划定禁入区域，通过关联人员为其设定禁入围栏，一个人员可以关联多个禁入围栏；已关联禁入围栏的服刑人员，进入围栏区域则系统会即时报警。系统解除禁入人员关联后，该人员进入围栏区域则系统不会报警。

服刑人员默认没有禁入围栏。

（4）定位手环管理。

管理员根据服刑人员的管理等级灵活设置手环定位频率。

平台可以对定位手环进行初始化、远程关机。

对服刑人员和定位手环进行绑定或解绑操作，同时可查询手环编号、定位频率和用电量等。矫正解除或终止的人员，在解除社区矫正的同时定位设备会自动解绑。

（5）特定对象。

特定对象指服刑人员不得靠近与其关联的特定对象，近身特定对象一定区域内定位手环会自动报警。可以对服刑人员绑定或解绑特定对象操作。

3. 实时查看

系统以地图形式直观展示当前定位人员位置，报警状态以不同颜色区分，单击每一个小人图标可以查看位置详情，包括姓名、定位时间、地址、状态等信息。

可打开对该服刑人员的实时监察模式，每间隔数秒获取一次该人位置信息，并显示轨迹在地图上，也可在历史轨迹处查看该人最新轨迹信息。

可选择单个或多个服刑人员进行查看。

4. 警示告知

系统对服刑人员的违规行为进行报警，主要包括以下几类报警：

（1）腕带拆卸报警。

（2）越界报警。

（3）低电量报警。

（4）进入禁止区域报警。

（5）靠近禁止接触对象报警。

通过列表方式显示今天报警的人员，列表中可查看到最近报警时间和报警状态。点击某一条报警可以查看具体报警的人员位置。

5. 历史轨迹

系统可查看绑定定位设备的服刑人员的历史轨迹，即定位过的位置信息和轨迹，用折线的方式展示一段时间内该人员的轨迹信息。查看的信息包括定位时间、定位地点、设备电量和状态等。

可查询并导出某时间段内的服刑人员活动轨迹。

6. 消息管理

管理员可添加消息，并单个或批量发送定位手环息，服刑人员阅读消息后，管理员可查看到阅读具体时间。同时，管理员可以删除系统中过期的消息。

7. 考勤管理

定时定点在居住地（或其他指定地点）进行手环自动打卡报道，加强监管措施。

8. 外出管理

外出审批结果：通过外部接口获取矫正工作子系统里服刑人员外出审批的结果。外出审批结果通过后才能进行外出管理设置。

外出管理主要是针对请假外出的人员，在服刑人员外出的过程中系统仍然可以对其进行定位监控，同时对服刑人员外出行为进行管控，防止服刑人员未向指定外出地点行进。

9. 离线地图接入

实现离线地图的接入，可以采用第三方商业地图，但是第三方商业地图必须是基于电子政务外网的离线地图，不得使用基于互联网的第三方商业地图。

离线地图的功能要求如下：

具有对地图的各种浏览和基本操作功能，包括地图缩放、漫游、全图、测距、搜索定位、图层管理等，地图显示随着放大比例逐步精细。

10. 定位服务

系统的定位服务功能建设需遵循《全国社区矫正人员定位系统技术规范》（SF/T00162017）的要求，具体包括内容如下：

（1）定位终端上线确认流程、定位流程。

（2）相关定位数据采集结构要求。

（3）编码规则及编码。

（4）数据交换要求。

（二）定位手环

1. 基本要求

手环为一体式电子定位手环，其材质对人体无害，具备以下基本要求。

1）外观要求

电子定位腕带人体佩戴部分主体外形美观，屏显人性化，外形接近普通电子手表；显示屏可清晰、人性化显示相关内容等信息；适宜佩戴；同一条表带可反复进行长短与松紧调节，适用于不同粗细手腕的用户，亦方便于腕带回收和多次利用；产品总重量宜轻，便于携带。

2）安全可靠

定位手环含防拆电路，能够防止佩戴者自行拆卸；具备防水功能，满足防水、防尘、防摔要求，防护等级 IP68，所有元件纳米防水，须提供第三方的防水防尘测试；必须通过3C强制认证和相关第三方防爆测试，确保安全可靠。

3）环保卫生

电子定位器采用无铅生产标准，防分离腕带采用食品级材料，长期使用也不会产生有毒物质且具备防过敏性。

4）性能稳定可靠

支持每周7×24小时的无障碍运行，在出现程序死机等情况时，系统能够过自行恢复或通过 SMS 短消息或者网络进行远程诊断、远程触发自动恢复。

5）自主检测状态

具备自主检测功能，可以读取定位手环本身的状态信息，如连接状态、低电量、拆卸等，并将状态数据上传到后台服务器。

6）充电方式

定位手环应支持无线充电或背夹式充电器充电，不能影响佩戴者的日常工作和生活健康、活动自由。一次充电后能持续工作多日。

2. 基本功能

1）显示功能

电子手环界面可显示信号、电量、时间、日期、ID、未读消息及报警信息等。

2）定位功能

定位手环具备 BD/GPS/LBS/WIFI 多模式联合定位，是以卫星定位为主、基站定位为辅组成的混合定位，支持智能切换、人为设置两种定位模式；保证在室内室外等各种苛刻条件下定位的有效性；并具备将位置数据上传到后台服务器的功能。

（1）定位手环具备定位参数可通过 SMS 或者网络自定义调整的功能，定位终端能根据场地变化自动切换定位模式功能，具备室内外无缝精确定位功能，满足对禁止令等法律法规的执行需求。

（2）定位手环应具备在移动通信网络中断的离线状态下对相关数据、状态和位置等信息不间断存储并在通信网络信号恢复后自动补发的能力。

（3）定位手环支持实时定位和定时定位功能，后者即按照一定的时间间隔发送监控信息到后台。

3）报警功能

定位手环能在拆解、低电、越界、离线、紧急求救等情况下报警，向定位管理平台发送报警信息的同时在手环上显示警示信息，手环上体现为屏幕显示、震动、提示灯闪烁或声音等。报警方式选择可以在定位管理平台设置。

（1）拆解报警：定位手环不得人带分离，在非正常摘取电子腕带时（如遭到破坏、剪断、拆卸、离体等）能实时向定位管理平台发送报警信息。

（2）低电报警：定位手环电量不足时，及时向佩戴人报警，提醒其充电。

（3）越界报警：对越过允许活动区域范围的社区服刑人员，可接收社区服刑人员定位管理系统的报警信息，及时向社区服刑人员报警。

（4）离线报警：当定位手环处于没有定位或网络信号时候，需自动报警。

4）通知功能

定位手环能接收到来自定位管理平台相关系统的通知信息，并在屏幕上显示通知；如长时间该信息未被读取，腕带可以进行震动或声音提醒人员读取信息。定位手环具备存储功能，能保存最近的定位信息和通知信息。

5) 开关机管理

只有通过定位管理平台（后台系统）才能对定位手环进行关机，防止佩戴者非法关机。

在用户需要乘机或者进入高放射区域前，需要关闭定位手环的，可以通知工作人员进行远程关机。

6) 远程升级功能

支持网络远程触发进行远程升级，方便远程维护。

7) 其他功能

当定位手环发生拆卸、越界、低电量等危险情况时实时报警通知到定位管理平台并以网络信息通知到 App 和短信通知到手机及微信、钉钉等多种方式发送报警信息通知到相关人员的功能。

第三节　司法行政应急指挥平台

司法行政应急指挥平台（下文简称应急指挥平台）是司法行政系统应急平台体系的重要组成部分，应急指挥平台可以通过全面应用定位、识别、通信等多种技术，构建出一个平战结合、预防为主的指挥调度系统，建立一个集指导监督、调度指挥、决策分析等功能为一体的全国性司法行政指挥平台，实现对全国监狱服刑人员、强制隔离戒毒人员、社区矫正人员等特殊人群的实时管控，实现对全国各级司法行政机构和公共法律服务机构、人民调解组织日常工作的监督指导，为各级领导提供全面、翔实、准确的决策依据和信息服务。

应急指挥平台的建设单位要求覆盖司法部、司法厅、市州司法局、区县司法局、监狱管理局、监狱、戒毒管理局、戒毒所、各级社区矫正局、社区矫正中心等机构和部门。

一、业务理解

应急指挥平台是为实现全国司法行政系统部省级、市级、县级司法行政机关、监狱、戒毒所、社区矫正中心和相关部门应急指挥中心互通，多级联动、统一指挥、协调资源、应急处理突发情况而搭建的多级联动综合性应急指挥平台。

应急指挥平台工作的核心内容是实现上下贯通、左右衔接、信息共享。为实现应急指挥平台应急管理的"一案三制"，即完备的应急预案、高效的运作机制、健全的应急体制、成熟的社会法制，通过以平战结合的管理模式，依托信息化手段，按照事前预防、事发应对、事中处置和善后管理等应急管理四个阶段的工作要求，提高各类突发事件的应急响应及处理速度，为突发事件的应急指挥处理、调度、评估、决策争取时间并提供科学依据，切实全面提升司法行政系统应急管理指挥水平。

二、系统总体架构

按司法部统一要求，全国各级司法行政机关、监狱系统、戒毒系统、社区矫正系统都应该按照自己的业务范围和需求建设应急指挥中心。下面以省一级司法厅为例介绍应急指挥平台的关联单位结构。应急指挥平台关联单位结构如图5-6所示。

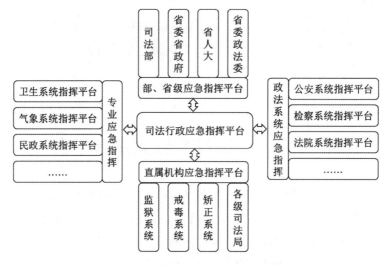

图 5-6　应急指挥平台关联单位结构图

省级司法行政应急指挥平台通过电子政务外网、政法专网、互联网联接各层级、各部门应急指挥系统。

向上通过电子政务外网与司法部、省委省政府应急指挥平台联接，通过政法专网与省委政法委应急指挥平台关联。

横向通过政法专网与政法系统各应急指挥平台联接，通过电子政务外网/互联网与各专业应急指挥平台关联。

向下通过政法专网与省级司法厅直属机构和各市州司法局应急指挥平台关联。

应急指挥平台逻辑结构：

1) 数据库系统建设

包括基础信息库、事件信息库、预案库、模型库等的建设。

2) 基础支撑系统建设

包括显示系统、集中控制系统、数字会议系统、视频会议系统等的建设。

3) 应用系统建设

包括综合业务管理、监测防控管理、预警预测管理、智能辅助管理、应急评估管理等的建设。

4）其他系统建设

包括局监控安防系统、门禁系统、综合布线系统、环境监控系统等的建设。

5）配套设施建设

包括网络系统、安全及备份系统、机房及配套工程等的建设。

应急指挥平台逻辑架构如图 5-7 所示。

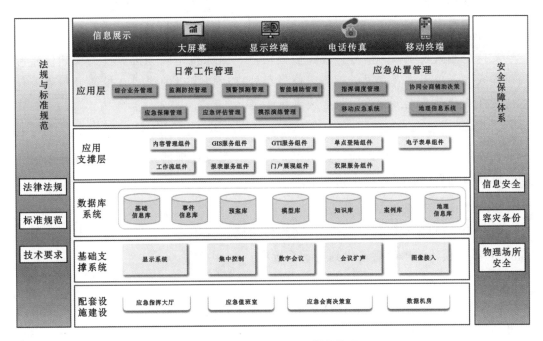

图 5-7　应急指挥平台逻辑架构图

三、基础支撑系统要求

（一）显示系统

应急指挥大厅显示系统由 LED 显示单位、箱体组件、多屏处理器系统、大屏幕控制管理软件及附属的外围设备组成，主要用来控制显示各类图像监控信号和指挥中心内部摄像机的监控图像、VGA（计算机图像）、有线电视、视频会议图像及电视电话会议图像信号等。

1. LED 小点距拼接显示墙系统

LED 小点距拼接显示墙系统是应急指挥中心建设的重要部分，它可实现对应急突发事件发生点实时可视化在一个画面上；通过一个大屏幕可在省级司法行政应急指挥平台上实现全局可视化，可以一目了然地看到整个突发事件现场的事态变化，可提供穿透查询、问题根源追溯、根本原因分析、发现事件根源点和潜在风险等功能。

2. 系统通用显示功能

LED 屏幕显示系统可以完成各种显示模式,用以显示用户的各种输入信号。

3. 功能分区显示模式

各系统图像只在系统的显示分区内进行任意缩放和漫游显示,从而保证各系统之间工作的独立性。

4. 视频信号显示

支持全制式视频输入信号,视频监控信息、摄像机、录像机等各类视频信号源均可接入显示单元或者多屏处理器,信号经处理后以窗口的形式在投影显示墙上任意位置任意移动、无级缩放、跨屏或者重叠等。

5. 计算机信号显示

独立的计算机信号可以通过显示单元内置的图像处理器或者多屏处理器采集处理后以窗口的形式在拼接墙上快速显示。

6. 数字 IP 流媒体视频信号

数字 IP 流媒体视频信号通过 IP 网络传输到指挥中心后,通过接入多屏处理系统的 IP 解码模块,解码后输出到显示系统中。

7. 电子触控沙盘系统

沙盘模型控制系统由多媒体计算机、模块化控制卡、驱动器以及触摸式遥控器等设备组成,与显示系统配合,实现对显示模型内容的多种控制和管理,以语音、文字、图片和视频等多媒体形式展示各类相关信息,达到全方位互动式的多媒体展示效果。

(二)集中控制系统

把对设备的操作都集中到一个全图标控制界面上进行集中控制。通过一台无线彩色触摸屏进行触摸式操作,可以对会议系统中的设备开关机进行控制。通过继电器和红外线发射电缆等设备控制投影机、DVD、投影幕等设备。通过调光模块对灯光的明暗进行调节。支持模式设置,实现各设备间的联动控制。(见图 5-8)

(三)数字会议系统

数字会议系统由会议讨论及表决部分、视像跟踪部分和无纸化会议部分组成。(见图 5-9)

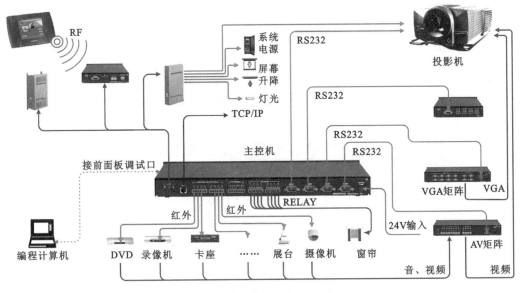

图 5-8　集中控制网络拓扑图

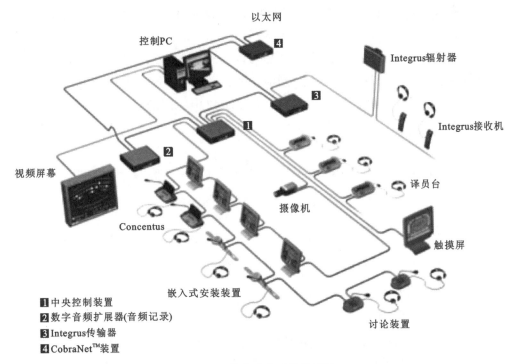

图 5-9　数字会议系统示意图

1. 会议讨论及表决部分

会议管理系统主要包括报到、发言、表决、会议扩声、资料显示、会议进程控制、会议摄像、会议多媒体资料展示等功能。

其他功能的扩充和升级提供标准化的接口,使整个接口具有较好的先进性、可扩充性和良好的兼容性。

2. 视像跟踪部分

主要包括会议专用快速球形摄像机、视频矩阵、视频服务器等。

快速球形摄像机的主要作用是对发言人员进行实时摄像跟踪,并可通过集中控制系统将图像传送到各显示器上。

视频矩阵的主要作用是将各会场的快速球形摄像机的视频信号进行控制、切换和管理。

视频服务器的主要作用是对会议过程进行音视频记录和存储。

3. 无纸化会议

(1) 管理与设置:包括设备管理、座位编辑、考勤管理与背景设置等功能。

(2) 资料查阅:参会者可以对现有文档进行查阅,查阅过程中可以做同步的手写批注。

(3) 会议议程:会议助理可以在管理端编辑会议议程,并发布会议议程。

(4) 会议投票:当需要全体参会者参与意见表决时,会议助理在管理端可以直接发起投票。

(5) 信息传送:会议过程中会议助理可以通过"发送消息"功能,向全体人员或者某位参会者发送消息,参会者收到消息后,可以选择回复消息。

(6) 会议存档:支持会议内容存档,包括会议中使用的会议文件存档、会议结论存档、文件标注存档等,同时,会议助理可在会议结束后对保存的存档内容进行管理。

(7) 会议服务:会议服务功能,可以在会议过程中,为参会者提供会议所需的各种服务。

(四)视频会议系统

整合视频会议系统相关资源,实现司法行政各单位间召开高清晰度远程视频会议、图像传输等功能。

1. 总体架构要求

采用 IP 网络进行网络承载,组织召开会议。IP 技术具有实用性、经济性和灵活性,且经过了大量的网络应用实践和考验,已经成为技术发展的主流之一。同时结合目前 H.264 等技术,实现在 IP 网络的高清 1080P 高清视频,实现 H.239 双流技术,以及静态、活动双流以及多种显示方式。通过配置的全适配 MCU 具备高、标清混合组网会议。

视频会议系统分为三级结构,一级中心主会场为省级司法厅会场、二级中心会场为各地市司法局分中心会场、三级子会场为县区级司法所会场接入点（直辖市为市、区两级会场）。视频会议系统总体框架如图 5-10 所示。

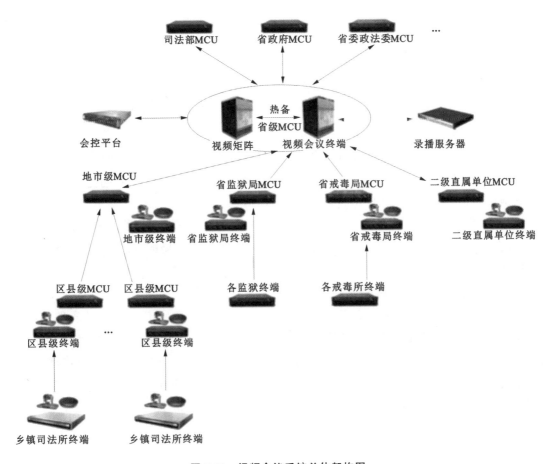

图 5-10　视频会议系统总体架构图

主会场放置系统管理平台，负责系统的整体管理、运行，并连接会场的视频会议终端。一级中心会场作为视频会议系统调度和指挥的中心，需具备完善的功能，以实现对整个视频会议系统的集中控制和集中管理，并可在多媒体方面做进一步扩充。

各个地市司法局的二级主会场可自行组织召开各地市的会议，即登录视频会议管理平台，从而分管各个地市会议室的系统。

2. 分权分域管理

视频会议系统支持用户多级管理功能，可以根据用户等级设置用户权限，以保证系统安全；界面锁定技术使管理员离开时可将界面锁定，以免他人的非法操作和误操作。支持丰富的日志管理信息以及多种环回自测方法，快速诊断并修复故障。支持远程在线升级，增强了系统的可维护性。

系统可支持分权分域的多级别管理,每个地市可按行政划分管理权限,管理所辖区域内的区县,方便清晰、便捷地进行系统管理,同时又减轻了省中心的维护压力。

3. 会议模式

1) 多级会议模式

(1) 国家级视频会议:召开国家级视频会议时,省级司法厅使用 MCU 建立本省三级会议,会议建立后与司法部、省政府或省委政法委原有视频会议系统进行模拟转播,实现各级司法行政机构 1080p 高清会议。

(2) 省级视频会议:召开省级会议时,省级司法厅使用会议管理平台使用之前建立的会议模版,一键建立本省省级司法厅,与地市司法局、县级司法所实现三级(直辖市为市、区两级)1080p 高清会议。

(3) 市州级视频会议:由省局统一规范各市州司法局的会议管理账号,该账号登录会议管理平台后只能看到并控制分配给该地地市司法局的 MCU 及该地市管辖中的终端、录播等资源。

2) 分组分屏视频会议模式

视频会议系统可以同时召开多组视频会议。在召开省、市、县三级或省市/市县两级会议时,可同时召开小范围会议,每组会议中添加指定的市、县会场。各组视频会议相互独立,互不干扰。高级别的管理员可以管理、控制较低级别管理员建立的会议,可以操作会议实现关会、合并,控制镜头相应位置和麦克风静音等操作。录播服务器也同时支持分组录播的功能,实现每个会议组分别录制会议进程,互不干扰。

3) 演讲会议模式

在上述几种会议模式中,某个会场成为讲演者,让下面的每点都能同时看到、听到讲演者图像及演讲者 PC 画面或教学录像。MCU 的 H.239 动态双流技术,可在会议中同时传输发言者的图像及发言者的 PC 画面,让各会场在不需增加或切换设备情况下,接收到发言会场的图像和 PC 画面。这种模式适用于传达各种远程培训、研讨会议、远程指挥。

4) 点对点会议模式

在网络可达的情况下,任意两点间都具备点对点的视频会议,只需要通过遥控器呼叫对方的 IP 或号码即可实现双方会场间的对话,双流功能,方便快捷。

(五) 会议扩声系统

司法行政应急指挥大厅的音响系统主要是满足会议扩声的功能,设计采用模块化线性阵列扬声器和吸顶扬声器相结合的方式进行会议扩声。音源包括控制室配置手拉手会议话筒、电容话筒、视频会议终端、指挥调度音频等。

音响系统主要是会议过程当中对人声进行放大和传送,要求在各个位置都能够清楚听到讲话者的声音。声音效果要清晰明亮、饱满圆润,没有噪音干扰,既能够真实地再现讲话者的声音又能够对声音进行修饰和润色。

(六)图像接入系统

图像接入系统包括以下内容:

1. 视频管理子系统

视频管理子系统完成包括资源分配、摄像头控制、系统设备的集中管理、编/解码器的配置下发等多点控制业务,可控制通过单播或组播的方式进行视频流的实时查看。

2. 数据存储管理子系统

数据存储管理子系统的主要功能为管理存储设备、存储资源和视频数据,支持对系统所有存储资源进行全方位的监控和管理,支持不间断的视频检索、回放等功能。

3. 媒体服务器

媒体服务器完成视频流的转发、分发等工作。

4. 监控客户端

监控客户端提供图形化操作界面,实现实时查看、历史调阅等操作。

5. 编码器

编码器将视频源输入的模拟信号封装为数字信号,输入图像接入系统。

6. 解码器

解码器可将本监控系统的数字图像信号解码为模拟信号,映射到显示墙或大屏幕上。

7. IPSAN 存储设备

IPSAN 存储设备基于 iSCSI 方式提供各类数据的存储。

(七)应急广播系统

1. 传统广播功能

传统广播功能包括背景音乐播放、领导讲话、播送通知、自动打铃和转播电台节目等,系统基于 IP 网络,遵循 TCP/IP 协议。

一线多用,充分利用 IP 网络资源,避免重复架设线路,有以太网接口的地方就可以接数字广播终端,真正实现广播、计算机网络的多网合一。

2. 任意选择寻呼

通过 IP 网络寻呼话筒或网上的任意一台计算机,能指定全部、局部或单个终端,实现广播寻呼。

3. 实时采播

将外接音频接入音频服务器实时压缩成高音质数据流,并通过 IP 网络发送广播数据。

4. 定时播音

数字广播终端具有独立 IP 地址,可以单独接收服务器的个性化定时播放节目。广播员将需要使用的音频素材存储在服务器硬盘上,并编制播放计划,系统将按任务计划实现全自动播出。

5. 多路分区播音

系统可设定任意多个播放组,播放制定的音频节目,或对任意指定的区域进行广播讲话;服务软件可远程控制每台终端的播放内容(划定区域播放)和音量等。

6. 功放电源控制

数字广播终端可以根据语音信号的有无,自动切换功放的电源,避免功放 24 小时长时间工作。

7. 消防联动

系统接入消防报警信号,实现消防联动,并支持邻层报警。终端带强切功能。

8. 音频素材制作

实现数字素材的录制、转换和剪辑。

9. 其他辅助功能

节目监听,可设任意终端作为监听器,监听其他终端的节目广播内容。

(八)语音调度系统

1. 指挥调度系统建设方案

IP 语音调度系统包括 IP 语音系统、IP 呼叫中心、IP 应急调度和多路传真等部分。

2. 指挥调度系统 IP 语音建设方案

IP 语音系统支持基本的通话与会议功能,并与普通电话网互联互通,可组织包括党政专网电话、公网电话、移动电话等的电话或会议。

3. 指挥调度系统 IP 呼叫中心建设方案

省级司法厅和各地市通过网关,连接数字外线或模拟外线,实现服务器加网关的部署方式减少故障点，提高系统的整体可靠性。采用多种应用模式：集中接入，集中处理；集中接入，分散处理；分散接入，集中处理；分散接入，分散处理。平台可通过先进的网关技术与现有的电路交换语音系统对联实现新功能的应用，并可实现电路、IP 双网互备。

4. 指挥调度系统 IP 调度中心建设方案

1）基于 IP 网络的架构

IP 网络与传统窄带语音网络相比，具有覆盖范围广、不受地域限制、安全可靠、管理维护简便等诸多优势，这使得基于 IP 网络的调度通信系统的可控制的范围可以灵活扩展，既可以采用有线的方式，也可以采用无线的方式。

2）分级调度

调度通信都是级别分明的，上级可对下级实现监督、控制功能。通信调度系统对级别的层次没有限制，可由用户根据需要自己定义。具体功能包括录音/监听、强插、强拆、拦截等。

3）应急指挥预案

调度指挥系统的一大功能特点是强大的通信控制功能，系统不仅具备常规的点对点通信功能，还可以事先定义各类突发情况的应急指挥预案，当遇有突发情况可以立即启动应急通信预案。

4）操作简单、快捷

调度指挥系统的另一大功能特点就是操作简便，常用功能及应急指挥调度都具备单键操作功能。

5）对下级调度点位的实时监督

下级调度点位的通信状态会实时显示在调度指挥中心的调度控制台上，使得上级对下级的通信状况可以轻易做到"一目了然"。

6）与传统通信方式互为备份

调度指挥通信是可靠性要求非常高的应用需求，以往的备份手段多考虑为对单一网络通信的备份，这种备份的缺陷在于：当传输的关键节点出现问题，即使提供了主机备份，也不能确保通信的畅通。因此，提供的备份方案是，在考虑主机备份的同时，也要考虑传输路由的备份，这样才能大为提高整体调度通信方案的可靠性。很多行业已经建立起传统的窄带通信调度系统，建立基于 IP 通信的调度系统将是对原有系统的有效补充，同时提高通信调度的整体可靠性。

5. 指挥调度系统 IP 传真系统建设方案

IP 传真系统可以通过网络将其所需要发送传真的电子文档通过浏览器、专用客户端或者电子邮件直接传送到电子传真系统，并由电子传真系统自动拨号发送出去。

（九）融合通信系统

司法行政应急指挥平台建设中的视频会议系统、IP 监控系统、IP 语音系统，采用标准化的控制信令和标准化的音视频编码格式，具备视频会议系统与 IP 监控系统的数字化对接，即监控系统直接将数字化的音视频数据，发给视频会议系统，各级视讯会场得到的是仅经过一次"模数－数模"转化的高清图像，既避免了转接造成的图像衰减，又减少了多次编解码产生的延迟。融合通信连接示意图如图 5-11 所示。

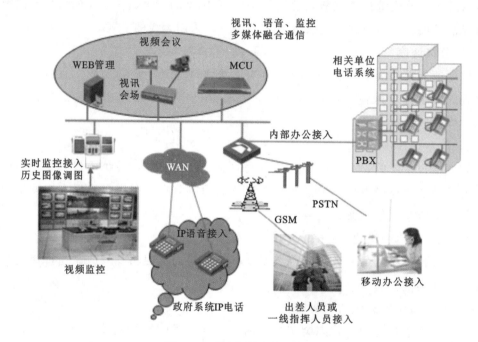

图 5-11 融合通信连接示意图

1. 监控图像接入视频会议系统方案

应急指挥系统包括了视频会议、监控图像接入、应急语音通信等多个模块，在实际建设中，经常会利用几个系统之间的互补以及联动来完成指挥任务。如视频会议强调集体决策、视频监控强调现场取证，正确的集体决策，需要及时现场取证。视讯具备数字集成监控图像，通过数字方式无缝融合，可以任意调用现场监控图像到应急指挥视频会议中，供与会领导实时调阅、观看讨论，为领导快速、精确做出决策奠定良好基础。实现基本原理如图 5-12 所示。

通过监控视频融合软件，具备以下功能：

（1）注册登录到监控系统的注册/呼叫管理服务器。

（2）MCU 调度入会。

（3）显示监控注册/呼叫管理服务器把监控前端及其摄像头列表。

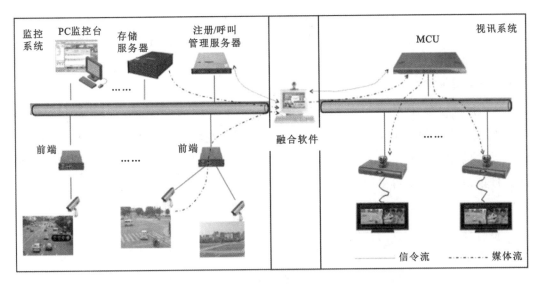

图 5-12　图像接入原理图

（4）选择 MCU 需要观看的码流并发送给 MCU，码流可以选择是当前的前端摄像头实时活动音视频码流或者是前期录制音视频码流，MCU 把监控码流发送给视讯会议的相关与会会场，与会人员可以根据当前监控图像展开事务讨论。

（5）其他需要进行调度的功能等。

2. 电话会议系统接入视频会议方案

语音、视频会议是应急指挥基本的通信方式，语音最普及、最快捷，而视频会议能提供面对面的真切交流，然而通常一个体系中，这两套系统也是独立运行、割裂使用的，需要实现 PSTN 电话、移动、IP 电话多种语音接入到视频会议，在外办公也可接入系统进行应急会商。

3. IP 话机接入技术

IP 话机接入一般使用语音网关，协议为 H.323 协议。但是对于语音终端来说并非一定要局限于 H.323 协议，如果语音网关支持 H.323 与 SIP 信令的相互转换，采用 IP 话机等 SIP 电话经过信令转换也可以加入 MCU 召开的会议当中。

四、应用系统要求

（一）应急门户子系统

1. 统一身份认证和单点登录

单点登录采用数字的加密和数字签名技术，对用户实行集中统一的管理和身份认证，并作为各应用系统的统一登录入口，同时为通过身份认证的合法用户签发针对各个应用系统的登录票据，从而实现"一点登录、多点漫游"。

单点登录能够与统一权限管理具备无缝结合，签发合法用户的权限票据，从而能够使合法用户进入其权限范围内的各应用系统，并完成符合其权限的操作。

相关整合功能点需有固定 URL 地址（对于在各个应用系统中通过程序固化而没有 URL 地址的资源，需对各个应用系统进行调整）。

2. 统一权限管理

对所有模块的应用功能使用权进行集中管理，在统一界面中统一分配。

模块的相关内容纳入"数字法治 智慧司法"建设整体工程的"司法行政公共服务软件项目"中，不再单独进行设计。

3. 发布内容管理

核心技术在于信息的存储发布方式、人员工作的组织方式以及信息和操作的查询方式，常见功能包括：

信息采集、内容录入、编辑审核、栏目划分、专题制作、发布审核、信息发布、模版管理、人员角色定义、发布流程设置、操作监控、工作统计。

（二）应用程序集成

应用程序集成是指通过数据共享和自动化交易连接不同系统。尽管这些应用程序在门户实施中无需彼此直接集成，但由于门户为多个应用程序和内容来源提供单一界面，因此他们必须自行与门户进行通信（显示数据和功能）。

司法行政应急指挥平台作为厅一级平台，可基于内部专网进行多层级应用，结合当前司法部要求及全省（自治区）、各地市、县对于应急指挥平台建设的现状，针对省级司法厅已完成的应急指挥平台建设内容，省（自治区）、市、县能录入、上报、查看、查询相应辖区信息，平台应采用省级部署，分级应用的方式，实现省（自治区）、市、县三级（直辖市为市、区两级）平台统一的指挥协调，并向应急管理部和本地本级应急指挥中心开放对接接口。

司法行政应急指挥平台包括信息展示、安防监控、日常值班、GIS 指挥、应急预案、统计分析、指挥调度、应急资源库、信息发布和平台管理等模块。每个模块功能概述如下：

1. 信息展示功能

在遇到突发事件时，门户用于及时发布突发事件信息、处置进展情况及所采取的紧急措施等，提高突发事件处置效率；平时主要进行信息展示。门户仅对内部用户使用，并不直接展示至互联网，如有需要可通过信息同步的方式将内容展示至厅门户网站中。

信息展示内容包括以下几个方面：

（1）突发事件信息。实现对突发事件信息的展示。

（2）常态信息。实现工作动态、管理文件、通知公告等信息的展示。

（3）应急资源信息。可通过门户查询相关应急资源的配置和部署信息。

（4）互联网信息。通过外网与内网的同步，显示由外网收集的突发事件相关信息。

（5）值班表信息。实现对值班人员的展示。

（6）预警信息。实现对预警信息的展示。

（7）应急预案。实现总体、专项等预案的展示。

（8）教育培训。展示应急相关知识。

2. 安防监控

安防监控模块对所辖机构视频点的全接入，涵盖监狱、戒毒、社矫、司法局等视频监控，并与司法部实现对接。视频画面展示支持 1/4、1/9、1/12、1/16 画面进行展现，支持一键开关视频功能，并提供云台、视频截图、历史回放等功能。通过视频融合平台设置，可对选中视频进行轮巡。

3. 日常值班

日常值班模块包含值班管理、预警管理、风险隐患、信息接报、快报下发五个子功能。

（1）值班管理。具备指挥中心日常排班功能，支持按照单人、小组两种模式排班；支持值班日志编写功能，支持班表提醒功能。

（2）预警管理。分为当前预警和历史预警两个功能，支持通过不同查询条件组合对预警结果进行查询。添加预警时，如录入了预警消失时间，超过预警消失时间后，该预警会自动解除，移入历史预警；如未录入预警消失时间或在预警消失时间前要解除预警，可以在当前预警列表中，点击解除预警按钮。

（3）风险隐患。实现隐患信息的录入、编辑、删除，支持对隐患事件的指派，并支持隐患历史信息查询。

（4）信息接报。实现事件信息的新增、编辑、查询、删除功能，可在 GIS 上对事件地点进行标会，并可对事件进行指派处理。

（5）快报下发。在快报下发界面下，可查看到所有下发的快报，支持对快报名称、收件人、上传附件对快报进行下发。

4. GIS 指挥

GIS 指挥模块及地图分析，将司法系统、应急资源、视频监控、人员、突发事件等集于一张图，可直观对资源进行整合，辅助用户进行事件应急处置。通过资源分析功能，可以应急事件事发地为中心，向外拓展半径，查看就近应急资源，便于指挥中心调用应急资源。

5. 应急预案

应急预案模块包括预案管理、预案模拟、预案执行、预案配置四个子模块，为用户在处理应急事件提供结构化预案。

应急工作人员可以把已有文本预案上传到系统，根据预案的基本要素（总则、预案启动条件、组织体系及职责任务、事件分级、预警条件、处置流程等）进行预案的内容分割。

根据预案中规定的突发事件处置的组织机构、应急处置流程等信息勾画预案处置流程，并添加与流程各节点配套的应急救援人员、物质等相关配套资源信息。

通过点击预案某节点，添加、删除、查询相关关联资源，便于应急处置过程中快速查找，实现预案与资源的关联。

提供对预案的新增、修改、删除、查询操作。

6. 统计分析

统计分析支持对当前系统的各项数据进行统计分析，包含告警信息、预警信息、应急资源库信息、值班信息、事件信息等。

7. 指挥调度

调度人员在需要联系其他人员进行事件处理时，可以通过通讯录查找到相关人员，并在网页上点击其姓名拨打其电话进行联系；其他人员需要联系调度室时，可以通过拨打调度室电话（固定电话或内部号码）。当需要多人协同解决问题时，调度人员可以通过会议会商功能将这些人拉到一个虚拟会议室进行远程协商。主要包含应急通讯录、应急快捷组；组建应急会议，包含强插、强拆、锁定、强呼、主持会议等功能。

8. 应急资源库

应急准备模块包括数据信息、资源查询、知识库三个子模块，各个模块都是为了在出现突发情况时，能为应急做好准备。

数据信息：包含全监狱服刑人员、强制戒毒隔离人员、干警基本信息和详细信息。

资源查询：包含应急专家信息、应急队伍信息、救援物资信息、避难场所信息。

知识库：包含法律法规、典型案例、应急知识、应急模型、文件资料等信息。

9. 信息发布

针对全省应急事件进行分栏目编辑，对应急事件信息统一审核、发布。主要包含创建信息、信息管理、信息展示三个字功能模块。

10. 多路视频点名

司法部指挥中心通过全国地图实现对各级监狱、戒毒、矫正、司法局发起多路视频点名，各级司法厅、监狱局、戒毒局、社矫局指挥中心通过省级地图对下属单位发起多路视频点名。

11. 平台管理

系统管理模块是对用户、系统运行、后台更新、服务发布等的维护管理，保障整个系统的安全、稳定。可实现人员和资源配置、账户管理、GIS 标绘、参数设置功能等。

（三）地理信息系统

建立基础地理信息库，在集成各单位（监狱局、戒毒局、社区矫正局、司法局等）已建成的基础地理信息库的基础上进行二次扩展，内容包括以下方面：

（1）基础地理信息数据的采集。

（2）地理信息的浏览、统计、编辑与表现。

（3）地图排版与打印输出。

（4）基础信息的专题分析。

（5）建立应急事件的综合信息库。

（6）空间数据管理，对各种应急事件的数据进行相应的分层，定义数据结构等。

（7）区分不同图层的应急资源数据管理。

（8）显示、查询基础电子地图。

（9）应急事件专题属性的统计分析。

（10）空间分析。

（11）应急指挥的 GIS 数据管理分析。

（12）为紧急突发事件的预案管理分析提供 GIS 相关数据。

（13）在发生突发事件时，利用此模块提供事件的各种相关 GIS 数据材料。

（14）与其他应用系统开放的数据接口。

（15）系统能够输入其他应用进行数据的输入与输出，如和应急指挥应用系统的各个模块进行交互。

（四）移动应急系统

主要结合平板电脑、智能手机等智能手持终端，实现以下功能：

1. 基本业务功能

基本业务功能包括组呼、单呼、提示性呼叫（Alert）、成员优先级、业务优先级、呼叫限制、终端状态查询、遇忙来电提示、迟后加入、通话状态提示、在线提示、讲话方号码显示、群组地址显示。

2. 管理调度功能

（1）群组管理功能。增加群组、修改群组、查询群组、删除群组、增加群组成员、修改群组成员、查询群组成员、删除群组成员、优先级设置。

(2) 用户管理功能。用户信息管理、用户归属群组查询。

(3) 日志管理功能。日志查询、日志删除。

(4) 系统配置。管理员配置、修改密码。

3. 应急处置指令的上传下达

通过手持终端上的应用软件与指挥中心的指挥调度系统结合使用，保证应急处置过程中的指令有效及时的上传下达。

4. 移动应急指挥

通过手持终端上的应用软件，领导可获取突发事件相关的视频、音频以及图片等信息，并可通过视频对讲的方式进行沟通和指令下达。

5. 突发事件现场信息采集

通过手持终端的摄像头，将现场的图像、视频信息传回到后方指挥中心。

6. 告警定位功能

可以预存一键报警号码，当出现警情的时候，可以按下报警键或拨打报警号码至监控中心，实时监控子系统会自动对报警号码发起一次定位，获取其最新位置，并实时显示在厅指挥中心的地图上，同时发出语音报警提醒值班人员。

7. 定位查询功能

接收到用户报警信息后，可对该终端进行定位查询，其最新位置会实时显示在地图上。

8. 历史报警查询功能

可以查询指定时间段内所有终端的报警历史记录，并可以自动模糊检索与终端报警时间最为接近的位置记录，以协助警情分析。

9. 定位轨迹查询功能

可以查询指定时间段内某一终端的定位历史记录，并以画线的方式标记在地图上，还可以以动画演示的方式回放终端的行进路径。轨迹信息可以导出至 Excel 表格。

10. 客户端数据共享功能

本系统的所有 C/S 客户端（或座席）数据实时共享，当一个客户端向终端发起定位成功后，所有客户端均会收到被定位终端的最新位置数据。

11. GIS 接口

该接口提供地理运算和位置描述支持。GIS 接口不同于客户端的地图服务，当系统获取了终端位置之后，会由服务器来解析终端的地理位置描述。

第六章　公共法律服务业务平台

公共法律服务中心硬件和基础设施建设请参见本书姊妹篇《司法行政信息化建设与管理》中公共法律服务中心章节，本章介绍公共法律服务业务软件建设要求为主。

第一节　公共法律服务中心政务服务系统（实体平台）

一、系统理解

公共法律服务中心建设是对"深化政务公开、加强政务服务"政策精神的贯彻和落实，是各级司法行政对公众的服务窗口，是各级司法行政对外服务工作"线上＋线下"形态的具体实现，对加强和完善司法行政政务服务体系建设发挥重要作用。

通过设立各级公共法律服务中心，为老百姓提供"综合性、窗口化、一站式"的直接服务。根据司法行政工作职能，对外提供行政许可、法治宣传、法律援助、律师咨询、公证办理、司法鉴定、行政复议、志愿者等多项服务，更好地满足群众对法律服务的需求。

通过开设行政服务窗口，特别是具有行政审批职能的律师工作管理、司法鉴定等部门分别就所涉及的行政审批事项编制审批流程和办事指南，对各项审批事项的承办机构职责、审批程序、审批时限及审批的监督做出明确规定，让群众办事更明白、更舒心。

二、政务服务系统概述

政务服务系统以"便民服务"为核心理念，通过服务中心软硬件系统建设，建设"办事易、效率高"的综合服务体系，让公众享受到"智能查询引导、预约、排队、办理、取证、评价"办理流程的"一条龙"优化服务，为公众带来全新的服务体验，从而进一步推进司法行政职能转变，提升公众对政府公共服务的满意度。

政务服务渠道包含移动终端办事大厅、网上办事大厅、自助服务终端、传统窗口服务。公众可以选择任意服务渠道来办理业务，各种渠道互联互通、数据实时同步。使公众感受到司法行政的公共服务无时不在、无处不在。

三、工单管理系统

1. 服务单受理

实体服务中心客户排队叫号，信息发送到座席代表，热线平台客户来电信息发送到座席代表，网络平台客户提交咨询信息发送到座席代表后，弹出相应的业务受理页面，并将客户基本资料等信息显示在页面上。

座席代表根据客户描述，选择需求描述信息（多级显示），在选择需求描述时支持显示对此需求描述的标准话术（话术：说话的标准规范、方法和技巧，可以更加完善的表达出自己的意愿，收获到良好的结果或者自己预期的结果）。

在服务单受理时，客户信息字段和服务单信息字段包括来电号码、姓名、所属地市/区县、咨询类别、人员类别、咨询事项、处理结果等录入系统，并可以自定义设置。

2. 服务单调度

支持把服务单派发到相关的业务处理部门，待业务部门处理完成后反馈，业务部门处理完成后，座席代表可对该服务单进行回访或归档操作。

在服务单派发调度时，如果是多个部门协同处理，系统支持的派单调度方式有两种：

一种是由管理员预先设置好派单调度规则，由系统根据业务类型、客户描述信息自动匹配处理部门，实现系统的自动派单调度。

二是通过座席代表人工指定业务处理部门。

3. 服务单处理

业务处理部门接收到一线座席代表派发的服务单后，可对服务单进行处理，填写处理信息，再由座席代表将处理完成的服务单进行回访和归档操作。

如果处理人员发现此单超出自己处理范围，支持"错返"，提示座席代表重新派发此单。

4. 服务单转派

在服务单需要在多个业务处理部门"串行"处理时，完成处理任务的部门（阶段任务完成）可以将服务单转派给下一个任务处理部门/人员，继续处理。

另外，在服务单处理超时，可将服务单转派到其他部门进行督办。

5. 服务单查询

可以查询服务单，搜索符合条件的服务单，查询条件有服务单号、客户基本资料（姓名/电话/地址等）、业务类型、需求描述、受理时间等。

6. 催促处理

系统可以对将要超时的服务单、已超时的服务单进行监控，对此类服务单可以进行催促通知。催单次数和每次催单详情可以作为对处理人员的考核指标。

7. 知识库管理

客户服务系统需要对用户完成大量的咨询、查询以及业务推介的工作，系统必须有一个强大的知识库系统作为支撑。知识库管理即完成此功能。

知识库以树状视图显示，包括节点目录、节点内容，支持库节点的层级最少支持 64 层。

8. 检索功能

支持关键字检索及全文检索。全文检索指对知识节点的附件进行检索，附件类型包括 Word、Excel、PowerPoint、PDF、TXT 等。支持在检索结果中进行二次检索。

9. 热点知识

在用户业务咨询过程中，系统可自动记录每个知识节点被访问的次数，将多次访问的知识节点作为热点知识，方便座席代表查看。

10. 最新知识

对于新发布的知识，需要独立显示在最新知识列表中。

11. 权限管理

知识库中每个目录或知识节点均可设置访问权限，不同用户根据自身权限展现其权限范围内的知识资源，保护知识库的安全。

12. 知识库维护

维护各知识条目，维护知识库节点权限。知识条目的编辑支持 rich 文本格式，可定义知识内容的字体、段落，可插入图表、图片等多媒体文件。每个知识节点可带各种类型的附件。

四、自助服务系统

自助服务系统主要由前端设备、网络传输、后台发布管理设备和定制化开发应用组成。（见图 6-1）

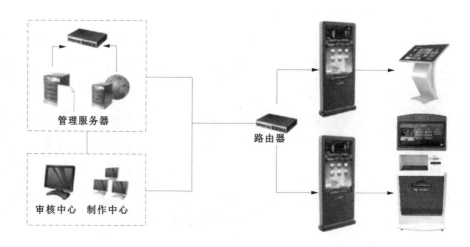

图 6-1　自助服务系统示意图

1. 前端设备

将带有触摸交互功能的自助终端部署于服务大厅区域或离岸式自助服务亭，用户可通过终端进行引导查询、自助预约、业务办理、自助拍照、自助扫描、自助打印、服务评价、身份证认证、指纹认证、声纹认证、人脸识别认证等功能。

2. 后端设备

后端设备包括自助服务管理服务器和各类信息制作发布终端组成。管理用户可实现前端交互显示设备的信息编制、信息发送、简单业务功能集成管理等。

3. 后台团队

后台团队是保障自助服务系统正常运行的人员支撑。自助服务系统除人工智能应答外，还需要人员进行接单、派单、管理、回访等工作，涉及调解员、律师、公证员、鉴定人、矫正管理人员、援助中心工作人员等司法行政各级工作人员。

4. 软件功能

1）自助终端管理

可对自助终端进行远程管理，对自助机运行中的画面进行截图，批量或指定独个终端进行远程控制开关机、控制音量，具备多级管理员权限操作。

2）业务功能集成管理

可集成各种便民的民生应用功能，可实现身份证认证及支付各类业务服务功能应用，针对公众在平台的使用，可进行统计及汇总。

3）业务服务功能

针对服务中心功能定制化开发司法行政政务服务、便民服务的应用模块，如远程会见、视频咨询、矫正签到、矫正汇报、视频调解、申请援助、预约公证、预约鉴定、智能问答、出具法律建议书、查询公共法律服务机构等。

（一）总体要求

（1）符合司法厅信息化整体规划设计和现有技术框架要求，符合统一的应用集成标准，实现不同业务应用对应用集成管理与服务平台的访问，如用户接口、组织机构接口、用户组接口、权限接口、角色接口、消息接口、字典接口、日志接口、数据交换接口、流程调用接口等，满足司法行政的外网应用的统一管理，同时实现各种业务报表的动态定制功能。

（2）数据交换方式和二次开发接口应与其他业务系统完整结合，以实现单点登录、统一用户管理、统一权限管理，统一消息管理、统一服务管理，实现所有业务系统的统一管理监控和底层组织机构权限等数据能够共用；保证信息化建设的统一性、完整性、融合性。

（3）系统界面应整洁美观，易于操作，符合党政机关各级管理人员的日常使用需要。

（4）分级管理。系统支持分级管理功能，能按照用户分级授权，能够适应业务授权的精细化需求和业务频繁变动对权限变动的要求，能够限制用户访问数据权限的范围，并且能够适用多级用户分级管理。支持分级授权管理，可为每个下级单位设置管理员，负责本单位组织机构、用户、权限的设置管理。

（5）易用性。系统具有实时的联机帮助功能，提供交互式的操作向导，对每一步骤的操作能够进行如上一步、下一步这种导向式的指引。提供文字、图形、视频等手段帮助用户使用。排队叫号设备连接拓扑如图6-2所示。

（二）智能排队叫号流程

（1）办事人从出票机选择打算办理的业务打印排队票号，并等候叫号。

（2）窗口呼叫终端检测到有票号等候，通知前台人员叫号。

（3）前台人员点击呼叫终端上的"呼叫"按钮，通过各种排队信息显示设备及音频设备呼叫正在等候的办事人到该窗口办理业务。

（4）办事人到达前台窗口，开始办理业务，前台人员点击"开始"按钮。

（5）业务办理完成时，前台人员点击"完成"按钮。

（三）智能排队叫号功能

1. 身份证取票

身份证取票能够最大限度地保证办事人一人一票，不会浪费过多的票号资源。

（1）办事人需要在出票机上刷身份证来取票，取出的票号在原有票号内容的基础上另起一行加上读取出来的身份证号码。

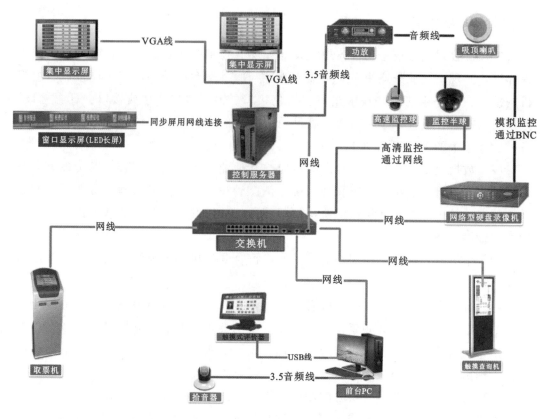

图 6-2 排队叫号设备连接拓扑图

（2）呼叫后，办事人拿着票号和身份证去前台办理，前台人员通过核对票号上的身份证号码和办事人身份证来确认此张票号是否有效。

2. 无纸化排队

传统的排队叫号的方式是办事人到服务大厅领取一张纸质的印有号码的票，然后持票在大厅等候呼叫。

无纸化排队则是利用当前国内最热门社交平台微信公众平台进行取票。

（注：该功能需要政务服务中心申请微信公众平台账号才能进行开发。）

1）预约取票

办事人利用微信公众账号的功能菜单预约，引导办事人一步一步选择业务部门、业务、时间段等进行预约取票。

2）预约办理

预约后，办事人凭预约时生成的二维码到服务大厅的取票机上扫描，即可完成预约报到，进入大厅预约排队序列。

办事人来到服务大厅后，不论是预约用户还是非预约用户，都可以使用微信的"扫一扫"功能，扫描出票机里显示的二维码，系统立即通过微信发送一张电子票号给办事人，实现微信取号。

出票机里的二维码包含服务大厅的信息，扫描二维码的目的是确保办事人已经来到服务大厅，也就是只有当办事人已经来到服务大厅才可以取号，防止办事人在其他地方误操作造成资源浪费。

3）微信叫号

办事人通过微信取号后，系统会根据当前队列状态通过微信提示办事人。当办事人前面只有不到 5 个票号时提醒办事人做好准备。

系统呼叫办事人所取的票号时，除了大厅的广播、显示屏提示外，也会通过微信提示办事人前往窗口办理。该功能在已启用"无声叫号"的大厅尤为有用，办事人容易错过无声叫号模式下的显示屏提示。

3. 二次优先

因系统处理缓慢、人流过大、业务中断等原因，办事人需要在另外时间再到服务大厅办理业务的，可以到服务大厅咨询窗口进行预约，并在约定时间内到服务大厅获取优先办理号。

4. 中断、续办

办事人需要临时离开办理其他手续的，可用"中断"功能中断当前办理业务，待其他手续完成后，再回来续办。

5. 绿色通道

以下几种情形的办事人可通过"绿色通道"取号：

（1）残疾人、孕妇等需要特殊关照办事人。

（2）机关确定的其他情形。

"绿色通道"具有优先排队权，需要咨询台协助取号，咨询台取号实行密码认证，需输入事先设定的密码才能取号。

6. 预审清分

针对表单资料较多的业务，为提高前台业务办理效率，在办理前，由预审清分岗（或咨询台）对办事人所带表单资料等进行预先审核，审核通过后才能进行排队叫号。

（四）满意度双屏交互

满意度双屏交互与智能排队叫号的关系密不可分，在前台工作人员进行排队叫号并且完成任务之后满意度双屏交互子系统通过平板电脑触发前台工作满意度评价功能提醒办事人对该次业务办理进行评价，除此以外，满意度双屏交互还能供办事人查看通知公告、办事指南、最新要闻，等等。

1. 员工牌

当前台工作人员登录系统时，平板电脑显示工作人员的员工信息，包括照片、姓名、工号归属部门等，该信息可以根据实际情况设定。

2. 服务满意度评价

为提升服务大厅服务质量，给予工作人员客观公正的评价，系统在业务办理完成时通过评价设备自动提示办事人对前台工作人员进服务评价，并记录相应评价结果到系统中。

3. 公告展示

公告展示是在窗口工作人员办理一些需要时长比较久的业务时，给办事人在平板电脑上自行查看。

相对于一般的触摸式评价器来说，平板电脑具有独立的系统，能够完全继承现有评价器的功能以外还能用于显示政务服务中心的通知公告、最新要闻、宣传短片等。

4. 双屏同步

有些业务需要向办事人确认基本信息的时候，前台工作人员可以通过双屏同步功能实现一机双屏，办事人可以通过平板电脑确认信息，经确认后前台工作人员可以取消一机双屏让办事人自行查看平板电脑里面的其他内容。

第二节 公共法律服务网（网络平台）

一、公共法律服务网（前台）

通过开发互联网版本、移动终端版本（包括 App、微博、微信、QQ、支付宝城市生活等新媒体版本）的公共法律服务网平台，提供基于互联网和手机端的公众服务，功能主要包含查询公共法律服务资源、看司法行政信息发布、问法律法规问题、办理公共法律服务事项、审批公共法律服务各类许可、投诉各类违规执法、违规服务，受理各类行政诉讼和行政复议案件。实现通知公告、信息公开、综合资讯、互动交流、司法便民等功能，可极大提高司法行政业务办公效率，为社会公众提供更加便捷的服务，提升司法行政为民服务的水平。

（一）社会公众法律服务版

社会公众版本主要通过电脑、手机、平板电脑等移动智能终端为社会公众提供公共法律服务,具体功能包括行政立法、执法监督、行政复议、普法宣传、法律援助、律师管理、公证管理、司法鉴定、法律职业资格考试、社区矫正、基层工作、监狱管理、戒毒管理、办事指南、收费标准、信息查询(地理信息查询、执业信息查询、其他信息查询)、行政事项申请、法律咨询服务等。

1. 系统提供在线法律服务

系统提供在线法律服务包括:

(1) 聘请律师(服务指南、事务所查询、律师查询、网上律师预约、网上申办、案件咨询、网上投诉、支持服务评价等)。

(2) 办理公证(服务指南、信息展示、公证处查询、公证员查询、在线咨询、服务评价、业务预约、业务申办、网上投诉)。

(3) 司法鉴定(服务指南、信息展示、鉴定机构查询、鉴定人员查询、在线咨询、服务评价、业务预约、业务申办、网上投诉等)。

(4) 法律援助(服务指南、法律援助机构查询、法律援助预约/咨询、网上申请法律援助、法律援助申请结果查询、网上投诉、服务评价等)。

(5) 人民调解(服务指南、人民调解机构查询、调解人员查询、网上预约人民调解、人民调解网上预约结果查询、人民调解办理结果查询、服务评价等)。

(6) 宣传咨询(服务指南、信息展示、机构查询、业务申办、网上投诉)。

(7) 基层法律服务(服务指南、信息展示、机构查询、业务申办、网上投诉)。

(8) 办审批(服务指南、信息展示、机构查询、业务申办、网上投诉)。

(9) 报司考(服务指南、信息展示、机构查询、业务申办、网上投诉)。

(10) 打热线(服务指南、信息展示、机构查询、业务申办、网上投诉)。

(11) 约探视(服务指南、信息展示、机构查询、业务申办、网上投诉)。

2. 结果公示

对法律服务内容办理结果进行公示,包括行政审批事项办理结果公示,律师、公证、法律援助等法律服务事项办理结果公示,以及相关的评奖评优等结果进行公示等。

具体的办理结果,系统通过和相关的业务系统对接,自动从业务系统提取数据,实现结果的公示。

3. 投诉建议

投诉建议分为领导信箱、投诉举证、政风评价、在线调查等。

1) 领导信箱

公众可以通过领导信箱直接反馈问题,回复信件会通过公共法律服务平台、"无线司法"等多种方式向民众进行公示。

2）投诉举证

对法律援助、公证、司法鉴定、律师、基层法律服务等事项办理中质量、态度和其他违规行为的，可直接在平台上进行投诉举证。

3）政风评价

接受公民、法人和其他组织对司法行政政风、行风、警风的评议。

4）在线调查

提供在线调查功能，方便司法行政机关实时开展网上调查活动，公众可以积极参与，对自己关注的信息进行反馈。

4. 在线评价

系统需要提供给当事人、人民群众对法律服务工作人员处理结果的满意程度评价功能，支持通过PC、移动端等进行评价，在公共法律服务智能分析决策系统和各个业务系统中展现。

5. 资料下载

提供法律援助、律师、公证、司法鉴定、基层法律服务等常用表格、软件的下载。

（二）法律服务工作人员版

司法行政移动办公平台，实现省级司法厅、地市司法局、区县司法局、司法所和一线业务人员的移动办公需求：

1. 消息发布

主要给各级司法行政机关工作人员、律师、公证员、司法鉴定人员等法律服务机构工作人员使用，发布法律法规、行业动态等。

2. 在线值班

主要是安排各级司法行政机关、法律服务机构、监狱及戒毒单位的值班信息。

3. 移动审批

涵盖范围包括行政事项审批、OA办公事务审批、请销假、用车审批等。

4. 业务处理

主要提供给各个公证处主任、律师事务所主任、司法鉴定机构、司法行政单位管理人员、业务人员使用，便于他们在外出、出差时处理业务。

1）法律援助

支持维护司法厅设定的本机构基本信息。

支持处理针对本机构的法律援助咨询服务。

支持处理针对本机构的法律援助预约服务。

支持处理当事人提交的法律援助案件的转派服务。

新问题支持自动提醒，至少支持短信、微信等提醒方式。

2）律师服务

支持维护司法厅设定的本机构基本信息。

支持处理针对本机构的各种咨询服务。

支持处理针对本机构的预约服务。

新问题支持自动提醒，至少支持短信、微信等提醒方式。

3）公证服务

支持维护司法厅设定的本机构基本信息。

支持处理针对本机构的公证业务咨询服务。

支持处理针对本机构的公证业务预约服务。

新问题支持自动提醒，至少支持短信、微信等提醒方式。

4）司法鉴定

支持维护司法厅设定的本机构基本信息。

支持处理针对本机构的司法鉴定咨询服务。

支持处理针对本机构的司法鉴定预约服务。

新问题支持自动提醒，至少支持短信、微信等提醒方式。

5）人民调解服务

支持维护司法厅设定的本机构基本信息。

支持处理人民调解服务预约服务。

支持处理人民调解问题咨询服务。

新问题支持自动提醒，支持短信、微信等提醒方式。

6）基层法律服务

咨询解答，提供基层法律政策法规解答。

如选择基层法律服务所人员在线，支持在线交流。

基层法律机构查询，业务办理信息，包括基层法律执业人员查询，机构地图显示，业务办理信息查询。

支持查看附近的基层法律服务所，支持从手机位置到指定机构的道路查询。

7）行政立法

议案征集、民意反馈对草案进行民意调查等。

8）执法监督

对各级执法机构的执法情况进行监督、反馈，对普遍反映的问题进行指导。

5. 其他事务

主要处理非业务类的其他事务，如领导信箱、投诉举证、结果公示、政风评价、在线调查等。

1）领导信箱

处理领导信箱提交的问题，问题处理支持问题分类、转发、退回、删除、超时提醒、发布方式设置等功能。

2）投诉举证

处理投诉提交的问题，问题处理支持问题分类、转发、退回、删除、超时提醒、发布方式设置等功能。

3）政风评价

建立相关调查、查看对各行业的评价数据，导出数据为多种报表。

4）在线调查

支持自定义调查，调查项目可自定义，支持图文混排，并提供调查结果的多种形式统计。

（三）智能决策分析管理人员版

智能决策分析管理人员版是"数字法治 智慧司法"建设智能分析决策系统的一部分，此处描述的分析内容只是针对公共法律服务部门的需求，后期各块的需求分析在此基础上逐步拓展完善。

此处决策分析系统，需要提供但不限于图表（柱形图、饼状图、线形图等）多维度、多视角的分析模型。

（1）法律服务关注度分析。

（2）法律服务者综合分析。

（3）法律服务机构综合分布。

（4）法律服务及时度分析。

（5）法律服务案件量分析。

（6）法律服务满意度分析。

二、公共法律服务网统一管理平台（后台）

公共法律服务网统一管理平台是一个统一的业务管理后台，各级管理员登录统一管理平台可以分别进行外网门户管理、政务公开信息处理、公共法律服务平台业务处理（包括手机版本公共法律服务平台），信息员可以通过统一的采编系统完成信息的采编、审核和发布，不需要反复登录和维护多个后台系统。

（一）门户网站管理系统

网站符合省级政府办公厅发布的《省级政府网站内容规范和技术规范建设指南》中的要求，具备省政府门户网站年度绩效评估各项指标要求，主要建设内容包括：

（1）建设司法行政信息公开系统，并与内容管理具备无缝集成。

（2）实现政务微信、微博信息发布管理功能，利用内容管理具备微信、微博的信息发布。

（3）实现无障碍浏览功能。

（4）建设网站移动端版本。

（5）支持网站监控，及时发现网站运行问题，包括无效页面、死链、缓慢页面、系统运行状态等。

（二）站群管理

网站综合管理系统采用"主站＋子站"的站群构建模式，提供网站的集中配置管理功能，系统管理员可在此新增、维护网站信息和网站管理员信息，维护网站的备份和恢复，支持站群的一键备份和恢复，可以将站群所有站点的内容备份到一个文件中，并支持文件的增量备份。为各站点分配空间、域名（发布位置），系统自动解析域名到指定位置同时确定空间信息。

每个站点可以有独立的空间，并可以设置一个主域名；各子站除有统一栏目外，还可建立自己的栏目。每个站点可以向多个服务器发布页面，以便实现数据同步和负载均衡。支持多种建站模式，包括自主手工建站，利用内容管理系统提供的站点模板自动建站，基于现有的站点进行站点框架"复制"创建。提供所有站点列表，系统管理员可以很方便地管理各站点和所有栏目。

网站综合管理系统可以支持高并发的网站管理，可以支持多个子站的建设和管理。子站支持以列表、平铺等不同的形式进行展现，并可以在各个子站点下再次建立站点，以层级的形式展示。

1. 站点管理

可以指定每个站点的账户、域名、发布状态，并进行空间管理。可以方便地对多站点进行管理，可以新增、修改、删除网站；实现对本网站的用户及用户权限的全面管理，包括内容管理用户权限、网站前台浏览权限。提供域名添加、删除和修改、解析功能，可以管理顶级域名或二级域名。

2. 信息管理

可以在主站与子站、子站与子站之间实现多站点之间信息投递功能，提供基于统一平台的信息交换、管理和共享功能，同时还可以提供支持跨站点的全文检索功能。

在各个站点、栏目之间实现信息自动转发，可以提供引用、复制、镜像等方式。

在信息发布时，既可以按照所在栏目统一样式设置发布内容页，也可以单独设置特定文档的发布样式，实现与栏目内其他文档不同的发布效果。支持栏目内信息的置顶功能，支持永久置顶和定时置顶功能，多篇置顶文档可以手工调整顺序。

3. 模块管理

所有应用功能都采用组件进行封装，可以采用所见即所得的实现模块安装、模块加载、模块卸载等功能，可以把一些需单独开发的模块直接加入到系统中，做到和系统无缝链接起来，继承系统的站点、栏目、模块、权限、模版等全部管理属性。

（三）内容管理

主要面向网站的内容维护人员提供服务，采用 Portal 的设计概念，为内容维护人员创造出可以一个可以个性化设置的办公环境，使用户可以快速地进入、浏览、使用负责的栏目、板块、功能、服务器信息等。在内容维护功能上提供了可视化资料编辑器、一键式排版、Word 导入、WPS 导入、Flash 转换、PDF 转换、音频视频资料导入等功能，使资料维护、内容管理更加方便。

（四）页面发布

可以根据灵活度选择静态发布和动态发布两种方式，网站可以在页面设计完成后直接发布，也可以设置发布计划定时发布。网站发布不受操作系统的限制，可支持任何类型的 Web 服务器。

（五）数据抓取

提供站点之间的信息抓取，使原网站的信息能够平滑的迁移至现有系统中。同时也可用作后续系统数据库的对接，方便各类数据的导入。

主站点可实现对子站点栏目的网页数据的自动抓取功能，实现指定栏目的网页数据的自动抓取。

（六）信息采集

信息采集模块包含 Web 信息采集系统，通过对互联网指定网站进行扫描和监控，将指定网站的内容采集到本地系统中；信息采集模块还包含数据库采集系统，通过通用的接口从其他业务数据库中导入信息到本网站中；系统提供的内容管理功能，支持多篇文本稿件的批量上传、XML 格式的批量文档导入导出；支持手工转发、自动分发的信息报送的触发机制；支持网站间的信息共享和信息推送，实现信息一次录入，在不同站点、不同栏目中发布；支持 Office 文档等多种格式的直接发布，并能保持文档的原有样式。

（七）稿件上报

构建省级司法厅网站信息报送系统，实现省级、市级、县级网站信息的编辑、上报、审核、转发和发布、统计汇总功能。

可以自动统计信息的报送条数、采用条数和采用的栏目，并能够根据一定的规则对采用情况进行积分。功能如下：

（1）中心端建立报送分类及约稿分类，并与网站栏目进行对应，信息采纳后自动进入网站对应栏目。

（2）上报信息分类管理，包含上报分类添加、上报分值规则设定（上报分值、采纳分值）。

（3）针对参与网站信息保障工作的单位，建立报送用户，登录系统进行信息报送工作，就单位内容来讲，在信息上报前可进行一次内部的审核。

（4）中心端收到信息后，可确定是否采纳到网站上去，在采纳时中心端对各单位的上报情况进行汇总统计，对信息保障工作进行考评。

（5）在报送端，可汇总统计本单位的信息报送情况，包括上报情况、被采纳情况、计分情况等。

（6）支持专题约稿。

（7）送审信息的详细内容页可以导出到 Word 进行打印。

（八）网站地图

网站地图通过全方位的栏目展示能够使得网站整体情况的展示更加的直观、全面、人性化。网民通过网站地图全面的了解站点的构架，以及能够更加迅速、便捷的到达目标栏目。

站点地图自动生成，并随栏目变动而自动更新。

简单设置显示行数，列数，系统自动生成。

支持手动编辑，结合自动生成提供个性化的网站导航。

系统支持对于站点地图以不同的模板样式进行展现。

支持对不需要在前台显示的栏目，可进行后台排除设置。

（九）用户管理

用户中心提供网站注册用户的管理功能，支持用户的查询、删除、禁止，可查看用户基本信息。用户管理具体包括：用户管理、用户密码重置、用户通知、用户分类统计。

（十）统计分析

系统提供详细的统计分析功能，具有时段访问量统计、IP 访问量统计、新闻访问量统计、页面访问量统计、访问来源统计、浏览器统计、颜色统计、操作系统统计、分辨率统计等。

访问日志统计对所有的访问者信息进行统计,可以方便地看到的访问人群都是来自哪个地区,哪个时区是访问高峰期,哪些页面的访问量比较大,针对这些信息可以分析网站、优化网站,从而提高网站的访问量。

三、政务信息公开系统

(一)管理子系统

管理子系统的主要功能包括信息采集、元数据标引、信息审核、信息发布(传递给服务子系统)等。实现对信息采集、编审、发布的全程监控。同时,还包括元数据管理、分类管理、流程管理、统计管理、用户及权限管理等辅助功能。

各个功能模块对应着编目管理的操作步骤。

1. 信息采集

信息采集的渠道和方式:

一是政府网站。行政机关已经在网站公开的信息,纳入目录系统,以利于公众长期查阅和监督,可通过网站自动抓取的方式实现采集。

二是内部业务系统。适用于采集已产生且应公开但尚未公开的政府信息,可通过数据交换等方式实现。

三是人工录入。主要是采集尚未形成电子数据的信息,可通过人工输入方式完成。

2. 核心元数据标引

采取自动或人工方式,抽取并著录拟公开信息的标题、发布日期、文号、发布机构等核心元数据。

3. 信息审核

对拟公开信息的内容和标引结果进行审核、修改。管理子系统提供审批、签发等流程控制手段。

4. 信息发布

将通过审核的信息进行数据格式转换,并采取符合有关保密规定的方式(如光盘摆渡)传递给服务子系统。政府依法公开本级政府相关的领导、机构、政府规范性文件等各项信息,信息类型包括公文、文件、通知、新闻。

信息主动公开是政府依照相关的文件规定,把政府的信息主动公开在网站上。在录入公开信息文章时有固定格式的录入界面,按照政府规定的形式填写公文,基本内容包括:索取号、公开方式、公开日期、文号、发布机构、信息类别、标题、摘要、正文;还可以选填一些高级内容,如依据、公开范围、失效日期、记录形式、载体类型、存放位置、公开程序、引题、副标题、作者、责任编辑、重要性等内容。把政府的公文及内容按照指定的格式展示给出来。

5. 信息分类管理

主题分类是在系统元数据及系统管理中进行设置维护的，分类分级别可以随意进行设置，部门可以根据实际情况设定信息分类方法，调整、扩展信息分类类目。

6. 统计管理

提供信息发布统计和日志查询等功能，并可生产相应的统计报表。

7. 用户及权限管理

对管理子系统的各类用户及其使用权限进行管理，各级网站管理人员分为系统管理员、信息审核员、信息发布员、信息录入员、信息查询员等多种角色。

（二）服务子系统

服务子系统主要是通过和联网提供政府信息检索、分类导航、信息展现、下载打印等服务，使公众能快速、便捷地查阅、获取政府信息。

1. 信息检索

公开信息检索分关键字检索和全文检索两种，每种检索都提供简单（全文）检索、高级（组合）检索两种方式。简单检索支持任意词组的查询等，高级检索支持核心元素数据组合查询等。还要按照内容、关键字、标题进行简单搜索，按照信息名称、发布机构、索取号、文号、关键词、公开方式单独条件或者组合条件进行复杂搜索。两种方式都支持在结果中的二次检索。

2. 分类导航

对分类目录采取逐级展示的方式供公主浏览。点击任意分类类目时，自动展开所属的下级类目，并列出该类目下所有的信息条目。

3. 信息展现

信息展现主要有三种形式，即列表形式、简要形式和细览形式。

4. 下载打印

采用简要形式将政府信息编排成电子文本供公众下载、打印。

5. 相关信息导引

信息导引包括对下列内容的链接导引：相关法律法规和规范性文件、本行政机关的信息公开指南、公开目录简介等。

（三）依申请公开

依申请公开信息是指因某些原因，不能主动公开的信息。公众如要获取此类特殊需求的信息,可依法申请获得,经特定部门审批或第三方同意后公开。

依申请公开的申请和处理流程要完全按国家规定搭建,公众通过前台提交申请后,可以依据所获取的查询码在公开首页中查询处理状况和进度,并对申请办理的满意度进行评价,系统将自动收集并记录评价信息。

依申请公开包括两个部分:一部分是申请公开部分,这部分功能集成在服务子系统中,面向公众、企业等服务申请者;另一部分是申请公开的审批、处理、反馈、考核,这部分集成在管理子系统,面向行政机关提供服务。

(四)统一业务处理

统一业务处理系统是公共法律服务平台(后台)的重点,后续有关公共法律服务的所有业务处理全部通过该平台进行,包括12348热线、公共法律服务网,以及微博、微信、手机版网站、App等。

(五)互动交流管理

主要是对网站和公共法律服务平台前台的所有互动交流的信息进行互动处理,包括领导信箱、网上公告、网上调查、建言献策、留言板、在线访谈、网上信访、投诉举报等。

第三节 公共法律服务12348热线系统(热线平台)

一、系统理解

法律服务热线系统结合公共法律服务的社会需求,将公共法律服务案件处理作为核心内容,围绕这一核心展开工作,将申请人基本信息、经济状况信息、申请事项信息、受理审查信息、办案结案信息等纳入系统统一管理,并将公共法律服务机构和人员的信息与案件、咨询等业务对应起来进行管理,建立绩效考核机制。通过分布式多媒体呼叫平台和公共法律服务信息管理及电子政务受理平台的结合,实现公共法律服务的集约化管理。

12348热线是近年来政府进行普法实践工作的窗口,也被称为"亲民、近民、爱民"的最基础、最紧急需要的工作。为了进一步深入开展普法教育活动,加强人们的法制观念,提高公民的法律意识,司法部要求全国各省开通法律服务专用电话,以向广大群众、企事业单位和民间团体提供方便、快捷的法律咨询和各方面公共法律服务。

（一） 12348 公共法律服务热线系统组成平台

12348 法律服务热线系统包括以下几个部分。

1. 呼叫控制平台

呼叫控制平台建立了统一的多媒体接入平台，提供呼叫中心（热线电话）基础服务，它是群众与公共法律服务机构沟通的桥梁，是公共法律服务机构提供法律咨询服务、公共法律服务咨询服务、公共法律服务预约答复/进度查询、投诉及建议的窗口。

2. 业务应用系统

业务应用系统承载在呼叫控制平台上，供公共法律服务中心座席代表使用的应用功能，公共法律服务业务应用系统是公共法律服务机构信息化平台的一部分，为公共法律服务机构提供了相关法律咨询、办理进度查询、各种援助服务、服务工单派发及流转、服务回访与监督等业务功能。

3. 管理及分析系统

提供对公共法律服务服务平台的管理能力，提供对座席代表（服务受理人员）和相关责任部门代表（服务处理人员）的管理功能。其中包括来电弹屏、平台管理（IVR、ACD、CTI 配置）、业务知识库管理、工作流程管理、服务监督、综合考核、话务/业务数据统计等功能模块。

以上所述三个平台（子系统）共同组成了 12348 法律服务热线系统，通过各系统提供的功能，充分利用现代化的管理机制和数据整合技术，使公共法律服务机构中各系统有机地结合起来，让各信息系统不再是"信息孤岛"，实现服务窗口统一化、服务处理规范化、服务响应及时化、运营管理智能化、决策科学化的目标。

实现 12348 公共法律服务热线高效提供服务需要注意三类要素管理，分别是服务、运营、管理。组成 12348 公共法律服务热线三类要素关系如图 6-3 所示。

（二） 12348 公共法律服务热线三类要素

1. 服务

12348 提供的服务包括援助、咨询、受理、投诉、回访等，受理包括调解、公证、鉴定、复议、投诉等业务，这些服务业务需要司法行政机构相应工作人员受理并解决问题，因此 12348 热线不仅仅是热线部门的工作，还需要各相关业务处室提供人员支持，才能保障服务的全面性。

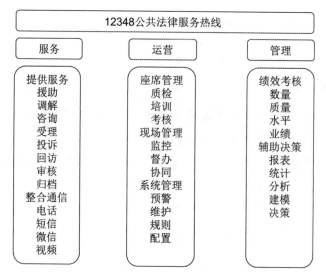

图 6-3 组成 12348 公共法律服务热线三类要素关系图

2. 运营

12348 热线开展工作需要有一批懂法律、熟业务、语音表达能力强的座席人员承接公众的来电，司法行政机构并没有一支这样的专业化队伍，因此，需要以购买服务的方式，购买 12348 热线的运营服务。要求 12348 运营团队能够对座席进行质量监测、培训、考核，对运营产生的数据进发分析、预警、改进话务工作等。

3. 管理

司法行政机构分管 12348 热线的部门应该做好监督管理工作，对运营人员和服务人员进行测评、考核、奖惩，并对所有数据进行建模分析，以数据分析下一步热线工作的质量提升、数据增减、经费的管理等。

二、系统功能

（一）系统平台整体要求

1. 系统设计标准化要求

系统须遵守呼叫中心通信标准设计，采用的技术必须符合相关技术标准，应用业务、客户界面、数据接口的设计也应在遵守本规范标准的基础上统一，以保证业务的未来扩展。

2. 系统稳定性和可靠性要求

保证系统每天 24 小时不间断地稳定运行，必须避免由网络故障或软件的升级而影响整个系统的正常运行。系统的平均可使用率不能低于 99.99%。

所提供的交换设备应具有高可靠性、开放性和拓展性,易于组网。

3. 系统安全性要求

系统具备可靠的、完善的网络安全机制、访问机制、权限管理机制;确保合法用户可以访问系统,并在权限范围内受理业务。

4. 系统开放性要求

系统采用开放式的软硬件平台,避免呼叫中心的外围部件局限于某一厂商的产品。

(二)与司法行政各业务平台对接

12348公共法律服务热线平台系统需要有一定的开放性和兼容性,易于扩展和升级。12348公共法律服务热线平台与12348法律服务网、省级司法厅指挥中心、政务数据系统及现有的公共法律服务系统等进行顺畅对接,最终具体实现接口开放、业务字段对接、业务数据互通共享、后台数据统一归集、数据分析的统一处理等系统对接要求。

(三)与12348法律服务网对接

省级司法厅12348法律服务网是面向群众提供公共法律服务的重要平台。12348公共法律服务热线平台业务系统提供接口与12348法律服务网进行顺畅对接,实现热线诉求数据、回访数据、通话数据等业务数据互通共享、后台数据统一归集、数据分析的统一处理等系统对接内容。

具体实现以下对接内容:

1. 数据

按照12348法律服务网的数据要求,提供包括语音数据、工单数据等的同步,全量交换至12348法律服务网平台,省法律服务网给到中国法律服务网,协助12348法律服务网建立智能回答的基础数据库。

2. 工单系统对接

12348热线平台的工单系统与12348法律服务网进行对接,实现工单流转。

3. 统一身份认证功能

针对办事申请类咨询的,通过系统对接,使用12348法律服务网平台的统一身份认证功能。

(四)与110、12345、12368等热线平台对接

12348公共法律服务热线平台业务系统提供接口与110、12345、12368等热线

平台进行顺畅对接。并对有对接12348的市提供技术支撑和指导。

具体实现以下对接内容：

1. 网络环境

12348热线平台需要与政务外网互通，且保证数据安全。

2. 工单流转

系统对接实现12348与110、12345、12368业务办理的工单流转。

3. 数据

对接110、12345、12368热线平台，提供台账数据、语音数据、工单数据等的同步，且12348热线调取对方的历史数据（录音、台账、工单）。

4. 平台监管系统

110、12345、12368指派到12348的工单、12348生成的所有工单都需要被110、12345、12368监管督办（查看工单信息、听取对应录音）。

（五）与指挥中心对接

司法行政应急指挥中心系统对12348热线平台的日常事务办理和投诉建议实行督办管理，对服务质量进行监管，12348热线平台需要与其进行对接。

具体实现以下对接内容：

（1）日常事务督办管理。实现12348热线平台与指挥中心的工单系统、台账系统进行对接。

（2）服务质量的监管。涉及话务统计、录音、通话时间、服务评价等方面数据对接。

（六）与政务数据平台对接

政务数据平台拥有全省公共基础数据，具有全省各级工作机构、人员的数据目录，12348热线平台如有需要，其政务数据平台可以将这些数据同步给12348热线平台。

（七）外部关联系统对接

提供标准通用的接口，可与政府其他各业务系统热线进行对接，提供接口开发和数据交互：

政务服务电话有：12315消费者投诉举报专线电话、12358市场监管投诉举报电话、12310机构编制违规举报热线、12369环保举报热线、12345政府服务便民热线、12320卫生热线等平台进行顺畅对接。实现政务服务热线系统对接，具体对接内容如下：

1. 话务直接转接

当 12348 话务员接听话务后确认需要转接给上述政务服务热线解决问题,而 12348 不需要参与的话务可以直接在呼叫中心平台把话务转接给上述政务服务热线平台。

2. 话务三方通话转接

当 12348 话务员接听话务后确认需要转接给上述政务服务热线解决问题,但 12348 还需要参与的话务可以直接在呼叫中心平台把话务转接给上述政务服务热线平台并和上述政务服务热线话务员进行三方通话,以解决相应问题。

3. 数据对接

与上述政务服务热线实现通话数据及录音数据等话务数据同步和共享。

(八)工单(派单)系统和接口要求

系统网络平台、话务平台、实体平台三大平台的工单录入、流转、办理的统一管理。公众申请的法律服务事项办理完成后,统一将办理结果自动返回给业务派单系统,由业务派单系统统一由法律服务网平台和短信的方式向公众进行反馈。公众接收到反馈信息后,可以对整个服务进行满意度评价。

(九)微信平台功能要求

1. 微信自助服务

提供微信自助服务功能,客户可以通过自助回复选择查询所需服务内容,并进行详情查看。

2. 微信人工服务

系统提供社交信息平台座席人员服务。如系统可以设置客户发送消息有且只有"0"时,为选择人工服务;系统自动回复菜单中"0"菜单固定为人工服务。由座席通过后台平台为顾客提供在线沟通服务。

3. 微信 ACD 功能

系统可以根据客户的不同服务需求和客户级别,智能地将来电转接到对应的客服座席;对请求同一客服服务的来电,根据客户级别等情况进行智能排队,同时提示客服等待队列情况,保证使每个客户都能得到充分有效的服务。

三、 12348 公共法律服务平台运营

12348 法律服务热线建成之时也是公共法律服务通过电话热线提供服务之时,因此,在系统设计和建设时,还应考虑服务人员、后勤保障、服务内容、服务台

账、知识库、数据展示和数据利用等关键问题。

（一）电话法律咨询服务

电话法律咨询由执业律师提供服务，服务时段为24小时，全年无休。

法律咨询服务主要包括：

（1）耐心解答来电群众的法律问题，解决群众在生产、生活中的实际法律问题。

（2）注重电话法律咨询服务的宣传作用，在答复问题时，同时进行法治宣传教育，提高人民群众学法、用法的能力。

（3）注重电话法律咨询服务的引导作用，引导群众通过法治方式解决问题、化解矛盾，有效疏导群众情绪。

法律咨询服务的具体要求如下：

（1）在指定的呼叫中心现场提供现场服务队伍和执业律师，其中执业律师均为执业一年以上的专业律师，其中三年以上专业律师占30％以上。

（2）具有充足的律师服务资源以满足法律咨询服务。

（3）律师在提供服务的同时，在台账登记系统中登记服务工作台账。

（4）提供专项的服务流程和工作标准。

（5）对于涉及群体性事件或者与司法行政业务相关的事项办理，通过工单流转的方式提交给司法行政相关部门处理。清晰描述工作流转流程，以保证业务实用有效。

（二）电话办事咨询服务

电话办事咨询服务是由司法行政业务人员提供的服务。

1. 电话办事咨询服务的主要内容

（1）在群众需要时引导其咨询具体的服务机构。

（2）耐心、准确解答涉及相关司法行政业务的办事程序和条件，通过热线、短信等方式告知群众办事地点、办公时间、交通路线等。

（3）耐心、准确回答群众咨询的其他事项和内容。

（4）收集热线办事咨询服务中的相关知识点内容，为公共法律服务知识库的建立和梳理维护，提供内容支撑。

2. 电话办事咨询服务的具体要求

（1）在指定的呼叫中心现场提供服务队伍和司法行政业务客户，司法行政业务客服应当具有大专以上学历，法学专业优先，其中法学专业业务客服应占30％以上。

（2）司法行政业务客服应当在上岗前进行岗前培训，培训内容应当包含但不限于法律援助、公证、司法鉴定、人民调解、仲裁等相关业务内容和办事程序。

（3）须按照司法行政业务分类及司法行政机构的要求进行精细化业务分工，对司法行政业务客服人员进行专项业务培训后为群众提供精准化咨询服务。

（4）司法行政业务客服在提供服务的同时，应当在台账系统中登记服务工作台账。

（三）投诉建议处理及其他服务

投诉建议及其他服务是由司法行政业务客服提供的服务。

1. 投诉建议处理及其他服务的主要内容

（1）热线投诉服务，接听群众有关司法行政业务的投诉，记录、反馈并跟踪投诉处理情况。

（2）工单跟踪服务，对派发的工单进行跟踪，必要时在司法行政机关的要求下对相关机构工作进度进行催办，确保服务落到实处。

（3）收集服务中的相关知识点内容，为公共法律服务知识库的升级改造和梳理维护提供内容支撑。

2. 投诉建议处理及其他服务的具体要求

（1）安排专门的话务回访团队，对于话务异常、服务不满意等按照100%的比例进行回访。翔实登记投诉记录，跟进投诉处理情况，发现处理超期现象应立即提醒管理部门，及时了解处理结果后，反馈投诉人。

（2）在指定的呼叫中心现场提供服务队伍和司法行政业务客户，司法行政业务客服应当具有大专以上学历，法学专业优先，法学专业客服占30%以上。

（3）司法行政业务客服应当在上岗前进行岗前培训，培训内容应当包含但不限于法律援助、公证、司法鉴定、人民调解等相关业务内容和办事程序。

（4）司法行政业务客服在提供服务的同时，应当在台账系统中登记服务工作台账。

（5）对相应服务进行工单管理、跟踪、催办。

（6）接收投诉服务应基于知识库提供标准化服务。

（7）知识库内容应依据司法行政相关规定进行整理。

（四）台账系统

1. 12348热线平台台账系统的主要功能

（1）实现登记咨询人、来电时间、业务类型、业务子类划分、业务处理情况简述、业务处理人、处理状态等信息。

（2）当有来电接入座席时，系统自动查询该热线以前是否有来电记录，供服务人员及时掌握咨询人的历史咨询情况。

（3）实现与知识库系统的对接，在台账系统中提供知识搜索、知识引用等功能。

（4）满足工单管理全流程系统支撑。

（5）满足各类业务台账数、登记台账的完整度及其他工作情况的数据统计。

2. 12348 热线平台台账系统的具体要求

（1）设计和实现台账信息、通话记录信息和录音信息的数据关系。

（2）台账系统各类统计报表的设计和实现。

（3）集成知识库系统，可在台账系统中进行知识搜索，使用知识引用功能。

（4）将台账登记与话务平台进行集成。

（5）台账信息登记页面应设计简单，界面友好。

（6）台账信息建立与通话记录信息、录音文件的对应关系。

（7）台账系统能记录转接的过程，并区分每一个服务人员登记的内容。

（8）台账系统支持服务满意度调查结果的录入及统计。

（9）台账系统支持有后续工作处理需求的记录生成相应工单的功能。

（10）台账系统具备兼容性，能够与法律服务网对接。

（五）知识库系统

1. 打造 12348 热线平台知识库系统

（1）只需输入关键字就能够准确、快速查阅来电者关心的业务问题。

（2）应支持与台账登记系统的集成，从台账登记页面可以快捷进入知识搜索页面。

（3）提供话务人员与管理部门的知识反馈流程，当在知识库系统中查询不到所需知识时，可提交知识反馈，对知识库进行更新与完善。

2. 建立公共法律服务热线平台知识库，指引司法行政业务咨询服务

（1）应依据司法行政各项业务的管理办法和实施细则进行整理，形成相应的办事指南和服务指引。

（2）将相应的办事指南和服务指引等内容录入到知识库中。

（3）根据群众来电需求情况及司法行政各项业务管理办法和实施细则变动做必要的更新。

知识库具体内容包括但不限于机构类型、机构名称、地市、区县、街道、详细地址、联系电话、办公时间、业务类别、收费标准、业务受理条件、所需材料、办理流程和时限、法律法规等。

（六）数据分析展示系统

在呼叫中心设置数据大屏展示区域和公共法律服务中心的大屏幕系统中，可直观生动地展示辖区内咨询的服务数据。

运营数据分析的内容包括：咨询量、各时段咨询话务量变化、咨询问题类型、律师排班情况、接通率、满意度、话务开始时间、话务结束时间、通话时长、座席号、座席人员、座席人员的状态、登录明细等。

（七）热线运营数据报告及预警报告

通过集中的热线平台服务，收集全省群众关心的问题，动态分析群众的来电咨询内容，整理群众普遍关注的问题。根据平台服务数据，建立预警机制及敏感事件的快速响应机制，及时向有关部门传递信息。

第四节 公共法律服务一体化平台

公共法律服务是司法行政四项职能中面向基层和直接面对群众的重要职能，它在智慧司法建设中是最能体现智能应用的地方。

一、一体化平台功能要求

（1）数据统计与展示功能，把公共法律服务实体平台、热线平台和网络平台中关于热线、问答、咨询数据，以及业务系统中律师、公证、鉴定、仲裁、基层法律服务、人民调解、行政审批、投诉、复议、法考、普法、志愿者等数据，以动态3D方式与GIS系统融合，呈现出数据表、仪表盘、线形图、柱形图，并按司法行政业务考核数据，呈现数据变化、变化率，给司法行政工作人员提供辅助决策。

（2）同一用户从不同平台进入公共法律服务中心，实体、热线、网络三大平台数据互通，能够实现数据一致，也可实现三大平台工作人员在提供服务时，界面针对用户在三大平台所接受的历史服务进行提醒。

（3）三大平台可以与律师、公证、鉴定、仲裁、基层法律服务、人民调解、行政审批、投诉、复议、信访、法考、普法、志愿者等系统进行协同办公或任务派单。工单系统与业务系统顺畅对接，业务办理结果反馈到派单系统，通过微信、短信等方式反馈给用户，用户可实现满意度评价。

（4）监督反馈对业务系统中未受理、未办结、滞后办理的信息进行查询和监察督办。

(5) 对一体化平台的工作人员开放智慧司法全部业务系统的查询权限，便于三大平台的工作人员查询回复公众对司法行政系统各类业务的问题。

二、工单系统

采用基于 Web 的系统模式，工单具备与法律服务网的工单系统和所有子业务系统无缝对接，通过接口方式将工单系统所产生的工单，派至法律服务网工单系统，实现工单的闭环处理，并帮助 12348 热线系统及时跟进工单处理进度，进行工单催单等操作。

系统具备开放的标准化接口，可方便地与各承办业务单位系统对接，实现诉求工单在 12348 热线系统与承办单位业务系统之间的无缝流转。

省级司法厅有统一建设的业务工单流转系统时，12348 热线平台在接到群众事项请求后，接线员询问、记录事项内容，生成话务台账及业务工单，由现场管理人员对工单进行初审，审核通过的工单会通过接口请求的方式推送给到省级司法厅建设的业务工单流转系统，再流转到具体各业务部门，由各业务部门分别派发督办各业务条线工单，12348 热线平台可以通过接口请求来查询已提交的工单的办理状态。

1. 法律服务网系统工单

业务派单系统对接法律服务网，公众用户在法律服务网、公众微信号、移动 App 上进行相关公共法律服务咨询、申请等业务时，系统自动将工单数据抓取到派单系统。

业务范围包括法律服务网、12348 微信公众号、12348 移动 App 上进行留言咨询的工单、投诉工单、立法、执法监督、法考、人民调解、法律援助、基层法律服务、公证、鉴定、投诉、普法、申请志愿者等。

2. 12348 话务平台工单

话务接听人员登录业务派单系统，能够录入公众用户来电咨询公共法律服务信息包括人员姓名、身份证号（省数据共享平台获取、可修改）、来电号码（话务平台带入）、来电时间、来电时长（话务平台带入）、来电人地址、咨询类别、人员类别、咨询事项、咨询内容、处理人、处理时间、答复意见、工单状态等。

(1) 话务录入数据包括：人员姓名（手动输入）、身份证号（省数据共享平台获取，可修改）、来电号码（话务平台带入）、来电时间（选择）、来电时长（话务平台带入）、来电人地址（手动输入）、咨询类别（选择）、人员类别（选择）、工单主题（手动输入）、咨询事项（选择）、咨询内容（手动输入）、处理人（自动带入）、处理时间（自动带入）、答复意见（手动输入）、工单状态（自动带入）。

(2) 咨询类别包括：和法律服务网上业务类型一致。

(3) 咨询事项：和法律服务网上问题类型一致。

(4) 人员类别包括：自然人、法人。

(5) 工单状态包括：未处理、处理中、已办结。

3. 公共法律服务大厅（所、站、室）实体平台工单

实体中心的工作人员登录业务派单系统，能够录入公众用户咨询公共法律服务信息包括人员姓名、身份证号、电话号码、咨询时间、咨询人地址、咨询类别、人员类别、咨询事项、咨询内容、处理人、处理时间、答复意见、工单状态等。

4. 工单指派

系统根据公众用户提交的咨询信息中的咨询类别、咨询事项自动将工单指派给相应的所属类型的法律服务人员，当有多个法律服务人员时，系统按登录时间顺序逐个指派工单给各法律服务人员。

流程说明：公众用户在法律服务网、12348 微信公众号、12348 移动 App、话务平台、公共法律服务中心进行相关咨询时，系统自动获取公众用户咨询工单，通过对咨询类别、咨询事项的判断匹配对应的公共法律服务人员，并将工单推送至该公共法律服务人员，当该服务人员在一定时间内没有接受工单时，系统自动回收该工单，转由人工指派。

工单用户按省市县乡分级分类分权限进行填单、派单、改单、查询、统计、报表等。

第五节　法治宣传综合管理系统

一、系统理解

法治宣传综合管理系统是集法治宣传工作管理、法制信息采集、报送及工作数据统计分析等功能为一体的综合管理系统，该系统可主动采集社会公众的法律服务需求，从而开展社会主义法治理念教育，向公民宣传法律知识，宣传国家基本法律、法规，推进社会主义法治文化建设。系统由法治宣传业务管理系统和法治宣传社会公众服务平台组成。

依托于电子政务外网建设，系统使用范围纵向包括省（自治区）、市、县、乡（街道）、村（社区）五级（直辖市为市、区、街、社区四级）专职机构，横向包括各级各部门法治宣传成员单位。

法治宣传管理系统的建设目标包括对所需数据进行集成，通过先进的组织架构管理流和工作记录流的方式进行全面的数据采集，根据需要自动抽取其中的数据，支撑考核工作，并自动生成电子台账，最大限度地减轻工作强度，提高数据使用效率。

二、法治宣传业务管理系统

法治宣传业务管理系统主要是提供各级法治宣传管理机构信息，开展日常法治宣传业务工作，采集、发布法治宣传信息和社会公众法律服务需求的综合业务管理系统。

该系统适用对象为各级各部门法治宣传机构及其工作人员、社会公众。

系统的具体功能包括机构人员管理、工作动态、工作报送、数据管理、工作研究、综合查询等。

系统包括指导普法依法治理平台、社会普法平台和省普法工作办公室平台。

1. 普法依法治理平台

普法依法治理平台的主要业务包括：拟定法治宣传教育规划并组织实施；指导、监督法治宣传、依法治理工作；通过开展法治创建等活动，推进多层次、多领域依法治理工作。另外，还有完成管理员账户，了解普法机构建设情况，进行普法媒体统计，传播法治文化建设信息，掌握普法活动开展情况、进行法治宣传教育及法治创建数据统计，以及普法工作考核情况分析。

依托司法行政业务综合管理，系统建立省（自治区）、市、县、乡四级（直辖市为市、区、镇三级）普法依法治理工作管理平台；建立普法依法治理工作数据库，实现汇总统计和数据分析等功能；建立普法依法治理资源库；实现数据、信息传导的双向流通。

2. 社会普法平台

社会普法平台指导并面向社会开展法治宣传工作，推动全社会树立法治意识，实现账户管理、以案说法、互动释法、法治讲堂、视频播放、有奖问答、法律法规查询、第三方评估等。

依托于互联网建设，社会普法平台纳入公共法律服务体系建设，整合进法律服务便民为民智慧系统，实现与普法对象的信息交互。

植入以案说法、互动释法、法治讲堂、视频播放、有奖问答、法律法规查询、第三方评估等功能。

3. 普法工作办公室平台

普法工作办公室平台承担省普法工作办公室日常工作，实现管理员账户、普法机构建设情况、普法媒体统计、法治文化建设信息、普法活动开展情况、法治宣传教育及法治创建数据统计、普法工作考核情况等。

建立省直普法依法治理工作管理板块，按以下项目开展普法业务，并对主要信息采集如表6-1所示。

表 6-1　省直单位普法依法治理工作信息采集表

序号	项目	内容
1	工作制度	（1）落实谁执法谁普法责任制工作制度
2	普法阵地	（2）法治文化公园、广场
		（3）法治宣传教育基地
		（4）其他法治文化阵地
		（5）传统媒体普法
		（6）新媒体普法
3	普法活动	（7）宪法学习宣传
		（8）其他普法活动

建立司法行政普法依法治理工作管理板块，按以下项目开展普法业务并对主要信息采集如表 6-2 所示。

表 6-2　司法行政系统普法依法治理工作信息采集表

序号	项目	内容	说明
1	组织领导	（1）领导机构	法治宣传组织领导机构
		（2）规划决议文件	普法规划和决议文件
2	公职人员学法用法工作	（3）党委理论中心组学法	省（自治区、直辖市）党委组织以法治为主题的理论中心组学习
		（4）法治培训	省（自治区、直辖市）司法厅（局）组织或参与的法治培训
3	青少年法治教育	（5）法治副校长制度	省（自治区、直辖市）出台的法治副校长工作文件
		（6）青少年法治教育活动	省（自治区、直辖市）司法厅（局）组织或参与的青少年法治教育活动
		（7）青少年法治教育基地	省（自治区、直辖市）建立并挂牌、定期开展青少年法治教育的县区级普法基地
4	普法活动	（8）宪法学习宣传	省（自治区、直辖市）司法厅（局）组织或参与开展的宪法学习宣传活动

续表

序号	项目	内容	说明
4	普法活动	（9）其他普法活动	省（自治区、直辖市）司法厅（局）组织或参与开展的各类专项法治宣传或特色普法活动
5	队伍建设	（10）专职普法人员	省（自治区、直辖市）司法厅（局）负责组织普法的工作人员
5	队伍建设	（11）兼职普法人员	省（自治区、直辖市）司法厅（局）组建的普法讲师团、普法志愿者
5	队伍建设	（12）村居法律顾问制度	本省（自治区、直辖市）下发的配置村居法律顾问的文件
6	法治文化建设	（13）法治文化公园、广场	省（自治区、直辖市）设立并命名的法治文化公园、法治文化广场
6	法治文化建设	（14）法治宣传教育基地	省（自治区、直辖市）设立并命名的法治宣传教育基地
6	法治文化建设	（15）其他法治阵地	省（自治区、直辖市）设立并命名的法治文化阵地
7	落实谁执法谁普法责任制	（16）落实谁执法谁普法责任制文件	省（自治区、直辖市）出台的落实意见、责任清单、联席会议制度、旁听庭审制度、以案释法制度等
7	落实谁执法谁普法责任制	（17）落实谁执法谁普法责任制活动	省（自治区、直辖市）司法局组织召开落实谁执法谁普法责任制联席会议、开展的旁听庭审、以案释法等活动

与"司法云"大数据中心互通，实现数据、信息双向传导，结合本书精准普法系统对人民调解、法律咨询、司法鉴定、公证、舆情分析等系统数据反馈的精准普法方案完善普法依法治理工作。

三、法治宣传社会公众服务平台

法治宣传社会公众服务平台主要是为社会公众提供各类法律知识、法律服务等，通过互动交流模块采集社会公众的法律服务需求，进一步拓宽法治宣传服务手段。

该平台适用对象为社会公众。

平台的具体功能包括：最新法规、专题报道、法律服务、互动交流管理等。

服务平台包括无纸化学法用法及考试平台、"普法"双微平台、法治网普法服务网站等。

1. 无纸化学法用法及考试平台

组织利用无纸化学法用法及考试平台进行法律知识学习和考试，实现在线法律学习、视频学习、通识法律知识考试。

依托于互联网平台，实现与"学习强国"等主流学习平台对接和学分互认，实现多平台互联。

2. "普法"双微平台

建设司法行政单位官方普法微博、微信平台升级，以发布普法内容、开展互动活动和法律服务为主，实现法律知识传播、法治关注、法治、时事聚焦、以案说法、法治阅读、法治社会、动漫展播、有奖问答等方面内容的展示。在重大、突出、典型事件或案件发生时，以双微平台为载体进行信息发布、案例剖析或舆论引导。

3. "法治网"普法服务网站

依托12348法律服务网，发布普法信息，开展法治宣传教育、展现普法成果为主，实现图说新闻、要闻聚焦、法治人物、新法速递、法治专栏、法律问答、法治视频、以案说法、法治文化、理论研讨、法治公告、普法微博、法治博览等方面内容的展示。

四、普法宣传综合管理系统

普法宣传综合管理系统是对各级各单位普法工作具体实施情况的数据采集、汇总、评估、考核。它有利于对普法工作成效进行充分分析，为进一步提升、改进普法工作效能提供依据和辅助决策。

1. 信息统计

查看全省各地市、区、县法治宣传教育机构分布情况，全省人员信息情况总览，本月法治宣传资源变化情况。可以查看法治宣传教育相关人员信息情况。

2. 待办任务

查看待办任务信息，特别是系统内人员准入审批，信息更新确认等。

3. 普法组织机构所有组织机构和机构人员实现动态管理

1）机构管理

管理法治宣传机构和成员单位的信息。

2）机构人员管理

管理法治教育领导小组人员和法治宣传成员单位人员信息。

4. 队伍人员管理

管理法治教育专职队伍和兼职队伍的人员信息。

1）专职队伍人员管理

管理法治宣传专职队伍的人员信息。

2）兼职队伍人员管理

管理法治宣传兼职队伍的人员信息。

5. 普法工作记录

编辑和查看法制宣传教育工作组织领导活动记录的信息，包括编辑和查看社会法制需求征询体系信息、督查考评工作情况信息、法制宣传教育在文明城市创建测试体系中所占比例信息、常委会研究法治宣传教育工作记录信息、以案释法制度的开展情况、工作创新记录信息、"谁执法谁普法"责任落地信息。

6. 基础保障记录

包括编辑和查看普法专项经费纳入同级财政预算信息、法治宣传工作经费标准信息，编发法律资料信息。

7. 队伍工作记录

包括志愿者工作情况信息、社会普法组织工作信息。

8. "法律六进"工作记录

包括进机关、进学校、进企业、进单位、进乡村、进社区和其他相关信息。

9. 媒体宣传记录

包括普法联盟运作更新频率信息、传统大众媒体信息、新媒体信息等。

10. 法治文化建设

编辑和查看法治文化建设信息、法治文化产品创作信息、获奖作品管理信息。

11. 民主法治实践工作记录

编辑和查看民主法治实践工作记录信息。

12. 工作任务

用户可以进行法制宣传任务发布。用户需要填写任务名称、任务类别（选择主题宣传活动、网络普法专题、民主法治实践、重要文件落实、"法律六进"（进机关、进学校、进乡村、进社区、进企业、进单位）、法治文化建设、任务重要程度（选择年度重点项目、年度一般项目、季度重点项目、季度一般项目、月度重点项目、月度一般项目），同时需要填写交办人、交办时间、规定办结时间、督办人、报送进度（选择仅一次、每周一次、每月一次、每季一次）、工作要求（选择文件、图片、视频）和办结要求。

13. 阵地建设

全省法治宣传阵地信息、固定法治宣传栏信息、网络联盟建设情况信息、固定法治宣传栏信息、户外显示屏建设情况信息、农民工流动人员法治学校信息、村居法治学校（法律道德讲堂）信息、青少年法治教育基地信息、村居图书角信息、法治宣传产品（文化产品研发基地）信息、法治宣传教育中心信息、法治文化阵地信息。

14. 分析研判

为了体现服务型司法行政机关，需要对当前群众法治需求的基本内容和方向进行研判；同时，分析研判基层法制宣传教育工作的开展情况，最终得出分析报告指导普法工作。

第六节　律师综合管理系统

一、系统理解

律师综合管理系统是面向各律师事务所、律师、律师行政管理部门、律师协会，实现以集律师行业的业务办理、内部管理、行政管理、协会管理和政务信息公开于一体的综合管理系统。

该系统由律师管理子系统、律师事务所综合业务子系统、律师行政管理子系统、律师协会管理子系统组成。

二、律师管理子系统

律师管理子系统的功能主要是对律师从业人员（包含实习律师的录入、考核和转正）、律师助理和机构进行行政事项审批以及年度审核等基本的管理功能，应用具备覆盖到全部律师和律师事务所，各类数据、信息能与其他系统协作共享。

系统的功能需包含以下内容：

（一）律师和律师事务所登记

（1）律师事务所名称、执业许可证号、组织形式、地址、负责人、合伙人（派驻人）电话、发证日期、主管机关、统一社会信用代码、设立资产、批准文号、日期。

（2）律师姓名、身份证号、执业证号、执业机构名称、执业证类别、发证日期、首次执业时间、组织关系、转所登记。

（3）律师执业证书实现网上申请、市级司法行政部门网上初审、省行政服务大厅网上审批。

（4）在省级12348法律服务网上能查询律师执业证办理进度，能查询到律师的姓名和执业证编号，律师事务所名称、许可证号、地址、电话、主任姓名等基本信息。

（二）处罚管理

1. 行业惩戒功能

行业惩戒是指律师协会对违反法律、法规、规章、执业纪律和职业道德的律师、律师事务所进行的行业惩戒。采用记录惩戒结果的形式，对各律师执业档案和律师事务所中的惩戒记录进行统计分析。

2. 行政处罚功能

按照行政权力审批流程实现全省统一管理。

处罚结果应与律师、律师各项审批实现数据关联，期限未满前，相应审议应给予提示（如处罚期限未满，不得自行决定解除限制）。

系统记录如下信息：

（1）律师事务所名称、统一社会信用代码、处罚种类、处罚事由、处罚依据、处罚内容、处罚日期、处罚机关。

（2）律师姓名、处罚种类、处罚事由、处罚依据、处罚内容、处罚日期、处罚机关。

（三）表彰管理

表彰管理主要是记录律师和律师事务所的受表彰奖励信息。信息需按行政区划和行政级别予以分级。要求信息在律师和律师事务所的年度检查考核中予以提示，并对考核结果做出影响。依据账户级别、权限的不同可查看不同范围的表彰记录，具体信息如下：

（1）律师事务所名称、荣誉文书编号、荣誉内容、认定日期、颁发机关。

（2）律师姓名、荣誉文书编号、荣誉内容、认定日期、颁发机关。

（四）律师年度工作报表

各类报表汇总分析系统，系统通过互联网运行。系统需实现以下功能：

（1）司法部要求报送的律师年度工作报表，系统自动生成总表。

（2）律师参与信访和律师担任法律顾问信息等其他报表。
（3）以上表格的任意组合查询和数据分析功能。

（五）律师年度考核公告系统

每年上传律师事务所年度检查考核的公告，系统会自动生成总的公告并自动上传至门户网站或 12348 法律服务网的相应栏目。

（六）账号管理功能

管理系统应实现律师、律师事务所、律师协会、司法行政机关各种不同角色、不同权限的账号管理功能，确保账号信息的安全保密，数据准确可靠。

（七）机构管理功能

律师事务所设立审核、变更审批、注销审批、备案审批、"两公"机构（公司律师事务部和公职律师办公室）、涉外机构管理等功能。

登记单中的事务所基本信息可以从执业申请信息中自动加载。

登记单分为两个部分：基本信息页和申请表单。

对"两公机构"进行管理：公司律师事务部和公职律师办公室的档案管理和注册审批等。

（八）投诉管理功能

投诉管理主要是针对律师、律师事务所的投诉案件进行管理。投诉案件有网上投诉、电子邮件投诉、书面材料投诉、电话投诉和口头投诉等几个来源。

（九）年度考核申报功能

对律师、律师事务所的年度考核是指司法行政机关对律师事务所上一年度执业情况的定期检查考核，以及对律师事务所所属律师考核结果的备案监督。

（十）档案管理功能

律师事务所和律师档案数据相互独立，通过关联可以相互访问查看。

执业档案管理中包含律师和律师事务所的所有档案信息，如审批记录、变更记录、处罚记录、投诉记录、表彰记录、行业惩戒记录、勘误申请记录、相关历史数据、年度考核历史记录以及执业数据报表。

需提供组合条件查询档案功能，通过身份和权限对档案查询加以限制。

（十一）统计、报表功能

按照部级统计报表的上报规则，按时生成部级报表，律师事务所必须按时间填报业务报表，报表上报到主管司法局进行审核，逐级上报，最后到达省级司法厅，由省级司法厅进行汇总。

律师的业务报表由律师事务所在互联网应用中进行填报，最后由省级司法厅进行汇总，其他关于律师、律师事务所、投诉案件的统计报表在系统中进行实时抓取。

数据统计分析需要对终止执业律师、转所律师、派驻律师特殊考虑。

分类统计功能和统计分析功能。需从多个方面对当前的律师和律师事务所的数据进行分析。各账号按角色和权限查看管理范围内的数据。通过报表统计数可点击查询具体的业务数据列表，可对统计事项进行修改。

（十二）查询功能

律师综合管理系统的查询功能要求有自定义条件查询、关键字查询、汉字拼音模糊查询等功能。

（十三）系统页面

展现当前系统中各个业务对象的现状。内容包括业务数据统计、当前用户的待办事项、当前用户的已办事项。

（十四）数据对接要求

三、律师事务所综合业务子系统

律师事务所综合业务子系统是面向各律师事务所提供律师业务办理、律师事务所内部管理、律师事务所内部办公以及律师协会、行政管理部门协同工作的综合系统。其具体功能如下：

1. 通知公告

供各律师事务所工作人员接收来自上级行政机构以及协会组织的通告，以及向全所工作人员发送的公告。其中工作人员包括主任、律师、内勤。

2. 电子邮件

供各律师事务所与各司法行政机关、协会组织以及其他律师事务所之间进行事务交流。

3. 案件管理

各类案件办理过程管理包括：收案、收费、审批、办理、退/结案、归档、评估、调阅等。

系统可根据需要选择提供律师文书模板，自行进行要素替换，生成相应的电子文书，供律师打印使用，支持律师事务所自行上传模板文件。

4. 法律顾问

具备对法律顾问信息进行登记，查询、归档、调阅查询等管理。

5. 法援指派

法援指派是指派给律师事务所和指派给律师本人的法援案件信息。此模块要求与案件管理模块关联，指派后的案件直接进入案件管理。

指派给本所的法援案件，所主任查看法援中心指派给本所的法援案件，可以签收并指派办案律师，也可以退回指派的法援案件。

指派给本人的法援案件：所主任签收后指派给当前用户的法援案件，律师可在系统内生成案件信息，并与指派的法援案件关联。

6. 费用管理

针对所内的所有案件应收的费用、实收费用等费用信息进行登记管理。

7. 审核管理

律师事务所主任使用此模块进行各类案件或顾问的审批及其他事务申请的初审。审批管理内容包括案件待批、顾问待批、事务待批、案件归档审查、顾问归档审查等。

8. 文档管理

对各律师事务所管理本所的重要文档以及法律文书出涵的模板进行管理。

9. 统计查询

统计本所的所有重要业务数据，如日志、案件、人员信息等，自动生成业务报表统计数据。

四、律师行政管理子系统

律师行政管理子系统为律师行政管理人员服务，对所辖范围内的律师事务所进行行政管理和监督考核，能及时了解律师事务所的案件办理情况，处理律师提交的申请和发送的信息，管理律师事务所和律师的行政惩罚和奖励等。

律师行政管理子系统具体功能如下：

1. 通知公告

司法行政工作人员接收来自上级行政机构的通告，以及向所属行政机关和律师事务所发送通知公告。

2. 电子邮件

供司法行政工作人员与司法行政机关、协会组织以及其他律师事务所之间进行事务交流。

3. 信息报送

接收律师事务所、司法局、律师协会上报的各种信息。

4. 审批管理

实现对各类律师资质、律师变更、证件办理、年检、律师事务所相应的资料审批管理，可填写审批意见。支持数据上行和下行的审批流程的流程定义、支持审批信息分类，支持电子签章功能。

5. 奖惩管理

对各律师事务所和律师进行奖励和惩罚的登记，为律师事务所和律师的诚信信息提供数据依据。

6. 投诉信息

对律师事务所和律师进行投诉的登记，为律师事务所和律师的诚信信息提供数据依据。

7. 文档管理

用于实现法律法规、规范性文件的上传和下载。

8. 行政监督

律师行政管理人员配置监督考核的内容，设定考核标准。根据定制的考核规则对律师所子系统的律师使用情况和案件办理情况进行监督。

9. 查询分析

实现对案件、案件趋势、其他条件相关报表的查询分析，便于省级司法厅有针对性地指导地市级单位开展工作，并实时掌握工作开展情况和进度。

五、律师协会管理子系统

律协子系统为律师协会人员提供服务，对管辖范围内的实习人员信息进行管理，审核律师和实习人员提交的申请事项，处理律师报送的信息，查询律师案件数据，对律师办案进行行业监管等。

律师协会管理子系统的具体功能如下：

1. 通知公告

律师协会工作人员接收来自上级行政机构的通告和向下级所属机关、律师事务所发送通知公告。

2. 电子邮件

供律师协会工作人员与行政机关、协会组织以及其他律师事务所之间进行事务交流。

3. 信息报送

接收律师事务所、司法局、律师协会上报的各种信息。实现律师协会信息迁移、删除、数据同步、超期信息自动清除等功能。

4. 审批管理

实现对实习人员的申请、培训、考核、律师执业、考核等相应事务申请的审批管理，可填写审批意见。支持数据上行、下行的审批流程的流程定义，支持审批信息分类，支持电子签章功能。

5. 文档管理

用于实现法律法规、规范性文件的上传和下载，实现分级管理，供省（自治区）、市、县及律师事务所共享。

6. 奖惩管理

对各律师事务所和律师进行奖励和惩罚的登记，为律师事务所和律师的诚信信息提供数据依据。

7. 投诉信息

对律师事务所和律师进行投诉的登记，为律师事务所和律师的诚信提供数据依据。

8. 律师行业党建管理

管理本协会下所有律师事务所以及事务所律师的党建关系，包括所有支部管理、律师党员管理、律师党建组织管理、支部日常活动，以及学习的通知、信息发布、学习资料收集、学习情况记载和学习心得收集等。

9. 实习管理

律协人员对实习人员进行管理，包括实习人员信息的管理，查询统计待考核人员、考核实时查询、实习人员培训管理。此外也可对与实习的材料及培训视频等资料进行管理。

10. 行业监督

律师协会工作人员设置监督考核的内容，设定考核标准。根据定制的考核规则对律师事务所子系统的律师使用情况和案件办理情况进行监督。

11. 统计分析

实现对案件、案件趋势、其他条件相关报表的查询分析，便于律师协会有针对性地指导下属协会开展工作，实时掌握工作开展情况和进度。

12. 律师行业统战工作管理

对党外律师代表人士、律师两会代表、委员、行业统战工作服务管理工作。

13. 律师人才培养

建立、分析、统计、培训各类律师，对人才培养、推荐工作等进行管理。

14. 专业委员会、专门委员会管理

对行业所属专委会各项活动、项目、课题进行审批管理，对专委会成员进行管理。

第七节　公证综合管理系统

一、系统理解

公证是公证机构根据自然人、法人或者其他组织的申请，依照法定程序对民事法律行为、有法律意义的事实和文书的真实性、合法性予以证明的活动。

公证综合管理系统为公证管理工作提供决策分析、行业监管、业务管理、工作指导和政务信息公开等功能，是为各级公证机构（中心）提供基本信息和业务信息对接、查询、管理等功能的综合性信息系统。提供及时高效的工作提醒和数据分析服务，能及时排查和发现公证执业活动中的违规、违法和风险情况，确保公证综合管理系统能高效、直观地辅助管理工作流程和反映各地整体管理状况。同时，要求对各种系统功能进行整合，如咨询、投诉、考核、培训、涉台公证副本管理、业务数据报表统计和分析功能等，确保管理的快速、准确和高效。

公证系统面向部、省（自治区）、市、县四级（直辖市为部、市、区三级）公证管理部门，公证协会，各公证机构提供相关应用功能。能够满足各级公证管理部门，公证协会，各公证机构业务工作要求，以及各级单位的系统管理人员、各类工作人员的使用要求。

二、功能描述

1. 基本功能

系统页面要求清晰、简洁，功能模块布局合理，模块划分条理性强，便于用户快速查询、定位。

（1）形成常用模块集成功能，能够将办公常用功能由用户自定义集成，如通知、待办事项等，用户可根据个性需求调整页面。

（2）用户可修改个人基本信息。

（3）权限管理功能，管理员可根据实际情况灵活调整相关人员的系统权限。

（4）可对系统中的固定内容进行自定义管理，如学历包含高中、大专、本科、研究生等，用户可根据实际情况灵活编辑类似相关字段。

（5）流程管理功能，系统用户可根据实际业务或审批流程，选择下一步操作人员。

（6）可与其他业务系统进行对接，建成实时数据采集功能，避免信息孤岛。

2. 机构与人员管理

（1）实现公证机构和人员信息管理功能。包括基本信息管理和动态信息管理。通过地图的方式展现公证机构列表。能够对公证机构进行查询，实现对公证机构基本信息的编辑，通过数据对接以及公证机构或上级管理部门的信息录入及审批，实现对公证机构的动态信息管理。

（2）公证机构档案管理功能。公证机构信息与人员信息绑定，公证机构档案中能够显示该机构公证人员数量和姓名。公证机构人员档案管理功能，实现人员的基本信息和动态信息管理。公证机构和人员的考核管理功能，公证机构和人员的动态信息在档案中可实现实时统计，公证机构与人员的档案管理功能中支持附件上传及查看功能。

3. 机构审批管理

公证机构的日常管理功能，包括公证机构设立审批、变更核准、执业证书管理等功能，具体要求如下：

（1）公证机构设立时在线填写相关信息，供上级管理部门审批。

（2）相关管理部门能够查询待审批的公证机构，并进行审批管理。

（3）涉外公证机构的核准管理。

（4）公证机构变更时，在系统中填写变更申请登记，上级管理部门进行核准。

（5）公证机构跨区执业时进行核准功能，上级管理部门可逐级填写核准意见，并支持附件上传功能。

（6）公证机构可设立多个办证点，设立办证点时要求在系统中填报新设立办证点信息，并可逐级核准。

（7）公证机构可设立多个办证联系点，新设立联系点具备相关登记、核准功能。

（8）证机构补证、换证管理功能，并逐级进行核准。系统支持补证、换证机构查询，并根据查询结果执行相关操作。

（9）公证机构的查询功能，包括审核中的机构、已核准的机构、未批准的机构、直接录入的机构。

（10）建设机构和人员的名录，形成电子名册，包括公证机构名称、地址、电话、邮编、负责人、公证员等信息。

4. 公证人员审批管理

公证人员执业审核功能，确保公证人员的数量符合规划要求，保证公证人员的素质逐步提高，从而提升整个公证行业的服务能力和水平。具体要求如下：

（1）实现各类公证人员的执业审核功能，对一般任职、考核任职的公证人员进行分类登记，并逐级审核。

（2）公证人员的免职管理功能，对免职公证人员的免职事由、相关证书和任命决定编号等信息进行登记，并由相关管理部门逐级审核；支持附件上传。

（3）对公证人员是否具有涉外资格进行核准，对公证人员涉外能力的相关信息进行登记，确保公证人员在专业技能、基本技能等方面满足涉外资格的标准，以及对其简历进行管理；具备支持逐级审核的功能，并可实现上传附件及打印功能。

（4）通过公证人员与公证机构的信息绑定关系，实现公证人员在任职期间变更公证机构的管理功能，确保公证人员的执业生涯全生命周期管理，保证执业期间的信息连续性。

（5）公证人员执业证的注销管理。

（6）公证人员执业证书补发和换发管理功能，补/换发证书时由公证人员提出申请，逐级审核。

（7）支持公证人员职称评定功能，通过职称评定内容的登记，确保公证人员符合相关职称的基本要求，对于破格评定的须填写破格条件。支持逐级审核功能，以及附件上传、打印。

（8）人员的基本信息管理功能，包括审批中的人员、已任命的人员、未通过的人员、直接录入的人员等，通过查询功能对各类人员快速定位，并查看其相关明细和办理清单。

（9）建设查询中心，通过查询中心检索相关人员信息，便于管理人员快速查看公证人员的基本信息。

5. 考核要求

公证机构、公证机构负责人、公证人员的年度考核功能，通过年度考核确保机构与人员的规范化执业和健康发展；对相关考核结果进行排名和通报。具体要求如下：

（1）根据考核结果，可进行范围内通报，各机构可在系统中查看通报内容。

（2）公证检查信息管理的功能，用户可自定义检查类型。通过检查信息登记，在系统中留存相关记录，以供后期考核统计之用。

（3）具有对各机构的执业活动情况、公证质量情况、组织建设情况、公证员执业年度考核情况、公证收费和财务管理管理情况、内部管理制度建设情况、公证档案管理制度执行情况等进行考核管理的功能。通过打分制，对各公证机构各类考核子目进行细项考核。其中，用户可自定义各细项的基准分，通过细项考核，汇总各考核项目的总分，并根据得分，评定考核结果等。

（4）可根据用户需求灵活自定义评分标准，通过评分标准的定义，确保考核行为的公正、透明,具有高信服力。

(5) 机构年度的考核项目可由用户自定义。

(6) 对各机构考核结果进行查询。

(7) 对公证机构负责人考核的功能。负责人考核内容以机构整体发展情况和个人述职情况进行考核,包括公证机构业务情况、民主测评情况、综合评价等信息。同时具备公证机构负责人考核结果查询功能。

(8) 公证人员的年度考核管理,考核内容主要包括公证员业务情况、述职情况、民主测评情况、综合评价情况等。其中业务情况主要以各类办证量和费用等为主。可对各公证人员的考核结果进行查询。

6. 投诉管理要求

(1) 公证当事人的公证复查争议投诉管理。

(2) 实现逐级审核功能,并支持附件上传和打印功能。

7. 卷宗管理要求

公证卷宗的管理功能,以及通过卷宗管理实现质量管理的功能。具体要求如下:

(1) 通过对当事人相关条件的检索,统计出符合条件的当事人信息。

(2) 通过当事人检索结果可查看该当事人所有办证情况以及办证机构。

(3) 具备支持证书的下载。

(4) 能以公证机构为单位,设定公证卷宗的查询类型、查询数量、承办人员,随机生成查询清单。

(5) 具备支持模糊查询。

(6) 根据查询结果生成查卷清单,查卷清单支持 Excel 格式文件下载和打印。

(7) 具备支持查卷结果的录入功能。系统管理员可根据检查人员新增人员账号,开通相应权限,供检查人员录入检查结果。

(8) 办证风险监控功能。通过公证机构和公证人员的办证数量,设置风险预警点,并能够自动触发预警,提醒相关工作人员,规避办证风险,有效提高办证质量。

(9) 支持对统计结果打印和下载。

8. 会费管理要求

会费管理要求对公证协会的会费进行管理,用户可定义会费的收费标准,具体要求如下:

(1) 用户可自定义多个公证协会会费的收费标准,各收费标准按民政厅要求,会费以会长、常务理事、理事成员为单位划分。

(2) 可计算统计各公证机构的公证人员总数及收费总额。

(3) 系统可查询统计历届会费数据。

9. 公证保险基金管理要求

通过公证保险基金管理功能，用户可自定义相关费率，具体要求如下：

(1) 用户可自定义各类保险基金的名称、费率。

(2) 生成各级公证处缴纳公证保险费及赔偿基金统计表。

(3) 统计表可按照年度查询，支持 Excel 格式文件并导出，可进行历史数据查询。

10. 公证书水印纸管理要求

公证书水印纸管理功能具体要求为：实现公证书水印纸入库管理功能、实现领用管理功能、实现报废管理功能，针对领用和报废要求形成统计列表，便于查询统计。

11. 行政处罚管理要求

行政处罚和简易处罚的管理功能具体要求为：提供处罚登记功能，具备支持行政处罚和简易处罚等统计查询。

12. 行业惩戒管理要求

行业惩戒信息的管理功能是通过行业惩戒，规范公证机构的行为规范，具体要求如下：

(1) 提供行业惩戒的登记功能。

(2) 登记内容必须包括惩戒人的基本情况、惩戒事由、处理结果等信息。

(3) 支持附件上传。

(4) 具备按条件进行惩戒数据查询。

13. 奖励管理要求

对公证人员和管理人员的综合奖励具体要求如下：

(1) 提供奖励信息的登记功能。

(2) 可按照公证人员和管理人员分类进行奖励信息的填写。

(3) 被奖励人员需要与公证机构关联。

(4) 支持附件上传功能。

(5) 可对所有奖励情况按条件进行模糊查询。

14. 文明公证处和优秀公证员管理要求

文明公证处和优秀公证员管理的基本要求如下：

(1) 具备文明公证处信息登记、查询功能。

(2) 具备全国优秀公证员信息登记、查询功能。

15. 统计分析要求

可根据相关数据，进行统计分析决策，为各级管理人员提供科学的决策支撑。

1) 各项相关统计报表

机构年度考核表、公证员年度考核表、国内文书统计表、涉外文书统计表、涉台港澳统计表、寄送和收到副本、收费表、公证机构统计表、公证人员统计表、申请一般任职人员基本情况表、申请一般任职人员基本情况汇总表、申请考核任职人员基本情况表、申请考核任职人员基本情况汇总表。

2) 双月报表功能

主要包括双月报表的报送登记、双月报表的历史数据查询、双月报表的统计分析。

主要通过各类图表的方式，展现相关分析结果，为相关主管部门提供辅助决策依据。

统计分析要求具备各地规范化建设情况统计分析、公证机构与人员情况分析，可对统计事项进行修改。

16. 满意度调查要求

对接公证业务系统，为公证服务满意度调查提供数据支撑，具体要求包括：
(1) 具备按公证机构、公证人员计算满意度信息的功能。
(2) 具备对满意度统计分析的功能。

第八节　司法鉴定综合管理系统

一、系统理解

司法鉴定综合管理信息系统是集司法鉴定机构综合业务管理、内部日常管理、司法鉴定管理机关行政管理、司法鉴定协会行业监督管理和面向社会公众服务于一体的综合管理信息系统。系统由司法鉴定机构综合业务办理子系统、司法鉴定行政管理子系统组成。

二、司法鉴定机构综合业务办理子系统

司法鉴定机构综合业务办理子系统主要为司法鉴定机构提供司法鉴定业务办理的管理和机构内部日常管理，系统使用对象为司法鉴定机构执业人员。具体功能要求如下：

1. 通知通报

可为司法鉴定机构发布业务通知，机构内部发布信息通知、内部新闻展示和向上级管理机关、协会上报数据材料等。

2. 机构管理

实现司法鉴定机构对本机构的延续、变更等进行申请及其他信息的登记功能。

3. 人员管理

实现司法鉴定机构对本机构鉴定人员的执业延续、变更、转所、注销申请等。

4. 业务办理

具备司法鉴定机构进行鉴定业务办理的一体化管理,包括咨询、受理登记、受理审批、签订协议、实施鉴定、回执登记等,并可根据各办理阶段录入案件信息自动生成相应的鉴定文书。

可与司法鉴定管理系统进行有效对接,并通过本系统录入的数据为司法行政部门掌握和统计司法鉴定案件办理业务情况提供完整、真实的数据支撑。

三、司法鉴定行政管理子系统

司法鉴定行政管理子系统主要给各级司法鉴定行政机关主管部门提供对所属的司法鉴定机构的日常监督管理、机构和人员审批及辖区鉴定数据综合查询、汇总统计和分析等功能,对司法鉴定业务的管理提供了科学的管理决策支持。本系统的使用对象为各级司法鉴定行政机关领导及主管部门。具体功能要求如下:

1. 通知通报

具备为各级司法鉴定行政机关发布业务通知,机关内部发布信息通知、内部新闻展示和接收所属司法鉴定机构及人员上报的信息材料等。

2. 审批管理

实现各级司法鉴定行政机关对司法鉴定人员执业许可、司法鉴定机构登记注册信息等行政审批业务进行审批管理。

3. 业务监管

实现各级司法鉴定行政机关对司法鉴定业务办理的指导与监督,实现对司法鉴定机构办理事项结果的查询,办理事项的统计,办理过程的监督,及时预防、控制并处司法鉴定办理过程中的违法违规现象。

4. 档案管理

实现各级司法行政机关调阅所属司法鉴定机构归档的司法鉴定案件电子档案。

5. 投诉管理

实现为各级司法鉴定行政机关登记、处理由于司法鉴定产生的对司法鉴定机构、人员的投诉信息。

6. 奖惩管理

实现各级司法鉴定行政机关对司法鉴定机构、鉴定人员的执业情况进行表彰和处罚，此信息记入司法鉴定机构、人员的诚信档案。

7. 诚信管理

可为各级司法鉴定行政机关管理、发布司法鉴定机构和人员的诚信档案信息，让司法鉴定机构、鉴定人员查阅并对外公示。

8. 教育培训

实现对各级司法鉴定行政机关登记由所在业务主管部门或者行业组织开展的专业对口的研讨、交流和培训信息的维护。

9. 查询统计

实现各级司法鉴定行政机关对所属司法鉴定机构办理案件业务的查询、统计和分析应用，提供柱形图、饼状图、线形图等多种展示方式，同时生成报表支持导出Excel并打印的功能。

第九节 法律援助管理系统

一、系统理解

法律援助综合管理系统是各级法律援助机构业务处理的工作平台，由部级顶层设计、统一标准，在各级法律援助机构部署使用。各地已建成的法律援助系统要求与司法部系统进行实时对接。

系统使用范围包括部、省（自治区）、市、县法律援助机构工作人员，需要办理法律援助案件的律师和申请法律服务的人员。

系统功能的建设标准按司法部发布的《全国刑事法律援助服务规范》执行。

法律援助综合管理系统的目标如下：

（1）升级数据库、服务器操作系统等，改进数据存储方式，解决影响系统运行速度等问题。

（2）改进案件管理、咨询管理流程，优化录入项目，方便操作。

（3）优化与整合统计图表，重点调整统计目录树和统计浏览页面，便于数据验证、比对。

（4）根据修正的法律，在系统工作录入及统计数据项目上做相应调整。

（5）按照刑事诉讼法的有关规定，逐步建立跨部门的犯罪嫌疑人、被告人法律援助管理平台，实现信息共享。争取与民政部门等建立信息管理平台对接机制，掌握最低生活保障人群信息。

（6）实现与律师综合管理系统的对接。

二、功能描述

1. 主页面

（1）统一用户界面，法律援助综合管理系统的登记操作人员和实际办理案件的律师事务所的律师可进入统一界面，并根据各自权限进行业务操作。

（2）具备案件办理剩余时间提醒功能，针对案件审批等有办理时限要求的流程，设置提醒，明确提醒该流程的剩余时间。

2. 案件管理

（1）案件录入流程，可由法律援助申请人通过电子信息导入，也可由律师或法律援助工作人员录入。

（2）可对案件办理流程的时间进行限制，在登记、审查、审批各阶段设置相应提醒。用不同颜色直接区分各阶段。

（3）具备流程顺序执行的增删改查功能，同时具备流程中止、终止、回退功能。

（4）具备案件列表功能，可申请案件列表并指定案件列表查询，列表可全面、准确反馈相关信息，列表可导出 Excel。

（5）自助纠错功能，对新增申请人信息进行智能辨别，如身份证号和出生日期不符的，系统能自动识别，保存的时候做限制并提醒这一错误。

（6）根据新的法律援助文书格式要求，对法律援助申请表、经济状况证明表等系列界面进行统一、简化，能够根据录入信息直接在系统中生成打印相应文书。

（7）一键录入，针对刑事法律援助案件中同一个当事人的情况，可以在刑事侦查、检察、审判三个环节一次录入后，一键调取，避免重复输入；针对《刑事诉讼法》中增加的法律援助案件类型进行调整，对法律援助工作人员录入、办案者录入内容模块做相应调整。解决不同援助渠道及同一当事人不同案件受援重复录入的问题。

（8）按照部级最新的报表及文书确定案件录入的字段与字典。

（9）完善案件登记的表单信息，对部级不需要但本级有需要的信息进行便捷录入。

（10）逻辑验证一些统计的关键字段，确保数据的真实、可靠，防止误操作。

3. 咨询管理

对来访咨询信息进行统一管理，可限时调整行政区划，对咨询列表、统计参照案件列表和统计进行自定义统计。

可与 12348 咨询录入对接，实现数据共享，并直接将 12348 系统列入原系统子目录内。

4. 统计查询

（1）针对新刑诉法施行后法律援助案件的新类型进行统计。

（2）增强组合查询功能，在查询结果中再按关键字查询，逐步缩小查询范围。

（3）数据导出功能、打印功能；增加可导出、可打印图表，直接默认为 Excel 格式，图表下载后能通过 Excel 编辑。

（4）可任意设计案件统计中受援人身份类别统计。

（5）实现数据源头唯一，逻辑指向统一，可按用户意愿设置各统计项下的行政区划排列顺序。

5. 经费监督管理

对法律援助经费的使用进行监督管理，对经费的使用情况进行科学评估和精细管理。

6. 具备报表汇总、生成、修改功能

第十节　基层法律服务综合管理系统

一、系统理解

基层法律服务综合管理系统是对基层法律服务工作者及机构进行行政事项审批以及年度审核，基层法律服务案件登记、管理、上报等的业务管理，应用覆盖到全部法律服务工作者和法律服务所，各类数据、信息能与其他系统协作或共享。

系统使用范围为省（自治区）、市、县、乡各级基层法律服务机构及相关工作人员。

系统建设实现以下目标：

（1）依托数据库的建立，实现各地业务数据进入一个统一系统，业务流程单个程序运行到底，形成数据跨业务流程、跨系统横向共享。

（2）数据库数据跟踪定义到各业务流程，实现机构、人员相互关联，在地图信息中点击即可查看相关人员、机构、案件信息。

（3）数据统计由用户自定义数据项进行统计，系统智能分析形成各类图表并进行动态展示。

二、系统组成

1. 档案管理模块

（1）法律服务所档案管理：提供法律服务所基本信息管理和动态信息管理功能。基本信息管理实现对法律服务所静态基本信息的增、删、改等编辑功能。

动态信息管理包括法律服务所管理类动态信息和业务办理类动态信息。

（2）基层法律服务工作者档案管理：基层法律服务工作者档案管理面向法律服务所各类人员，档案内容包括执业经历、学习经历、获奖情况、惩戒情况、考核信息等，它为基层法律服务工作者建立了在职期间全过程信息管理体系。

（3）档案查询：通过地图的方式展现基层法律服务机构列表。

（4）对基层法律服务机构进行查询：基层法律服务机构信息与基层法律服务工作者信息绑定，功能机构档案中能够显示该机构法律服务工作者的数量和姓名。

（5）实时统计基层法律服务机构和基层法律服务工作者的动态信息。

（6）支持附件上传及查看功能。

2. 审批管理模块

审批管理主要涉及人员执业审核。可对管理对象包括一般任职法律服务工作者审核和考核任职基层法律服务工作者进行审核。审核内容包括申请人基本信息、申请书、基层法律服务所推荐书等资料，除申请人基本信息外，其他申报材料采用材料目录预置的方式，登记人员只需逐项核对申请材料即可，从而避免申报材料登记遗漏的情况，以及避免因登记遗漏失误导致申请人多次往返申请的情况，有效提高工作效率。

3. 案件管理

主要包括对各类案件办理过程管理，包括收案、收费、审批、办理、退/结案、归档、评估、调阅等功能。

同时系统根据需要选择提供基层法律服务文书模板，自行进行要素替换，生成相应的电子文书，供基层法律服务工作者打印使用，支持法律服务所自行上传模板文件。

4. 法律顾问

具备对法律顾问信息进行登记、查询、归档、调阅查询等管理功能。

5. 费用管理

针对法律服务所内的所有案件应收的费用、实收费用等费用信息进行登记管理。

6. 审核管理

法律服务所主任使用此模块进行各类案件或顾问的审批及其他事务申请的初审。审批管理内容包括案件待批、顾问待批、事务待批、案件归档审查、顾问归档审查等。

7. 文档管理

供各法律服务所管理本所的重要文档以及法律文书出函的模板。

8. 统计查询

统计本所的所有重要业务数据，如日志、案件、人员信息等，自动生成业务报表统计数据。

9. 分析决策模块

1）年报数据

可对执业基层法律服务工作者数量、基层法律服务工作机构数量、基层法律服务工作者业务量、投诉案件情况等进行统计，形成报表，相关统计报表格式严格按照国家部级要求进行报表格式制定，并支持通过系统接口直接上报。

2）图表决策

采用图表的方式，直观展现基层法律服务工作者相关工作的总体情况，包括年度办件总量、收费总额、基层法律服务机构情况、基层法律服务工作者情况等，并根据年度统计结果进行同比分析，帮助用户快速掌握基层法律服务工作业务的整体情况。

对省级所有辖市的基层法律服务工作数量进行统计，包括上年度与本年度的数据，并分析出各市同比数据，并根据其增幅情况标示出各市的数量增幅趋势，从而直观反映出各市的年度基层法律服务工作数量情况。

基层法律服务业务量比较分析模块按照基层法律服务业务量情况进行统计分析，分别列出前五位排名情况。系统根据数据的变化情况，进行动态排名。

第十一节　仲裁综合管理系统

一、系统理解

仲裁制度是指民事争议的双方当事人达成协议，自愿将争议提交选定的第三者根据一定程序规则和公正原则做出裁决，并有义务履行裁决的一种法律制度。仲裁委员会由市级人民政府组织有关部门和商会统一组建，应经省、自治区、直辖市的司法行政部门登记。

仲裁综合管理系统依据《中华人民共和国仲裁法》关于仲裁委员会需要由省级司法行政部门登记的要求设计，以达到依法对仲裁机构管理的目的。

二、系统组成

系统的功能需包含以下内容：

1. 仲裁委员会登记

（1）仲裁委员会名称、登记证号、地址、组建单位、仲裁业务范围、发证日期、主管机关、统一社会信用代码、设立资产、批准文号、日期、联系电话。

（2）仲裁委员会章程。

（3）仲裁委员会按照不同专业记录的仲裁员名册。

（4）仲裁员的组成人员名册、职务、类别比例等。

（5）仲裁委员会登记证书实现网上申请，各地政府、商会组建的仲裁委员会在省级司法行政部门网上申请，省司法行政服务大厅网上审批、登记、公示。

2. 处罚管理

1）行业惩戒功能

行业惩戒是指仲裁协会对违反法律、法规、规章、执业纪律和职业道德的仲裁员、仲裁委员会进行行业惩戒。采用记录惩戒结果的形式，对各仲裁员执业档案和仲裁委员会中的惩戒记录进行统计分析。

2）行政处罚功能

按照行政权力审批流程实现全省统一管理。

处罚结果应与仲裁员、仲裁委员会各项审批实现数据关联，期限未满前，相应审议实现应给予提示（如处罚期限未满，不得自行决定解除限制）。

系统记录如下信息：

（1）仲裁委员会名称、统一社会信用代码、处罚种类、处罚事由、处罚依据、处罚内容、处罚日期、处罚机关。

（2）仲裁员、处罚种类、处罚事由、处罚依据、处罚内容、处罚日期、处罚机关。

3. 表彰管理

表彰管理主要是记录仲裁员和仲裁委员会的受表彰奖励信息。要求信息在仲裁员和仲裁委员会的年度检查考核中予以提示，并对考核结果做出影响。按照账户角色、权限的不同可查看不同范围的表彰记录，具体包括以下两类。

（1）仲裁委员会名称、荣誉文书编号、荣誉内容、认定日期、颁发机关。

(2) 仲裁员姓名、荣誉文书编号、荣誉内容、认定日期、颁发机关。

4. 仲裁年度工作报表

各类报表汇总分析系统需实现以下功能：

(1) 司法部要求报送的仲裁年度工作报表，系统自动生成总表。

(2) 以上表格的任意组合查询和数据分析功能。

5. 仲裁员年度考核公告系统

仲裁员年度考核公告平台具有以下功能：

每年上传仲裁委员会年度检查考核的公告，系统自动生成总的公告并自动上传至门户网站或 12348 法律服务网的相应栏目。

6. 账号管理功能

管理系统应实现仲裁员、仲裁委员会、仲裁协会、司法行政机关各种不同角色、不同权限的账号管理功能，确保账号信息的安全保密，数据准确可靠。

7. 机构管理功能

仲裁委员会设立登记、变更登记、注销登记、备案登记管理。

登记单中的委员会基本信息可以从申请信息中自动加载。

登记单分为两个部分：基本信息页和申请表单。

8. 投诉管理功能

投诉管理主要是针对仲裁员、仲裁委员会的投诉案件进行管理。投诉案件来源有网上投诉、电子邮件、书面材料、电话投诉和口头投诉、投诉人、被投诉事由、投诉类型等。

9. 年度考核申报功能

对仲裁、仲裁委员会的年度考核是指司法行政机关对仲裁委员会上一年度执业情况的定期检查考核，以及对仲裁委员会所属仲裁员考核结果的备案监督。

10. 档案管理功能

仲裁委员会和仲裁员档案数据相互独立，通过关联可以相互访问查看。

执业档案管理中包含仲裁员和仲裁委员会的所有档案信息：审批记录、变更记录、处罚记录、投诉记录、表彰记录、行业惩戒记录、勘误申请记录、相关历史数据、年度考核历史记录以及执业数据报表。

需提供组合条件查询档案功能，执业档案查阅需按身份和权限加以限制。

11. 统计、报表功能

按照部级统计报表的上报规则按时生成部级报表，仲裁委员会须按时间填报业务报表，报表上报到省级司法行政机构进行审核、汇总、上报。

12. 数据对接

仲裁综合管理系统与公共法律服务平台对接。

仲裁综合管理系统与司法行政工作管理平台对接。

第十二节　人民调解综合管理系统

一、系统理解

人民调解综合管理系统是根据人民调解组织和人民调解员针对矛盾纠纷案件的具体的、实际的处理方式，用以登记管理详细的矛盾纠纷案件调解情况，并且提供上级司法行政领导机构对纠纷情况的分析研判功能。

系统使用范围包括：省、市、县、乡人民调解机构各级调解员及相关工作人员。按照调解人员（含工作人员）和管理人员的职责，根据内外网系统功能，分配相应权限。系统功能的建设标准按司法部发布的《人民调解信息采集及交换数据规范》执行。

系统通过数据采集、多维度分析、关键指标预警、流程自定义等信息化手段，为相关管理提供信息化支撑，提高调解组织单位对调解员的监管力度，从而达到提高纠纷调解案件的处理水平的。

二、功能描述

1. 人民调解员

1）案件管理

录入案件基本信息和证据材料以及文书制作。

2）信息发布

调解上下级的工作交流、上传下达的信息交流的功能。

2. 人民调解委员会

1）信息管理

对人民调解员信息进行管理的功能。

2）证件管理

对调解员发证、换证、验审工作进行查询的功能。

3）案件管理

录入案件基本信息和证据材料以及文书制作。

4）综合查询统计分析

信息综合查询、信息综合统计、信息综合分析的功能。

5）信息发布

调解上下级的工作交流、上传下达的信息交流的功能。

3. 村（居）级

人民调解员与上级工作交流，上传调解信息的功能。

4. 乡镇（街道）级

1）信息管理

对人民调解委员会和人民调解员信息进行管理的功能。

2）证件管理

对调解员发证、换证、验审工作进行申请的功能。

3）案件管理

案件查询、调阅及审核的功能。

4）综合查询统计分析

信息综合查询、信息综合统计、信息综合分析的功能。

5）信息发布

调解上下级的工作交流、上传下达的信息交流的功能。

5. 县（市、区）级

1）信息管理

对人民调解委员会和人民调解员信息进行管理的功能。

2）证件管理

对调解员发证、换证、验审工作进行申请审批的功能。

3）案件管理

案件查询、调阅及审核的功能。

4）综合查询统计分析

信息综合查询、信息综合统计、信息综合分析的功能。

5）信息发布

人民调解上下级的工作交流、上传下达的信息交流的功能。

6）数据接口

支持不同层级信息库之间、不同应用之间的数据交换和共享，支持数据的汇聚和更新的功能。

7）系统管理

系统管理员对系统信息进行维护操作。

6. 地（市、州）级

1）信息管理

对人民调解委员会和人民调解员信息进行管理的功能。

2）证件管理

对调解员发证、换证、验审工作进行申请审批的功能。

3）案件管理

案件查询、调阅及审核的功能。

4）综合查询统计分析

信息综合查询、信息综合统计、信息综合分析的功能。

5）信息发布

调解上下级的工作交流、上传下达的信息交流的功能。

6）数据接口

支持不同层级信息库之间、不同应用之间的数据交换和共享，支持数据的汇聚和更新的功能。

7）系统管理

系统管理员对系统信息进行维护操作。

7. 省（自治区、直辖市）级

1）信息管理

对人民调解委员会和人民调解员信息进行管理的功能。

2）证件管理

对调解员发证、换证、验审工作进行申请审批的功能。

3）案件管理

案件查询、调阅及审核的功能。

4）综合查询统计分析

信息综合查询、信息综合统计、信息综合分析的功能。

5）信息发布

调解上下级的工作交流、上传下达的信息交流的功能。

6）数据接口

支持不同层级信息库之间、不同应用之间的数据交换和共享，支持数据的汇聚和更新的功能。

7）系统管理

系统管理员对系统信息进行维护操作。

8. 部级

1）信息管理

对人民调解委员会和人民调解员信息进行管理的功能。

2）案件管理

案件查询及调阅的功能。

3）综合查询统计分析

信息综合查询、信息综合统计、信息综合分析的功能。

4）信息发布

调解上下级的工作交流、上传下达的信息交流的功能。

5）数据接口

支持不同层级信息库之间、不同应用之间的数据交换和共享，支持数据的汇聚和更新的功能。

6）系统管理

系统管理员对系统信息进行维护操作。

9. 业务流程规范

本部分列出了司法部《全国人民调解工作规范》规定的业务流程，各业务工作开展的关键环节是一个相对粗线条的流程，各省（自治区、直辖市）可在此流程的基础上进一步的细化。

1）信息校核流程

信息校核具备对已经录入的信息进行校核，提供单项校核与逻辑校核两种方式。系统按照设定的校核关系进行校核，校核后显示校核错误，选择某条校核错误，可对发现错误的信息进行处理。业务流程图如图6-4所示。

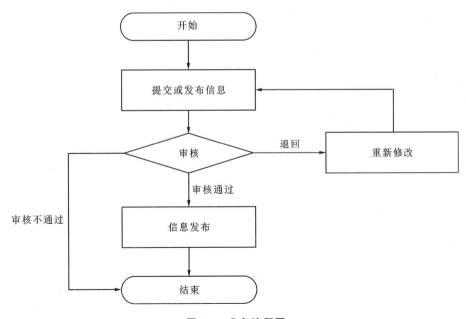

图 6-4　业务流程图

2）信息审核流程

信息审核流程如图 6-5 所示。

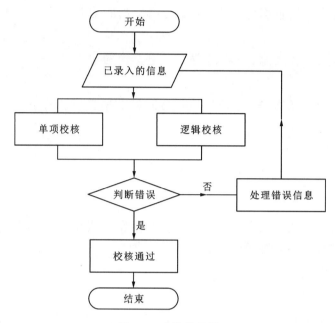

图 6-5　审核流程图

提交或发布的工作信息，新建完成之后，通过审核功能进行审核，审核通过之后才能进行发布，审核意见包括"审核通过""审核不通过""退回"三个状态，审核通过之后可进行发布，审核不通过则该项工作不能进行发布，退回则需要重新修改相关信息，然后重新提交审核。

3）证件管理流程

业务流程如图 6-6 所示。

提出人民调解员发证、换证、验审的申请，通过审核功能进行审核，审核通过之后打印证件，打印完成后领取证件，审核不通过则需要重新修改相关信息，然后重新提出申请。

4）案件管理流程

业务流程如图 6-7 所示。

对受理的案件先录入案件登记表，然后补录案件申请书，在案件调解过程中，随着案件调解的进度，对应录入相关文书，如调查记录、调解记录，并采集相关证据材料，最终根据调解结果，形成调解协议书。

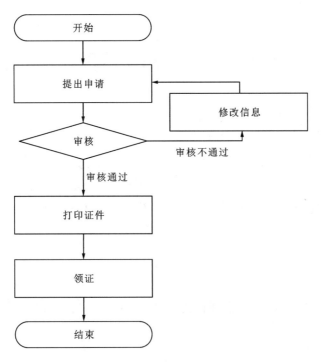

图 6-6 证件管理业务流程

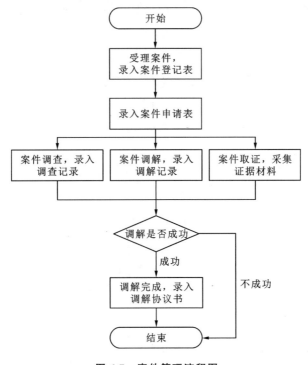

图 6-7 案件管理流程图

第十三节 司法所管理系统

一、系统理解

司法所管理系统对司法所组织机构信息和人员信息进行采集、管理,并通过系统实现司法所与各层级司法行政管理部门信息的上传下达、互联互通。

系统功能的建设标准按司法部发布的《基层司法所建设信息采集及交换数据规范》执行。

二、功能描述

需要根据不同应用层级,实现信息采集、管理、审核功能,并实现各层级信息的共享。

1. 乡镇（街道）级

（1）信息管理：对司法所的组织及人员信息进行管理的功能。

（2）信息发布：司法行政基层工作上下级的工作交流、上传下达的信息交流。

2. 县（市、区）级

（1）信息管理：对司法行政单位的组织及人员信息进行管理的功能。

（2）综合查询统计分析：信息综合查询、信息综合统计、信息综合分析的功能。

（3）信息发布：司法行政基层工作上下级的工作交流、上传下达的信息交流。

（4）数据接口：支持不同层级信息库之间、不同应用之间的数据交换和共享,支持数据的汇聚和更新的功能。

（5）系统管理：系统管理员对系统信息进行维护操作。

3. 地（市、州）级

（1）信息管理：对司法行政单位的组织及人员信息进行管理的功能。

（2）综合查询统计分析：信息综合查询、信息综合统计、信息综合分析的功能。

（3）信息发布：司法行政基层工作上下级的工作交流、上传下达的信息交流。

（4）数据接口：支持不同层级信息库之间、不同应用之间的数据交换和共享,支持数据的汇聚和更新的功能。

（5）系统管理：系统管理员对系统信息进行维护操作。

4. 省（自治区、直辖市）级

（1）信息管理：对司法行政单位的组织及人员信息进行管理的功能。

（2）综合查询统计分析：信息综合查询、信息综合统计、信息综合分析的功能。

（3）信息发布：司法行政基层工作上下级的工作交流、上传下达的信息交流。

（4）数据接口：支持不同层级信息库之间、不同应用之间的数据交换和共享，支持数据的汇聚和更新。

（5）系统管理：系统管理员对系统信息进行维护操作。

5. 部级

（1）信息管理：对司法行政单位的组织及人员信息进行管理的功能。

（2）综合查询统计分析：信息综合查询、信息综合统计、信息综合分析的功能。

（3）信息发布：司法行政基层工作上下级的工作交流、上传下达的信息交流。

（4）数据接口：支持不同层级信息库之间、不同应用之间的数据交换和共享，支持数据的汇聚和更新。

（5）系统管理：系统管理员对系统信息进行维护操作。

第十四节　国家统一法律职业资格制度综合管理系统

一、系统理解

国家统一法律职业资格制度综合管理对外服务平台，主要是面向公众提供政策法规、国家统一法律职业资格制度全程网络化报名及成绩查询、法律职业资格申请、法律职业资格证书持有人信息采集、法律职业资格证书年度备案、法律职业资格档案网上申请调动与查询、职前培训、人才推荐等服务。

国家统一法律职业资格制度综合管理系统包含四个部分：国家统一法律职业资格制度对外服务平台；国家统一法律职业资格制度对内管理平台；国家统一法律职业资格制度数据库；国家统一法律职业资格考试考场监控巡视平台。

国家统一法律职业资格管理对内管理平台运行，主要包含内部管理（公文、数据传输）、考务监控、信息比对、考核管理、管理干部和监考等人员培训、意见征集的功能。

国家统一法律职业资格管理数据库运行在电子政务外网，主要内容包含国家统一法律职业资格制度相关制度法规，历年法律职业资格考试相关数据以及历年通过考试的法律职业资格人员的信息库。

国家统一法律职业资格考核考场监控巡视平台主要包括专网巡视督察，考场实时监控、视频证据存储、数据比对应用等。

二、系统组成

国家统一法律职业资格制度综合管理系统数据库形成国家统一法律职业资格制度相关法律法规、本省历年法律职业资格考试的各种数据统计等，实现面向法律职业资格相关人员提供考试服务平台，以及内外网管理平台。

国家统一法律职业资格制度综合管理系统的使用对象：对外服务平台的使用对象为社会群众；对内管理平台的使用对象为有关处（科）室的工作人员；法律职业资格考试数据库的使用对象为内部管理人员。

（一）国家统一法律职业资格制度对外服务平台

国家统一法律职业资格制度对外服务平台模块页面提供以下服务：

1. 政策供给服务

提供国家统一法律职业资格管理制度法律、规范性文件、年度考试政策、工作流程，组织政策宣传、咨询互动，提供操作指南服务等。

2. 链接服务

链接部级全程网络化管理系统。具备报名人员网上报名、网上支付、下载打印、分数核查申请、网上资格申请、年度备案和资格档案调转与查询等功能。

3. 人才推荐服务

实现用人部门或单位与法律职业资格人员之间招聘、应聘和自荐的互动。

4. 管理服务

实现法律职业资格档案网上调转和公开的信息查询，以及社会、公众评价。设置意见建议栏、服务评价栏和综合统计栏等。突显国家统一法律职业资格制度对外服务平台的独立性。

（二）国家统一法律职业资格制度对内管理平台

该平台具备以下功能：

1. 内部管理系统

省（自治区）、市、县三级（直辖市为市、区两级）司法行政机关上下公文、数据传输；工作交流、经验介绍、典型推广；授予法律职业资格人员、资格证书号查询验证、资格人员档案调转等。

2. 考务监控系统

考试期间，链接机关警车接送试卷定位系统，对各考区试卷接送车辆的押运过程和行车轨迹进行监控；链接省考试院标准化考试系统，实现对各考区考点考场视频监控和数据保存。利用已建成的法律职业资格考试试卷保密室监控系统,对试卷保密室试卷保管、值班情况进行视频监控和应急处置。

3. 信息比对系统

资格申请人员无犯罪记录信息比对;报名人员学历查询;对往年考试被动列入"黑名单"人员的自动识别。

4. 工作流程系统

设定工作流程和工作节点,实现对内部管理人员工作任务、工作流程的自动报警提示和评价。

国家统一法律职业资格考试组织管理内部流程如图6-8所示。

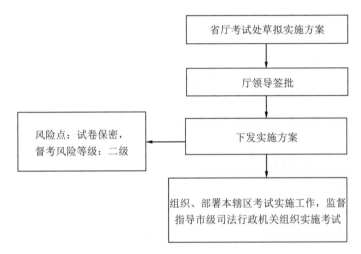

图 6-8　国家统一法律职业资格考试组织管理内部流程图

5. 考核管理系统

根据年度考试内容、要求,自动生成自评的相关表格、信息和上报材料。

6. 意见征集系统

部级和省级司法厅对下征集意见和基层反馈意见的自动统计、分析;基层对上级工作意见、建议和工作评价的收集、反馈。

(三)国家统一法律职业资格制度数据库

国家统一法律职业资格制度数据库包含三部分内容:

(1) 国家统一法律职业资格管理制度、法律、法规、规范性文件及可以公开内部管理规定等。

(2) 本省历年国家统一法律职业资格制度各种数据的统计、分析,各种图表呈现及更新的自动生成。

（3）本省历年通过考试取得法律职业资格人员的信息库，并与部级信息库的链接。

1. 接口需求

三大系统（公安系统、监狱系统、社区矫正管理系统）应与部级国家统一法律职业资格制度的报名系统和管理系统对接，并与司法行政信息分析平台实现对接。

（1）相关信息的比对和查询。

（2）报名人员或资格申请人员无犯罪记录信息（与公安系统、监狱系统、社区矫正管理系统数据库或省级司法厅"大数据库"）比对。

（3）报名人员学历（教育部"学信网"或教育部全国高等学校学生信息咨询与就业指导中心出具的中国高等教育学认证）查询。

（4）部级通知或往年考试被动列入"黑名单"人员信息的自动比对。

2. 考生信息管理

对国家统一法律职业资格制度报名人员、成绩合格人员的相关信息提供查询统计和数据分析，相关数据从部级的国家统一法律职业资格制度系统中获取，系统提供导入功能。

3. 资格人员信息管理

对通过国家统一法律职业资格制度，取得资格人员的信息提供查询统计和数据分析的功能，资格人员的信息与公共基础数据中的资格人员信息相关联。资格人员电子档案数据库的建立及管理。

4. 档案调转管理

法律职业资格档案调转的申请的管理和查询功能。各地市司法局通过此模块上报法律职业资格档案调转的申请，将材料数字化扫描，并对通过审核的申请提供查询功能。

（四）国家统一法律职业资格考试考场监控巡视平台

考场监控巡视平台网络联通、网络安全、视频存储、视频传输等硬件资源在各级指挥中心建设项目中统一考虑，此处只对试卷保存、运输、考场监督等视频巡视平台功能提出要求。

1. 实时监控

1）客户端浏览

（1）支持单画面和多种多画面模式的实时图像浏览；支持 1/4，1/9，1/16，1/25，1/36，1/64 等分屏浏览方式。

（2）支持每幅画面的手动或自动轮询，轮询间隔可设置。

（3）支持监控点摄像机的远程 PTZ 控制，实现镜头的左右、上下转动，视野的拉近、拉远等；对摄像机的 PTZ 的控制可设置多个不同的用户权限级别进行控制。高优先级别用户可优先控制摄像机的 PTZ。

（4）支持对前端监控图像进行字幕集中设置和时间显示，方便监控中心了解监控现场。

（5）支持对前端编解码器的集中参数设置。

（6）支持报警录像、音频对讲功能的操作与管理。

（7）系统提供图像抓拍功能，监控中心可随时根据需要抓拍监控图像。

（8）可外接网络键盘，实现图像切换和 PTZ 控制。能够通过键盘控制图像切换和对摄像机控制；支持同一键盘多种不同品牌摄像头混合控制能力。

（9）同台端 PC 支持一机双显功能，可同时使用浏览视频和电子地图功能。

2）显示墙浏览

（1）支持显示墙的实时浏览、录像回放浏览功能。

（2）支持客户端对显示墙的配置。

（3）支持显示墙预案轮巡、显示墙图像轮巡、告警图像上显示墙功能。

（4）提供单屏多画面、逻辑大屏、画面叠加、字幕叠加滚动显示、视频调度等诸多数字矩阵功能。

（5）支持监控专用网络键盘对显示墙图像的切换和控制。

2. 试卷保存与运输

通过视频摄像头和 GPS 定位等技术手段，对存放国家统一法律职业资格考试试卷的保密室和考试院校考场进行的实时监控，对运送考试试卷的车辆进行定位监控以及考区突发事件及时监控和回传。

3. 录像存储与录像回放

1）支持中心录像存储和客户端录像存储功能

（1）实现对监控现场图像、声音、数据等进行实时存储。数据保存在监控中心或上级部门。

（2）能够实现多种方式的录像，如手动选择录像、定时录像或报警联动录像。

（3）录像文件的检索可支持秒级检索，可按名称、录像方式、时间段等进行检索。

（4）录像数据以文件形式存储在磁盘上，可方便调看、导出，刻录成盘，提供数据备份。

2）支持录像文件的本地回放和远程点播

下载的录像文件支持部分播放器直接播放，方便备份、刻盘。

3）录像回放中提供快进、拖拉等多种控制功能

（1）支持专用工具对独立录像阵列进行检索和浏览。

（2）系统具备完善的日志功能，可对所有的操作、控制、报警等信息进行保存，日志文件支持导出。

4．电子地图

（1）能够方便地在地图上定义监控点；支持放大缩小地图。

（2）报警时，能够在地图相关位置显示报警，并且能够通过点击报警图标调看现场图像，进行 PTZ 控制。

（3）可载入电子地图文件，载入时的显示比例可设置。

（4）支持电子地图图层树，支持任意图层之间的跳转；告警时，电子地图可自动切换到报警点对应的图层。

（5）电子地图支持缩略图显示，图元自定义。

（6）可在电子地图中添加、删除和移动图元。

（7）支持图元名称、属性及对应前端编码设备的配置。

（8）可通过双击图元实现前端监控图像的实时浏览。

5．系统管理功能

1）用户管理

（1）提供用户及用户组的添加、删除以及用户信息的修改。

（2）通过用户管理功能对系统中用户权限执行能力进行管理。在本系统中，共有三种权限的用户，即超级管理员、普通管理员、客户端。

（3）超级管理员拥有所有权限，管理员用户（超级管理员和普通管理员）只能有一个在线，超级管理员可以踢出普通管理员。超级管理员可以添加、修改、删除别的用户，可以修改自己的密码，普通管理员和客户端用户只能修改自己的密码。

普通管理员除了在用户管理、磁盘管理、软件升级、重启设备、删除录像方面与超级管理员有差异外，其他方面没有区别。

客户端用户只有查看权限以及本地播放权限。

2）认证管理

（1）实现用户登录信息的认证。

（2）登录用户的授权。

（3）系统具备用户认证和权限管理功能，支持采用用户名、密码认证方式。

3）设备管理

（1）提供设备的添加、删除以及设备信息的修改。

（2）可根据设备的名称、类型等参数进行设备搜索。

(3) 支持设备权限的设置和修改。
(4) 支持设备软件的远程升级功能。
4) 网络管理
(1) 提供系统配置管理和系统性能管理。
(2) 提供告警管理、安全管理和日志管理。
(3) 提供状态监测、系统备份及数据恢复功能。

6. 系统扩容

管理平台采用模块化架构设计，支持模块化、分布式组网，具备平滑升级扩容的能力。系统扩容可通过两个方面实现：

1) 系统授权扩容

监控中心平台预留一定的系统扩容能力，当系统容量未满时，可直接通过增加授权方式实现少量新建前端点的接入。

2) 增加平台模块

平台支持堆叠和级联组网，当实际系统容量达到设计容量时，可采用增加平台模块的方式实现大量新建前端点接入。增加平台非常简单，只需配置 IP 地址注册到原有系统即可。

存储系统扩容也非常方便，本次方案配置模块化 IPSAN 存储阵列，支持分布式部署。系统存储需要扩充时，只需增加 IPSAN 接入网络注册到监控平台即可，系统自动实现负载均衡。

7. 故障自恢复机制

1) 硬件监测

系统具有硬件监测功能，使系统出现异常时，能自动控制计算机进行重新启动，使系统恢复正常运行，保证系统 24 小时不间断正常工作。监测本身不是用来解决系统问题的，在调试过程中发现的故障应该要查改设计本身的错误。加入监测目的是使一些程序潜在错误和恶劣环境干扰等因素导致系统死机而在无人干预情况下能够自动恢复系统正常工作状态。

2) U 盘备份和自恢复机制

系统数据库可以通过 U 盘进行手动备份，当系统出现故障时，可通过 U 盘将备份数据恢复到系统，保证了系统的安全性。

3) 数据库信息自动备份和恢复

系统数据库和配置信息可自动备份到存储区域（一般每天自动备份一次系统数据），当系统出现数据损坏时，系统可自恢复备份数据，保障系统在无人状态下自恢复功能，提高了系统的稳定性。

8. 其他扩展功能

(1) 实时对讲、广播功能的指挥功能。

（2）考生身份验证功能，验证结果实时监控统计；监控人员、考生签到管理、报警警示、查询导出、缺考登记、生成各种统计报表等。

（3）考场无线信号屏蔽功能。

第十五节 政务服务综合管理系统

一、系统理解

在政务服务体系中，省级政务服务综合管理平台作为信息汇聚的枢纽，主要面向服务管理，起到汇聚服务资源，提升服务质量的宏观调控作用。对内实现系统内的信息数据汇聚、服务资源整合、服务管理协调、信息分析研判、信息资源共享；对外面向社会群众，提供服务指南、流程查询、机构定位、信息检索等功能。

建设省级政务服务综合管理平台，是为了从多个角度对各级政务服务平台的信息资源、运行情况、社会效果进行综合分析。从而达到各级信息资源共享、服务资源合理调配的目的，将面向公众的服务能力发挥到最大。

二、系统组成

1. 法律服务指导

（1）用于引导广大人民群众了解熟悉平台，学会正确使用平台提供的各项法律服务。该模块详细介绍平台的建设目的，功能定位、服务项目以及使用方法。

（2）通过文字描述结合图片说明的方式介绍政务服务平台的服务内容、服务方式和服务范围，起到引导用户的积极作用。

（3）使司法行政专业性质的服务能够得到凸显和明确的展示，强调司法服务的特征和规则，明确服务的业务范畴，展示司法领域的通用价值观。通过该部分能够完整地体现政务服务平台设计思路以及服务传递的方式。

（4）通过图片说明与动画演示相结合的方式向群众示范平台的使用方法，让不熟悉平台网站甚至不精通电脑操作的用户也能快速掌握平台使用方法。

2. 法律服务信息检索

（1）用于向社会展示各级政务服务平台法律服务的最新动态与信息资讯。

（2）省级司法厅对各地市法律服务的活动、资讯等信息资源进行收集，经过有效筛选后公示在省级政务服务平台的动态中的功能。

（3）将各地市政务服务平台中最热门的业务项目、高频检索词汇等资源在省级平台进行集中展示，目的是集中用户最关心的主题，快速有效地组织相关资源，帮助用户锁定信息。

（4）在省级平台上发布政务服务相关的通知公告，并且可以下发至各地市司法局相应的服务模块中。

3. 网站服务导航定位

（1）从地域和业务两个维度，为公众提供各地所有网站服务项目的快速导航定位。

（2）业务化服务需要体现纵向维度的服务角度，集中梳理司法业务体系，如律师服务、公证服务、法律援助、人民调解等。实现业务领域自上而下的贯穿服务特性，突显司法业务的专业性和独立性。需要通过多种形式为用户提供业务快速解读和筛选的功能。

（3）异地协助服务需将上述横纵两向的服务进行有机结合，侧重于跨省之间、本省（自治区）内各市（州）之间司法服务的流转与协作。该应用可对司法行政机构和人员开放，实现专业服务，打破地域的局限，使各市级政务服务平台不再独立运作，实现高效率的资源共享。以省级政务服务平台作为中枢站点，将各市数据实时进行对接转换，实现司法服务跨地域的协同作用。

4. 业务办理的协调管理

（1）开设对各地政务服务平台服务的监督与管理功能，对各级平台服务过程中的复杂疑难问题进行协调处理。

（2）提供省级政务服务平台工作人员和管理对象的登录窗口，登录成功后进入各自工作平台。

（3）开设内网省级服务协调功能，用于协调办理各地各级平台服务过程中复杂的疑难问题。

（4）对特定问题的预警和处理，能够设置处理周期并对逾期未处理的问题进行督办和问责，并在前端给出处理说明。

（5）对处理结果异常（如不满意、未解决）的事项发出预警，并智能判断或由人工决定是否干预，如何干预；处理结果通过外网进行反馈。

（6）提供地市或群众主动提出协调办理申请接口，由省级司法厅有关部门进行处理，实现政务服务跨地域的协同并在前端提供办理反馈。

（7）开设内网省级服务管理功能，在采集各地市级平台服务真实数据的基础上通过地区、业务、服务数量等多个维度，精确、科学、全面地对平台服务进行统计与管理。根据考核目标的不同，可选用服务数量、服务办结率、服务满意率、服务平均响应时间等不同参数，在后台形成系统的服务管理数据。服务管理主要面向内部工作人员，通过相关数据，可进行一定形式的排名或评比，结合科学的考核办法，激励平台高效运行。

（8）开设服务统计功能，主要面向群众展示各地平台服务情况。根据需要在一定范围内公开服务统计数据，向群众"晒服务"，接受群众的检验和监督。通过以城市为横向维度，办件数量、办结率、群众满意度等参数为纵向维度形成服务统计报表；也可以通过以司法业务为统计对象、业务服务数量为统计值形成统计图表。目标是能够直观明了地查看政务服务平台公共服务的整体效果，方便城市之间、业务之间的横向和纵向比较，取长补短，逐步完善平台政务服务体系。

（9）"投诉建议"是省级司法厅与广大公众沟通的重要渠道。开设该栏目可以准确地"聆听"用户关心的问题和周围发生的事件，并即时从基层获取信息并借助"司法云"大平台进行流转和处理，同时实现对下属市级平台、区级平台服务实施进行有效监督与跟踪，并对超期未办的事项进行记录。

（10）开设问卷调查栏目，用于与人民群众的沟通与交流，可就专项问题集思广益，借助群众智慧、了解群众需求。如可向群众征集法律服务产品设计意见，由省级司法厅汇总并组织论证。也可设置服务调查，以单位机构、人员为考评对象，进行网上投票评比。以该对象在政务服务平台的办事频率作为评选基础依据，结合网上评选调查的票数按比例计算，获得有效数据，提供给省级司法厅作为量化工作、开展绩效考核的重要依据。

5. 舆情管理和分析研判

（1）对平台舆情信息的汇聚采集和分析研判，通过对平台信息的深度运用，为科学决策提供依据。

（2）以地区为层级，提供舆情数据。按照政务服务平台整体构架层级，按照省级舆情、地市舆情、区县舆情三个维度。

（3）提供舆情分析报告，主要借助各地政务服务平台信息评论、投诉举报等功能，以及对关注事件、关注人物、关注机构的信息，进行智能分析和数据挖掘，以及设立分析的数据模型与逻辑进行筛选和碰撞分析，最终形成多种形式的舆情报告呈现在省级政务服务平台中。

（4）开设分析研判模块，并提供一整套的舆情分析研判处理，初步提供信息采集、智能分析、舆情监测、舆情预警、舆情应对、舆情报告、结果反馈、档案保存等功能；根据分析研判发展需要，考虑逐步增加在线批示、在线处理等实时干预功能。

（5）开设舆情发布栏目，针对分析研判产生的信息和数据，组织相关资料，编辑信息资讯，通过及时发布并展示在政务服务平台上，解除群众顾虑和疑惑，维护社会的稳定。

6. 资料库的建设和开放

（1）提供政务服务平台公共资料库的外在展现，为群众提供自助查询解答。

（2）建立省级的知识库、案例库，通过架设省、市的资源共享平台，收集并归类司法专业信息资源，以图书馆藏的管理模式将司法资源进行归档。利用资源检索功能，搜索司法相关资料，提供最全面最准确的司法文献资料。

（3）建立省级视频库、音频库，将多媒体资源融合在服务平台体系中，借助视频、音频播放功能更为直观更为优越地提供服务信息，促进平台的发展。

（4）建立人员库、机构库，体现政务服务平台与各业务系统的平台数据交互的成果。通过各个业务系统将律师、公证人员、律师事务所、公证处、调解中心、法律援助中心等实体司法资源信息呈送至政务服务平台，并有效地集成在统一资源库中，利用资源检索引擎，借助检索条件的设置，迅速筛选相关资源信息，为用户提供便利。

（5）开设新媒体应用，依托微博、微信作为互联网手机端应用通过结合省级政务服务平台官方微博和省级政务服务平台官方微信，提供更丰富的渠道，能够很好地作为用户参与评论、开展讨论，从而实现随时随地与司法服务紧密相连。

第十六节　行政审批管理系统

一、系统理解

行政审批管理系统是对行政审批项目各类机构进行行政事项审批、监督以及年度审核等管理功能，应用具备覆盖到全部律师和律师事务所、公证员和公证处、各级各类仲裁机构、鉴定人和鉴定所，各类数据、信息能与其他系统协作共享。

系统要求实现的目标如下。

（1）律师、律师事务所、公证处（所）、公证员、司鉴所、鉴定人、仲裁机构行政审批的外网受理、内网办理、外网反馈、状态跟踪、实时可查、实时督查。数据多跑路、群众少跑腿。

（2）依托数据库的建立，实现外网数据进入统一系统、业务流程单个程序运行到底，形成数据跨业务流程、跨系统横向共享。

（3）数据库数据跟踪定义到各业务流程，实现只要出现机构人员名称，随即可点击查看相关信息。

（4）数据统计由用户自定义数据统计需求项，系统智能分析形成各类图表功能。

（5）接口要求，行政审批系统接口要求与司法行政内部 OA 系统互通，实现行政审批业务流程与 OA 行政办公流程打通，实现全网络化流程。行政审批系统接口要求与业务管理系统互通，实现律师、律师事务所、公证处（所）、公证员、司鉴所、鉴定人、仲裁机构的许可信息与这些业务系统打通，许可结束后，所有许可数据可直接传送到以上业务系统中。行政审批系统接口要求与法律援助系统、12348

法律服务网、法院业务管理系统互通，实现许可结束后，所有许可数据可直接传送到以上系统中。实现数据源头唯一，减少人工录入工作量和人工误操作。

本系统使用范围包括各级司法行政各级各类行政审批工作人员及受理对象。

二、系统组成

（一）律师和律师事务所执业证行政审批

1. 律师和律师事务所执业证许可类

（1）律师事务所名称、执业许可证号、组织形式、地址、负责人、电话、发证日期、主管机关、组织机构代码证。

（2）律师姓名、身份证号、执业证号、执业机构名称、执业证类别、发证日期。

（3）律师执业证书实现网上申请、设区的市级司法行政部门网上初审、省行政服务大厅网上审批。

（4）在省级12348法律服务网上能查询律师执业证办理进度，能查询律师的姓名和执业证号，能查询律师事务所名称、许可证号、地址、电话、主任姓名等基本信息。

2. 申领律师和律师事务所执业证功能

未执业律师和律所通过外网应用填写相关信息、上传证明材料并进行律师和律师事务所新执业的外部流程。（见图6-9）

对律师和律师事务所执业证审核中的业务限制条件系统应自动给出提示信息，如律师申请执业，但是系统中能够查询到该人曾经受到行政处罚，并处罚刑期尚未满三年。（见图6-10）

3. 申领律师工作证功能

律师工作证是"两公律师"（公职律师、公司律师）、法援律师进行合法执业的凭证。相关业务说明和功能需求与申领律师执业证相似。

4. 律师转所功能

律师转所分市内转所和跨市转所审批流程。

1）机构管理功能

（1）律师事务所设立审核、变更审批、注销审批、备案审批、两公机构、涉外机构管理。

（2）登记单中的事务所基本信息可能从执业申请信息中自动加载。

（3）登记单分为两个部分：基本信息页和申请表单。

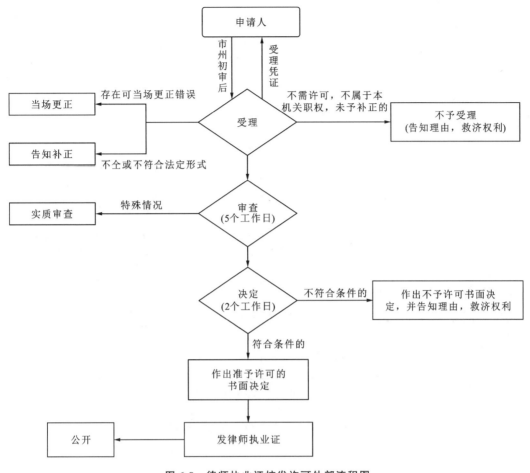

图 6-9 律师执业证核发许可外部流程图

（4）对"两公机构"（公司律师事务部和公职律师办公室）进行管理：对公司律师事务部和公职律师办公室的档案管理和注册审批等进行管理。

2）信息变更功能

律师及律师事务所登录外网应用自行提交变更申请及相关材料，然后由主管司法局发起审批流程。

要求变更事项包括：律师事务所名称变更审核、律师事务所组织形式变更审核（个人变合伙）、律师事务所组织形式变更审核（合伙变个人）、律师事务所负责人变更、律师事务所分所负责人变更、律师事务所执业许可证换发（补发）审核、律师事务所分所执业许可证补发（换发）审核、律师事务所分所增加派驻律师、律师事务所分所撤回派驻律师、律师事务所分所住所变更审核、事务所地址变更、律师事务所合伙协议、章程变更、律师事务所律师入伙变更、律师事务所合伙人退伙变更。

内网应用应实现主管司法局发起审批流程。具体填报表单的项目要实现与审批实现类型进行联动。

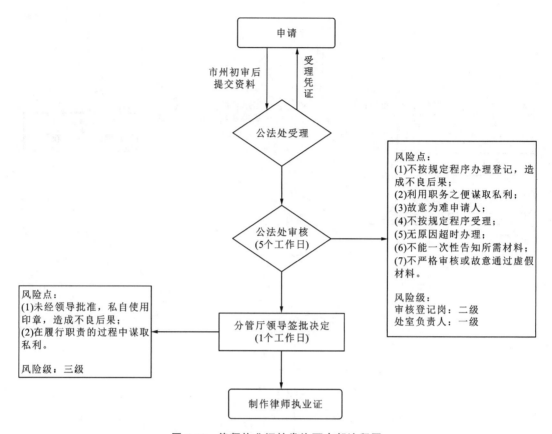

图 6-10 律师执业证核发许可内部流程图

信息变更包括报审批、报备案两类,报审批事项需要最终由省级司法厅审批,报备案事项由市司法局审批后报司法厅进行备案。

信息变更流程要求具备系统警示功能,对不符合当前审批步骤要求的现实情况给出报警提示。此外,变更申请流程中,将审核通过的律师事务所的变更记录保存在历史库中,永久保存,便于管理人员实时查询律师事务所的更新情况。

5. 律师事务所注销的流程

律师事务所注销后,其所内的所有律师应该在规定的时间内转到其他律师事务所进行执业,若长期未转入其他律师事务所,则司法厅可以强行注销其律师执业证。

律师注销审批流程,律师若提交注销申请,则需要最终由省级司法厅进行审核。审核通过后,回收执业证,并注销该律师的执业证信息。

(二)公证机构与人员审批

1. 公证员和公证机构行政审批类

(1)公证机构名称、证号、地址、负责人、电话、发证日期、执业区域、发证机关。

(2) 公证员姓名、执业证号、执业机构名称、发证机关、发证日期。

可在省级 12348 法律服务网上查询公证机构、公证人员情况。

当事人能进行网上咨询，预约公证，以及查询公证受理、出证、收费、终止、撤销等办理进度和情况。

2. 公证机构审批管理

公证机构的日常管理功能，包括公证机构设立审批、变更核准、执业证书管理等功能，具体要求如下：

(1) 公证机构设立时在线填写相关信息，供上级管理部门审批。

(2) 相关管理部门能够查询待审批的公证机构，并进行审批管理。

(3) 涉外公证机构的核准管理。

(4) 公证机构进行变更时，须在系统中填写变更申请登记，上级管理部门进行核准。

(5) 公证机构跨区执业时进行核准功能，上级管理部门可逐级填写核准意见，并支持附件上传功能。

(6) 公证机构可设立多个办证点，设立办证点时要求在系统中填报新设立办证点信息，并可逐级核准。

(7) 公证机构可设立多个办证联系点，新设立联系点具备相关登记、核准功能。

公证机构补证、换证管理功能，并逐级进行核准。系统能够对补证、换证机构进行查询，并根据查询结果执行相关操作。

公证机构执业许可证核发外部流程如图 6-11 所示。

公证机构的查询功能，包括审核中的机构、已核准的机构、未批准的机构、直接录入的机构。

建成机构和人员的名录，形成电子名册，包括公证机构名称、地址、电话、邮编、负责人、公证员等信息。

3. 公证人员审批管理

公证人员执业审核功能，通过公证人员审核，确保公证人员的数量符合规划要求，保证公证人员的素质逐步提高，从而提升整个公证行业的服务能力和水平。具体要求如下：

(1) 实现各类公证人员的执业审核功能，对一般任职、考核任职的公证人员进行分类登记，并逐级审核。

(2) 公证人员的免职管理功能，对免职公证人员的免职事由、相关证书和任命决定编号等信息进行登记，并由相关管理部门逐级审核；具备支持附件上传功能。

公证机构执业许可证核发内部流程如图 6-12 所示。

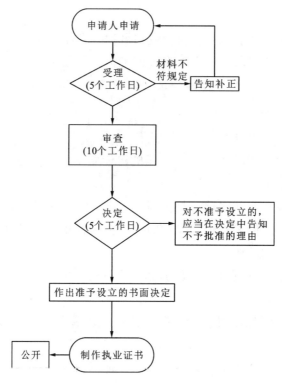

图 6-11 公证机构执业许可证核发外部流程图

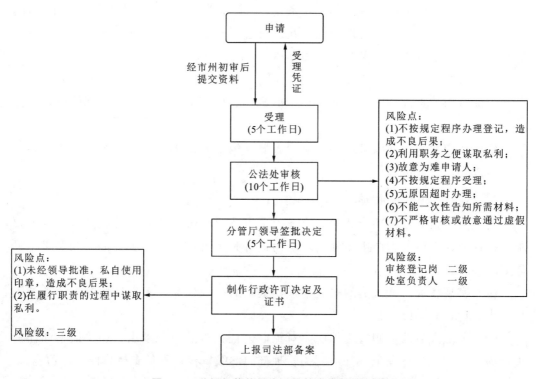

图 6-12 公证机构执业许可证核发内部流程图

（3）公证人员是否具有涉外资格的核准，对公证人员的涉外能力相关信息进行登记，确保公证人员在专业技能、基本技能等方面满足涉外资格的标准，以及对其简历进行管理；具备支持逐级审核功能，并实现上传附件及打印功能。

（4）能够通过公证人员与公证机构的信息绑定关系，实现公证人员在任职期间变更公证机构的管理功能，确保功能人员的执业生涯全生命周期管理，保证执业期间的信息连续性。

（5）实现公证人员执业证的注销管理。

（6）公证人员执业证书补发和换发管理功能，补/换发证书时由公证人员提出申请，逐级审核。

（7）具备支持公证人员职称评定功能，通过职称评定内容的登记，确保公证人员符合相关职称的基本要求，对于破格评定的须填写破格条件。支持逐级审核功能，以及附件上传、打印。

（8）实现人员的基本信息管理功能，包括审批中的人员、已任命的人员、未通过的人员、直接录入的人员等，通过查询功能对各类人员快速定位，并查看其相关明细和办理清单。

（9）建立查询中心，通过查询中心检索相关人员信息，管理人员可以快速查看公证人员的基本信息。

司法鉴定机构审核登记内部流程如图 6-13 所示。

（三）司法鉴定行政审批子系统

司法鉴定行政管理子系统主要提供给各级司法鉴定行政机关主管部门对所属的司法鉴定机构的日常监督管理、机构和人员审批和辖区鉴定数据综合查询、汇总统计和分析等功能，对司法鉴定业务的管理提供了科学的管理决策支持，本系统的使用对象为各级司法鉴定行政机关领导及主管部门。具体功能如下：

1. 通知通报

具备为各级司法鉴定行政机关发布业务通知，机关内部发布信息通知、内部新闻展示和接收所属司法鉴定机构和人员上报的信息材料等功能。

2. 审批管理

具备为各级司法鉴定行政机关对司法鉴定人员执业许可、司法鉴定机构登记注册信息等行政审批业务进行审批管理功能。

司法鉴定人审核登记外部流程如图 6-14 所示。

司法鉴定人审核登记内部流程如图 6-15 所示。

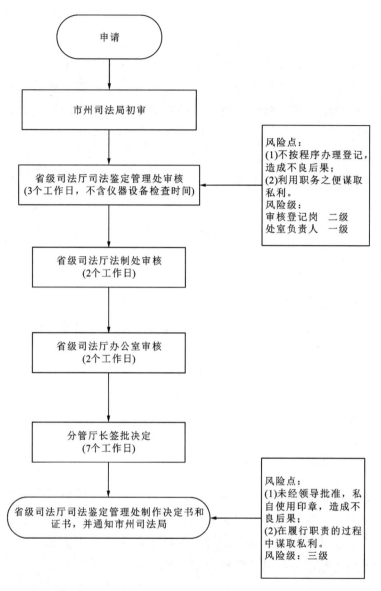

图 6-13 司法鉴定机构审核登记内部流程图

鉴定人执业档案包括基本信息、变更记录、执业证书、教育培训、表彰奖励、行政处罚、行政处理、行业处分等。

根据司法鉴定案件的管理要求，制定统一的业务受理流程，实现司法鉴定业务办理电子化、网络化，根据案件登记、受理、分派、办理、复核、出具意见、归档等环节，结合司法鉴定实际（例如案件的保密需求、线上线下的使用便捷性等），确定上述环节哪些需要在信息化系统中办理，并给出具体的方案。

规范司法鉴定案件办理的流程，鉴定机构在正式接受鉴定委托后，应及时登记受理信息，如鉴定业务类型（按照部级统一规范）、鉴定事项、委托人、拟指派的

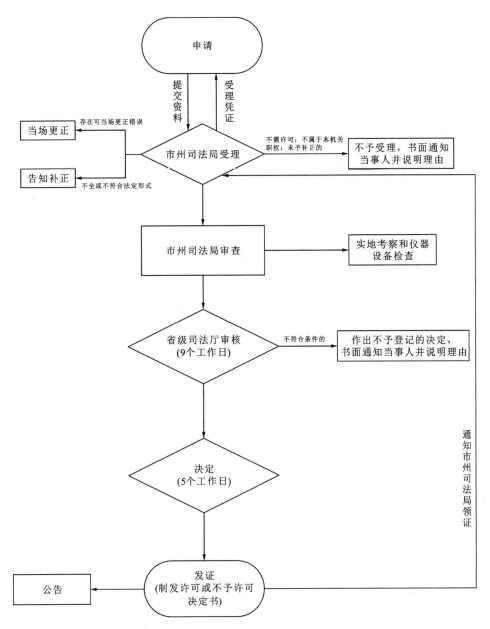

图 6-14 司法鉴定人审核登记外部流程图

鉴定人员等。以鉴定合同签署时间为准,省级司法厅司法鉴定管理处规定司法鉴定受理登记的上报时限,以作为以后核查的依据。案件受理上报后系统要自动生成鉴定编号,作为日后统计和考核的依据。

完成鉴定工作后(结案),需要对鉴定结果的关键信息进行上报。上报信息的形式是按照规范模版填写鉴定报告书,省级司法厅可以规定司法鉴定结案结果的上报时限(从受理到上报),以作为日后核查的依据。

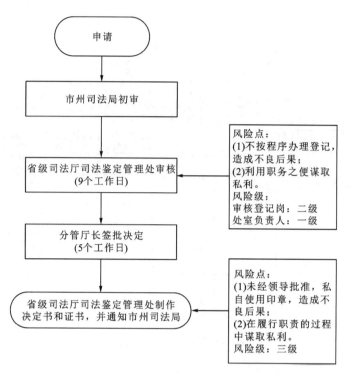

图 6-15 司法鉴定人审核登记内部流程图

系统提供鉴定报告的自动生成、下载以及打印功能。办案过程的相关信息自动列入报告书中。

设计重复鉴定警示程序。当事人在本省范围内曾经做过同一类型的司法鉴定的，一旦被鉴定人个人自然信息输入后，系统会提出警示，用于重复鉴定风险防范。

实现鉴定人员对鉴定案件的有效管理，可从不同的渠道查询正在办理的案件及案件的进展情况。支持对案件进度进行异常预警，按照系统预先设定的规则，对进度异常的案件进行预警，如某类案件进入办理状态后 30 天未完成结案的案件要进行预警。

针对鉴定机构内部的鉴定设备进行有效管理，系统能够记录所有鉴定设备的相关信息，如鉴定设备的采购时间、采购单位、维修记录等。如遇到异常情况，可以进行有效追溯。

司法行政部门对司法鉴定案件的委托方、案件类别、受理情况、办理时间等主要业务数据的实时掌握、统计。

可实现与司法鉴定管理系统进行有效对接，并通过本系统录入的数据为司法行政部门掌握和统计司法鉴定案件办理业务情况提供完整、真实的数据支撑。

（四）仲裁委员会行政审批

1. 仲裁委员会审批管理

仲裁委员会的日常管理功能，包括仲裁委员会设立审批、变更核准、执业证书管理等功能，具体要求如下：

（1）仲裁委员会设立时在线填写相关信息，供上级管理部门审批。

（2）相关管理部门能够查询待审批的仲裁委员会，并进行审批管理。

（3）仲裁委员会发生变更时，须在系统中填写变更申请登记，上级管理部门进行核准。

（4）仲裁委员会跨区执业时进行核准功能，上级管理部门可逐级填写核准意见，并支持附件上传功能。

（5）仲裁委员会可设立多个办证点，设立办证点时要求在系统中填报新设立办证点信息，并可逐级核准。

（6）仲裁委员会可设立多个办证联系点，新设立联系点是具备相关登记、核准功能。

（7）仲裁委员会补证、换证管理功能，并逐级进行核准。系统能够对待补证、换证机构查询，并根据查询结果执行相关操作。

（8）仲裁委员会的查询功能，包括审核中的机构、已核准的机构、未批准的机构、直接录入的机构。

（9）建成机构和人员的名录，形成电子名册，包括仲裁委员会名称、地址、电话、邮编、负责人、仲裁员等信息。

仲裁委员会设立登记外部流程如图 6-16 所示。

2. 省级政务服务平台后台管理端的使用范围

省级政务服务平台后台管理端的使用范围是省（自治区）、市、县司法行政有关的全体工作人员。

在全省政务服务体系中，省级政务服务平台作为信息汇聚的枢纽，主要面向服务管理，起到汇聚服务资源，提升服务质量的宏观调控作用。对内实现全省范围内的信息数据汇聚、服务资源整合、服务管理协调、信息分析研判、信息资源共享；对外面向社会群众，提供服务指南、流程查询、机构定位、信息检索等功能。

建设省级政务服务平台，达到全省各市信息资源资源共享、服务资源合理调配的目的，将面向公众的服务能力发挥到最大。

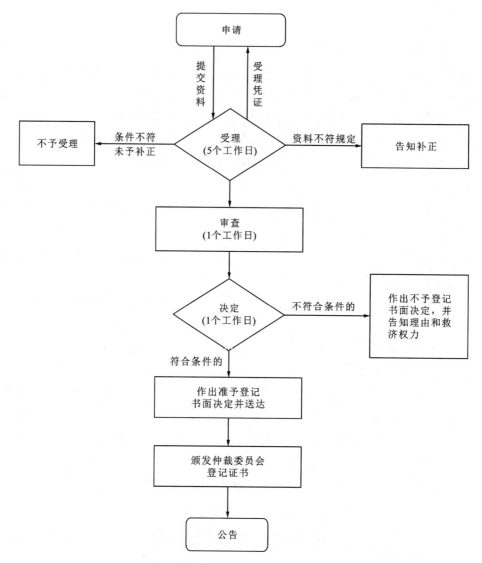

图 6-16 仲裁委员会设立登记外部流程图

第十七节 司法行政门户网站

一、系统理解

按照主管部门最新要求,《国务院办公厅关于印发政府网站发展指引的通知》(国办发〔2017〕47号)相关文件精神,各级司法行政机构的部门网站必须挂接在本级政府网站下或是以站群方式与本级政府网站共同建设。省级司法厅门户对各级门户网站进行统一整理归纳，提供统一的导航入口，形成一个互联互通的网站群。

二、系统目标要求

1. 以公众访问习惯提供服务

以公众访问习惯提供服务主要体现在两点：

第一，通过智慧分析、推送、建站系统可准确定位公众的浏览习惯，记录公众访问的历史记录，爱好和关注的信息点。通过对这些数据记录，分析用户的访问行为，从而自动调整网站展示的信息，实现热点信息焦点化展示。

第二，专题自动聚合。根据时政进行专题建设，信息将不再是单独的维护模式。任一栏目的专题信息，可以通过"时政专栏"的政府网站自动筛选相关联信息进行组合，所有这些信息统一汇总到专题网站的某一栏目下，实现智能化专题管理，提升政府网站对时政专题的反应速度。

2. 以各业务部门协同运作

通过门户网站建设，门户网站和直属部门的政府网站将共享办事服务、便民查询的政务资源，改变过去只能单一链接方式的整合。除了办事服务版块可以深度融合到司法厅门户网站已建的政务服务之中，还可以按照不同的业务类别分类进行设计，将属于每个业务的审批事项、审批职能、监督职能进行自动关联；也可以按照从业人员对业务职能进行数据集中和分享，实现分级分权限的网上查询和公示服务。公众不需要在每个网站之间来回切换，统一由集中的网站引导完成在线办事服务，后台业务流转统一由集群平台控制，提升了各部门之间的协作效率。

3. 以全媒体提供公共服务模式

在建设过程中，充分整合已有信息资源，按照"一网一端"的方式实现全媒体的统一展现发布；其中"一网"分为PC端和自适应版，"一端"即App客户端。自适应版可以通过自动识别手机和平板电脑，来调整展示内容和样式表，用户可通过多渠道、多终端的方式浏览信息和查看办事进展，给公众带来最佳的浏览体验。全媒体信息资源库的建设可以按照统一的数据标准，对网站系统的各类展现提供数据支撑，满足公众对信息资源的查阅和检索服务。

综上所述，门户网站应遵循国家和各省电子政务的相关标准和规范，要求设计理念始终处于行业领先地位。采用的产品均为拥有国际领先的网站建设与数据管理技术，全部采用自主知识产权的程序代码。

第十八节 人民监督员选任信息管理系统

一、系统理解

人民监督员选任信息综合管理系统是司法行政机关运用信息化手段，记录和量化人民监督员的选任和培训工作，运用科学的管理办法和考核方式，构建科学的人民监督员选任工作机制，实现人民监督员选任工作的规范化和标准化，保障和促进人民监督员行使监督权，发挥人民监督员监督作用。

系统建设将通过数据采集、多维度分析等信息化手段，为人民监督员选任工作提供信息化支撑，规范人民监督员选任和管理工作，完善人民监督员制度，建立人民监督员信息库和培训考核机制，全面提升人民监督员选任工作的管理能力和执行效率。

人民监督员选任信息系统应用范围为省、市两级司法局，以及人民检察院的相关工作人员。

二、功能描述

1. 人民监督员选任功能模块

实现人民监督员报名人员或推荐人员的信息管理，实现司法行政机关对所有人员进行审查筛选功能，提出拟任人选，并将人选名单推送至互联网进行公示。

2. 人民监督员培训功能模块

实现初任人民监督员培训情况的信息登记与管理功能；并司法行政机关制定的培训课程推送至司法外网供人民监督员查看。

3. 人民监督员履职台账功能模块

实现将检察院对人民监督员的履职情况、考核信息录入综合系统，方便司法行政机构及时掌握监督员履职情况，对不认真履职的人民监督员进行劝诫。

4. 人民监督员免职功能模块

实现将有违反保密规定、妨碍案件公正处理等不适合继续任职情况的人民监督员统计归类出来，由司法行政机关免除其履职能力，并将免职信息推送至互联网进行公示。

5. 人民监督员信息库

实现与检察院信息共享，信息库按照省、市级或分布辖区进行分类汇总，信息库内容包括监督员基本信息、培训信息、考核信息、履职信息等。

6. 人民监督员经费管理功能模块

实现将人民监督员因参加监督评议工作报酬的案件监督补助以及支出的交通、就餐等费用统一严格管理。

人民监督员选任信息管理系统功能结构如图 6-17 所示。

图 6-17 人民监督员选任信息管理系统功能结构图

第十九节 人民陪审员信息管理系统

一、系统理解

人民陪审员管理系统是司法行政系统与法院系统协同管理人民陪审员的平台，为人民陪审员的选任和业务指导提供信息化管理平台。以信息化手段提高司法行政机关和法院对人民陪审员的管理服务水平，充分发挥人民陪审员的审判辅助力量。

《人民陪审员法》规定了人民陪审员由司法行政机关选任、人大常委会任命、法院使用的工作机制，这有利于实现人民陪审员选用分离，加强监督制约，进一步丰富和完善了人民陪审员制度运行机制，确保了人民陪审员制度的公信力和权威性。

二、系统目标及功能

1. 系统目标

1）操作界面

功能模块直观、简捷，布局合理全面，提供导入导出接口。

2）选任工作

陪审员随机抽取，记录陪审员履职情况。

3）管理工作

推送信息记录留痕，人员数据科学管理，数据综合统计。

4）系统安全

模块化权限分配，自定义字典维护，提供操作日志。

5）协同管理

司法行政机构、公安、法院、人大相关工作人员依据权限和职能进行系统操作，实现多部门人员协同管理。

2. 功能模块

1）选任管理

能够与户证系统对接或手工导入候选人员，能够按要求设定初步筛选条件达标人员（如28岁以上，高中以上学历），通过两次随机抽选的方式产生。

2）推荐申请管理

可通过网上推荐和申报申请方式产生，通过这种方式产生的陪审员数量不得超过陪审员名额数的三分之一。

3）调查指派

以短信、网站、走访等方式对随机抽选人员进行意愿确认并记录。

4）通知管理

推送信息历史记录管理、信息重复推送。

5）庭审管理

案件信息创建包括录入和导入，可对人民陪审员进行随机抽取，可自义抽取人数及陪审员特长。

6）陪审员管理

建立陪审员数据库，记录陪审员履职信息，可进行数据导入导出及多重关键词查询检索。

7）综合统计

按月统计人民陪审员出庭次数、人民陪审员学历、年龄、特长，陪审员个人出庭情况及结算统计，统计数据导出。

第二十节　安置帮教系统

一、系统理解

安置帮教工作，是在各级政府领导下，依靠各有关部门和社会力量对刑满释放人员进行的一种非强制性的引导、扶助、教育和管理活动。安置帮教信息管理系统的主要功能是对服刑人进行衔接管理、安置管理等帮教工作。其中刑满释放人员需要进行五年的安置帮教，解矫人员需要进行三年的安置帮教。

监狱人员刑满释放后以及社区服刑人员矫正期满后，都需要进行安置帮教工作。建成有智慧监狱平台和智慧矫正平台的，可将其刑满释放人员和社区服刑人员数据从平台人员信息管理系统中直接转入安置帮教信息管理系统，通过数据共享可减少各级录入人员数据录入的工作量；未建成智慧监狱和智慧矫正平台的，需要以批量导入或手工录入方式导入相关数据，以进入安置帮教系统。

二、功能模块

1. 信息采集

预留与社区服刑人员信息管理系统的接口，对社区服刑人员已经期满解除的可以进行人员信息的实时同步。

预留与数据交换和共享平台的接口，通过数据交换和共享平台预留与中央综治委全国刑释解教人员信息管理系统（网络版）的接口，实现数据实时同步，避免基层司法工作人员同一系统的数据重复录入；通过数据交换和共享平台预留与监狱部门的接口，实时获取释放人员信息。

系统中刑满释放人员信息可根据户籍所在地自动分配到司法所。（如果司法所不详，则分配到所在区县）

1) 信息核实

刑满释放人员的数据导入完成后，由下级司法机关一般是区县社矫局（司法局）和乡镇街道司法所对人员信息进行核实。

系统具备信息核实功能，因为录入的人员信息中地址可能有误，所以每个乡镇街道的司法所查看系统自动分配的人员后，可在系统中确定该人员是否属于本地区，如果是，则进入人员录入步骤；如果不是，则退回上级，请上级重新分配；如果知道人员现在属于哪个地区，可在退回原因中说明清楚。若衔接成功则确定管理。

2）信息查询导出

系统能够对刑满释放人员和解除矫正人员的基本信息、狱中表现以及详细安置帮教信息进行查询和导出。

2. 安置帮教工作衔接

县（市、区）社矫单位及基层司法所接收刑释解教人员个人信息，核实并登记，根据公安回馈的信息，区县级社矫局（司法局）可以查看公安部门回执，同时确认是否衔接。

1）接收和登记

用于下级单位将非本管辖内的矫正人员退回给上级单位，或用于上级单位指定下级单位接收矫正人员。具备的功能如下：

（1）人员数据导入。

省级社矫局将导出的刑满释放人员数据文件导入，根据户籍所在地将这些人员自动分配到司法所。

（2）人员衔接操作。

区县级社矫局（司法局）在接收到人员信息后，选择是否为本辖区人员：若选择"否"，则退回区县级上级单位即地市级社矫局（司法局），下一步由地市级社矫局（司法局）进行确认；若选择"是"，则选择新的所属单位后，系统将数据进行保存，下一步由新的下级司法所进行确认。

注：除乡镇街道司法所以外，其余上级单位衔接操作可选"所属单位"（下级单位）。

（3）取消衔接操作。

如果该人员非本辖区人员，司法所可以填写备注信息，并退回上级区县级社矫局（司法局），下一步由区县级社矫局（司法局）进行确认。

（4）衔接记录查看功能。

可以查看到该人员的衔接传送方向。

2）公安对比

实现公安对比功能，由区县级以上司法单位提交公安协助核实刑满释放人员信息。具体实现的功能如下：

在系统中，司法所可选择要衔接的刑满释放人员，填写协助核实人员信息的委托函，通过数据共享和交换平台与公安机关的数据接口，将委托函提交给区县级公安机关核实，同时系统提供附件上传功能。

公安人员对刑满释放人员进行核实，确定为本单位管辖内人员则填写核实信息结果，并反馈相应核实结果。

3）确认衔接操作

根据公安回馈的信息，区县级社矫局（司法局）可以查看公安部门回执，同时确认是否衔接。

3. 日常工作管理

1）公告管理

日常工作主要包括一些公告管理，安置帮教信息管理工作和情况上报工作，起草并审定安置帮教工作的相关政策和制度等。

2）舆论宣传

完成重大事项和课题的专题调研和理论研究，具体做好舆论宣传，落实好安置帮教宣传工作。

3）突发事件处理

具备应急处置功能，对于伤、病、残等特殊人员的上告和上访，需要进行应急处置，防止出现群体性事件。

4）回访记录

主要用于回访记录登记，需预留社区矫正工作人员移动 App 接口，通过移动端记录回访内容，同步 PC 端。

5）重点监控

重点监控实现对重点帮教对象的管理工作，包括信息通报、检查考核、目标管制等内容。

安置帮教信息管理系统可以预留与定位设备的接口，对重点刑满释放人员可配发定位设备，对其进行定位跟踪，定位跟踪模块要求有历史轨迹、实时监控和报警管理等功能。

实现监控力度区分，可以分别使用手环定位或手机定位，并根据表现情况变更监控力度。

4. 人员信息管理

1）服刑人员管理

对刑满释放人员和解除矫正人员的基本信息、狱中表现以及详细安置帮教信息进行管理，包括信息补录和日常管理如人员基本信息补录、家庭成员情况录入、安置帮教期间重要事项录入、年度鉴定表录入、解除帮教总结录入、未预报人员录入等，实现查询和编辑刑满释放人员基本信息、服刑矫正信息、衔接信息，查询家庭成员信息、帮教小组信息、工作记录表、惩罚情况、年度鉴定以及工作提醒列表等，实现查询刑满释放人员档案卷宗相关信息时，可以将 PDF 文件定位显示到页面。

2）安帮人员管理

安帮人员管理功能模块包括安帮人员的信息查询和导出，核查回执工作，帮教小组情况录入、帮教小组工作记录表录入、安置帮教人员类别划分等信息管理和查询。

5. 报表统计

报表统计主要包括安置帮教情况表、未成年子女帮扶、安置帮教统计表、下级核查统计表、监狱核查统计、核查情况统计表、服刑表现及回执表以及数据分析等统计内容。

6. 系统设置

系统设置是信息管理系统的控制单位，它可以实现群组权限、人员管理、数据库管理、流程定义、数据归档、功能模块权限设置等功能。系统的组织机构设置，支持群组、部门或是角色以及个人策略。支持一人多岗，一人多岗用户的权限范围是各岗位权限的并集。

需给管理员提供一个比较友好的管理界面，管理员可以方便、清晰地看到信息管理系统的运行情况，包括在线人员情况，模块使用点击情况，资源占用情况，多种组合查询、统计，以及性能监控和各种日志分析统计管理等。

7. 移动端功能

1）检查回执

通过 App 实现检查回执工作，具体包括等待本级核查列表、本级核查成功列表、本机核查失败列表、接收停用地区人员、预释放人员列表、今天释放人员列表等数据类型。

2）人员信息管理

通过 App 实现查询和编辑刑满释放人员的各类信息，对应用中没有相关信息的刑满释放人员进行人员信息补录，查询和编辑安置帮教工作人员的基本信息等，查询和填写惩罚情况、年度鉴定以及工作提醒列表。

3）回访记录

对刑满释放人员进行回访，通过 App 对社区服刑人员的状况进行实时记录保存。主要用于回访记录登记，预留安置帮教管理信息系统接口，通过移动端来记录回访内容，并与安置帮教管理信息系统同步。

4）工作开展审查

上级单位可以通过 App 检查和了解下级安置帮教工作的开展情况，审查统计报表等。

对刑满释放人员日常管理工作开展的审查，预留其余综合管理平台子系统接口。在此可查看工作任务并根据上级指示开展工作，协同其余单位一起处理待办工作。

待办工作提醒和查看。待办事宜还将结合短信、即时通信、邮件等方式对用户进行提醒。

使上级单位可以通过应用检查下级单位安置帮教工作的开展情况，并审查统计报表等。

安置帮教系统具备如表 6-3 所示功能模块。

表 6-3 安置帮教系统功能模块表

系统	功能模块	功能点
安置帮教	信息采集	信息采集
		信息核实
		信息查询导出
	安置帮教衔接	接收登记
		公安对比
		确认衔接
		检查回执工作
	日常工作管理	公告管理
		安帮宣传
		突发事件处置
		回访记录
		重点监控
	杂志管理	投稿邮箱
		杂志编辑
		模板管理
	人员信息管理	服刑人员管理
		安帮人员管理
	报表统计	安置帮教情况表
		未成年子女帮扶
		安置帮教统计表
		下级核查统计表
		监狱核查统计
		核查情况统计表
		服刑表现及回执表
		数据分析
	系统设置	账户管理
		权限管理
		日志管理

第七章 综合保障与政务管理业务平台

第一节 司法行政机关政务公开系统

一、系统理解

司法行政机关政务公开系统建立的主要目的是实现各级司法行政机构内行政事项的公开透明化，但是部分事项的受理权力不在本级司法局，所以系统将开放数据接口，接受各市州各级司法局系统的数据。政务公开系统应结合司法行政门户网站、12348法律服务网同步设计、同步建设、同步使用。

以建设服务型政府为目标，结合省级信用体系建设、依申请公开政府信息要求，以加强对行政权力网上监察为重点，固化行政事项办理流程，强化行政监察和动态监察，逐步建立各级司法行政管理体制和司法权力运行机制，实现网上政务公开、监察监控等功能，优化办事流程。

系统使用范围包括：省级司法厅、各市司法局、各区县司法局等。

二、功能描述

（一）栏目分类

1. 动态

机关要闻、政法要闻、图片新闻、通告公示、论坛交流、领导分工、司法行政简报、部门发布、视频新闻、行政立法、规划指导、行政复议、法律事务、法律研究。

2. 公开

信息公开指南、信息公开目录、信息公开年报、依申请公开、信息公开监督机制、部门信息、计划规划、人事信息、财政资金、政府采购、三公经费、统计数据、规范文件、政策法规、行政权力、权责清单、行政处罚和行业处分通报。政务公开系统涉及面广，公开内容如图 7-1 所示。

```
司法行政政务公开目录
├── 司法行政机构概况
│   ├── 领导介绍
│   ├── 办公厅(室)职责
│   ├── 政治部职责
│   ├── 法治调研局(处)职责
│   ├── 法治督察局(处)职责
│   ├── 立法局(处)职责
│   ├── 机关党委职责
│   ├── 行政复议与应诉局(处)职责
│   ├── 行政执法协调监督局(处)职责
│   ├── 普法与依法治理局(处)职责
│   ├── 依法治国(省)办秘书处职责
│   ├── 人民参与和促进法治局(处)职责
│   ├── 公共法律服务管理局(处)职责
│   ├── 法律职业资格管理局(处)职责
│   ├── 监狱管理局职责
│   ├── 社区矫正管理局职责
│   ├── 戒毒管理局职责
│   ├── 律师工作局(处)职责
│   ├── 国际合作局(处)职责
│   ├── 装备财务保障局(处)职责
│   └── 离退休干部局(处)职责
├── 司法行政政策法规
│   ├── 国际公约
│   ├── 法律
│   ├── 行政法规
│   ├── 部门规章
│   └── 规范性文件
├── 司法行政业务
│   ├── 监狱管理
│   ├── 戒毒管理
│   ├── 法制宣传
│   ├── 律师工作指导
│   ├── 公证工作指导
│   ├── 基层法律服务工作指导
│   ├── 法律援助工作监督管理
│   ├── 人民调解工作指导
│   ├── 安置帮教工作指导
│   ├── 社区矫正试点工作指导
│   ├── 国家司法考试
│   ├── 司法鉴定管理
│   ├── 司法协助
│   └── 司法外事
├── 工作动态
│   ├── 公务员招考
│   ├── 部门会议信息
│   ├── 通知公告公示
│   └── 日常工作动态
└── 决策信息
    ├── 规划信息
    ├── 总结计划
    ├── 公开征集事项
    └── 统计数据
```

图 7-1 司法行政政务公开目录结构图

3. 服务

政务服务网、办事公示、12348法律服务网、法规规章查询类、草案意见征集类、监督备案类、行政复议类、政府法制信息报送系统、便民服务。

4. 互动

厅长信箱、咨询投诉、在线沟通、在线访谈、来信公示、回应关切、问卷调查、民意征集。

5. 专题

历史专题、当前专题、党建网。

（二）性能要求

根据数据量及访问量的分析，以及参考同等规划的政务公开系统运行现状，主要性能指标估算如下：

（1）稳定性指标确保厅门户网站系统全天候稳定运行，能够应对日常普查、安全扫描。

应保证每天24小时、全年无休的访问稳定。

（2）吞吐量指标。

可实现同时在线用户数≥10000人、并发用户数≥600人，并且支持软件、硬件模式的负载配置。

（3）数据量指标系统支持存储容量大于等于4T。系统支持单次增量备份数据量大于等于2G。系统数据单次备份时间小于等于7天。

（4）信息服务指标系统查询响应时间≤3秒，系统查询时间≤8秒。

第二节 人员机构综合信息管理系统

一、系统理解

人员机构综合信息管理系统能够使各业务系统干部人事信息进行深度整合和协同共享，以满足各业务系统对不同业务条线、不同类别人员信息的需求。实现各业务系统运行中相关人员岗位职责变更、业务工作绩效、群众满意度评价结果的归类收集、分析研判、查询报告及记录回填，支持业务系统干部人事相关信息的生成再运用。人员机构综合信息管理系统是"数字法治 智慧司法"整体设计的核心组成部门，其人员、机构信息供"数字法治 智慧司法"体系中所有业务软件使用，实现了人员、机构数据源头的唯一及数据的高度共享。

二、系统组成

1. 机构管理

管理司法行政机构及其内设部门信息，包含省级司法厅、市州司法局、县（市、区）司法局、乡镇（街道）司法所信息。该机构下的人事部门工作人员对信息进行新增、修改、删除等操作时需提出申请，提交给领导进行审核。人事部门领导审核通过后，基本信息进入干部人事信息库。

2. 人员管理

对司法行政机构人员的基本信息进行管理，人员管理包含省级司法厅、市州司法局、县（市、区）司法局、乡镇（街道）司法所所属人员的信息。

由人事部门工作人员进行信息的新增、修改、删除操作时，需提出申请，提交领导进行审核。人事部门领导审核通过后，基本信息进入干部人事信息库。

3. 岗位管理

管理机关及司法行政机构人员的岗位信息，包含省级司法厅、市州司法局、县（市、区）司法局、乡镇（街道）司法所所属人员的岗位信息。

由人事部门工作人员进行岗位的新增、修改、删除操作时，需提出申请，提交领导进行审核。人事部门领导审核通过后，岗位信息进入干部人事信息库。

4. 机关直属单位信息管理

将省级、市级、县级司法厅（局）下属的机关直属单位的机构信息及人员信息纳入干部人事管理平台中进行统计与管理。

1）机构信息

管理各级机关直属单位的机构信息，包含省级司法厅、市级司法局、县级司法局下属的机关直属单位信息。由该直属机构下的人事部门工作人员进行信息的新增、修改、删除操作时，需提出申请，提交领导进行审核。人事部门领导审核通过后，基本信息进入干部人事信息库。

2）人员信息

管理各级机关直属单位的人员信息。由管理该直属机构的人事部门工作人员进行人员信息的新增、修改、删除操作时，需提出申请，提交领导审核。人事部门领导审核通过后，基本信息进入干部人事信息库。

5. 监狱系统信息管理

将监狱管理局机关及监狱单位的机构信息和人员信息纳入干部人事管理平台中进行管理与统计。

1）机构信息

管理监狱管理局机关、省属监狱单位、省直属其他单位相关信息。由各级机构人事部门工作人员进行机构信息的新增、修改、删除操作时需提出申请，提交给领导进行审核。人事部门领导审核通过后，基本信息进入干部人事信息库。

2）人员信息

管理监狱管理局机关人员、各监狱单位人员信息，包含公务员（警察）信息、公务员（非警察）信息、工人信息。由各机构单位人事工作人员进行人员信息的新增、修改、删除操作时，需提出申请，提交领导进行审核。人事部门领导审核通过后，基本信息进入干部人事信息库。

6. 戒毒系统信息管理

将戒毒管理局机关及戒毒单位的机构信息和人员信息纳入干部人事管理平台中进行管理与统计。

1）机构信息

管理戒毒管理局机关、强制隔离戒毒所机构信息。由各级机构人事部门工作人员进行机构信息的新增、修改、删除操作时，需提出申请，提交领导进行审核。人事部门领导审核通过后，基本信息进入干部人事信息库。

2）人员信息

管理戒毒管理局机关、强制隔离戒毒所机构的人员的信息，包含公务员（警察）信息、公务员（非警察）信息、工人信息。由各机构单位人事工作人员进行机构人员信息的新增、修改、删除操作时，需提出申请，提交领导进行审核。人事部门领导审核通过后，基本信息进入干部人事信息库。

7. 基层工作信息管理

将人民调解组织、人民调解员信息从人民调解系统中同步干部人事信息库中，并补录相关信息。

将安置帮教社工信息从安置帮教系统中同步干部人事信息库中，并补录相关信息。

将基层法律服务机构及人员信息从基层法律服务系统中同步干部人事信息库中，并补录相关信息。

各类信息的维护，在各自的业务系统中进行，干部人事管理平台负责定期将各业务系统中的信息同步更新至库中。人员其他数据从本系统补录。

1）人民调解组织信息

将人民调解系统中调解组织的机构信息纳入干部人事信息库中并补录相关信息。

2）人民调解员信息

将人民调解系统中人民调解员信息导入干部人事信息库中，并补录相关信息。人民调解员的基本信息从人民调解业务系统中导入，本系统不需要对调解员进行新增或删除的维护操作，但需要提供操作人员对除了人民调解业务系统导入过来的字段以外的其他信息补录的功能，由人民调解业务系统维护人员提出对人员信息补录（新增、修改、删除）的申请，提交分管领导审核，审核通过后，补录信息进入干部人事信息库；并记录补录查询与历史回溯。

3）安置帮教工作者信息

将安置帮教系统中安置帮教工作者、专职社工信息导入干部人事信息库中，并补录相关信息。安置帮教工作者、专职社工的基本信息从安置帮教业务系统中导入，本系统不需要人员进行新增或删除的维护操作，但需要操作人员对除了安置帮教业务系统导入过来的字段以外的其他信息进行补录，由安置帮教业务系统维护人员提出对人员信息补录（新增、修改、删除）的申请，提交分管领导审核，审核通过后的补录信息进入干部人事信息库；并记录补录查询机历史回溯。

4）基层法律服务所信息

实现管理各级基层法律服务所信息。由各级司法行政机构下的人事部门工作人员进行机构的新增、修改、删除操作时，需提出申请，提交领导进行审核。人事部门领导审核通过后，基本信息进入干部人事信息库。

5）基层法律服务人员信息

实现管理基层法律服务所所属基层法律服务人员信息。由各级人事部门工作人员进行基层法律服务人员信息的新增、修改、删除操作时，需提出申请，提交领导审核。人事部门领导审核通过后，基本信息进入干部人事信息库。

8. 司法鉴定信息管理

将司法鉴定机构及人员信息从司法鉴定系统中同步到干部人事信息库中，并补录相关信息。各类信息的维护在各自的业务系统中进行，干部人事管理平台负责定期将各业务系统中的信息同步更新至信息库中。人员其他数据在系统中补录。

1）司法鉴定机构信息

司法鉴定系统中司法鉴定机构信息导入干部人事信息库中进行统计与查看。

2）司法鉴定人员信息

将司法鉴定系统中司法鉴定人员信息导入干部人事信息库中并补录相关信息后进行统计与查看。司法鉴定人员的基本信息从司法鉴定业务系统中导入，本系统不需要对司法鉴定人员进行新增或删除的维护操作，但需要提供操作人员对除了司法鉴定业务系统导入过来的字段以外的其他信息修改维护的功能。

由司法鉴定业务系统维护人员提出对人员信息补录（新增、修改、删除）的申请，提交分管领导审核，审核通过后的补录信息进入干部人事信息库；并记录补录查询与历史回溯。

9. 律师信息管理

将律师事务所以及律师的信息从律师综合管理系统中同步到干部人事信息库中，并补录相关信息。各类信息的维护在各自的业务系统中进行，干部人事管理平台负责定期将律管业务系统中的信息同步更新至信息库中。人员其他数据从本系统中补录。

1）律师事务所信息

将律师综合管理系统中律师事务所机构信息导入干部人事信息库中，进行统计与查看。

2）律师信息

将律师综合管理系统中律师的信息导入干部人事信息库中，并补录相关信息后进行统计与查看。律师的基本信息从律师业务系统中导入，本系统不需要对律师进行新增或删除的维护操作，但需要提供操作人员对除了律师业务系统导入过来的字段以外的其他信息修改维护的功能。由律师业务系统维护人员提供信息补录（新增、修改、删除）的申请，提交给分管领导审核，通过审核的补录信息进入干部人事信息库；并记录补录查询与历史回溯。

10. 公证信息管理

将公证机构及公证员的相关信息从公证综合管理系统中同步到干部人事信息库中并补录相关信息。各类信息的维护，在各自的业务系统中进行，干部人事管理平台负责定期将公证管理业务系统中的信息同步更新至信息库中。其他数据从本系统中录入。

1）公证机构信息

将公证综合管理系统中公证机构信息导入干部人事信息库中，进行统计与查看。

2）公证员信息

将公证综合管理系统中公证员及公证辅助人员信息导入干部人事信息中，进行统计与查看。公证人员的基本信息从公证业务系统中导入，本系统不需要对公证人员进行新增或删除的维护操作，但需要提供操作人员对除了公证业务系统导入过来的字段以外的其他信息修改维护的功能。由公证业务系统维护人员提供对人员信息补录（新增、修改、删除）的申请，提交分管领导进行审核，通过审核的补录信息进入干部人事信息库；并记录补录查询与历史回溯。

11. 社区矫正信息管理

要将社区矫正机构及工作人员的相关信息从社区矫正管理系统中同步到干部人事信息库中。各类信息的维护，在各自的业务系统中进行，干部人事管理平台负责定期将社区矫正业务系统中的信息同步更新至信息库中。人员其他数据从本系统补录。

1）社区矫正机构信息

将社区矫正管理系统中的机构信息纳入干部人事信息库，并补录相关信息后进行统计与查看。各级人事部门只能查看本级和所属下级的社区矫正机构信息，无法查看上级信息。

2）社区矫正工作人员信息

将社区矫正管理系统中的人员信息导入干部人事管理平台中进行统计与查看。社区矫正执法人员、社区矫正社会工作者基本信息从社区矫正业务系统中导入，本系统不需要对社区矫正执法人员、社区矫正社会工作者进行新增或删除的维护操作，但需要提供操作人员对除了社区矫正业务系统导入过来的字段以外的其他信息进行修改维护的功能。

由社区矫正管理系统维护人员对人员信息补录（新增、修改、删除）时，需提出申请，提交分管领导审核，通过审核的补录信息进入干部人事信息库，并记录补录查询与历史回溯。

12. 统计分析

1）业务输出

干部人事信息库能提供快速查询、通用查询、条件查询、组合查询、模糊查询、历史记录查询、人员信息轨迹回溯查询等模式。

2）机构编制情况分析

系统支持对干部人事库中的各类机构按照区域、编制情况（政法专项编制、地方行政编制、地方事业编制、其他）对机构编制进行统计分析，并输出图表。

3）人员年龄结构分析

系统支持对干部人事库中的各类人员通过机构、人员类别、性别、民族、籍贯、婚姻状况、文化程度、职务级别、政治面貌等多个维度对人员年龄结构进行多角度的分析，并输出图表。

4）党员情况分析

系统支持对干部人事库中的各类人员通过机构、人员类别、性别、民族、年龄、文化程度、职务级别等多个维度对党员在对队伍中的占比；通过与上年同期比较、与上月末人数增比情况等进行多角度的分析，并输出图表。

5）党组织情况分析

系统支持通过对干部人事库中的各类组织机构按照区域、党组织的类别（党委、党组、机关党委、党总支、党支部、联合支部）占比及党组织覆盖率等对党组织情况进行分析，并输出图表。

6）人员类别结构分析

系统支持对干部人事库中的按司法行政机构人员（公务员、参管人员、事业人员、附属编制人员、工人、聘用人员、专职社工）、监狱戒毒单位（人民警察、非警察公务员、工人）、法律服务人员在全系统队伍中的占比进行分析，并输出图表。

7）专业结构分析

系统支持对干部人事库中的各类人员通过输出哲学、经济学、法学、教育学、文学、历史学、理学、工学、农学、医学、军事学、管理学专业人数及占比，对人员专业结构进行多维度的分析，并输出图表。

8）学历学位结构分析

系统支持对干部人事库中的各类人员按照初中及以下、高中、大专、本科、硕士研究生、博士生对人员学历学位结构进行多角度的分析，并输出图表。

9）奖惩情况分析

系统支持对干部人事库中的各类人员按照奖惩决定单位（县级及以下机关、市厅级、省级）、奖励种类（嘉奖、记三等功、记二等功、记一等功、授予荣誉称号）和惩处的种类（警告、记过、记大过、降级、撤职、开除）人数对人员奖惩情况进行多角度的分析，并输出图表。

10）职级及任现职级时间分析

系统支持对干部人事库中的各类人员按职级及任现职级年限段人数对职级及任职时间进行多角度的分析，并输出图表。

11）培训情况分析

系统支持对干部人事库中的各类人员按年度分地区、培训次数、人次、累计培训时间，以及在职培训与脱产培训人次对培训情况进行多角度的分析，并输出图表。

12）出国（境）情况分析

系统支持对干部人事库中的各类人员按因私出国、因私出境、因公出国、因公出境等人数对出国（境）情况进行多角度的分析，并通过图表形式输出。

13）满意度评价分析

系统支持对干部人事库中的各类人员按年度和人员类别，分别生成满意度评价四个等级占比（满意、比较满意、基本满意、不满意）对群众满意度进行多角度的分析，并输出图表。

14）诚信情况分析

系统支持对干部人事库中的各类人员按诚信记载情况进行多角度的分析，并输出图表。

第三节　工会管理系统

一、系统理解

工会管理系统分为司法行政工会管理系统和机关工会管理系统。

司法行政工会管理系统要求根据系统工会要求直接与省级总工会系统对接。

此系统为机关工会管理系统，对工会会员服务展示页面与机关门户网站统一设计、统一建设、统一使用。

机关工会管理系统是一个集网站、数据管理、查询、统计于一体的综合信息管理系统，可实现建设新闻发布和在线交流平台，实现工会管理工作的数字化，降低人工管理的工作量和复杂程度，提高工会会员管理的效率。

通过利用现有的数据资源，以人为管理对象，把各种业务数据转化为互相关联的信息，能对存放于人力资源等部门的会员信息电子表格进行批量导入系统数据库，并可以进行差错检查，极大地减少了系统数据的录入时间，并降低了出错概率。

二、系统组成

1. 单位、人员管理模块

1）部门管理

对所属部门基本信息的管理，包括增加、删除、修改所属部门信息。

2）用户管理

对系统用户的基本信息（包括权限）的管理，包括增加、删除、修改用户信息，可以对权限进行设定和管理。

3）修改个人账户管理

对个人账户的信息进行管理。

2. 网站内容管理模块

1）文章管理

对投稿后的文章进行管理。

2）栏目管理

对栏目进行分类的管理。

3）投稿管理

对文章投稿进行管理。

4）荣誉室管理

对荣誉室的各种荣誉信息进行管理。

5）工会概况管理

对工会概况的文章进行管理。

6）主席信箱管理

对主席信箱的消息进行管理。

3. 会员信息管理模块

1）会员管理

对所属部门工会会员进行管理，包括新增、修改、删除等基本操作以及查询、分类浏览等。

2）奖励管理

对会员获奖情况信息的录入管理，包括新增、修改、删除等基本操作，建议基层管理员进行操作。

3）小组管理

对部门下属小组的管理，包括新增、修改、删除小组，以及小组人员的管理，建议基层管理员进行操作。

4）协会管理

对工会各种文体协会进行管理，包括新增、修改、删除协会，以及协会人员的管理，建议专人负责。

5）操作申请管理

对基层管理员提交上来的申请进行管理。

6）会员操作管理

对工会会员各类操作进行管理，操作成功后，提交审批。

7）工会会员批量导入

对历史数据进行录入的重要手段，通过电子表格数据直接导入数据库，成为会员信息。

8）工会会员统计汇总

对工会会员基本信息进行统计，包含基本统计和组合统计，并可自动生成电子表格供用户下载。

4. 济困信息管理模块

1）济困费管理

对工会会员缴纳济困会会费进行管理，包括新增、修改、删除等基本操作以及查询、分类浏览等。

2）济困申请管理

对济困情况提出申请，确认后审批，进入系统数据。

3）济困统计汇总

对济困基本信息进行统计，包含基本统计和组合统计，并可自动生成电子表格供用户下载。

5. 系统管理

1）基本选项管理

对系统中出现的各种基本选项进行管理，包括职务、权限、政治面貌、学历、学位、岗位层级、职称级别、工会职务、民族、奖励级别、用户组等。这些选项都可以根据用户的实际需要进行更改，并反映到相应数据中。

2）首页图片新闻管理

对首页正中间的大图片所指向的新闻进行管理。

3）首页滚动通知管理

对首页左侧的滚动条进行管理。

4）工会简介管理

对"工会简介"这一栏目进行管理。

5）友情链接管理

对网站下方的友情链接进行管理，以文字链接或图片链接的方式，链接上级网站或兄弟单位网站。

6）网站导航管理

对网站最下方的各种链接进行管理。

第四节　警务管理与警务督察系统

一、系统理解

依托信息网络开展网上督察与警衔管理、警衔培训管理及警务保障工作业务，打破传统的工作模式，提升警务工作效能，保障工作和队伍建设。

系统使用范围为省级司法厅警务处、厅直属机构和监狱戒毒单位政治部及全体司法行政系统人民警察。

二、系统组成

（一）警务管理

系统主要提供对司法行政人民警察的基本信息和警衔、培训、各种考核信息和督察信息等进行综合管理的功能，具体如下：

1. 基础档案管理

基础档案将建立为民警的基础档案库，用于管理与民警信息相关的所有基础数据，同时建立起数据共享与数据获取权限控制机制，确保数据共享的有效性与安全性。

其中基础档案信息包括：基本信息、个人简历、职务职级、警衔情况、学历学位、年度考核情况、教育培训、奖惩情况、技术职称等内容。

数据共享主要与人员机构综合信息管理系统、政务公开系统、智慧监狱平台、智慧戒毒平台等进行对接。

2. 单位变动信息

当民警发生单位变动时，系统提供相应的管理功能，具体包括：系统内调动、系统内借调、系统外调入调出等情况，不同情况需根据业务需求处理相应的业务，实时更新民警基础档案库相应的单位或状态，确保数据的统一。

3. 民警花名册

民警花名册主要提供民警档案管理员查阅或导出打印相关民警信息，其中信息字段要求可自定义选择，采取勾选方式提供自定义查询，查询成功后，提供导出和打印功能。

4. 人民警察警衔管理

警衔信息管理系统提供对警察的警衔进行管理、警察单位调动管理、警察处分管理、奖励管理等功能，并能实时更新及生成民警警衔情况统计年报表。能够对到期警衔晋升信息进行预警提示。

5. 警衔培训管理

警衔培训管理提供警衔培训动态预警，用户权限开放给司法警官警衔培训机构，系统根据警衔培训计划、班次、人数、类别自动预警需要进行培训的人员。经本单位政治部审核后，培训计划发送给需参与培训的民警，民警确认后列入培训计划，培训时间、地点、班次、考勤、课程、作业、成绩、考核内容和结果自动推送给参训民警。民警和政治部相关人员可查阅历次培训信息，可按年、班次、考核等次、单位、衔级、个人进行查询、统计，可视化展示并导出 Excel 报表。

6. 人民警察岗位练兵考核管理

主要包括岗位练兵、考核评比、考核公示等功能。

7. 警务保障管理

主要包括抚恤优待、意外保险、警用品、个人警务用品发放、警车、警车驾驶员等方面的管理。

（二）在线警务督察

网上督察，利用远程视频、虚拟地图、定位系统、警务通系统联动，将执勤民警的执法执勤、窗口服务、内部管理等方面信息汇集到"司法云"数据中心。通过调阅、查看相关信息，实现对民警日常出警、值守、巡逻、重大活动、突发事件的到岗到位、警车使用管理等工作进行监督检查。

若有对司法行政人民警察执法中不满意，可通过12348公共法律服务热线、投诉信箱、实体平台、网站和面对面等方式进行投诉，收集意见建议，对信息进行分析、评估、研判，实现对民警日常工作情况的监督检查。

系统提供根据监狱、戒毒单位的视频监控系统产生的业务数据，提取司法行政人民警察执法行为的综合信息（含实时查看及回放功能）。

警察执法行为的调阅及分析，要求可以对警察日常值班过程中的值班记录、日常管理和重点执法行为进行分析，并能够自动生成符合司法部要求的民警执法执纪档案。

实现系统内基层监管场所视频监控与回放系统直连，省级司法厅督察总队可在操作应用系统上对监管场所的网上警务进行督察。

1. 民警值班管理系统

警察/职工值班管理系统包含值班角色设置、班次设置、地点设置、假期设置、自动排班、手动排班、排班查询、排班统计等模块。

2. 民警考勤管理系统

民警考勤管理系统包含请假休假管理、考勤登记、考勤统计、考勤规则设置等模块。该系统与智能警务终端考勤管理模块关联。

第五节　党建综合管理系统

一、系统理解

党建综合管理系统主要是加强司法行政党员教育管理工作和律师队伍党员思想

政治建设。

党建综合管理系统以"全面从严治党"为核心,从党风、党务、党纪和律师党建四个方面着手,打造集宣传教育、纪律巡视、效能监察、组织管理、党务督办于一体的全面党建信息化管理平台,助力构建"阳光明亮、活力充沛、效能优异、廉洁自律"的党建新格局。

二、系统组成

1. 党务管理

1)组织管理

对组织简介、组织结构图、组织人员分布等组织信息进行管理。

2)党员档案

管理党员个人基本信息、在组织中的成长信息及转接信息等。

3)干部管理

记录干部的基本信息、招聘、考核、培训、任免等,实现对干部的全生命周期管理。

4)党员发展

管理党员发展全过程,包括从提交入党申请、积极分子考察、发展对象管理以及预备党员考察、转正及奖惩情况。

5)党务督办

党务督办聚焦党内重点工作的任务分解、下发、执行反馈及跟踪。

6)制度建设

用于发布党内的重要制度规定。

7)党费管理

记录党费的收支情况,支持查询党费缴纳标准、党员缴费记录、支部缴费记录及党费支出记录。

8)组织生活

实现组织考察、民主评议、主题活动的准备、召开及记录。

2. 党风治理

1)宣传教育

用于发布党建信息、工作动态、党建专题教育等信息的发布,以增强信息交流和沟通。

2)投稿管理

支持稿件投递、管理员审批和信息发布。

3）警示教育

发布警示教育信息，提升反腐倡廉教育的效果。

4）问卷调查

对各种问题发起调查，并对问题和结果进行统计，以供决策者进行分析。

5）主体责任

包括主体责任清单的录入、责任完成情况跟踪及问责管理。

6）绩效考核

包括绩效考核指标制定、考核模板的管理以及考核评分。

7）网上党校

为党员提供课程安排查询、课件下载学习及学习培训成绩查询。

8）党建论坛

为全体党员群众建立一个内部互动交流的平台，全体员工均可以在论坛发表观点及看法。

3. 党纪监督

开设"通报曝光""党纪法规""工作之窗""党纪法规"等栏目。

1）纪律审查

为信访举报提供途径，并对信访进行登记、审核以及重要问题立案调查。

2）效能监察

包括效能监察工作计划制订、调研立项、项目审批、工作实施、问题反馈及整改跟踪。

3）巡视管理

包括巡视计划的制订、执行、调查汇报、情况反馈及整改汇报。

4）监督责任

党廉责任清单的查询、跟踪落实及检查考核。

4. 律师党建

充分运用现代网络信息技术，依托律师管理系统，省律师行业协会建立统一的律师党建信息网络管理体系，全面、动态、实时掌握律师党建状况，有针对性地指导各市律师行业党委、省直各所采取措施，管理本协会下所有律师事务所以及其所律师的党建关系，包括有所支部管理、律师党建组织管理。

5. 移动应用

移动党建实现掌上支部，为党员之间交流提供了互动平台，同时提供微党课、微考试、微投票等轻应用，自动推送党建信息和党务工作提醒，协助随时随地开展党务工作。

6. 党员情况分析

系统支持对人力资源库中的各类人员通过机构、人员类别、性别、民族、年龄、文化程度、职务级别等多个维度对党员在队伍中的占比，与上年同期比较，与上月末人数增比情况进行多角度的分析，并输出图表。

7. 党组织情况分析

系统支持通过对人力资源库中的各类组织机构按照区域、党组织的类别（党委、党组、机关党委、党总支、党支部、联合支部）占比及党组织覆盖率等对党组织情况进行分析，并输出图表。

第六节 主体责任综合管理系统

一、系统理解

系统建设于电子政务外网，应用服务和数据库均建设在电子政务外网。主体责任综合管理系统对党委落实全面从严治党主体责任，承担的组织领导、健全机制、作风建设、防治腐败、教育管理、支持保障和正己范人工作进行全流程管理，系统根据任务分工细化责任内容，定期向上级党委和纪委报告主体责任落实情况，做到集体领导不松手、"一把手"尽责不甩手、班子成员履责齐上手，实现厅党委主体责任数字化管理。主体责任综合管理系统功能结构如图7-2所示。

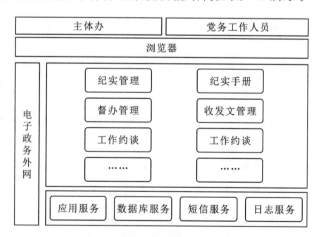

图7-2 主体责任综合管理系统功能结构图

系统包含用户有司法行政机关、监狱局、戒毒局、警官学院及律协党委等从事党务工作的人员。

二、系统组成

1. 纪实管理

（1）干部选用、任用过程中的材料和文档的收集与存储，具体包括计划、公告、考评、公示、考核等。

（2）群众投诉、来信、来访过程材料、文档收集存储，具体包括来源、签批、办理、反馈、满意度等。

（3）权力监督与制约，权力清单、制度、"三重一大"会议纪要、督察记录等。

（4）违纪违法查办记录。包括信息来源、违纪违法记录、调查记录、处分记录、反馈记录、公示公告等。

（5）党委主要负责人召开（参与）组织生活会、听取意见、批评与自我批评会议纪要、廉政承诺书、家庭助廉承诺书等。

（6）定期向上级党委和纪委报告主体责任落实情况文件。

2. 督办管理

督办管理包括日常收发文，与OA系统对接，实现日常办文的督办工作，特别是上级领导和本级主要领导要求纳入主体责任督办的文件，能够自动督办、自动预警、自动催办等。对落实不力、延期、滞后的数据进行自动统计，形成周报和月报，能够打印和导出。

3. 工作约谈

管理工作约谈相关信息，如约谈人员、地点、参与人、事件、相关材料、录音、录像和约谈记录等。系统对重点人员信息进行保密处理。

第七节　离退休人员管理系统

一、系统理解

离退休人员信息管理系统是以离退休人员信息管理为主，集查询、统计、管理、互动于一体的综合管理平台，可实现微信、短信发布通知等。

本系统使用范围为离退休部门的工作人员及离退休人员。

二、系统组成

1. 资料管理

包括离退休人员的基本信息、离退休人员的工作简历、离退休人员的待遇变化情况、离退休人员家庭成员情况,以及为离退休人员建立健康档案等功能。

此模块主要偏重于离退休人员的人员信息和健康信息的维护、管理。为离退休人员工作提供数据支撑和决策。

2. 工作记录

最常用的如针对离退休人员的学习教育活动、文体活动、外出参观活动以及对离退休人员的走访慰问关怀等功能。

此模块主要针对离退休人员工作的记录、汇总和台账,为离退休人员和离退休部门的工作人员提供离退休人员工作的统计、分析及回顾。

3. 信息查询

信息查询主要包含了个人信息查询、离退休人员工作记录查询以及组合查询等功能。

此模块主要方便离退休人员及相关工作人员查询各类数据。

4. 报表统计

主要包含离退休人员按年龄、职位、政治面貌、性别、民族等条件生成的统计图表,以及按人员信息和基本情况而生成的统计报表。

此模块主要根据各级离退休人员服务工作的要求,定制统计报表,方便统计与汇报。离退休人员管理系统功能结构如图7-3所示。

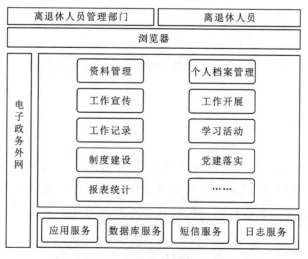

图 7-3 离退休人员管理系统功能结构图

第八节　纪检监察管理系统

一、系统理解

纪检监察管理系统主要为了推进纪检监察工作的信息化建设，提高工作质量和效率，进一步规范纪检监察工作管理。

通过建设纪检监察管理系统可以准确、及时、客观地反映各级领导干部的廉洁从政、执行党风廉政建设责任制以及因违纪违法被处分的情况。可以方便地进行数据查阅、统计和归档，能有效提高纪检监察机关的工作效率。

二、系统组成

1. 纪检监察信息模块

（1）主要功能：新闻消息、系统公告、纪检监察工作动态、访客留言、纪检监察工作入门。

（2）主要内容：纪检监察组织建设工作、党风廉政建设工作、纪检监察信访工作、案件检查工作、违纪错误的认定与处理、纪检监察公文写作、招投标工作操作实务。

（3）党纪政纪条规、常用法律法规查询。

2. 纪检监察工作管理模块

主要功能有党风廉政建设工作管理、案件检查工作管理、效能监察工作管理、组织业务建设工作管理、办公室工作管理、成员单位通讯录、谈话室软硬件设计、监听室软硬件设计、谈话业务管理系统功能、候谈室设计等。

3. 现代化纪委谈话系统建设

需要满足如下需求：

（1）谈话系统应支持嵌入式系统架构，能够满足全年无休、每天24小时连续不间断的稳定运行。

（2）系统应支持1080P全高清网络摄像机进行前端图像采集，满足现代化谈话系统建设要求，同时能够对监控室实现智能录像。为谈话监控、远程监控提供充分必要条件。

（3）系统支持中心控制功能。支持同步录音录像软件、谈话客户端、指挥客户端、远程指挥中心实现远程控制。

（4）时间、温湿度叠加功能。系统应支持采集谈话室里的实时温度、湿度进行动态叠加，叠加的温度、湿度信息可根据实际需求进行调节，并将温度、湿度信息直接叠加到录像文件中进行刻录。

（5）片头叠加刻录功能。系统支持采用视频叠加内嵌式文字预处理技术，可将案件编号、案件名称、谈话人员、谈话地点、谈话对象、真迹签名等有关的信息动态叠加到视频中，进行证据合成刻录，案件叠加信息时间和位置可根据实际需要进行动态调节。

（6）画面合成功能。系统应支持多路高清1080P网络摄像机接入，支持2路、3路画面合成输出，支持合成画面自定义位置功能，小画面位置可调大小；支持主画面和小画面快速切换，支持接入的任意摄像机的画面合成，合成画面支持720P或1080P分辨率。

（7）刻录断电保护功能。系统应支持刻录过程中突然断电，保证同步录音录像资料不会丢失。

（8）合成画面的双光盘同步刻录。系统应支持合成画面的双光盘同步刻录，光盘中的刻录媒体图像，分辨率不低于1920×1080，谈话中途更换新光盘，可以识别上一张光盘停止的时间点，在新光盘中继续刻录的功能。

（9）光盘刻录集成播放器功能。系统应支持光盘放入电脑光驱中，能自动使用播放器播放录像。支持光盘录像播放、停止、暂停、快进、拖拽和慢进等功能，在光盘录音录像资料的前30秒（时间可调整）会显示案卷的相关信息，具体包括案卷信息、谈话对象、谈话人、谈话的时间、第几张光盘等。光盘录像支持重点标记检索功能和时间进度显示功能。

（10）光盘刻录容错功能。系统应支持光盘刻录过程中的刻录容量、刻录情况等状态必须实时显示。光盘刻录完毕自动校验，以保证光盘的内容的完整性和准确性。光盘刻录出错后，放入新的光盘自动重刻。

（11）光盘刻录加密功能。为防止光盘随意外带，系统在刻录光盘的时候进行加密处理，在打开光盘的时候需要输入密码才能查看录音录像资料。

（12）数字水印加密。系统应支持数字水印技术，防止录像文件被非法篡改，在使用专用播放器进行播放时，有录像是否被篡改的提示。

（13）电子笔录功能。系统应支持创建笔录、笔录管理、打印功能，常用语维护、笔录模板、水印防修改、真迹签名叠加等，并支持笔录导出等功能。

（14）文字图像联动。谈话所生成的电子笔录与同步录音录像生成的视听资料在时间轨迹上同步关联，支持问与答的录像关联和重点标记。

（15）案件文件管理功能。包括案件归档、案件查询、调阅等。

（16）日志管理功能。系统应支持详细日志查询，包含设备、案卷、笔录、被谈话人员、谈话室、用户、案卷级别等。

纪检监察管理系统由单位纪检组进行统一配置管理使用。

纪检监察管理系统功能结构如图 7-4 所示。

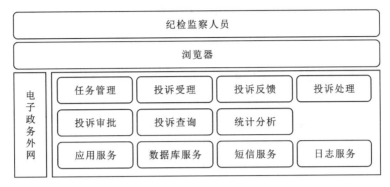

图 7-4　纪检监察管理系统功能结构图

第九节　共青团综合管理系统

一、系统理解

共青团综合管理系统建立的主要目标是加强基层组织建设，提高共青团综合管理水平。

通过共青团综合管理系统中资料传送交流、信息查询、报表统计功能，可以自动完成各级团组织间各种管理信息、统计报表的自动生成、传输与汇总，大幅度提高各部门本身的工作效率，提高信息上报与下达的速度。

本系统用户范围为由省级司法厅团委进行统一授权配置使用。

二、系统组成

该系统包括通用工具、系统数据、基本情况、思想教育、组织建设、日常管理、档案管理、统计报表、资料汇编、帮助等模块。系统中各管理功能模块既可单机独立运行，也可在各级团组织的网络平台上联网交互运行。

1）账号管理

登录账号由共青团综合管理处统一制定并发放，下级团组织获得账号后可进行密码修改及对个人详细信息进行补充等。

共青团综合管理处可根据实际工作需求，在分配一个操作管理员的基础上新增本级团委的其他操作管理员，以便于综合管理。

2）团组织管理

基层团组织基本信息填报、系统提供"组织类别"展示功能，各级团委可规整分类，使各组织在组织树的展示中更加有序、清晰。各级团委组织可依据实际需要自行设定分类。

3）公文流转

满足司法宣传团委内部公文管理电子化，包括收文、发文、签报、督办、建议提案等办公业务的完全无纸化管理。在实现收发文的基础上可灵活设定各种公文办理流程，自动进行流程跟踪、催办、查办，并可归类存档，全文检索，最终实现"文档一体化"。

4）通知通告

可通过系统进行内部系统公告发送，发送内容包括发布人、部门、标题、内容等。公告由部门工作人员起草，经由部门领导审核后，推送至管理员后台，管理员对审核通过内容进行统一发布管理。

5）信息发布

管理人员在信息发布界面发布思想教育工作要点、各专项活动工作要求等。司法厅相关人员可对发布内容进行查看和下载。

6）工作情况报送

各单位将各项思想教育工作开展情况实时上报，管理人员对上报情况进行查阅和批示。

7）数据汇总

建立数据汇总管理机制，生成年度思想教育报表。统计分析各团支部思想教育工作进展和成果。

8）共青团档案管理

档案信息包括基本信息、个人简历、职务职级、团籍情况、所属支部、学历学位、年度考核情况、教育培训、奖惩情况、技术职称、家庭情况、社会关系等。

共青团综合管理系统功能结构图如图7-5所示。

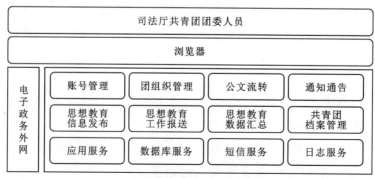

图7-5　共青团综合管理系统功能结构图

第十节　组织宣传管理系统

一、系统理解

对涉及司法行政各单位和个人的网络信息进行监控、分析。根据关键词，采集各类数字化媒体和社交平台文章的相关数据，进行智能分析，生成分析报告和预警报告功能等，实现从信息的获取、分析到服务的全过程管理，支持海量数据分析、处理能力，最终实现对舆情信息的综合分析服务。

对系统精神文明创建工作进行部署、指导、考核和总结。司法行政内参与省级文明单位申报评选情况，届中测评、届终复查、新增、递补等数据信息，系统提供相应管理统计、汇总功能。

对各地各单位记功表彰申请的审查、考核。

完成部级、省委组织部干部调训工作任务，组织直属单位干部培训，以及新录用公务员的培训等。

开展主题教育活动，加强基层党组织建设，协调组织开展好民主生活会，做好党费收缴管理工作。

本系统用户范围包括司法行政各级机构和全体职工。

二、系统组成

1. 基础档案管理

基础档案将与警务管理系统数据共享，用于管理单位各类职工及民警信息相关的所有基础数据，同时需建立起数据共享与数据获取权限控制机制，确保数据共享的有效性与安全性。其中基础档案信息包括基本信息、个人简历、职务职级、警衔情况、党籍情况、学历学位、年度考核情况、教育培训、奖惩情况、技术职称、家庭情况、社会关系等。

2. 干部培训

1) 干部培训计划发布

各单位（监狱局、戒毒局、警官学院、各直属单位）直接根据计划在系统上填写信息参加培训。

2) 信息报送

年度培训数据汇总，例如根据年度参训人数、班数等动态设定查询条件。对副处以上干部历年参加培训数据进行汇总和分析。

3）教育培训日常管理

培训管理流程再造，提高培训工作效率，为培训管理者提供各类培训管理服务功能，与在线培训考试的整合后，可建立健全员工培训档案，进一步对员工素质进行全面评价。

4）线下考试管理

记录线下考试成绩记录，并对其快速导入、查询、统计和分析。

5）人才库管理

对单位的学历和资格证书等人才进行管理，包括学历管理、资格证书管理。

6）师资库管理

建立和维护单位教师人才库，建立教师人才档案，提供查询以供办班参考。

3. 信息发布

组织宣传处管理人员在本模块发布评先推优的相关通知等内容信息，信息内容包含评选要求、报送资料内容格式、报送时间等信息。

司法厅相关人员可在信息发布页面对发布内容进行查看和下载。

4. 信息报送

职工通过系统上传自己的评先推优材料。

5. 申报资料审核归档

接受职工的申报材料，统一编档管理。审核人员登录系统，对申报的职工进行评审，并记录评审结果。

6. 表彰数据汇总

表彰分为集体立功和个人立功。表彰数据每年生成汇总记录，可以导出 Excel 格式，同时生成电子档案保存。

1）集体立功

集体立功指单位受系统内司法批准授予、司法厅批准授予或系统外国家批准授予、省部批准授予、地市批准授予相关单位奖励，奖励类型一般包括一等功、二等功、三等功，系统提供相应的管理功能，并可进行相应的统计汇总。

2）个人立功

个人集体立功指受系统内部、司法厅局批准授予的一级英模、二级英模、一等功、二等功、三等功、部级劳模、部级先进工作者、嘉奖、其他表彰等或系统外授予的全国劳模先进工作者、省部劳模先进工作者、其他省部级以上表彰等表彰信息，系统提供相应的管理功能，并可进行相应的统计汇总。

7. 精神文明建设

组宣处管理人员在信息发布界面发布精神文明创建工作要点、各专项活动工作要求等。司法厅各单位可对发布内容进行查看和下载。

8. 工作情况汇报

各单位将各项精神文明建设开展情况实时上报,组宣处管理人员对上报情况进行查阅和批示。审核通过之后,该单位即可成为精神文明创建单位。创建成功之后,必须实时上报文明建设情况。

9. 数据汇总

建立数据汇总管理机制,生成年度精神文明建设报表。

10. 文明单位申报

建立文明单位中期考核系统和创建申报系统。

组织宣传管理系统功能结构如图 7-6 所示。

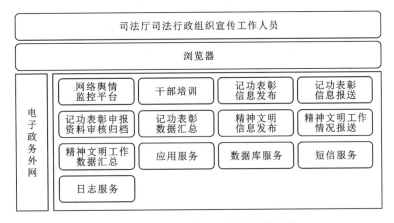

图 7-6 组织宣传管理系统功能结构图

第十一节 舆情采集与分析系统

一、系统理解

司法行政系统在尊重舆论监督的同时,需进一步强化舆情监测及研判的专业、精细的特点,通过舆情定制化系统的建设,加强各级司法行政机构舆情应对、研判和处置的能力,全面、及时、精准地把握舆情态势,有效处理负面舆情"软着陆",司法行政队伍要在舆论场塑造良好形象,彰显司法权威与社会公信力。

舆情系统能将互联网网上舆情监测平台、智能分析研判系统、专报辅助决策服务与多级用户联动管理结合起来,形成"三位一体"的定制产品体系。可将舆情爆发相关的语义网进行全网覆盖采集,并在网页端提供舆情监测、预警中心、智能搜索、专题监控、舆情简报、定向监测等分析功能。

二、系统组成

系统的建设旨在解决舆情系统信息化建设的相对滞后,借助本系统的建设,可最大限度满足司法行政系统对于舆情监测、引导的需求,提升舆情工作的效率(系统功能同样适用于意识形态工作的监测分析引导)。

1. "三位一体"的全套系统解决

定制化舆情指挥平台、网络监测系统、移动端预警平台,将网上舆情监测平台、智能分析研判系统、专报辅助决策服务与多级用户联动管理结合起来,形成"三位一体"的定制产品体系。舆情指挥平台应用于指挥中心,当重大舆情事件发生时,在指挥中心可实时了解舆情态势。

移动端预警平台,通过司法行政体系的层级管理,对各个业务部门与各直属机关的权限进行管制,最大程度节省人力、物力,打破各部门各层级之间的壁垒,对舆情数据实现跨级一键转发、一键申报。

2. 舆情监测

司法行政数据采集,采取不限制关键词的舆情监测方案,能够最大程度地满足司法舆情工作的宽度与广度。针对主流媒体、微博、论坛、微信公众号、搜索引擎进行全方位采集,其中主流中文媒体有95300个站点,境外中英文站点有558个。对于早期负面数据、司法最相关数据以及具有苗头性的舆情信息能最全面地掌握。

3. 网上巡查系统

对省内各级司法行政单位微信公众号、官方微博、各官方网站及客户端的历史数据与最新数据进行全方位掌控,定期对此类新闻进行巡查,有效定位涉敏信息,一键推送给相关主管单位。

4. 智能报告服务

提供智能定制报告开发,包括舆情简报、舆情日报、事件专报与意识形态报告等,报告一键生成、一键导出转发。

5. 机器预警

采用数据计算实现重复数据的聚合过滤,减轻舆情工作人员的数据查看压力。针对设定的预警阈值,实现数据一分钟以内的层级预警。省级司法厅可对各层级的权限进行管控,保证数据的安全有效。

第十二节　司法行政在线学习及考试系统

一、系统理解

依托司法行政在线学习及考试系统这样一个平台，充分发挥各类优质培训资源优势，加快培训工作现代化、信息化的步伐，推动培训网络体系和管理机制的健全和完善，构建以实体培训为基础，网络培训为重要手段的司法行政工作人员终身学习体系。

二、系统组成

系统功能由系统管理、在线培训、在线考试、培训管理、资源中心、调查管理、在线交流、统计分析等模块组成。

1. 系统管理

1）账户管理

新建和维护学员账户，支持学员账户 Excel 批量导入、导出。

2）系统配置

定义各种参数和属性配置，包括：

（1）平台菜单设定。设定学员使用的学习平台的各种功能菜单的显示和顺序，学员所看到的功能可以由管理员在后台任意指定。

（2）课件服务器配置。允许将课件上传至多个服务器，进行分布式部署。

（3）题型设置。完全开放的题型定义功能，用于建立特有的试题显示内容。

3）目标学分

按年度设置目标学分计划，用于考核学员培训情况。

4）消息通知

由单位管理员给学员和其他管理员发送各种内部消息通知。（主要供系统管理员和教育培训岗管理人员使用。）

2. 在线培训

1）必修课、选修课

由选课中心、在修课程和已修课程组成，学员可以根据自己的需要，从众多课程资源中选择课程学习。

2）学分管理

按必修和选修设定年度学分目标，按年度对学员学分完成情况进行考核，并对各单位的学分完成率、平均完成学分等进行统计和排名，通过学分目标管理体系，可进一步增强培训考核管理。

3. 在线考试

1）题库管理

题型可自定义，支持单选题、多选题、判断题、填空题等各种题型；可指定试题难度，试题可进行 Excel 快速导入和导出，可进行试题快速维护等。

2）试卷管理

支持手工组卷和随机组卷，按题型、知识点、难度定义出题数量，由系统自动生成试卷。支持打乱题目顺序和候选项顺序等防舞弊技术。

3）考试管理

定义考试、指定试卷、安排考试有效时间、答卷时间等，安排考生，并对考试过程进行全程监控和管理。

4）在线考试

对学员参加考试、生成试卷和提交答卷等全过程进行管理；支持中途保存答卷到服务器、出错后恢复答卷等安全措施。支持禁止考生移出考试页面、到时自动提交等防舞弊技术。

5）自我练习

由题库共享、题目分类查询、做题练习等组成，管理者可将部分题库共享给学员自我练习，学员可根据需要自动组合和寻找题目，进行做题练习并可查看结果。

6）成绩管理

包括考生成绩查询和查看答卷、成绩统计分析、答题正确率分析、缺席考生查询、成绩导入和导出。在线考试的主要功能是提供内容丰富、功能全面的测试题库，便于组织各类考试和个人自测学习效果，能够快速、公平地检测培训效果和学习能力，测试结果将自动转化为个人的相应学分，并记入个人培训档案。

4. 培训管理

1）线下考试管理

记录线下考试成绩记录，并对其快速导入、查询、统计和分析。

2）人才库管理

对单位的学历和资格证书等人才进行管理，包括学历管理、资格证书管理。

3）师资库管理

建立和维护单位教师人才库，建立教师人才档案，提供查询以供办班参考。

培训管理主要是实现教育培训日常管理信息化，从而实现培训管理流程再造，提高培训工作效率，为培训管理者提供各类培训管理服务功能，与在线培训考试整合后，可建立健全员工培训档案，进一步对员工素质进行全面评价。

5. 资源中心

资源中心可分门别类地提供各种教材、课件和多媒体资料，方便学员下载使用，资源分类可无限分层管理。提供公共知识和业务知识的网络阅读，同时可与期刊网、高校图书馆、公共图书馆或图书销售部门链接，方便学员查询资料，接收最新的学习信息。

6. 调查管理

1）问卷调查

通过问卷形式发布网上进行调查，了解学员的意见，开展民主评议和评选活动，加强管理层与学员的沟通。问卷包括单项选择、多项选择、问答等多种形式。问卷由管理员以 Excel 的形式给出，可以定义各种参数。

2）结果统计

调查问卷的结果可以在 Web 页中直接以投票票数、百分比及图形方式显示，问答形式可以列出该问题的所有调查答案。调查的结果可以按机构、部门、职务、学历等进行分类统计。

7. 在线交流

通过在线交流模块，以社区论坛的形式，为学员提供学习、经验交流和解答疑问的平台，促进学员之间的沟通与交流。可选择责任心强的人才库成员兼任社区论坛管理员，负责论坛的日常维护和难题解答等事务，发挥专业人才的作用，提高在线交流的质量。

8. 统计分析

1）考试数据汇总

提供单位、科室的在线培训、线下培训班、在线考试、线下考试等数据的汇总查询。

2）学员学习档案

提供所有学员综合查询，查询某个学员详细学习档案，包括个人档案、个人考核、参加的必修学习班、选择的选修课、在线考试成绩、线下培训班情况和线下考试成绩等各种数据，以便对学员进行全面评估考核。

统计分析是通过采集在线培训、在线考试和培训管理等各方面数据进行关联查询和统计分析，方便领导了解单位学习培训和考试情况及员工个人情况，以分析员工掌握知识的薄弱环节，从而对组织内员工的整体素质水平进行评估和分析，为提高组织管理水平，增强培训效果，加强知识管理的力度和效能提供了数据依据。

司法行政在线学习及考试系统功能结构如图 7-7 所示。

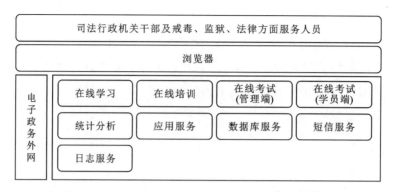

图 7-7 司法行政在线学习及考试系统功能结构图

第十三节 OA 办公

一、系统理解

司法行政办公 OA 系统是管理省级各级司法行政机构的工作平台，通过对各级司法行政机构的组织机构模块的建设，并与人员机构综合管理系统对接，实现将司法行政公文流转工作整体纳入智能化、信息化、数据化管理之中，进一步提升各级司法行政机构信息化管理水平。

用户范围为省级司法厅及其直属机构（单位）全体工作人员，省、市、县、乡司法行政机关办公室机要员。

特别说明：因我国司法行政机构的人事和财务管理是属地原则，OA 系统建议各级司法行政机构与本级政府 OA 系统融合，便于与本级政府公文来往。部、省（自治区）、市、县四级（直辖市为部、市、区三级）司法行政机构的业务指导由部级或省级建设 OA 后，分配用户给各级司法行政机构机要部门使用。

二、功能描述

1. 办公门户设计

个人专属决策门户，集中展示个人邮件、新闻、任务、通知的重要文件和信息，包括重要文件、财务预决算、感兴趣的运行数据、专项资金申报执行情况、活动日程安排提醒、分管处（科）室工作等信息资源、交办任务落实等。为个人宏观决策和日常工作提供灵活方便的信息聚合服务平台。

2. 公文管理系统

实现内部公文管理电子化，包括收文、发文、签报、督办、网上信访、政务信息、建议提案等办公业务的完全无纸化管理。在实现收发文的基础上可灵活设定各种公文办理流程，自动进行流程跟踪、催办、查办，并可归类存档，全文检索，最终实现"文档一体化"，实现 OA 系统在线归档。

3. 发文管理系统

1）发文成文

文稿经拟稿、部门领导审核后，送单位领导签发。涉及其他部门业务的，要先行会签，会签部门提出意见并由会签部门负责人签字；交单位领导签发后由办公室编号，并按公文要素进行登记。（公文要素包括日期、文号、发往单位、拟稿单位、密级、签发人、标题、是否清退、备注等。）由主办部门拟稿人负责文字校对工作。

2）发文编号

系统按照公文起草过程中选定的机关代字自动进行编号，系统支持各种编号的设置，包括是否跨年、是否包含机关代字、是否多个代字共用一个流水号等。

3）发文发送

校对定稿的文件由办公室发送电子公文（按文件分发表），可根据需要选择单个发送、分组发送、全部发送。对于系统内的单位，自动通过公文交换具备电子公文交换。对于系统外单位则依然采用传统的纸质方式发送。

4）公文直接发送

对于某些单位或是特殊文件，可以跳过审批流程，填写完成公文各项要素后直接发送。

5）发文查询

按日期、文号、关键词、标题和汇总分类等组合查询。

6）发文汇总

可自动按照文件的属性，如普发件、报告、请示、函件、密件，分年度、月份按文号打印登记本。

7）发文监控

可根据用户职务设置不同的文件监控权限，随时了解文件的办理情况和办理结果，并纳入自动督办系统。

8）发文存档

支持系统内存档，并且可以按规定的公文要素归档到省级司法厅档案管理系统中。

9）发文打印

在文件办理的任何环节，都可以打印文件办理标签以及文件正文和附件。

10）文件收回

公文分发后，如果发现分发的用户有错误，需要收回已分发的文件，可以通过"发文管理"下面的"办理查阅"中的"收回分发件"功能收回已分发的文件。

11）发文回收站

将已删除的公文，集中存放在"发文回收站"中。用户可以对已删除文件进行查询和恢复。

4. 收文管理系统

1）收文登记

系统支持手工登记收文和从收文箱中自动收文登记，以满足传统纸质文件和电子文件的收文登记。

2）收文打印

在文件办理的任何环节，都可以打印文件办理标签以及文件正文和附件。

3）收文查询

可按日期、文号、编号（收报、收抄、收办等）、关键词、标题、汇总分类等组合查询可以按标题、来文日期、文号、办理状态、来文单位、流水号等组合查询。

4）收文统计

可自动按照文件的属性，如普发件、报告、请示、函件、其他、密件，分年度、月份按文号打印登记本。

5）收文监控

可根据用户职务设置不同的文件监控权限，随时了解文件的办理情况和办理结果，并纳入自动督办系统。

6）收文归档

支持系统内存档，并且可以按规定的公文要素归档到司法厅档案管理系统中。

7）收文回收站

将已删除的收文，集中存放在"收文回收站"中。用户可以对已删除文件进行查询和恢复。

5. 工作流程管理

工作流程是用来实现工作任务进程间协调及协作的方法和技术。工作流程管理帮助用户实现传统手工办理流程的电子化运作。在功能方面主要侧重于两个方面：一是对业务过程自动化的实现，使文档、信息或者任务按照一定的过程规则进行流转，实现组织成员间的协同工作以达到业务的整体目标；二是通过工作流程管理使用户的工作流程透明化、自动化，管理层可以全面把握各种工作的执行情况，了解和分析任务的状态，从而全面掌握组织的运行情况。图形化的流程设置、灵活的智能表单创建以及智能的流程逻辑判断，用户可以利用工作流程管理快速实现各类复杂的业务流程定制，实现跨部门、跨单位、多人员、多任务的协同工作。

1）签报管理

对各种内部签报和请示文件的完整处理，包括拟稿、部门审核、会签、领导批示、查询、统计、打印、自动归档等功能。

2）信访管理系统

来访登记、分办到有关处（科）室、记录处理状态和结果，并可分办到各单位，全过程电子化。对公众诉求、理事长信箱、网上信访的处理同样可以通过中转在办公平台上完成，通过统计和问题归类可了解一段时期内反映比较集中的问题。本功能可在 OA 系统中建设也可单独建设。

6. 信息发布系统

建立信息资料库，办公平台信息自动进入资源库保存，对政策法规、工作总结、要点、简报、会议纪要、专题文档、领导讲话、学习资料、录音、视频、照片等信息按处（科）室单位或业务进行分类存放，提供资料库空间，可按权限查询、调用、共享。

具体的功能如下：

1）栏目管理

可以像 Windows 资源管理器一样创建任意级的栏目（目录），可以跨越组织建立栏目上，也可以在某个组织下建立栏目。如"政务公开""通知公告""领导讲话"等。

2）信息审批

可以调用工作流引擎对栏目的信息发布建立审核流程，某个栏目下的信息经过审核后才能发布。

3）信息编辑

给用户提供多种信息发布方式，Htwl、Word/Excel 等，可提供 Html 编辑器供在线编辑正文内容与拷入或导入 Word/Excel 内容并且不变形，可在线编辑 Word/Excel 文档，另外提供模板的功能，供用户发布信息时选择相应的模板发布。

4）信息安全

提供栏目级的新建、维护、查看权限控制及信息级的查看权限控制，保证访问者只在权限允许的范围内查看、维护信息。

5）信息查看

以列表、详细、缩略图等多种方式查看信息列表，以多种方式查看详细信息与附件，媒体文件可以直接播放，网页可直接打开，附件可直接下载，可以基于文档讨论与交流，可以记录信息的查看情况，便于相关人员跟踪信息查看情况，针对文档记笔记、打印等，查看时还可以禁止拷贝打印等。

6）信息版本管理

系统记录信息的每次修改版本，默认查看最新版本，可以查阅历史版本。

7）信息置顶

系统中提供了排序按钮。

8）信息附件

可以上传多个附件，通过FTP的方式上传大的附件。

9）信息统计

可以对信息的发布情况按组织、个人、作者进行统计。

10）信息查询

系统提供丰富的信息检索能力，可以按标题、内容、发布时间等组合检索，与专业的全文检索产品结合，以实现全文检索。

11）信息维护

为信息维护人员提供信息转移、推荐、归档等管理功能。

12）全文检索

除了一般的搜索功能之外，在后台通过独立运行的方式提供了全文检索功能，该服务能够独立部署，并且在功能上能够根据正文内容以及附件进行搜索查询。支持多种数据格式，包括Word、Excel、PPT、Html，可支持协同、调查、知识管理、新闻、讨论、会议、公告等全面检索。

7. 即时通信系统

短信、钉钉和微信提醒，短信、钉钉和微信作为一种即时提醒工具，应用越来越普遍，系统可以将文件审批、会议通知等重要信息及待批待办事宜提醒等通过短信或微信的方式发送到相关人员的手机上，使办公更加迅速，大大提高办理效率。短信和微信需具备灵活的管理功能，能够管理短信和微信的使用人范围，短信和微信功能的应用模块，能够统计短信和微信的发送条数。

8. 个人办公系统

个人办公系统提供了多种办公套件供用户使用，用户可以进行个人设置、日程管理、创建工作计划/任务、进行工作汇报等。

1）个人设置

提供个人的基础设置功能，包括修改密码、个人信息设定、常用办公用语的设定、工作流程外出代理的设置、自定义群组及自定义提醒声音、系统皮肤设定、个人工作状态设定等。

2）日程管理

管理个人工作日程安排，可共享日程安排；日程安排提供日、周、月等多种表现视图；在事件显示方式上，提供当天内分时段事件、全天事件、跨天事件、循环事件等多种表现形式；支持循环事件；另提供日程提前提醒，共享日程到达时可以短信提醒、即时通信提醒等多种方式提醒。系统支持授权者查看一定范围人员的日程/计划。

3）创建工作计划/任务

支持用户工作计划/任务的创建，支持对下属工作计划/任务的创建；支持设定工作计划的状态，如"计划""完成""超期"等；支持对工作任务的完成情况汇报，并且可以通过完成百分比进行量化；可以定义需要协作的任务及负责人、参与人，根据需要协作的任务快速建立虚拟团队，进行跨机构、跨部门、跨地域的协作；可以定义协作主题、任务内容、主负责人、协作人以及考核人，在协作区内共享各种信息，通过各种方式进行沟通。

4）工作汇报

工作汇报有周报、月报等多种形式，并提供了工作汇报模块的设置，用户可选择模板汇报工作；汇报时可自动显示工作日志内容，供用户抽取工作日志内容作为汇报的内容；领导可转发员工的工作汇报，可评价月工作汇报。

5）工作记录

填写个人工作记录，查询下属工作记录，可按项目记录工作情况并按项目统计工时及为项目所做的所有工作记录，按日、周、月等多种方式显示工作记录。在联网的其他系统或 OA 系统其他模块中出现的应记录在日志中的内容可自动发送到此模块数据库中进行记录，无需事后手工录入。

6）通讯录管理

通讯录包括内部联系人、公共联系人与个人联系人。内部联系人为系统内部的员工通讯信息，可按部门查询，可设定查看权限范围，公共联系人为共享的联系人信息，默认公开给所有人查看，可设定查看范围，个人联系人为当前用户自己的联系人信息。

7）个人工具

个人工具是指个人使用的一些小工具，包括便笺、笔记本、日记、常用网址、万年历等小工具。

8）网络硬盘

个人网上硬盘空间，可实现个人电脑与云端空间内容实时同步，可管理个人的文档资料，并可以共享个人文档资料与查看共享给自己的文档资料，网络硬盘的容量可由系统管理员控制。

9）工作代理

工作代理可以设置工作流程审批的代理人，并且还提供了针对不同范围的分别代理功能，同时在同一范围中可以精确到每一个流程进行代理。系统中还增加了"代办列表"的功能，可以查看已设置的工作代理中代理人办理的流程。

9. 综合办公系统

1）会议管理

会议管理包括会议议题管理、会议申请、会议通知、会议纪要、会议室管理五大子模块。提供部门内会议、专题会议的起草、发会议通知、会议记录功能。

会议起草由会议起草人根据领导指示，将会议内容起草整理后，由领导审核、签发，会议审批通过后可以由有关人员以系统提醒、短信等多种形式通知参会人员，用户也可设置多种查询条件来模糊查询会议及会议详细信息；填写会议记录表并归档。对接收到的外部会议通知进行内部的领导审核、确认，通过短信、微信（或钉钉）等系统向相关人员发布会议通知，并做会议记录表。会议结束后对会议记录进行归档。实现对会议室的登记、安排及使用情况的查询、统计，实现会议室的登记、预约、冲突检测等功能。

会议纪要模块与发文管理系统对接，实现会议纪要的在线编辑与排版，并转到发文管理系统中。

2）车辆管理

车辆档案管理、用车申请管理、车辆预订成功后自动短信和微信通知申请人、用车人、陪同人、司机和车队队长；随时查询车辆动态；可以按照车牌号、司机和时间对派车情况进行统计，并导出 Excel 报表。

3）政务信息报送

实现政务信息的报送、采编、审批、发布、统计一休化管理。

4）接待管理

实现电子化接待事前审批、接待结算审批。

5）出差管理

实现电子化国内公务差旅审批单。

6）请假审批

实现电子化请假审批。

7）财务报销

包括公务接待报销、差旅费报销、医疗费用报销、自制凭证报销、支出报销。

8）值班管理

定期录入排班计划，包括值班人员，系统短信提醒值班人员，值班人员到点签到，值班人员完成值班日志的填写。

10. 邮件功能

内部邮件系统具有主送、抄送、群发、撤回等功能，可与系统用户组织结构相结合，用户无需单独记忆同事的邮件地址，可快速选择收件人，可以直接给群组以及部门发送消息；支持内部邮件撤回功能；全面的空间管理机制，可以有效管理系统所占用的资源；可查询消息接收情况；可以与其他功能结合，实现消息提醒。

11. 移动办公平台

移动办公有短信、移动 App、钉钉和微信等模式。

对于 ISO 操作系统、Android 操作系统的用户均可以采用安装手机客户端的方式或借助钉钉/微信系统，在手机上完成各项移动办公操作；紧密结合现有信息系统，移动办公解决方案依托于 PC 版本的 OA，与 PC 版本相互补充，既保障了系统的强大性又保障了办公的便捷性。

移动办公平台支持单独部署，并与协同办公平台数据实现实时同步。移动办公平台要符合保密要求，建立安全的数据加密机制，通过自身特有的安全解决方案保障数据传输的安全性。

办公文件实时同步查看与办理，快速且高效。手机客户端支持系统调用手机自带功能，例如照相机、指纹、地图等。

支持网上视频通话和多人视频通信功能。在安全性方面，系统通过自动记录设备 ID 的方式来匹配下次登录终端 ID，进行身份认证。具有消息 Push Mail 功能，可进行内容提醒。

需要满足如下功能：系统提供基于智能手机的移动办公接入功能，让用户在智能手机上即可完成公文审批、邮件收发、通知浏览等操作，实现无所不在、无时不在的移动办公。

第十四节　财 务 装 备

一、系统理解

财务装备是指将装备管理、预算执行、政府采购、工资查询、统计分析等系统进行整合，并与司法行政工作管理平台进行有机融合。

按照功能模块划分，系统包含财务装备部门使用的预算执行、政府采购、财务信息、资产信息、工资查询等模块。还有各级司法行政机关、监狱、戒毒单位相关人员使用的装备管理模块。

二、功能描述

1. 预算管理模块

预算管理模块主要是通过预算编制、预算执行、经费审批、财务分析、绩效考核等内容，规范司法行政机关部门预算的编制、审核、批复的过程。相关要求如下：

(1) 实时反映预算执行进度，检查监督预算执行情况，实现预算控制支出。

(2) 实现所有经费支出审批网上运行，支出与预算对应，强化预算执行管理。

(3) 通过预算、支出与日常财务数据维护，采用数据比对、图形显示等多种统计分析方式，实现在预算执行率、经费支出结构等方面与上一年度同期进行比对，从而提供财务分析基础数据。

（4）实现项目编制管理和绩效管理融入预算编制、预算执行过程中，并以此检验各部门绩效管理成效。

预算管理模块示意图如图 7-8 所示。

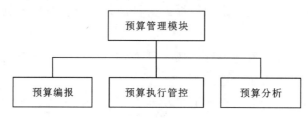

图 7-8　预算管理模块示意图

预算执行流程如图 7-9 所示。

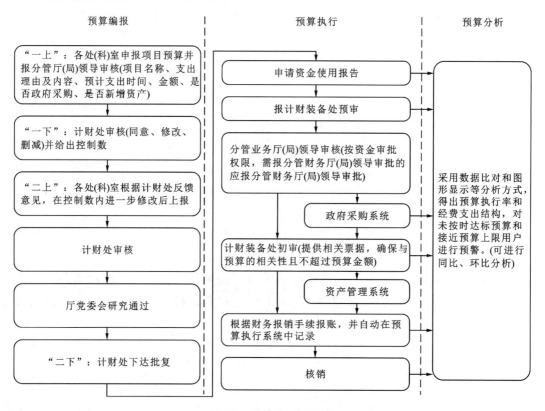

图 7-9　预算执行流程图

2. 政府采购模块

政府采购模块通过采购申请、采购审批、采购审计、采购实施、采购验收，以及重大采购活动全过程公开、公示等内容，规范厅（局）机关资产配置和政府采购行为。相关要求如下：

(1) 实现采购申请与部门预算衔接，控制无预算的采购行为。

(2) 采购审批与预算执行 OA 公文流转衔接。

(3) 资产配置应与厅（局）机关资产管理系统衔接，并通过系统资产配备情况与省有关配备标准的比对，实现超规模、超规格配备办公设备及家具预警控制功能。

(4) 采购实施能够按照《政府采购管理办法》的程序、方式制定采购流程，从而控制采购过程中不规范行为，防止腐败现象发生。

(5) 实现采购启动、审议、终止、复议、变更等程序设定，解决采购及议事过程中，参与采购部门之间分工协作、制约效率的矛盾，使机关政府采购工作既不流于形式也不因多部门参与而相互制约，影响工作效率。

3. 装备管理模块

"装备管理"模块要求能够将货品与机构人员实现系统对接，完善民警信息、调整功能结构、归类组合内容、优化统计项目、增加基层单位使用端口等，进行民警信息与人事警务信息共享，实现服装计划管理与服装配发管理及服装生产发放的全信息化管理。

实现对警用服装的购置、配发、预算、计划、型号、库存等的管理。系统同时提供各时间段、各种类型服装的购置、发放等的报表查询统计功能。

4. 财务信息模块

财务信息模块主要通过基层单位年度部门决算报表和部级、省级司法厅要求填制的有关报表，为省、市管理层提供及时、准确、真实的经费收支、固定资产、机构人员、基本建设、专项资金等基础数据资料。相关要求如下：

(1) 实现录入汇总、报表查询、统计上报功能。

(2) 要求按照财政部门决算报表式样制定，部级和省级司法厅专用报表数据主要采集部门决算报表数据，部门决算报表中无法采集的信息，可通过增设填制报表完成。

(3) 实现将基层财务决算数据转换为部级要求的上报报表格式和导出的上报数据格式。

(4) 实现与内网门户、外网门户对接，实现预决算信息公开。

5. 资产管理模块

资产管理模块的结构图如图 7-10 所示。

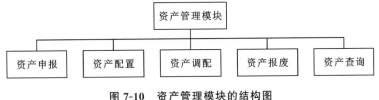

图 7-10 资产管理模块的结构图

各处（科）室填报资产申报计划如图 7-11 所示。

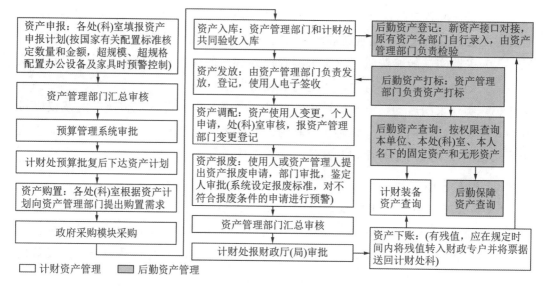

图 7-11　各处（科）室填报资产申报计划

后勤资产管理模块在 OA 后勤保障系统中建设，常用功能界面如图 7-12 所示。

图 7-12　OA 后勤保障系统常用界面

6. 工资查询

实现各类工资、福利、报账的在线查询与进度跟踪，可实现钉钉、微信或短信的实时提醒。

第十五节　OA 后勤保障

一、系统理解

司法行政机关 OA 后勤保障系统包括车辆管理系统、装备管理系统、门禁考勤系统等，各系统要求统一规划。将车辆管理系统、装备管理系统、预算执行、政府采购、资产信息等系统进行统一设计和开发，并与司法行政管理平台进行有机融合。

横向集成、纵向贯通、运转协调、服务高效的司法行政机关后勤保障信息化工作平台的具体目标为：

（1）后勤保障应实现与财务装备系统的流程互通，实现预算执行、政府采购、后勤服务的计划、资产入库、资产报废等全流程信息化管理；

（2）建立信息资源和应用系统全流程网上运转工作模式，实现网上办事、网上审批、执行监督、信息统计、查询打印、在线咨询等功能，为相关人员提供统一规范、简便易用、一体化的操作界面，为群众和基层提供更直接、更快捷、更便利的一站式服务。

二、系统组成

根据司法行政机关后勤工作现状、模式、特性和司法行政机关后勤保障管理要求，把现有与后勤相关的信息统计系统，按照类别、属性划分，通过归类、整合、新建、升级，实现管理模块的集成，要求界面设计清晰明了，模块归类科学合理，使用操作易懂简便。具体要求如下。

1. 资产信息模块

资产信息模块主要是反映省（自治区）、市、县（区、市）、镇（乡）司法行政机关使用的办公及业务用房、通用设备、专用设备、图书档案、家具等。相关要求如下：

（1）财务报表中的固定资产不仅能反映单位以财政性资金购置的资产，同时能全面反映司法行政机关实际使用的资产装备状况，如政府调剂安排、租赁、过渡性的办公及业务用房，资产所有权在乡镇、司法所在使用的设备、家具等。

（2）与"财务资产管理"的固定资产、装备管理对接，构成完整、全面的司法行政机关资产装备资料。

（3）此模块可设置省（自治区）、市、县（区、市）三级应用，乡镇司法所的资产情况统计由县（区、市）司法局统一登记，数据录入划分为两个部分：一是区县司法局本级，二是乡镇司法所。

2. 后勤服务模块

后勤服务模块主要由车辆管理、食堂服务、物业管理等系统集成。相关要求如下：

（1）车辆管理要求参照省级机关车辆管理系统，对已经开发使用的软件进行升级、整合完善。

（2）食堂服务管理功能要求增设机关食堂接待的申请、审批程序，食堂一周的菜谱、就餐人数预报系统、月度盈亏公示、食品采购渠道公示及食堂与职工互动交流窗口。

（3）就餐人员预报功能统计机关职工就餐人数，加上每天固定上班就餐的其他人员，为食堂提供较为准确的就餐人数。

（4）物业管理功能实现物业管理网络化、人员管理信息化、设备管理智能化、重点部位常态化的管理模式，在办公楼及附楼的物业管理上应充分体现智能化管理水平，增效节能，逐步减少干部人事成本。

第十六节 绩效考核

一、系统理解

绩效考核系统是司法行政机关运用信息化手段，记录和量化机关工作部门和人员的实际工作和效果，植入科学的管理办法和考核公式，构建科学的机关绩效考核体系。考核重点围绕当年度省级司法厅、处（科）室重点工作以及处（科）室的主要职能、工作任务，以履行工作职责和完成目标任务情况为主要依据，全面考核"德、能、勤、绩、廉"五个方面，着重考核工作实绩。为此，拟采取"周记、月考、季评、年终总结"相结合的方式，对各项绩效通过信息化手段在绩效考核系统中进行考核评价。

对处（科）室和机关人员实施精细、准确、快捷的考核，全面提升处（科）室和机关人员执行能力和执行效率。

本系统使用范围为司法行政机关各处（科）室及所有工作人员。

二、功能描述

1. 处（科）室考核

1）处（科）室年度项目计划接收与指派

将司法行政机构重点项目和一般项目分解下发至各个处（科）室，并由处（科）室领导分派给处（科）室相关人员。处（科）室与个人根据级别和权限可对下发的项目和任务进行接收和查询。

2）处（科）室职能工作月度考评与审定

每个月底，可实现机关各处（科）室依据职能工作项目完成情况进行自评打分的功能；实现将机关各处（科）室按照省级司法厅年度机关工作项目计划通知及省委省政府下达的相关绩效考评指标内容，结合月度工作计划安排表，对未完成的工作进行相应扣分的功能。同时实现月度自评分上报分管厅（局）领导签署，再报送考评小组的审批流程。

考评采用百分制，月度考评得分需按百分比折合为机关处（科）室年度绩效考评总分。

3）处（科）室管理工作季度考评与审定

每季度末，有考核责任的处（科）室对机关管理工作情况开展考评的功能。在各处（科）室自评基础上，需实现厅法制处对依法履职情况的考核，办公室对办事效率情况的考核，计财装备处对预算执行情况的考核，监察室对廉洁履职情况的考核，人事警务处对工作人员日常管理情况的考核，直属机关党委对党的组织建设情况及作风建设情况的考核。同时实现季度考评得分上报分管厅（局）领导审定，再报送考评小组汇总的审批流程。

考评采用百分制，以扣分形式进行考评。

4）处（科）室半年度创新创优项目申报与审定

每半年，处（科）室可自报本处（科）室创新创优项目并提供相关依据上传的功能，同时实现创新创优项目上报机关绩效考评小组审定的流程。

采用项目计分制，创新创优项目得分需按百分比折合为机关处（科）室年度绩效考评总分。

5）处（科）室满意度年度测评

厅领导、市州司法局、处（科）室主要负责人、全体机关干部对各处（科）室综合服务水平进行一年一次考核的功能。同时实现考核结果由考评小组统一汇总，并反馈至各处（科）室的功能。

6）处（科）室年度综合考评及等次评定

年终由机关绩效考评小组根据月度考评、季度考评、创新创优项目、年度满意度测评进行处（科）室年度综合考评。同时实现处（科）室年度综合考评上报厅考评委审定的审批流程。年度考评业务处（科）室等次评定及排名功能。

7）工作检查与督办

针对由省级司法厅分派至各处（科）室的年度工作，各级领导实时检查和督办相关处（科）室的工作完成情况。

2. 人员考核

1）个人任务接收

处（科）室项目接收与拒收审定。

2）个人工作纪实登记

工作人员每周记录本周工作任务完成情况。

3）个人工作进度更新、上报与审定

各处（科）室的工作人员可以定期向处（科）室负责人上报分派的工作完成情况，并进行简要的说明，处（科）室负责人可以对本处（科）室人员上报的完成情况进行审定并给出改进意见。

4）个人考勤

与门禁系统对接，统计工作人员的加班、缺勤、迟到、早退等情况。并可以根据实际情况对缺勤、迟到、早退情况予以扣分。

可以多项选择，组合个人或部门相关数据项，实现查询、统计、打印等功能。

5）月度考评

每月末工作人员可以将月度工作开展情况、周纪实及考勤情况提交领导审核，由领导对本处（科）室人员工作情况及考勤情况进行审定并给出改进意见。

6）年度考核

年底考核主要分个人总结、述职、测评（评议）等环节进行。个人述职报告提前通过网络考核系统公示，处（科）室主要负责人面向全厅公示，副处级领导干部面向分管厅（局）领导条线处（科）室公示，其他人员面向所在处（科）室公示，相关人员通过网络考核系统进行综合测评。并按不同测评主体权重计算测评对象最终测评得分。

7）个人工作检查与督办

可以实时检查和督办全体工作人员的工作完成情况，分管领导可实时检查和督办各分管处（科）室工作人员的工作完成情况；各处（科）室负责人可实时检查和督办本处（科）室工作人员的工作完成情况。

8）个人年度综合考评

可参加年度先进个人、先进集体的评比。

第十七节 信访管理

一、系统要求

1. 信访组织架构要求

将各级司法行政机关信访机构信息和人员信息绑定，实现机构与人员的动态管理，同时也为信访人服务的开展提供信息支撑。

2. 信访事项管理要求

实现信访事项从申请到结案全过程的管理和监督。

3. 信访综合查询、统计、分析要求

应建设信访系统的综合查询和统计分析功能，并能够为各级司法行政机关提供多种业务查询和关联查询。

4. 信访管理与司法行政外部信息交换接口要求

各级司法行政信访系统应预留与政法委、法院、检察院、公安部门、信访局的数据交换接口，实现来访人信息和案件信息的交换。

5. 信访管理与司法行政内部信息交换接口要求

各级司法行政信访系统应预留或添加上级、下级司法行政信访系统及本级其他司法行政业务信息系统的数据交换接口，实现信访信息的交换。

二、功能描述

1. 信访登记

根据来访，登记信访人信息和信访内容。

2. 信访受理

根据登记的信访事项的内容及相关规定做出是否受理的决定。

3. 信访办理

对登记的信访事项中有权处理的事项，经行政机关调查核实，应当按照有关法律法规、规章及其他有关规定做出处理并答复信访人。

4. 信访转送交办

根据登记的信访事项转送和交办相关负责单位和人员。

5. 督查督办

对信访事项登记、立项、审核、归档等流程的督查督办。

6. 复查复核

提供复查复核事项登记、受理、告知、指定受理机关、审查等功能。

7. 统计分析

提供多种方式展现报表数据的功能。

8. 信访查询

信访事项的查询。

9. 信访评价

对信访事项办理过程和结果进行满意度的评价。

10. 信访事项受理办理格式文书要求

按照上级（一般为省级）主管部门要求，在系统中创建统一的表单模板，如信访事项受理告知单、信访事项不予受理告知单、信访事项不再受理告知单、信访事项答复意见书、信访事项答复意见书送达回证、信访事项转送告知单、信访事项转办函、信访事项转办单、信访事项交办单、信访事项督办单、复查（复核）信访文书、信访事项办理（结）情况报告、重要信访事项审结单、信访事项处理结果反馈单、信访事项办理情况审核报告、信访事项的调查报告、送达委托书、送达回执等。

三、数据交换要求

1. 基本要求

规定了信访管理信息系统与外部系统之间进行数据交换的内容要求，各省级司法厅（局）应至少提供本标准规定各类内容接口，便于日后全国范围内的数据共享交换。

2. 司法行政内部数据交换

司法行政内部数据交换要求包括：

（1）信访人基础信息与信访人信访案件基本信息（与监狱、戒毒、社区矫正、律师、公证、司法鉴定、国家法律职业资格考试、人民调解、法律援助对接）。

（2）信访人基础信息对接所需包含的业务字段：姓名、性别、出生日期、民族、证件类型、证件号码、联系电话、户籍地、户籍地明细、住所地、住所地明细、职业、工作单位。

（3）信访人涉及案件对接所需包含业务字段：被反映人或单位、单位名称、单位联系人、信访案件编号、信访件状态、登记机构、登记时间、概况信息、投诉内容。

3. 司法行政外部数据交换

与政法委、公安、检察院、法院、信访局等进行数据交换包含的信息：信访案件信息与人员信息。

第十八节 信息报送系统

一、系统理解

司法行政系统日常工作中经常出现要求收集全系统各类数据，如各单位信息化建设基层情况、业务系统数量、信息化投资金额等，又或半年总结、全年总结、表彰时需要各横向单位和下级单位提交的材料，如各单位先进个人基本材料，各单位文明创建典型案例等。这些信息报送如果用纸质材料报送则效率较低，如果用电子邮件、微信、QQ报送则不便于长期保存和历史回溯。因此，各单位需要建设信息报送专用系统。

二、功能描述

各业务处（科）室向下或向横向单位收集统计数据、意见时可使用此系统。

（1）要求提供所有工作人员可根据自身工作需要，对要收集的内容，自助编辑字段名、字段类型、字段长度等常用字段属性。可以是单选、复选、文本框填写，有必填项、选填项区分。可设置填报起止时间，到期自动开放填报功能，过期不得填报，也可再次放开填报时间等项目。

（2）数据收集发起人，可在全系统中勾选接收人，向其OA办公系统中发送填报表格，点击打开后可填报并提交。也可生成超链接或二维码印刷到通知文件中，移动端可点开链接或扫描二维码进行填报。

（3）数据填报人在OA办公系统中可直接打开表格进行填报。数据填报人以点击超链接或扫描二维码方式进入填报系统时，需要以统一发放的登入码进入填报表才能填写并提交。

（4）无论通过什么途径进行填报，系统会自动记录填报人所属处（科）室、地市、县市、司法所及个人姓名，每一处（科）室、地市、县市、司法所只能有一个人填报（此功能为可勾选项），若出现同一处（科）室、地市、县市、司法所多人填报，系统弹出提示对话框，提示已锁定，已由本单位第一个填报人（显示单位部门姓名）填报。其他人员不得填报。

（5）所有报送信息除填报人外，需要有审核人审核并加盖电子签章。

（6）后台可以看到填表单位、填表人、审核人，以及哪些已填，哪些未填。

（7）数据收集发起人可修改填报数据，但需要有日志记录。信息报送人可随时打开查看所填数据。

（8）填写页面应有数据收集发起人的联系方式，以便联系沟通解答问题。

第十九节　人民满意度评价系统

一、系统理解

人民满意度评价系统主要采集司法部和省、市、县司法行政机关、乡镇司法所门户网站对本地、本级司法行政工作整体履职评价，以及司法行政机关具体工作业务的评价数据。系统采集主要通过三大平台：网络平台、热线电话、实体平台。

系统用于司法部与省、市、县司法行政机关、乡镇司法所门户网站"人民群众满意度评价"系统数据交互提供文档依据。要求明确数据交互模式，实现对接口的功能、对报文格式以及接口内容进行详细的描述。

二、系统组成

1. 工作业务满意度评价

1）网络平台

系统要求记录：姓名、联系电话、工作业务满意度评价、唯一编码、被评价单位、行政区划名称、行政区划、工作业务类型、一级指标、评价来源、评价渠道、评价时间、数据状态、创建者、创建时间、修改者、修改时间。

2）热线平台

系统要求记录：姓名、联系电话、工作业务满意度评价、唯一编码、来电时间、被评价对象、行政区划名称、行政区划、工作业务类型、一级指标、评价时间、数据状态、创建者、创建时间、修改者、修改时间。

3）实体平台

系统要求记录：姓名、联系电话、工作业务满意度评价、唯一编码、被评价单位、被评价单位地址、被评价单位电话、行政区划名称、行政区划、工作业务类型、一级指标、评价时间、数据状态、创建者、创建时间、修改者、最后一次修改时间。

2. 机关履职满意度评价

1) 一级指标

系统要求记录：唯一编码、姓名、联系电话、被评价单位、行政区划名称、行政区划、一级指标、数据来源、评价时间、评价渠道、数据状态、创建者、创建时间、修改者、修改时间。

2) 二级指标

系统要求记录：唯一编码、姓名、联系电话、被评价单位、行政区划名称、行政区划、工作业务类型、评价渠道、数据来源、评价时间、数据状态、创建者、创建时间、修改者、修改时间。

3. 工作业务类型

工作业务类型包括：证明事项清理投诉监督、留言咨询、律师案件委托、公证预约、人民调解预约、人民调解申请、司法鉴定委托、投诉举报、公证申请、法律援助申请、其他。

4. 满意程度

司法部的满意度分为三级：满意、基本满意、不满意。各地政府对司法行政单位履职满意度一般分为五级：非常满意、比较满意、基本满意、不满意、非常不满意。

为满足司法部和各级政府对满意度的要求，采取五级向三级映射的方式：非常满意、比较满意→满意；基本满意→基本满意；不满意、非常不满意→不满意。

5. 评价渠道

网站、App、微信、小程序、其他。

第二十节　视频会议构建

一、网络平台要求

视频会议系统是司法行政系统利用网络技术、通信技术实现的全国性音视频通信系统，是用来解决传统会议系统不能开到基层，不能将重要会议同步到区县、司法所、监狱和戒毒所的问题。

未建专网或仅建涉密专网的省份（自治区），要依托国家电子政务外网运行视频会议系统。已建非涉密专网且不是依托国家电子政务外网的省份（自治区），可暂用现有网络运行视频会议系统，但要抓紧接入电子政务外网。

各省（自治区、直辖市）司法厅（局）及监狱管理局、戒毒管理局网络原则上分别通过国家电子政务外网上联司法部。

二、视频会议系统连接的分类及要求

（一）分类

1. 部、省连接

各省级司法厅（局）沿用视频终端与部级视频会议系统连接，采用视频终端背靠背的方式上传、转发音视频信号。各省（自治区、直辖市）监狱管理局、戒毒管理局视频会议系统原则上参照司法厅模式直连部级；如需调整上联方式，由各省（自治区、直辖市）司法厅（局）与监狱管理局、戒毒管理局研究后，报部信息中心（科信办）确定。

2. 省内连接

各省级司法厅（局）通过 MCU 设备向下联结；地市司法局可通过 MCU 设备向上联结；区县司法局均采用视频终端方式接入。各省级监狱管理局、戒毒管理局会议系统通过 MCU 设备向下联结。司法厅与监狱管理局、戒毒管理局的互联互通，要在安全可控的前提下，确保信息互传和视频会议召开。

（二）要求

1. 带宽要求

要求保障高清 1080P 流畅视频效果，每个县分会场网络带宽不低于 10Mbps，地市会场网络带宽不低于 30Mbps，省级会场网络带宽不低于 50Mbps。省（自治区、直辖市）监狱管理局、戒毒管理局到监狱、戒毒所网络带宽不低于 50Mbps。

2. 设备配备要求

视频会议系统是一项事关全国的基础性应用。为保证全国司法行政视频会议系统稳定运行，应选择技术先进、性能稳定的设备且视频设备品牌、选型要保持统一性。同时，设备实行专网专用，不得临时借用，也不得与其他平台共用设备。根据中央政法委及国家发改委的有关要求，视频设备应选择国产主流品牌。具体要满足以下指标。

1) 基本配置

省级 MCU 要采用双热备冗余架构，2 台终端用于背靠背方式接收、转发部级音视频。

2）支持的视频标准

H.264、720P、1080P。

3）支持的音频标准

G.711、G.722、G.728、AAC-LD、MPEG。

4）支持的功能和管理方式

H.239 双流、自动唇音同步、快速回声消除、噪音抑制、画中画（画面位置可调）、远程控制。

第二十一节　协同办公系统

一、系统理解

协同办公系统的核心是一体化智能平台，是系统与系统之间信息传输的纽带。政务服务平台接合相关数据传输，负责实现两大平台与司法行政各业务系统之间的数据交换及本单位系统与外单位系统之间的数据交换。同时实现各系统之间数据传输和实时监控，具有对数据传输过程中出现的异常及时报警的功能。

协同办公系统需根据一体化智能平台的建设规划内容，实现多条线、多业务的信息共享，实现信息在平台内部、平台之间的共享及交换，需要在省级、市级两级平台建立数据共享交换机制，完成省级、市级两级政务服务平台建设任务，完成外网各业务系统与内网各业务系统数据交换接口的开发任务，完成各业务系统之间的数据交换接口设计开发任务，完成与司法、公安、检察、法院、监狱、戒毒等系统的数据交换接口的开发任务。同时为达到提升管理防范风险的目的需实现各系统之间数据传输的实时监控，以及对数据传输过程中出现异常及时报警的功能。并要按照标准规范要求，预留与其他系统数据交换接口。

二、系统需求

具备数据共享交换标准规范和管理制度。建立平台运行所需的数据传输规范、技术标准规范和管理制度，以指导、规范平台建设，支撑平台的长期、健康、稳定运行。

具备统一的数据交换监控管理平台，为一体化智能平台各系统提供运行保障。包括日志查看、性能监测、访问审计、异常报警的功能。

提供横向各业务系统的数据抽取、转换、处理功能，纵向提取省级、市级、县级、乡级数据，同时交换其他平台数据，通过信息共享机制和服务模式为省级业务系统、地市业务平台、县乡业务平台提供数据和服务。

提供多种异构系统集成的数据适配服务，实现多种系统接入和数据采集、数据更新机制。

提供可靠的消息队列服务，针对分布式网络中的应用具备数据采集的可靠传输功能。

实现数据质量控制，完成数据抽取、数据转换、数据加载。

数据的共享利用需建立完善的安全保障服务机制。提供对数据共享服务的注册、授权、安全访问控制、数据加解密、运行管理监控功能。

数据协同中心的安全纳入一体化智能平台安全体系。要做到数据采集和共享区分不同网段，同时对数据建立访问授权、审计、加解密，以及数据访问签名功能。

省级数据中心的数据应用纳入一体化智能平台。地市可应用、调用省级数据中心的数据和服务，并实现统一管理，对数据和服务的管理实现授权管理模式。

三、功能描述

1. 数据接入

要求共享交换平台支持多种数据形式接入，包括常规关系型数据库、Web Service、消息队列、文件系统等，关系型数据库主要涉及 Oracle、MSSQL Server、DB2、Sybase、Mysql 等。

2. 数据抽取

支持完全提取和增量提取两种方式，使用系统提供的数据库适配器、定时器适配器及配置的管理工具，能够自动帮助用户生成增量抽取所需要的触发器、存储过程和相应临时表，并能够提供多种时间设置方式，如实时、定时、周期等方式来进行数据采集和同步。

3. 数据转换

要求提供数据格式转换功能，利用数据映射功能，将数据从一种格式转换成另一种格式，实现源数据库和目标数据库之间的信息转换。根据需求对抽取的数据进行必要数据处理配置，输入数据和输出数据可进行任意格式的转换，快速集成异构应用，无需考虑数据采用的格式。

4. Web Service 支持

支持的服务包括 Web Service 的封装、发布及消费调用，并支持将 Web Service 作为数据源接入，支持业务流程。

5. 定时交换机制

根据业务系统需求，建立实时、定时、单向、双向机制，以及服务注册代理机制。

6. 数据质量检测

提供丰富的数据处理组件，包括计算、排序、合并、拆分、内容过滤、去重、路由、行列转换、关联查询等处理组件，以及数据校验、字段选择、记录生成、字段值常量/随机数生成工具组件。

把多个不同数据源的数据合并，实现同数据集的转换和同步，数据类型和格式的转换，用于不同目标表的数据分离。

第二十二节　系统应用电子监察

一、系统理解

系统应用电子监察是对各业务系统、服务系统自身运行状态、运行效能、用户使用绩效和用户反馈意见进行监察和管理。

业务系统和服务系统应用电子监察是对司法行政权力网上运行情况进行全流程、全业务、全覆盖的监察监控，所有行政权力事项一律在行政权力运行平台操作，通过全程监控、预警纠错、督查督办、投诉处理、统计分析等多种方式对权力运行情况进行实时、全程监控。

运行效能监察是指对各业务系统业务量、业务范围进行监察，对业务所需的软硬件资源进行分析和预警。用户使用绩效监察是收集分析业务用户对所操作软件系统的使用热度、业务处理效率等进行监察。

系统的目标是结合系统应用实际，对各项功能、绩效等进行自动监控、报警、统计、分析的拓展。

二、功能描述

系统需要实现以下功能：

1. 全程监控

实现对业务系统办理事项网上运行的真实性、及时性、规范性等方面进行全过程实时监察监控。

2. 预警纠错

实现对业务系统运行过程中的各种异常和疑似异常情况进行分类分析和预警提醒。

3. 督查督办

实现对监测部门督查督办工作的规范办理和统一管理。

4. 投诉处理

实现对反映软件系统应用方面投诉件的规范办理和归档管理。

5. 统计分析

按照统一标准设置软件系统运行、预警纠错、督查督办、投诉处理、绩效考核等反映网上运行情况的各类统计报表。

6. 绩效评估

引入加权机制，综合考虑办件量和提前办结率等因素，对个人、部门的行政效能进行考核排名，并对业务效能发展的趋势进行预测。

7. 监察日志

实现对软件系统网上运行和监察工作情况的自动分析和日志记录。

8. 电子监察人员库

建立以监测机构和监测工作人员为核心的基础数据库。

9. 事项查看

对软件系统详细情况可直观监察监控，为软件系统运行的合法性、有效性提供参考标准和比对依据。

10. 系统集成

在现有运行平台软硬件环境基础上，实现电子监察系统与行政权力运行相关系统、执法监督系统等数据实时共享，能够向相关部门自动报送监察数据。

第二十三节　文件同步私有云

一、系统理解

以"司法云"大数据中心为依托，建立面向司法行政机关全体工作人员的私有云存储系统，用于日常工作中产生的文字、图片、语音、视频等数据的云上同步备份功能。可实现台式机、笔记本、智能手机等同步备份。

二、功能描述

1. 全平台自动同步

想要随时随地通过任意设备访问自己的文件，仅需在每个设备安装客户端并登录同一账号，私有云会自动将指定文件夹同步到所有设备中，并且在任何一个设备中创建、修改文件，也会实时同步到其他设备。

即使其他电脑处于关机或无网络连接状态也不影响系统同步，私有云会在连接网络后立即将文件同步到最新状态。

客户端同时支持以下平台

Windows（XP/Vista/Win7/Win10，32 位和 64 位）

MacOSX（MacOSX10.6＋）

Linux（Ubuntu/Debian/Fedora 等 Linux 发行版）

Android（4＋）

Windows Phone（7.5＋）

此外，在使用公共电脑或其他平台时，也可以通过私有云网页访问最新文件。

2. 邀请伙伴同步

可以邀请伙伴与自己同步同一个文件夹，伙伴可以将该同步文件夹实时同步到自己的电脑，也可通过网页访问，轻松实现文档统一管理，协同办公和集中备份的需求，无需再用 U 盘、QQ、邮箱的方式传递文件。

除此之外，还可以设置伙伴对同步文件夹的访问权限：

1）可读写

伙伴可以查看、创建、修改、删除文件夹中的任意文件，伙伴的操作也会同步到原文件共享的电脑。

2）只读

在文件夹中的操作会自动同步到伙伴的电脑，但伙伴不能在同步文件夹中创建、修改、删除任何文件。

3）只写

伙伴不能访问同步文件夹中的任何文件，只能通过网页提交文件。

3. 一键 URL 分享

使用私有云，可以一键获得文件或文件夹的分享链接（URL），将它发送给伙伴，他们即可通过该链接下载文件、文件夹，或直接在线浏览。

4. 加密备份

为了保证数据安全，使用 AES 加密技术和冗余备份技术，保证数据高度隐私，且永不丢失，即便电脑损坏，仍可从云存储中找回。

1）文件分块加密

文件在离开电脑前，就会被切成多个文件块，并利用 Https 加密传输到云端的不同服务器中。私有云服务器收到文件块后，会根据文件的数据特征和用户身份，自动生成密钥，将不同的文件块利用 AES 算法加密存储。这些文件块加密密钥是通过不可恢复的单向计算得来的，只有获取用户身份后才可以再次计算获得该密钥，从而保证其他人无法访问用户数据。AES 算法是目前获得普遍认可的最安全的加密算法。

2）冗余备份

每一个文件块传输到服务器上后，经过算术编码存储在多个不同的故障单元中。不同的故障单元彼此隔离，出现重复故障的概率要小，从而最大程度保证该数据的可靠性。

5. 文件时光机

私有云会保存所有文件的每一个历史版本，这些版本按照时间依次排列。可以通过网页将任何一个文件恢复到指定的时间。

使用文件时光机，无需在修改文件时为不同版本起不同的文件名，而是在一个文件里放心编辑，私有云能保存所有历史记录。通过文件时光机，可以找回误删除的文件。

第二十四节　司法行政移动应用平台

一、系统理解

司法移动平台主要是司法行政移动接入及应用系统的建设，是司法行政业务系统的无线延伸，以公用移动通信网络为通道，以便于携带的手机为终端，在保障安全的前提下，实现多业务信息的移动办公，使司法信息能够覆盖所有移动通信网络通达的地方。实现司法行政所有非涉密业务系统实时在线的综合查询和业务处理。

司法行政移动平台主要包含三个部分。

1. 移动终端支撑平台

针对各业务移动端软件在互联网建立综合的移动终端支撑平台，实现手机终端 App 软件的实时数据接收与传输。各业务系统将移动终端支撑平台需要的基础数据通过互联网与电子政务外网的安全接口同步至移动终端支撑平台，用于支持各业务手机终端 App 的正常使用。

同时移动终端支撑平台还需实现针对各业务 App 的统一用户管理和统一权限管理，根据用户的工作职能分配相应的 App 权限，对于负责多个业务的工作人员，可同时安装并使用多个 App（建设司法行政移动支撑平台前的 App 应用继续使用独立 App，新建系统使用统一 App 接口登入）。同时平台能够提供司法行政其他移动业务及 GIS 相关应用的数据支撑服务。

2. 移动应用入驻手机终端 App

手机终端 App 包含司法行政所有移动应用入驻，如立法议案、执法监督、人民调解、安置帮教、律师管理、法律援助、公证管理、司法鉴定、社区矫正、行政审批、法律职业资格考试、法律热线、预约探视等。要考虑面向业务工作人员的移动应用和面向公众的移动应用平台，如钉钉、微信、支付宝城市生活等。手机终端 App 应支持移动、联通、电信等多家运营商，安卓（Android）、苹果系统（iOS）等多种系统软件。

3. 司法微应用（微信、钉钉、QQ）软件

各单位根据自身信息化建设和当地政府统一要求，可结合微信公众号、钉钉、QQ、支付宝城市生活或微信小程序进行开发，功能上与终端 App 软件功能一致。

二、功能描述

立法议案、执法监督、人民调解、安置帮教、法律援助、律师管理、公证管理、司法鉴定、社区矫正、行政审批、法律职业资格考试、预约探视移动终端需实现以下功能。

1. 工作人员移动端

1）业务办理

对上述司法行政所有业务进行查收、签批、审阅、修订、确认、退回、上传附件等业务办理功能。

2）信息传送

实现工作信息的上传下达。

3）工作提醒

实现在手机上对工作人员进行工作提醒和工作预警。

4）在线学习

实现在手机上登记、浏览、经典案例、工作经验、领导讲话等在线学习内容。

5）信息发布

实现在手机上发布、浏览通知公告、手机查询等。

6）网上咨询

提供用户咨询信息上传，同时可以根据关键字查询其他人相关的咨询信息。

2. 公众用户移动端

1）信息浏览

要求提供图片新闻以及新闻列表形式展示政务服务平台各子系统上的新闻。

2）信息分享

与新浪微博实现对接,实时同步微博中发布的信息,并显示在微博中。

3）网上办事

实现政务服务平台各项业务的在线预约、在线办理、在线申请功能。

4）信息查询

实现司法行政系统的机构、职能查询,对业务办理状态的查询。

5）投诉反馈

对业务办理的评价、反馈、投诉等。

6）定位引导

根据移动设备自带的定位功能,与业务系统地理信息库对接,引导用户就近办理相关业务。

第八章　司法数据资源平台

司法行政系统信息化以"司法云"为基础,承载司法行政业务所有软件应用和业务数据,在云化环境下提供所有应用软件所需的操作系统、数据库系统等软件环境,计算资源、存储资源等硬件环境,交换机、路由器等网络环境,行为审计、防火墙、访问控制等安全环境,设备监控、软件监测等运行维护环境。通过统一汇聚、融合、加工、分析云上业务应用的数据,形成数据资源平台,构建"大数据中心"。

一、总体架构

在司法行政各类日常工作中,会产生海量的结构化及非结构化数据,基于这些海量数据的融合与存储,大规模计算及大数据计算模型,打破部门壁垒,整合司法行政内部数据、其他政府机构数据、互联网数据等,构建满足大数据信息资源服务体系,面向司法行政业务应用的信息深度共享、业务高效协同的大数据服务支撑平台,融合数据资源价值,为分析、研判、决策等司法行政业务应用开展提供统一的数据共享及协同能力。

大数据服务支撑平台由"司法云"大数据中心提供高性能分布式计算资源池,可适应不断增长的大数据环境下的应用要求,为"司法云"大数据中心提供面向海量大数据存储管理服务和大数据综合分析服务。这些服务通过云数据服务引擎封装整合在一起,并向上提供开发接口,为"司法云"体系构建一个安全、海量计算与存储资源的大数据服务支撑平台,方便前端应用使用,其架构如图 8-1 所示。

利用大数据和云存储技术,实现各类结构化、非结构化数据的集中存储和管理,具备完备的大数据计算模型,构建信息深度共享、业务高效协同的大数据信息资源服务体系,满足信息共享的需要。同时,满足数据的高可靠性、高可用性、高并发性和按需扩展能力的需求,实现信息资源的池化以及统一管理,打造安全可靠的云平台环境,确保数据、应用安全。

在数据处理层面,支持离线计算引擎、实时联机分析处理(On-Line Analytical Processing, OLAP)计算引擎与流式计算引擎;在数据中心层面,支持多租户数据

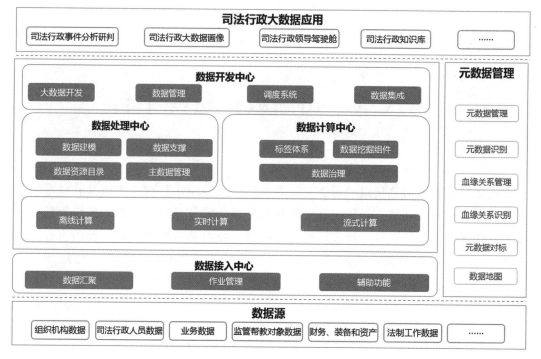

图 8-1 大数据服务支撑平台总体架构图

管理与数据安全交换体系，对外开放完整的软件开发工具包（Software Development Kit，SDK）及应用程序编程接口（Application Programming Interface，API），满足定制化需求；在数据应用层面，支持数据开发工具、基础数据应用及业务数据应用，涵盖数据采集、数据开发、数据挖掘、数据可视化到业务数据应用的全闭环数据处理流程。

二、数据接入服务

（一）总体架构

由于涉及部门及业务系统众多，司法行政数据呈现多源、异构的特点。"司法云"大数据中心需要将司法行政各部门和来自互联网和电子政务外网的结构化和非结构化的数据进行统一的汇聚接入，从而为大数据中心提供原始数据支撑。数据接入中心架构如图 8-2 所示。

数据接入中心需要具备数据接入类型多样、数据接入方式灵活、数据接入性能强劲的特点。可针对不同的接入需求提供相应的接入方式；可接入结构化、半结构化、非结构化数据，可提供全量或增量的数据接入方式，并对影响数据质量的异常数据进行集中管理。

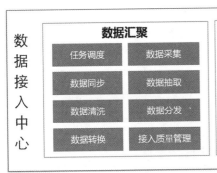

图 8-2　数据接入中心架构图

数据接入中心作为数据同步、数据接入工具，将不同数据源同步抽象为从源头数据源读取数据的读插件，以及向目标端写入数据的写插件，读和写分布在不同的服务节点上，将读和写进行分离，通过 MQ（Message Queue 消息队列或消息中间件）进行读插件和写插件之间的数据传输，从而保证数据的吞吐量。

1. 业务需求

"司法云"大数据中心需要接入司法行政所有业务系统数据和从互联网采集的相关数据。

1）司法行政业务系统数据

对司法行政业务系统的所有数据进行采集、融合，在关系数据库和"司法云"大数据中心之间实现数据交换和同步。

司法行政业务系统包括（但不限于）的系统如表 8-1 所示。

表 8-1　司法行政业务系统

序号	类别	系统
1	依法治国（省）管理平台	立法管理系统
2		备案审查管理系统
3		执法监督系统
4		行政应诉、复议系统
5		法制研究中心管理系统
6		法治督查管理系统
7		法治调研管理系统
8	司法行政业务管理体系	法制教育综合管理体系
9		法治宣传综合管理系统
10		律师综合管理系统
11		公证综合管理系统

续表

序号	类别	系统
12	司法行政业务管理体系	法律援助管理系统
13		基层法律服务管理系统
14		人民调解综合管理系统
15		司法所综合管理系统
16		国家统一法律职业资格制度综合管理系统
17		司法鉴定综合管理系统
18		政务服务与行政审批综合管理系统
19		队伍建设管理系统
20		人民监督员选任信息管理系统
21		司法行政信息分析平台
22		远程可视通信系统
23	司法行政行政管理体系	OA 办公系统
24		协同办公系统
25		系统应用电子监察
26		文件同步私有云
27	司法行政为民服务平台	司法行政机构门户网站
28		司法行政机关政务公开系统
29		司法行政智慧为民系统
30		个人法律助理（智慧型）平台
31		公共法律服务热线系统

2）互联网采集数据

由于网络媒体与传统媒体在传播载体和传播方式上的不同，媒体信息的正确性及传播范围都无法得到有效的控制，这导致网络舆论、热点、焦点层出不穷，迅速形成网络舆情，对社会产生巨大影响。在网络媒体中，任何人都可以在论坛、留言板、自媒体或者自建站点等各种各样的信息载体上发布言论和观点，而且发布者往往不考虑发布言论的真实性以及带来的社会影响。网络舆论已经成为社会舆论的一种重要表现形式。

"司法云"大数据中心结合司法行政需求，可根据关键字段，在互联网端进行有针对性的采集及分析，从而为"司法云"大数据中心奠定数据基础，作为司法行政业务数据的有效补充。

在互联网数据采集过程中,各个数据处理模块之间相互独立,模块之间自由组合。用户可以根据数据处理的需要,设计个性化的数据处理流程。采集网站包括新闻网站、论坛、微博等,采集模块允许用户任意定义目标收集网站,实现实时信息采集,信息的自动分类、去重、标引、入库和发布。

2. 功能设计

1) 数据汇聚

(1) 任务调度。

支持设置数据汇聚任务,配置相应的调度策略。"司法云"大数据中心数据量庞大,数据类型多样,数据业务复杂,数据处理任务多,数据处理环节多,流程周期长,需要建立支持高并发、多周期及多种数据处理环节的统一数据任务调度机制,按照策略进行数据任务调度。

"司法云"大数据中心支持统一的生产作业调度系统,用户可自主管理作业的部署、作业优先级,以及生产监控运维。如果用户间有数据交换,那么彼此的作业可形成依赖。平台提供数据监控运维和统计功能,包括但不限于:任务运行情况监控和告警、异常告警、分布式平台存储和计算资源统计、运行任务统计、大数据业务使用量统计、可查看表级及字段级的血缘依赖关系,追溯数据的加工链路源以及下游应用的情况。

(2) 数据采集。

互联网数据采集需要采集与司法行政系统相关的数据,可结合司法行政业务需求,通过关键字设置或者其他方式,有针对性地进行数据的采集,然后进行分拣和二次加工,实现互联网数据价值与利益更大化的目的。

需要支持网络信息的自动采集、自动过滤、自动分类、自动排重、自动入库、发布管理、信息检索的完整功能,可以按照用户的需求设置采集网站,定制分类模板,建立本地数据库,即将信息采集与内容自动过滤、HTML格式转换、内码自动转换、自动分类等功能有机集成在一起,实现信息采集和加工的一体化过程,并且整个过程对用户透明。

数据采集工具需要支持配置多线程实时监测和采集目标的内容,对采集到的信息进行过滤和自动分类处理,最终将最新内容及时发布出来,实现统一的信息导航功能,或者将采集来的信息导入平台系统。

① 采集范围。

数据采集工具需要内置大量影响程度大、传播面广、人群参与度高的网站,广泛、深入、全面地采集本地区司法行政系统矛盾纠纷事件相关的信息,具体包括但不限于以下网站:

a. 本地各类网站;

b. 全国各个热门重点网站中的重点板块;

c. 各类各级行政单位责任网站；

d. 博客、微博等各类社交工具；

e. 各类名人（网红）的自媒体网站。

② 采集速度。

采集系统主要基于多线程、集群式采集模式。满足项目采集深度和广度要求，同时满足采集时效性要求。

采集性能可通过灵活配置调度模式来保障，调度策略分为指定调度和随机调度两个模式。采集的时效性可以定制，管理人员可根据不同网站的重要程度按需设置对应的调度任务，调度的类型分为按天调度和按周调度，这两种调度模式可满足不同的应用需求。

（3）数据同步。

支持设置数据同步任务，不同业务特点可设定特定同步策略，将源端数据增量或全量抽取进入云平台。根据源端业务系统数据量大小，支持采取不同的数据同步策略：一次性全量抽取、按时间戳分批并行抽取、按分区分批次并行抽取、增量抽取等。一般在业务流程系统中，不同业务之间需要进行数据同步的，采取业务与业务接口方式进行数据同步，以保障同步的时效性。用于大数据汇聚、整理、分析的数据，一般采取固定时间、周期性增量数据同步方式，以保障同步的稳定性，对于备份数据一般采用固定时间，周期性全量数据同步方式，以保障数据的安全性。

（4）数据抽取。

支持设置数据抽取任务，依据业务数据抽取规则编写相应抽取脚本，配置相应的任务调度策略，将源区数据抽取后，存储至目标区数据库中，如按身份证号、电话号码对12348法律服务网平台、12348公共法律热线系统平台、公共法律服务中心中同一用户咨询内容进行数据抽取。

（5）数据清洗。

支持设置数据清洗任务，依据业务数据清洗规则编写相应的清洗脚本，配置相应的任务调度策略，将源区数据清洗后，存储至目标区数据库中，如将重复数据剔除或合并。

（6）数据转换。

支持将数据从一种表示形式转变为另一种表现形式，支持设置数据转化任务，依据业务数据转换规则编写相应的转换脚本，配置相应的任务调度策略，将源区数据转换后，存储至目标区数据库中，如将日期型数据转换成字符型数据。

（7）数据分发。

采集到的数据通过消息队列或消息中间件（Message Queue，MQ）分发到不同的目的源中，支持一对一、一对多操作。

(8) 接入质量管理。

接入质量管理能够根据预设的规则来检测数据的质量问题，检测规则可自主配置，系统提供默认的规则模板，用户也可以自主编写规则表达式（见图 8-3）。数据质量监控与调度系统强耦合，发现"脏数据"可实现事中拦截，避免错误的数据流入下游应用。数据发生变化的时候，则会触发数据质量的校验逻辑，对数据进行校验，帮助用户避免"脏数据"的产生和质量不高的数据对整体数据的污染，同时需要保留所有规则的历史检验结果，以方便用户对数据的质量进行分析和定级。

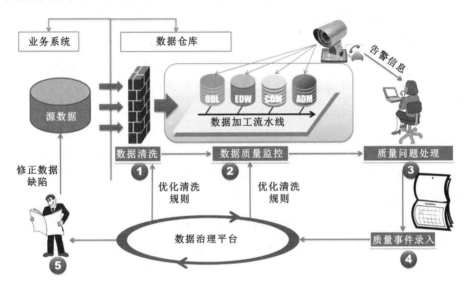

图 8-3　数据接入质量管理结构图

覆盖数据采集清洗监测、数据加工处理监测、数据质量规则优化全过程，形成线上质量监控闭环。

支持标准 SQL 形式的自定义规则，复杂度可任意扩展；智能阈值算法给用户合理的建议阈值。

支持预置多种模板规则，覆盖波动率、一致性、离散值、业务逻辑、缺失值、约束检查等。

支持零延时的统计数据采集模块（数据落地，校验即完成）、多级容错、缓存，保证系统更加稳健。

(9) 作业管理。

支持作业发布、修改、启动、删除、停止等管理功能。设置数据同步任务，不同业务特点设定特定同步策略，将源端数据增量或全量抽取导入云平台。根据源端业务系统数据量大小，可以采取不同的数据同步策略：一次性全量抽取、按时间戳分批并行抽取、分区分批次并行抽取、增量抽取等。

① 作业处理引擎。

数据采集的工作以作业的方式在系统中运行，支持系统将用户在界面配置的信息转换成作业模型，作业处理引擎对作业模型进行校验，深度加工后提供给作业调度引擎使用。作业中包含（读和写）的数据源信息、运行周期、服务节点数量等信息。

② 作业调度引擎。

支持根据作业模型，定时完成作业执行和数据同步工作。

③ 任务拆分。

根据作业模型，支持将任务拆分成若干个子任务。假如一个任务中要处理 10 张表，那么会将这个任务拆分为 10 个子任务，每一个子任务处理一张表。

④ 任务分配。

根据服务节点数量，支持将子任务合理地分配到各服务节点上执行，缩短任务运行周期，提高任务的处理效率。假如一个任务被拆成 10 个子任务，3 台服务节点分别拿到 4 个、3 个、3 个任务项执行。

⑤ 分布式协调。

支持通过 Zookeeper（一种开放源码的分布式应用程序协调服务）进行任务及服务节点的协调工作，避免单点故障，作业任务无法执行。

⑥ 分布式处理。

支持任务被拆分成多个子任务，同时分布到不同的服务节点上，服务节点接收任务并行执行，服务节点之间相互隔离，互不打扰，从而提高数据处理效率。

⑦ 任务路由。

当服务节点出现故障无法正常工作时，支持该服务节点上的所有任务将被路由到其他正常的服务节点上执行，从而避免单点故障。

(10) 辅助功能。

① 数据源适配。

支持根据不同的数据源类型（如 Oracle、MySql、Excel 等）智能适配成不同的数据源插件（Reader 或 Writer），以便后续进行数据的装载及入库操作。由于数据源插件可增加扩展，支持适配任何数据源插件。

② 数据源管理。

支持对结构化或非结构数据源配置进行管理，在作业发布时，不用频繁输入数据源配置项，简化操作流程。

③ 插件管理。

支持对插件的加载、卸载、停用进行管理。

④ 插件驱动。

支持内核驱动或装载数据源插件进行工作，支持插件热加载，增加新插件时不需启停服务。

⑤ 规则引擎。

执行规则进行数据清洗或转换工作。根据不同的业务场景可配置相应的规则进行数据的采集或清洗工作。规则绑定在数据字段或数据项上，规则包含：空值补填、字符串替换、身份证校验等。

三、数据处理服务

（一）总体架构

各类司法行政数据接入大数据中心之后，需要在大数据处理中心对其进行筛选、清洗、处理、挖掘，不断提升数据质量，才能更有效地将之应用于司法行政业务，从而真正发挥司法行政大数据的价值。数据处理服务总体架构如图 8-4 所示。

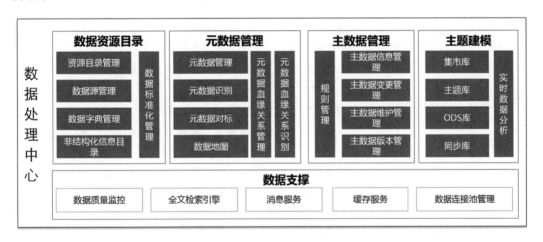

图 8-4　数据处理服务总体架构图

"司法云"大数据中心数据处理中心主要包括数据资源目录、元数据管理、主数据管理、主题建模、数据支撑等五个功能模块组成，实现对应用层各项业务的全面支撑。

（二）业务需求

根据司法部相关要求，司法行政数据分类及编码需要参考以下标准。

司法行政信息分为组织机构信息，司法行政人员信息，业务数据信息，服务（监管帮教）对象信息，财务、装备和资产信息，法制工作信息，资料档案信息，电子证照和其他信息，如表 8-2 所示。

表 8-2 司法行政信息的构成

序号	名称	数据内容	相关部门
1	组织机构信息	记录司法行政机关和所属各类单位、法律服务机构等各类机构的信息	司法行政机关和所属各类单位、法律服务机构
2	司法行政人员信息	记录司法行政机关工作人员、司法行政干警、律师、公证员、司法鉴定人、基层法律服务工作者、法律援助工作人员、人民调解员、社区矫正工作人员、安置帮教工作人员、志愿者、社会购买服务工作人员等各类人员的信息	司法行政机关和所属各类单位、法律服务机构
3	业务数据信息	记录监狱、戒毒、社区矫正、立法、执法监督、法治宣传、律师辩护、公证、法律援助、基层法律服务、安置帮教、人民调解、法律职业资格考试、司法鉴定、司法协助与外事等各项业务信息	司法行政机关和所属各类单位、法律服务机构
4	服务对象、监管帮教对象信息	记录公证对象及申请人、调解对象、鉴定申请人、法律咨询人员、法律援助对象、法律考试考生、行政复议申请人、犯罪人员、戒毒人员、社区服刑人员、刑满释放人员、解除强制戒毒人员、家属等各类监管帮教对象的信息	司法行政机关和所属各类单位、法律服务机构
5	财务、装备和资产信息	记录司法行政机关和各类单位的财务、警用车辆、人民警察服装、警用装备、枪支弹药、资产及业务用房等信息	司法行政机关和所属各类单位
6	法制工作信息	地方规章规范性文件制定时间、名称、内容等信息;行政复议等三类案件的办理时间、基本情况、审理结果、法律文书等信息;已登记的仲裁机构名称、地址、登记时间、仲裁员情况、变更登记情况等信息;执法监督工作相关数据信息等	司法行政机关

续表

序号	名称	数据内容	相关部门
7	资料档案信息	记录司法行政重要档案资料,实现电子卷宗归档,对各类档案进行集中统一管理	司法行政机关和所属各类单位
8	电子证照信息	记录律师事务所、律师、公证处、公证员、司法鉴定机构、司法鉴定人员、仲裁机构、执法人员等数字化的资格证照信息	司法行政机关和所属各类单位
9	其他信息	在信息化建设过程中,对实际业务有用的其他信息	司法行政机关和所属各类单位、法律服务机构

第九章　司法数据共享交换平台

司法行政系统需要打造一个开放的、服务于司法行政系统的"一站式共享服务平台"。

数据共享交换平台为司法行政机关及相关单位信息共享交互提供传输通道，实现数据服务资源的统一调度。实现应用界面和后台功能的剥离，建立统一的服务接口、统一的服务目录。提供服务管理、服务监控、服务接口等数据服务和应用服务。

支持省级司法厅节点与司法部之间的数据发送与数据调用，支持市州、区县级司法局节点、街道/乡镇司法所节点与省级节点之间的数据发送与数据调用，支持司法厅节点、司法局级节点、司法所节点与其他委办局之间的数据发送与数据调用。

数据共享交换系统主要解决"数字法治 智慧司法"建设所涉及的数据共享交换，包括：

(1) 司法行政机关内部各个业务系统之间的数据共享和交换；

(2) 司法行政机关和兄弟单位之间的数据共享和交换；

(3) 司法行政机关和上级（下级）单位之间的数据共享和交换，比如和省级政府、司法部之间的数据共享和交换等。

由于交换数据繁多，格式不一致等，需要设计成一个独立的、通用的数据交换平台。

第一节　前置交换子系统

前置交换子系统的核心功能是实现对各业务系统数据的采集工作，利用数据集成工具对初始数据的清洗处理，向中心交换系统输送规范化的业务数据；同时实现共享来的中心数据向相应业务系统的导入。前置交换系统能够支持多交换域数据交换，实现多种服务器软硬件、不同的文件数据源间高效的数据交换，实现"零编程"或"少编程"。

前置交换具备前置交换机部署、数据采集（包括数据库采集、文件交换、人工报送等方法)、数据格式转换和交换桥接,以及交换采集过程中的数据传输、日志管理等功能。

一、数据采集

前置系统提供数据库采集、文件交换、人工报送和 Web Service 接口等采集模块,并能够快速配置应用。

支持全量、增量数据抽取模式,支持触发器、MD5 时间戳等变化数据捕获方式。支持基于日志解析的非侵入性的增量数据抽取。

提供种类丰富的适配器组件,包含各种通用数据库(DB2、Oracle、Mssql、Sybase、DM、KingBASE、Mysql 等)适配器等、FILE 适配器、JMS 适配器、Web Service 入站适配器、Web Service 出站适配器、JMS 适配器、IBMMQ 适配器、XML 适配器、HTTP 适配器、HTTP 代理适配器、Excel 适配器、Socket 适配器、FTP 适配器、数据过滤适配器、数据加密适配器、数据压/解缩适配器等。

二、数据转换和加工

提供数据格式转换功能,利用简单的拖放映射功能,将数据从一种格式转换成另一种格式,实现源数据库和目标数据库之间的信息的转换。根据需求对抽取的数据进行必要数据处理配置,输入数据和输出数据可进行任意格式间的转换(结构化的 XML、非 XML 或 Java 数据任意组合),从而快速集成异构应用,无需考虑表示数据采用的格式;可在一个业务流程内进行变换;数据转换功能可以通过控件来使用。

三、数据发送接收

负责将交换数据通过交换传输系统进行数据发送与数据接收任务。可以将交换数据以"数据报文"自动提交给传输系统,通过传输系统发送到中心交换节点。支持定时发送、实时发送、固定周期时间发送。

第二节 中心交换子系统

中心交换子系统是部署在中心交换服务器上的应用系统,是各系统前置机进行数据交换的中转站,负责各业务数据交换、中转,并根据统一的要求集成 ETL(Extract Transform Load,用来描述将数据从来源端经过抽取 extract、转换 transform、加载 load 至目的端的过程)组件进行业务数据处理。

一、数据交换服务

提供交换节点之间安全、可靠、高效的数据传递功能,满足数据采集、数据分发、交换节点间直接交换等交换需求,支持实时、定时、按需的数据交换方式,支持数据分段传输、数据压缩/解压缩、数据缓存等。支持基于文件、数据库、服务以及数据表和文件结合等多种数据交换方式。提供统一的数据交换接口。

二、跨域交换服务

提供跨域共享的接口,便于实现通过对接交换节点与其他交换体系进行数据交换。

三、中心数据处理

数据集成ETL组件实现对各交换节点的数据进行去重、比对、异议处理等操作,并对操作的动作、脚本进行保存,同时形成操作日志。

第三节 后台管理子系统

后台管理子系统负责交换系统的后台配置管理和运行监控。主要包括交换系统的用户、授权、交换节点、数据交换资源、数据适配、数据清洗比对规则配置、交换流程、服务的管理,以及各个模块的运行监控、审计和日志监控等。

一、系统配置

系统配置功能完成系统相关参数的定义管理,完成配置项的增、删、改、查等操作,以使系统具有良好的适应性。需要配置的信息项包括系统数据源、数据转化和加工规则、交换流程配置、业务域、交换管理初始化等。

二、监控管理

监控管理是对管理服务、处理流程等运行状况的监控,用户可以实时查看网络状态、各节点运行状态,具体包括:逻辑节点及部署在逻辑节点上面的任务(包括抽取任务、装载任务等)、服务、组件及业务流程等运行状况、日志信息等,对各系统进程实现图形化监控,如服务的启动/停止、服务的状态、使用情况。

提供提醒功能。可以对系统需要提醒的信息进行统一管理，并可以通过站内短消息、E-mail 和手机短信等多种方式通知相关人员，该功能与省行政权力清单平台的即时通信系统和短信平台集成。用户还可以个性化定制自己所关心的提醒信息，以及这些信息的提醒方式。

提供系统监控和预警功能。通过收集、分析系统日志与前置交换运行日志，对机器运行状态（前置机内存、CPU 运行状况等）、中间件运行状态、数据交换状态实时监控，并通过设定预警阈值，提供预警功能。

三、交换目录管理

交换目录管理提供数据交换目录的新增、修改、删除和目录展示、查询等功能。

四、数据清洗、比对等规则配置管理

针对每个交换目录，进行代码转换规则、格式转换规则、清洗规则、比对规则等的添加、修改和删除配置管理。

五、交换流程管理

提供可视化交换流程配置工具，支持编程方式的流程开发。支持交换流程的模板配置管理；支持交换目录可根据交换流程模板生成交换流程，并按照交换域、交换类型等方式对交换流程进行管理；支持交换流程的动态部署和运行，可以远程控制流程的启停、查看流程的当前状态。

六、授权管理

对访问和操作交换系统资源的用户进行统一管理，包括用户、角色、权限等。

对接入平台的节点和使用平台的用户进行身份认证，控制用户对应用系统的访问，防止对平台的非法使用。

七、审计管理

实现审计指标定义、审计规则定义等功能。

八、日志管理

建立交换日志和安全日志，记录任何用户在任何时刻对系统的任何操作，为系统的安全审核、错误追踪、故障恢复提供有力的保障。

系统定期将日志进行备份、导出，然后清除系统中已备份的日志，以免日志过多而占用大量的存储空间，从而对系统的正常运行造成影响。

第四节 大数据共享应用

一、数据来源

将不同来源的数据资源，采集入"司法云"后，统一、有序地汇总入大数据中心。数据来源如表 9-1 所示。

表 9-1 数据来源

数据来源名称	整合方式	数据流向
部/厅业务数据	由 ETL 抽取工具抽取	首先入资源库，然后到标准库，最后分发到热点库与 Hadoop 资源池
政法相关系统数据（公安、法院、检察院等）	专网通过网闸将数据推送到政法专网，再通过 ETL 工具抽取	结构化数据首先入资源库再到标准库，再统一分发到热点库与 Hadoop 资源池。非结构化数据直接入 NAS 文件存储服务器
音、视频等数据	由 ETL 工具抽取	结构化数据首先入资源库再到标准库，再统一分发到热点库与 Hadoop 资源池。非结构化数据直接入 NAS 文件存储服务器
社会资源数据	通过部门间共享平台或者手工拷贝等方式先内网，再通过 ETL 工具抽取	结构化数据先入资源库再到标准库，然后统一分发到热点库与 Hadoop 资源池。非结构化数据直接入 NAS 文件存储服务器

数据来源种类如表 9-2 所示。

表 9-2 数据来源种类

数据种类		描述	获取方式说明
司法数据	部、省共享数据	部、省一级共享数据资源	通过请求服务方式进行数据交换
	各部门司法行政业务数据	司法行政机构各处（科）室部门在日常工作中产生的各类司法信息，如律师管理信息、公证管理、法律援助、司法鉴定、法律职业资格考试等数据	通过以局长（处长）办公会形式，组织各处（科）室领导参会，明确建设大数据中心事项，以机制的形式推动数据汇集工作
	监狱、戒毒、社区矫正数据	监狱、戒毒视频监控数据、监狱、戒毒、社区矫正等系统数据，部分数据涉及不同密级	
政务网数据	政务内网数据	涉密的党政机关办公业务网络，与国际互联网物理隔离，在满足工作需求的前提下，覆盖范围尽可能少	通过省一级层面，就政务网信息整合出台文件，明确政务网信息汇聚工作的必要性、建设目标、建设牵头单位、汇聚范围等内容。由牵头单位与其他单位逐项约定汇聚方式和内容
	政法专网数据	政法专网数据如公安、法院、检察院等系统数据，主要用于政法部门应用协同、数据协同等信息的传递和业务流转，它与外网之间通过网闸，仅以数据"摆渡"方式交换信息	
	政务外网数据	政府对外服务的业务专网，与国际互联网通过防火墙逻辑隔离，主要用于机关访问国际互联网，发布政府公开信息，受理、反馈公众请求和运行安全级别不需要在政务专网运营的业务	
社会数据	互联网数据	泛指一切通过互联网进行通信的数据	（1）使用网络爬虫抓取； （2）通过与互联网运营商达成协议，购买部分运营商数据

续表

数据种类		描述	获取方式说明
社会数据	舆情数据	舆情是舆情因变事项发生、发展和变化过程中，民众所持有的社会态度，作为主体的民众对作为客体的社会管理者、企业、个人及其他各类组织及其政治、社会、道德等方面的取向产生和持有的社会态度。它是较多群众关于社会中各种现象、问题所表达的信念、态度、意见和情绪等表现的总和	（1）司法工作发现、社会群众上报； （2）使用网络爬虫抓取； （3）司法监测； （4）从网络新闻运营商购买数据
	企业数据	泛指所有与企业经营相关的信息、资料，包括公司概况、产品信息、经营数据、研究成果等，其中部分数据涉及商业机密以及公司核心竞争力	通过企业约谈的方式，采取数据交换、数据交易方式获取数据

二、协同办案数据关系

随着社会的发展，各级政府机关都提出效能建设的管理理念。采用先进成熟的计算机软件技术和网络通信技术，实现业务管理的电子化、信息共享的网络化、数据处理的自动化和科学化，把信息系统应用在实际的工作中，加快工作效率，提高工作质量。

数据共享对内可提升司法行政管理水平和决策能力，对外可建立完善的司法行政系统数据共享体系，数据共享应用范围涉及司法行政系统各单位（省级司法厅、监狱系统、戒毒系统、省社区矫正系统、警官学院、各级司法局和司法所等）、数据共享与协同办公各相关单位（司法部、省委省政府、省委政法委、省发改委、公安机关、检察机关、法院、司法行政业务各基层延伸单位等）、对司法行政系统业务和服务有需求的所有用户（个人或单位）。提供覆盖监狱、戒毒所、社矫局、警官学院，以及司法行政部、省、市、县、乡、村六级，面向司法行政系统从业人员和广大人民群众的协同办公平台。

与其他政法单位的信息共享和业务协同内容要求如表9-3所示。

表 9-3 与其他政法单位的信息共享和业务协同内容要求

序号	司法厅业务	相关外部部门	具体信息共享和业务协同内容
1	监狱	司法机关、公安机关、法院、检察院	建立与审判、检察机关联动的监狱执法协同办案信息共享机制；律师信息、同案犯信息、安置帮教信息、社区矫正信息、人员身份核查、家属身份确认信息
2	戒毒	司法厅	律师信息、安置帮教信息
		检察院	监督检查戒毒执行工作
		公安机关	人员身份核查、接收戒毒人员在公安机关的强制戒毒信息，与公安机关共享戒毒人员出所的有关信息，协助公安机关落实动态管控措施。同案犯信息、家属身份确认信息
		卫生和计划生育委员会	戒毒场所疫情疾病监控管理、医疗鉴定等；协助认定需强制戒毒人员，并协助执行社区戒毒工作
		发改委	审批固定资产投资项目等
		财政部门	办理和监督中央投资项目的财政拨款，管理财务收支等
		药品监督管理部门	提供戒毒药品相关信息，协助执行戒毒工作
		社区、城市街道办事处、乡镇政府、民政部门等	协助执行社区戒毒工作
3	法治宣传	政府各部门	政府各部门在法治宣传教育主管部门指导下，宣传本部门专业法律法规；合作开展相关的主题宣传工作
		地方各级政府	合作进行各类型的普法宣传活动
		新闻媒体、宣传部门等	利用新闻媒体、宣传部门的各类宣传渠道开展法治宣传工作
		高等学校	提供法治宣传人员

续表

序号	司法厅业务	相关外部部门	具体信息共享和业务协同内容
4	律师管理	检察机关、公安机关、法院、司法机关	人员身份核查，案件指派、受理，卷宗查阅，案例分析，律师信息，犯罪信息，原告被告信息，司法救助人员信息
		教育部门	学历信息、需要实习人员、律师受教育信息
		人力资源和社会保障部门、民政部门	需要实习人员、律师人事档案信息和社会保障信息、困难群众身份信息
		监察部门	需要党员律师违纪信息
		税务部门、证券监督管理部门和其他相关单位	需要对律师和律师事务所的行政处罚、行业惩戒信息
		卫生和计划生育委员会	需要实习人员、律师无民事行为能力、限制行为能力的证明信息
5	公证管理	司法机关、法院、检察院、公安机关	人员身份核查、提供与公证工作有关的案件、人员户籍、国籍等信息；需要公安、法院提供实习人员、公证员违法、犯罪信息、重复公证核查信息、司法救助人员信息
		教育部门	需要公证员、实习人员受教育信息
		民政部门	共享婚姻登记信息、困难群众身份信息
		国土资源部门	共享房地产登记、抵押等信息
		工商部门、税务部门、使领馆、法院、仲裁委员会	共享办证所需相关信息，并提供公证书快速查询通道
6	法律援助	法院、检察院、公安机关、司法等政法部门	人员身份核查、提供诉讼当事人有关信息，移交相关司法文书、司法救助人员信息、律师信息
		财政部门	财政预算支持法律援助工作开展所需经费
		民政部门	提供困难群众信息，进行审查
		工青妇老残等部门	提供特殊群体信息

续表

序号	司法厅业务	相关外部部门	具体信息共享和业务协同内容
7	人民调解	政法委、司法部门、法院、检察院、公安机关等政法部门	人员身份核查、公民身份信息、共享社会矛盾纠纷情况、解决情况信息、案件重复检验、司法救助人员信息
		工商部门、税务部门、人力资源和社会保障部门、民政部门、银行、证券公司等	协助调解与本部门业务相关的矛盾纠纷
8	社区矫正	法院	提供与社区矫正人员相关的各类法律文书，决定对社区服刑人员使用减刑、收监等措施；犯罪信息
		公安机关	人员身份核查、家属信息核查、社会关系信息、出现逃脱情况时需要与公安进行联动、出入境信息、出入酒店信息、出入网吧信息、出入机场车站信息
		检察院	监督社区矫正实施
		司法部门（监狱、安置帮教）	假释、暂予监外执行罪犯调查评估、法律文书交接、收监执行等信息，安置帮教对接、社会关系信息、住地变更信息、提请治安处罚信息、提请减刑信息、提请撤销缓刑信息
		工会、共青团、妇联、社区、村（居）委会	协助开展社区矫正工作
9	基层法律服务	省委政法委、法院、检察院、公安等政法部门	人员身份核查、共享基层矛盾纠纷情况信息
		工商部门、税务部门、民政部门、教育部门等	共享基层矛盾纠纷相关的各类数据信息
10	安置帮教	法院、检察院	提供服刑人员信息、案件信息等
		公安机关	人员身份核查、共享人口基础信息库和公安机关刑事犯罪信息库
		民政部门、教育部门、人力资源与社会保障部门、金融部门等	协调解决刑满释放人员、解除社区矫正人员面临的问题，对刑满释放人员进行帮扶教育，进行困难群众信息检查
		各级政府、党组织、街道办事处等	协助对刑满释放、解除社区矫正人员的管理、教育工作

续表

序号	司法厅业务	相关外部部门	具体信息共享和业务协同内容
11	法律职业考试	公安机关、法院、检察院	人员身份核查、共享考生的诚信信息和统一职前培训信息
		教育厅	通过教育厅信息化平台,对申请授予法律职业资格证书人员进行学历查验
12	司法鉴定	法院、检察院、公安机关	人员身份核查、案件核查,建立管理与使用衔接的信息沟通体系,形成管理、委托、采信一体化的业务平台
		民政部门等各行业主管部门	共同规范管理相关类别司法鉴定,进行困难群众身份信息检查
		质量技术监督部门	共同促进司法鉴定标准化工作、认证认可工作

第十章　应用支撑系统平台

第一节　应用支撑系统的需求分析

司法行政系统信息化建设项目应用系统设计和部署，应按照"统一机构用户目录""统一信息资源目录"和"统一权限分配策略"的"三统一原则"建立，并在此基础之上，基于统一框架平台实现单业务系统的开发和多业务系统集成的建设工作。

应用支撑平台承载政务的运行，为信息资源的共享和业务系统之间的互联互通提供服务。应用支撑平台主要提供电子表单、通用报表、流程管理、综合查询、统计分析、消息服务、用户管理、权限管理、身份认证、配置管理、系统审计等中间件或功能组件，为应用系统的快速搭建和合理运行提供支撑。

根据应用系统支撑平台技术的技术特征和发展趋势，其基础架构可以分为面向过程的、基于组件的和面向服务的三种不同类型，在实际建设中可根据需要选择使用。

应用支撑服务是基础架构平台，为电子政务应用提供的一组通用的服务，包括消息服务、事务处理、流程控制、数据访问、目录服务、安全服务、构件管理和安全管理等。支撑服务是跨领域、与具体业务无关、通用的基础服务。

在条件成熟时，可将应用支撑平台融入基础构件库，为应用系统提供通用构件服务。

应用支撑平台功能结构如图 10-1 所示。

应用支撑平台是行政业务资源信息系统建设的基础。应用支撑平台为应用系统提供了应用支撑、应用整合、数据整合、内容整合、门户服务和安全管理的支持，并且屏蔽了复杂的底层技术，为应用系统的建设和整合提供了方便。不但对应用系统建设起着支撑框架的关键作用，也为日后应用系统的升级奠定了基础。

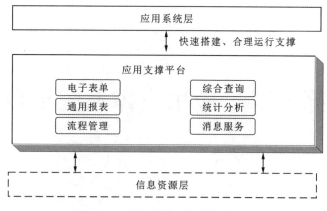

图 10-1　应用支撑平台功能结构图

第二节　应用系统设计和部署原则

一、整体规划原则

应用系统开发是一项系统工程，为确保建设的有序、规范进行，在实际工作中必须做好统一领导，整体规划。一般由省级司法厅信息化领导小组统一领导和部署，组织制定总体规划，设计总体框架，确定总体目标与主要任务，制定项目实施总体方案和详细设计，形成统一的标准体系，并具体组织项目的实施。

二、以数据为核心的原则

在应用系统设计和开发过程中，要坚持以数据为核心的原则，确保数据在交换、传输、处理、存储、备份、使用等各环节的准确性、及时性和安全性。

三、标准化原则

在参照和遵循信息化方面的相关国家标准的基础上，结合司法行业建设的相关规定，建设应用系统。

四、易操作性原则

应用系统在设计上要做到人机界面友好，界面设计科学合理，用户操作简单。用户界面设计要做到易理解、易学习、易操作。

五、可靠性原则

在尽可能减少投资的情况下，从应用软件系统结构的设计等方面综合分析，与相应的硬件和系统软件配合，提供良好的业务连续性。

六、安全性原则

安全和数据保密是应用系统设计中的重点之一，除了从网络、系统等方面考虑安全性，应用设计必须考虑安全相关技术要求，软件、管理等多层面综合分析，建立目录和权限管理体系，完善安全防护体系。

七、可管理性原则

应用软件的系统管理工具应提供良好的易操作性，简化系统的管理与维护，减少管理人员的工作量，降低整个系统的总体成本，提高系统的投资回报。

八、技术先进性原则

技术选型、应用系统的设计开发以及系统的维护管理所采用的产品技术均综合考虑当今IT技术的发展趋势，采用先进的、市场相对成熟的主流产品技术，保障投资保持效益。

九、开放性和可扩展性原则

良好的体系结构设计对于系统是否能够适应未来业务的发展至关重要，在应用软件开发中，技术的选用都将遵循可扩充的原则，以确保系统随着业务的不断增长平滑扩展。

十、高性能原则

应用系统要充分考虑现有业务量以及未来业务量的增长，在开发中采用高效率的算法并进行充分的测试，确保系统满足现在以及未来的业务需求。

十一、经济性原则

应用系统应根据实际应用需求，进行合理选型配置，降低总体投资成本，充分利用现有设备资源，实现投资保护。

十二、平台化、层次化和集成化

系统的开发应完全采用平台化设计,这使系统具备很好的可移植性。平台化设计主要体现在系统结构的平台化设计和应用软件的平台化设计两个方面。

第三节 系统结构的平台化设计

系统结构一般可以划分为硬件平台、软件平台(操作系统平台和数据库平台)和应用系统平台三个层次。系统结构的平台化设计要求硬件平台的变化不会影响应用系统平台的设计,这样才可以真正实现应用软件的平台化设计,最终实现应用软件的高度可移植性。

系统结构的平台化设计较为简单,只需要在选择系统软件平台时,选用可移植性较好的操作系统和数据库管理系统;在选择硬件平台时,选用可适应多种操作系统的硬件设备。

第四节 统一机构用户管理

由于建设时期不一、承建单位各异,在司法行政系统信息化的建设中,各系统大多数情况下都拥有独立的组织机构、用户信息管理功能,而且用户信息的格式、命名与存储方式也各不相同。当组织机构或用户发生调整的时候,就会带来用户信息的不同步问题,伴随应用系统规模的扩大,解决此问题的难度与复杂度将会呈几何级数递增。这无疑会增加管理成本及开发与维护成本。解决问题有效方法之一是,使用中央用户管理服务器以目录方式统一存储维护各应用系统的组织机构和用户信息,各应用系统与组织机构、用户信息相关操作全部通过统一机构用户目录系统完成。统一机构用户管理逻辑关系如图 10-2 所示。

统一机构用户目录可实现用户信息规范命名和统一存储管理,以及用户唯一标识符的全局唯一性。通过统一的机构用户目录系统,向各应用系统提供用户属性列表信息同步,各应用系统按照需求选择本系统所需部分或全部属性,并在统一机构用户目录系统注册、登记备案。

各应用系统根据业务需要可向统一机构用户目录系统申请新的用户属性,审核通过后由统一机构用户目录系统将新的属性放入用户属性列表中,共享使用。

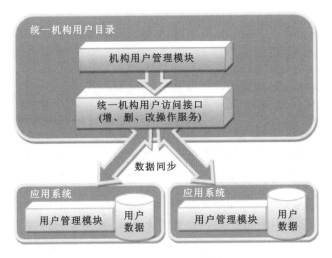

图 10-2　统一机构用户管理

在各应用系统保留用户管理功能（用户分组、授权等）的同时，可对组织机构以及用户基本信息的增、删、改操作，由统一机构用户目录系统进行，其结果通过 SOAP 协议与各应用系统的用户管理系统同步，分步实施相对应的增、删、改操作。

各应用系统采用 Web Service，由统一机构用户目录系统调用完成，Web Service 基于 SOAP 与 XML 的开放、跨平台、跨语言的特性，是不需要在应用系统端部署统一机构用户目录系统的客户端。它相对应用系统端部署的 JDBC、JNDI 或类似触发器，无疑会为程序的部署、配置、维护等带来更大的便利性。各应用系统在组织机构、用户基本信息不变更的情况下，可以按照本系统的需要，对权限角色进行调整。统一机构用户目录系统应用于政务网有以下好处：

（1）解决组织机构、用户同步问题，降低整合工程设计、开发、维护的复杂度，而将更多精力投入到自身业务的建设；

（2）减轻了机构用户管理工作，为之后的新系统开发，节省了投资；

（3）为实现更高级的应用（SSOPMI/AAPKI/CA 和综合审计平台等）打下了基础；

（4）为信息安全建设、统一授权及访问控制提供坚实基础。

第五节　统一权限分配原则

统一权限分配建立在统一机构用户目录系统之上，概念上包括认证和授权两个功能内容。

一、需要解决的问题

在工作中，多业务系统的登录认证、权限授权存在以下问题：
（1）各应用系统需重复登录、重复认证和反复授权；
（2）人员的新增、调离或退休都需要到各个系统中进行重新配置；
（3）操行不及时或遗漏，会带来系统的安全隐患。

在保证组织机构编码统一、用户基本信息统一、用户密码维护统一实现的基础上，提供统一的操作界面，实现统一机构用户目录系统的集中管理。而在统一权限分配上，构建统一机构用户管理和单点登录（SSO）是一个信息化建设必不可少的重大举措。通过建设统一的信息门户，并将各种业务系统授权接入，可以较大地提升用户感受，打造真正的"以用户为中心"的信息化建设目标。

二、应遵循的原则

统一机构用户管理系统的建设是行业应用整合中的基础应用，可以说决定了应用整合建设的成败，是应用整合建设关键的一步，应遵循以下原则。

1. 集中管理分级授权

基于统一机构用户目录的集中管理所指权限数据可以在一个总的目录下进行浏览和确认，并可以通过日志的手段确认权限策略和配置。但不能直接对操作权限进行分配。同步数据是各应用系统向统一权限分配目录的单向操作。

2. 集中管理集中授权

统一机构用户在基本数据的基础上，实现权限授权的统一分配。权限数据在各应用系统与统一权限分配目录之间是双向同步关系。统一平台具有总控权，可以统一授权，屏蔽各应用系统的授权设置，也可以与各应用系统分别授权管理。管理平台可以设置多个级别的管理员身份，分级对机构用户、岗位角色、权限分配、同步策略进行控制。

1）系统部署

统一权限分配建立在统一机构用户目录之上，只有统一身份才能统一权限策略。除了身份统一之外，组织机构统一、角色统一也是统一权限分配的关键要素。因此在总体架构中，与交互服务、数据共享服务和联通服务建立关系，是统一权限分配策略贯彻落实的前提。

2）内部框架图

方案架构与统一机构用户目录共同构成，按照模块分为统一认证管理、统一授权管理和接口服务管理。统一权限分配管理逻辑关系如图 10-3 所示。

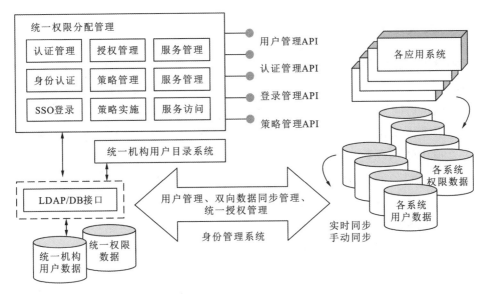

图 10-3　统一权限分配管理模型图

第六节　统一信息资源管理服务

信息资源指司法行政系统信息化应用系统产生的结构化数据和非结构化数据，以及服务、业务流程、中间件适配器等系统整合的资源。

信息资源管理服务旨在提供一种对司法行政系统信息化中各类资源进行管理的方法、技术及相应的资源库和管理系统。通过对资源进行评估、全生命周期管理等手段为相关各方带来实在利益，提供资源编目、资源注册、资源查询、资源发布、资源版本管理、资源质量评估、资源库操作日志管理、资源维护等功能，从而使该应用系统整合框架能够更加有效地运转。

资源管理服务中管理的资源类型包括文件、组件、业务流程和 Web 服务。资源管理服务采用"关注点分离"的思想，对资源实体进行存储，并通过对资源描述信息的维护来实现对资源实体的管理。

一、系统部署

资源管理服务是司法行政系统信息化中业务应用框架层中的一个软件产品，为展示服务层和各种 SOA 工具提供相关的资源管理功能。按总体设计思路，资源管理服务与数据元素设计服务、数据交换服务、流程服务、服务目录和交互服务关联。

二、内部架构图

资源管理服务内部由界面层、接口层、功能层和存储层四部分组成。其中存储层和功能层完成对资源实体及元信息的管理与维护，界面层与接口层为用户及其他软件模块提供访问资源的接口和界面。

信息服务本身由持久层、逻辑层和展现层构成。持久层以数据联邦模块为核心，主要提供结构化数据和非结构化数据的透明数据源链接和数据集获取；逻辑层主要是信息服务的支撑，体现数据信息的编目、分析和关联，检索服务支撑和信息联合、交换等逻辑操作；展现层主要进行信息发布，包括目录、检索和报表发布。信息服务内部架构如图10-4所示。

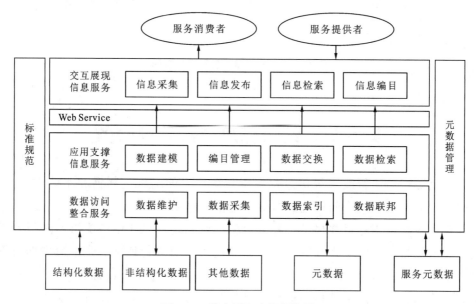

图10-4 信息服务内部架构图

功能层由资源注册、资源属性修改、资源撤销、资源版本管理、资源质量评估、资源分类管理、资源操作日志管理等模块构成，各模块的功能如表10-1所示。

表10-1 功能层各模块功能描述

功能名称	功能描述
资源注册	该模块为资源提供者提供注册资源。使用该模块，提供者可以对资源实体及资源元信息进行存储，将使用资源属性修改模块和资源版本管理模块提供的部分接口，修改属性信息和版本信息
资源属性修改	该模块为资源提供者提供修改已注册的资源的属性信息的功能，为资源注册模块、资源撤销模块和资源质量评估模块提供接口

续表

功能名称	功能描述
资源撤销	该模块为资源资产提供者和系统管理员提供将已注册资产从资源库中撤销的功能，撤销时将资源实体及其属性信息删除；将使用资源属性修改模块提供部分接口
资源版本管理	该模块提供对已注册的资源进行版本管理的功能。将使用资源质量评估模块的部分接口，修改资源的质量信息，并向资源注册模块提供访问接口
资源质量评估	该模块提供资源质量信息的存取接口。将使用资源资产属性修改模块提供的接口，修改资源属性，并向资源查找和资源版本管理模块提供接口
资源分类管理	该模块提供业务功能分类体系的导入及创建功能
操作日志管理	该模块提供对资源操作日志的记录功能

第七节　统一身份及单点登录系统

一、统一用户管理系统

统一用户管理模块是对系统所涉及的单位和人员以及单位和人员之间的关系进行管理的平台，为应用系统提供支撑的基础平台管理。它要实现单位和人员的层次关系、隶属关系、相关岗位的定义，实现一人多岗、权限及业务职能的继承关系。所有信息的管理和维护行为都必须保留系统日志。单位和人员的基本信息必须独立管理、维护。机构和人员之间的关系以及业务信息，必须进行统一管理和维护。

1. 人员维护

管理维护人员的基本信息、详细信息、登录信息。其中系统要有支持一个用户多账号登录的功能。

2. 机构维护

管理维护单位部门的基本信息，包含组的维护。分组主要有成员组、领导组、处（科）室组。

3. 机构人员树维护

体现机构的层次关系，把人员定位到机构的每个职务上，通过职务建立人员与机构的关系。单位的关系可以用行政级别的关系来描述实现，人员的关系可以建立领导和秘书、处（科）室之间的关系。

4. 机构列表与业务关联功能

可以从机构人员树中查看任何单位的人员列表。

5. 临时组织机构维护

为了完成某一项临时性的工作，需要成立临时性的部门，系统应该支持对于临时部门的维护、授权和管理。

6. 支持全省机构的管理

把全省机构作为统一隶属树来管理，并可以设置当前使用单位。

7. 代理领导维护

能够设置其他人员对领导的权限进行代理。

8. 机构人员资料变更

机构人员会因为升迁调动而发生资料变更，资料的变更包括用户的基本信息、登录信息、其他详细信息，该机构人员相应的权限信息也需要进行调整。

机构人员的所有资料的变更、撤销、新增要进行日志保存。

对密码快要过期的用户需要进行提示，支持用户密码有效期的维护。

支持用户认证方式的设定。

二、单点登录系统

对新建应用系统的用户账号命名、存储、密码、新建账号的映射规则、新建系统数据库字符集要求等做出规定；对已建应用系统使用何种 SSO 工作原理的产品做出界定。

（1）当 Web 浏览器请求一个服务时——①，服务通过在请求中寻找一个 CAS 票据来判断用户身份是否已通过验证。如果未找到票据，则意味着该用户尚未通过身份验证。用户被重新定向到 CAS 的登录页面——②。

（2）在 CAS 的登录页面，用户输入用户名和密码。如果 CAS 成功认证了该用户，则创建一个与请求的服务相关联的票据。接着，CAS 服务器将用户重新定向到用户原先请求的服务（此时请求中已经有票据了）——③。

单点登录示意图如图 10-5 所示。

（3）服务再次在请求中寻找票据。这一次它找到了票据，并与 CAS 服务器联系以确认票据是有效的——④。

（4）如果 CAS 的响应表明票据对当前请求的服务而言是有效的，就会允许用户访问应用。

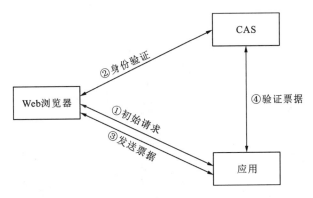

图 10-5　单点登录示意图

（5）当用户请求访问另一个支持 CAS 的应用系统时，那个应用仍然会与 CAS 联系。由于用户之前已经认证，CAS 会返回一个对该新应用有效的服务票据，而不会提示用户再次登录。

功能描述如表 10-2 所示。

表 10-2　功能描述

功能名称	子功能名称	功能描述
开发接口	二次认证接口	从单点登录认证代理服务器中获得用户身份信息，实现子系统的后台二次认证
	用户信息接口	
部署配置	认证监控配置	初始化子系统的单点登录配置信息，监控用户的访问请求，自动判断用户是否已经通过认证
	单点登录配置	
	日志记录配置	

第八节　电子公章系统与 CA 认证中心集成

一、电子公章系统与 CA 系统的机构证书进行绑定

CA 系统提供相关的接口组件供 OA 系统读取 CA 证书的单位信息，以便与读取的电子公章的单位信息进行验证。

二、电子公章存放在 U 盘中，机构证书存放在 Ukey 中

电子公章流程示意图如图 10-6 所示。

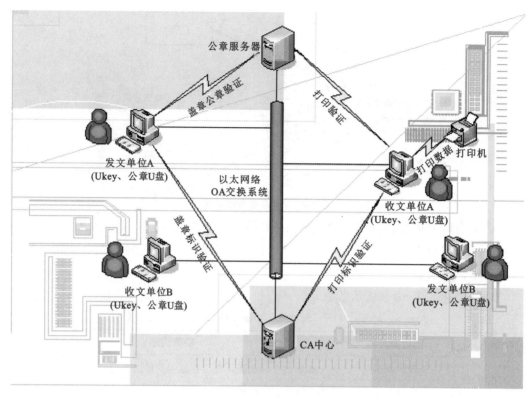

图 10-6 电子公章流程示意图

第九节 GIS 地理信息服务能力

为方便人民群众和全系统工作人员查找"人地案(事)物组织"等信息,基于统一的在线互联网地图,需要建设对外服务公众、对内服务办公的中国"法治地图"。

通过建立地域范围内的公用的 GIS 平台,为社区矫正定位、公共法律服务外网平台应用(比如法律服务机构位置查询服务等)等提供支撑。

一、地理信息平台软件桌面端

(1) 支持 PKI 满足双重身份验证。

(2) 支持与大数据平台 Hadoop 的集成,能够进行大数据的空间分析和可视化。

(3) 支持 ISO19139.FGDCCSDGM、INSPIRE、NorthAmericanProfile 元数据标准。

（4）支持读取 130 多种空间数据格式，支持 90 多种数据格式转换。

（5）支持从桌面端连接大数据平台的数据库 Netezza 和 Teradata。

（6）支持激光雷达（Lidar）数据，能够对其集成管理、二、三维一体化显示，进行栅格表分析，发布为影像服务进行共享。

（7）兼容 ENVIHDR、eYaImage 格式影像，可在软件中直接读取，即不需要任何转换即可添加到地图中。

（8）支持 AIR SAR Polarimetric、CEOS SAR Image、TerraSAR-X 影像和栅格数据格式文件的读取，并能够和地图叠加显示。

（9）支持常用国产遥感卫星影像的 Level1 和 Level2 产品，能够完成国产卫星影像的无控/有控正射校正、影像融合、大规模影像管理和快速发布。支持的卫星至少包括 HJ-1A/B、ZY-102C 和 ZY3。

（10）支持影像索引和搜索。对于建立索引之后的目录，能够通过文件名和类型快速检索出其中的影像。对于平台支持的卫星影像，能够通过关键元数据进行检索。

（11）支持常用国外遥感卫星 Level1 和 Level2 级标准产品的快速加载和实时正射、融合、镶嵌和匀色。支持的卫星至少包括：Landsat8、SPOT6、Pleiades-1、QuickBird、WorldView-2、GeoEye-1。

（12）支持不按照原有要素的几何形态进行绘制且无需生成额外的数据，从而实现与要素形态不一致的符号以实现高级的制图效果。

（13）地图页面布局元素支持插入图片、Excel、Word、PowerPoint 和系统对象，支持插入动态文本。

（14）支持利用 ArcPy.Mapping 实现自动化制图。通过 Arcpy 与数据驱动输出制图技术相结合，可自动创建和输出完整的地图册。提供动态图例功能，可以只展示可视范围内要素的图例。

（15）支持计算卫星影像融合时的权值，提高影像融合质量。

（16）支持实时空间分析运算，无需将处理结果写入磁盘，就能够显示处理结果，处理结果随运算参数改变而实时变化。要求支持下列四种类型的实时空间分析运算：位运算、条件运算、逻辑运算、数学和统计。

（17）支持影像镶嵌，镶嵌算法能够支持 SUM 镶嵌算子，对重叠区域的影像进行求和。

（18）支持对管理的海量影像的实时动态镶嵌，并对镶嵌结果进行羽化处理、轮廓构建、匀光处理；提供分析器工具查找镶嵌过程中存在的异常；支持数据的同步。

（19）支持 Community Sensor Model（CSM）和推扫式传感器模型数据的正射校正及辐射校正。

（20）支持实时图像处理，无需将处理结果写入磁盘，就能够显示处理结果，处理结果随运算参数改变而实时变化。至少支持下列实时图像处理：正射校正、镶嵌、裁剪、全色锐化、匀色。

（21）支持影像信息的量测，在有 RPC 文件的情况下，需要能够基于单景图像测量建筑物高度。

二、地理信息平台服务器端

（1）支持 32 位、64 位操作系统，且能支持跨主流 Windows、Linux 操作系统平台。

（2）具备与主流 Web/应用服务器集成（包括 IIS、Glassfish、Tomcat、Websphere、Oracle WebLogic、JBossApplicationServer）。

（3）具有弹性可伸缩的体系结构，支持热插拔式负载均衡，支持大用户量的 Web 并发访问。

（4）提供 Rest 架构的后台管理接口，能够通过管理接口实现对 GIS Server 站点和集群的管理操作。

（5）提供统一的服务文件格式，能够包含各种信息，包括服务基本属性信息、切片信息、数据源信息等。

（6）提供 GIS 平台的架构容灾策略。

（7）提供多方位的安全机制，支持基于用户和角色的安全授权，支持基于令牌的身份认证，支持 SSL（Security Socket Layer）加密机制，支持反向代理服务器部署策略，支持 PKI 认证，增强安全性。

（8）支持在多种主流 DBMS 平台上提供高级的、高性能的 GIS 数据管理接口，如 Oracle、SQL Server、DB2、Informix、PostgreSQL、Netezza 和 SQL Azure 等，并支持多端在线访问关系型数据库存储和管理的原生空间数据。

（9）提供版本管理机制，允许版本和非版本编辑，支持数据维护的长事务管理。

（10）支持基于增量的分布式异构空间数据库复制功能，支持多级树状结构的复制，支持 checkin/checkout、oneway、twoway 三种复制方式。

（11）支持数据跨平台及异构的数据库迁移。

（12）支持空间数据库导出为 XML 格式，用于数据交换和共享。

（13）支持对多源多类型空间数据的管理，包括矢量、栅格、影像、栅格目录、三维地表、文本注记、网络等数据类型。

（14）保证在 DBMS 中存储矢量数据的空间几何完整性，支持属性域、子类，支持定义空间数据之间的规则，包括关系规则、连接规则、拓扑规则等。

（15）支持 Querylayer，支持通过 SQL 语句创建地理图层。

（16）支持 Python 创建企业级地理数据库，并且在已有的关系型数据库中使用空间数据库的功能。

（17）提供对 DB2、Oracle、Postgre SQL 和 SQL Server 的 NativeXML 列的支持。

（18）支持基于文件存储空间数据，要求提供相应应用程序编程接口（Application Programming Interface，API）对基于文件存储的空间数据进行访问处理。

（19）提供对 SQLServer 的 Varbinary（max）和 datetime2 数据类型的支持。

（20）支持"Areamust Contains One Point""Line Must Not Intersect With""Line Must Not Intersector Touch Interior With""Line Must Be Inside""Point Must Be Coincident With""Point Must Be Disjoint"等常见拓扑规则。

（21）支持通过 SQL 语句获取或者更改栅格数据的相关信息。

（22）支持附件功能，可以将文件、图像等作为要素的额外信息保存到数据库中。

（23）提供企业级地理数据库管理工具，直观地进行版本连接锁管理。

（24）能够改变版本化的拓扑，无需解除数据的注册。

（25）能够重新构建企业级 Geodatabase 中多个数据集的索引。

（26）能够在 Oracle 或 Postgre SQL 中安装 ST_Geometry 数据类型和它所有的子类型。允许用户使用 ST_Geometry 存储和获取矢量数据。

（27）能够通过空间数据库存储管理的影像和栅格数据；被管理的数据既可以存储在空间数据库中，也可以存储的文件系统里；能够管理大量分辨率不同的影像；常用卫星的影像数据能够直接入库管理，包括：WorldView1/2/3. GeoEye-1. RapidEye、IKONOS、QuickBird、Spot、Landsat5TM 和 Landsat7ETM+等。

（28）具有与其他企业级系统（如 SAP、SPSS、Share Point、Cognos 等）集成整合的能力。

（29）具备要素多客户端在线编辑能力，并且可直接连接编辑关系型数据库中原生空间数据。

（30）支持具有时态信息的地图服务，提供基于时间维的查询，支持历史回溯的动画展示。

（31）支持 Web 客户端通过地图服务访问独立表，提供服务器端地图与独立表格关联的能力，实现业务信息的快速搜索、查询。

（32）支持混合模式切片技术，自动支持不同的图片格式进行切片。例如：可在地图范围中使用 Jpeg 格式切片减少图片的存储大小，在切片边缘使用 png 来保持切片的透明效果。

（33）支持空间服务器对象池化（Pooling）机制，获得多用户并发访问性能，提升请求响应速度。

（34）提供即用的缓存创建地理处理服务，可将该服务在指定集群中运行，释放其他服务器提高快速响应服务请求。

（35）GIS 平台软件应具有国际先进的面向对象模型和规则库技术，具有国际 UML 标准的 CASE 建模技术，建模结果可存储在任意开放型的通用数据库中。支持利用 VISIO 等专业建模工具进行建模。GIS 平台软件能在网上免费提供各行业的 UML 数据模型。

（36）GIS 平台软件应具有强大的空间处理（Geoprocessing）功能，除了传统的对话框交互方式外，还应提供快捷的图解建模工具，支持强大、易用的 Python 等语言的空间处理脚本，可直接在任务管理器中自动运行，从而实现高效的自动批处理。

（37）支持各种通用数据库（ORACLE、DB2. Informix、MSSQLServer 等）以及 IBMInformix Dynamic、Microsoft Access 等商用数据库产品和开源数据库 Post-gre SQL，将所有的空间数据存储在关系型数据库中。

（38）支持 Android、Windows Phone7 和 8. iPhone、iPad 的移动设备，进行浏览地图、数据采集、同步更新、离线编辑和定位等功能和开发功能，提供完整的开发包。

（39）提供完整的安全性机制，支持国际标准 LDAP 协议。

（40）支持大数据存储（IBM Netezza7.0、Teradata、Windows AzureSQL Database 等），支持大数据软件 Hadoop。

（41）提供一套完整即拿即用的工具，可实现对实时流数据的持续分析处理。

（42）支持 WebSocket、XMPP、TCP、UDP、SMTP、HTTP 等主流常用数据传输协议，支持 TXT、CSV、JOSN、KML 等多种常用数据格式，能够方便接入常见传感器、移动设备、车载 GPS 以及社交媒体平台产生的实时数据。

（43）提供丰富的即拿即用的实时数据分析处理功能：地理围栏、基于空间和属性实时过滤、数据整理、阈值分析等。

（44）支持将实时数据处理过程进行流程化管理，并能以服务方式进行访问。

（45）支持对实时数据输入、输出进行实时在线监控。

（46）提供多种实时数据分析处理结果展示输出方式，支持直接进行空间可视化展示、发送邮件、发送短信、生成文本。

第十节 统一短信服务能力

一、短信服务平台

短信平台是为司法行政系统打造的新一代政务移动信息化运营管理平台。短信平台负责司法系统对内部和外部用户发送短信。主要用于身份认证、任务提醒等。

短信平台要求能够实时、高效、稳定地支持每小时千万级别的消息发送量,在此基础上提供灵活、易于扩展的技术及业务框架,能够新增、定制运营商接口协议、支持通道热拔插、支持定制个性化的通道分配业务规则、支持在线的通道切换及负载均衡。

短信平台整体采用 B/S 结构,直接开机即用,无需进行客户端安装;同时支持三方协议的接口对接方式,可通过协议插件的方式与客户的已有系统进行方便快捷的集成。

功能模块及功能描述如表 10-3 所示。

表 10-3 功能模块及功能描述

功能模块	子功能模块	功能描述
短信管理	发送短信	支持普通短信、长短信
	接收短信	支持上行短信
	发送跟踪	支持待处理、批次历史、号码历史查看
通讯录管理	个人通讯录	通讯录分为个人通讯录和单位通讯录,系统使用人员可设置个人定义通讯录,其他人无法查看个人通讯录,只有此账号使用者可以查看此账号的个人通讯录
	系统通讯录	系统通讯录可以在部门之间共享,可以直接对系统通讯录的客户组进行添加,实现批量客户导入发送
报表统计	总量统计	支持部门总量统计、用户总量统计、通道总量统计、业务类型总量统计

续表

功能模块	子功能模块	功能描述
资料管理	黑名单	系统管理员通过此任务添加监管手机号码,即添加手机号码过滤黑名单中,当有下行信息时,系统会针对整个下行对象手机号进行过滤,以达到对特殊手机号码信息发布屏蔽的作用。支持客户黑名单批量导入和单独添加,同时实现名单的实时统计查询
	非法关键字	系统管理员通过此任务可添加关键字,当添加完成后,系统有信息下发时,系统会针对整个发行信息进行关键字过滤,以达到对不正规发布信息的屏蔽作用
	业务类型	系统管理员可以设置业务类型的名称、发送时间段、优先等级、通道等,达到信息的优先准确发送
系统管理	用户管理	用户管理是系统管理员对用户账号的管理
	角色管理	系统管理员可针对系统平台使用者创建多个角色,并针对每一种角色分配不同的权限,方便在创建用户账号分配权限时直接调用
	系统配置	系统管理员可针对系统平台灵活选择"启用黑名单过滤""非法关键字过滤"、网关、端口号、导入/导出数量等条件限制
	日志管理	登录用户所做的动作都会做记录,这里提供操作历史记录的查看功能
	个人管理	用户用来修改密码和手机号码
应用接口层	二次开发接口	与核心业务系统对接,支持多种接口
	Web Service	

1. 多通道接入

为使短信能够快速发送,并让受众准确接收,短信平台接入电信、移动、联通三条均可共用的"三网合一"通道。同时,为提供短信平台的可用性,还可为平台接入三网均可发送的备用通道。当主通道阻塞或故障时,亦可保证平台对外通道的畅通。

2. 多业务系统对接

为用户提供的三种最常见的产品结合模式,能完全满足不同类型用户的业务系统快捷、方便地接入短信平台的需求。

1) 客户端模式

"短信平台"为客户的主要客户端。

2) 数据库引擎模式

提供数据库引擎模式接口供不同用户进行选择，通过数据库引擎模式，不同客户可快速便捷地将现有应用系统（如 CRM、OA、呼叫中心等）与短信平台进行无缝接入。

3) 接口模式

可在 Web Service、HTTP 等接口中进行选择。通过此类接口，业主机构可将短信系统集成到现有应用系统（如 CRM、OA、HIS 等）中，打通原业务系统中通信环节。同时，平台拥有很强的拓展性，支持业主机构可根据自身需要进行二次开发。

4) 更多可能

用户业务并不是一成不变的，产品及后续的服务由技术中心直接负责。对于将来可能的接口模式、数据内容都能够根据业务方的要求提供高效且及时的服务。

3. 机构集中管理

如机构下设部门较多，需要对信息集中统一管理，可提供统一信息管理平台，各分支机构均通过此软件发送信息，管理部门只需要登录该内部事务管理平台，即对各个分部门进行可便捷的管理、增设、修改，也包括对它们之间的业务联系的操作；还可以进行各下级单位的账号管理、权限、级别设置，发送信息内容审核等业务操作。

信息管理平台具有账户管理、权限分配、内容查阅、信息统计等方面的管理权限。信息管理平台框架如图 10-7 所示。

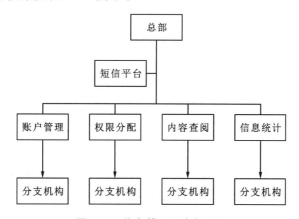

图 10-7 信息管理平台框架图

1) 账户管理

用于总部（管理员）分管各业务处（科）室或下级单位及个人开设管理或使用客户端权限。

2）权限分配

用于总部（管理员）对其下级单位或个人分配不同的使用权限，通过不同的使用权限可对客户端进行不同的操作。

3）内容核查

用于总部（管理员）对下级单位或个人发送的短信内容进行审查。

4）数量统计

用于总部（管理员）对各业务处（科）室每个月的业务规模进行对账。

4. 业务统计报表

为了方便各单位或分支机构进行快速的查询和统计，可以按照发送日期和发送部门等条件查询和统计；统计报表可以支持 Excel/TXT/CSV 多种格式导出，方便费用结算。

1）用户总量统计

用于统计单个用户发送总量、发送时间以及成功条数等字段报表。

2）通道总量统计

用于统计不同运营商通道发送总量、发送时间以及成功条数等字段报表。

第十一节　全文检索服务能力

全文检索系统是司法行政系统一个完全基于大字符集、多国文字智能支持，真正实现以字、词为基础，结合司法行政业务进行完全无损检索的字词结合的全文检索系统。系统除针对传统的海量文档型数据检索外，更主要的是支持大型关系型数据库检索，并可作为个人桌面检索平台。

随着互联网的高速发展和"司法云"的建成使用，人们获取信息的方式也越来越依靠网络，但是随着网络资源的不断丰富，人们搜索一个信息的难度也在增加，搜索引擎就是在这种情况下发展而来。司法行政系统全文搜索引擎是目前广泛应用的主流搜索引擎。它的工作原理是计算机索引程序通过扫描"司法云"文本中的每一个词，对每一个词建立一个索引，指明该词在文本中出现的次数和位置，当用户查询时，检索程序就根据事先建立的索引进行查找，并将查找的结果反馈给用户的检索方式。这个过程类似于通过字典中的检索字表查字的过程。

全文检索系统的功能主要有以下几点。

（1）支持业务核心层与应用界面层之间的数据交换，核心层与应用界面同时支持多平台，并且应用界面同时支持 J2EE 架构与 .NET 架构。

（2）支持国家认可的普密与核密加密，即可以通过插件技术，由用户嵌入这种加密程序对文档进行特殊加密。

（3）支持用户复杂权限认证，实现与现有政务系统复杂控制权限整合的功能。

（4）智能适应世界主要语言与文字，支持多语种工作需要：全文检索系统内核级支持大字符集，即同时支持 GB18030 和 UTF8；全文检索系统客户端应用程序编程接口（Application Programming Interface，API）支持本地码的设置，以方便应用程序的开发，也就是 Server 与 Client 之间自动进行字符集转换。

（5）需要具备无损索引、高效压缩，能记录所有信息，却又能有效控制索引的膨胀率，追求高查准率的同时提供 100% 查全的手段，即支持按字索引、按词索引、字词混合索引等。

（6）对涉密信息网络中大量的结构化数据与非结构化数据进行统一的透明的管理；基于外部特征的检索和全文检索相结合；支持全方位的模糊查询（智能扩展检索），不仅支持多种格式文件中的任意字、词、句和片段的检索，而且提供外部特征的检索；多种检索运算符以及包括组合检索、位置检索、渐进或历史检索、词根检索在内的多种检索方式。

（7）智能扩展检索。包括主题词典自动扩展检索，同义词、反义词自动扩展检索，全、半角自动扩展检索，中文简繁体自动扩展检索；结合以上自动扩展检索功能的自然语言检索功能。

（8）除了相关性排序外，支持基于多字段的排序，以及两者的组合。

（9）保证数据更新后能够及时查询到。

（10）实现对结构化数据与非结构化数据的全面检索，支持 SQLServer、Oracle 等大型数据库；实现跨平台使用，支持 Windows、Linux、Solaris、AIX、HPUX 等；提供完整的 API 接口。

（11）支持多种索引策略，包括按词、按字、按用户自定义关键词等索引策略，能够根据文档对象的结构属性建立不同的索引结构以实现面向不同结构文档的检索要求。

（12）支持禁用词典的使用。

（13）组合条件查询，支持多种逻辑关系的查询条件组合。

第十二节　智能应用能力

在日常司法行政业务开展过程中，需要将机器学习、智能语音交互、人脸识别、图像识别、自然语言处理、印刷文字识别等人工智能应用能力提供给各业务系统和用户使用。

一、指（掌）纹识别

（一）指纹识别

指纹识别技术已经被应用于司法领域、信用交易等大型的公共项目中，尤其在欧美一些国家，指纹识别已承担着基于大规模数据库的自动身份识别。在我国，2012年5月30日新修订的《居民身份证法》也明确规定居民身份证登记项目包括指纹信息。指纹是每个人特有的、几乎终生不变的特征，在安防出入口系统它就像一把钥匙。作为一种方便、可靠的特征载体，与其他生物识别技术比较起来较容易实现。

指纹识别技术具有两个重要特点，即独特性和稳定性。所谓独特性是指几乎没有2枚指纹的特征是完全相同的；稳定性是指从出生起，每个人的指纹形态都终生不变，除非手指受到严重的伤害或疾病影响。指纹识别以其独特的优势成为目前人体生物特征识别技术市场上市场占有率最高的方式之一，这种识别方式也是目前生物识别技术中发展最成熟的。

但在现实应用中，指纹识别也存在一些问题。当要进入办公室时，手指在指纹门禁系统上按了很多次，却总是打不开门锁；指纹纹路浅的人及体力工作者指纹难以识别；识别率不高。由于指纹识别技术对环境的要求很高，对手指的湿度、清洁度等很敏感，这些都会影响到识别的结果。

指纹识别技术的评价标准主要是拒登率（FTE）、拒识率（FRR）、误识率（FAR）、相等错误率（EER）。不少指纹验证技术的提供厂商，通常宣称他们的产品可以达到的指标为 FRR<0.01%，FAR<0.001%。

指纹识别的不足还体现在以下几个方面：

（1）对环境的要求很高，对手指的湿度、清洁度等都很敏感，脏、油、水都会造成无法识别或影响到识别的结果。

（2）某些人或某些群体的指纹特征少，甚至无指纹，所以难以成像。

（3）对于脱皮、有伤痕等低质量指纹存在识别困难、识别率低的问题，对于一些手上老茧较多的体力劳动者及一部分特殊人群来说，注册和识别困难较大。

（4）每一次使用指纹时都会在指纹采集头上留下用户的指纹印痕，而这些指纹痕迹存在被用来复制指纹的可能性。

（5）指纹识别时的操作规范要求较高。

（二）掌形识别

掌形识别是把人手掌的形状、手指的长度、手掌的宽度及厚度、各手指两个关节的宽度与高度等作为特征的一种识别技术，人体的这个特征在一定的时间范围内是稳定的,如一次业务办理或活动期间。特征读取装置将其采集下来,并生成特征的综合数据(特征值),然后与存储在数据库中的用户模板进行比对,来判定识别对象的身份。目前,掌形识别技术发展很快,主要是采用红外+摄像的方式,摄取手的完整开头形状,或手指的三维形状。设备识别速度较高、误识率较低。但同指纹识别一样,操作时需人体接触识读设备,需人配合的程度较高。

掌形识别是比较成熟的技术,但友好性差,且掌形特征不具长期的稳定性,受伤、过度运动后也会发生改变,不适合于长期使用,在安防系统中应用较少。总体来说,掌形识别具有以下优缺点:

1. 优点

具有一定的稳定性和可靠性,多特征点增强了安全性,简化了操作过程。

2. 缺点

手掌损伤后无法复原,掌形识别系统适用对安全性要求高的场所,普及率不是很高,且应用成本较高。

二、人脸识别

人脸抓拍系统一般布置在重要出入口,比如监所出入口、AB门、社区矫正刷脸签到等,前端摄像机自动抓拍出入口或卡口人员头像,拍摄到头像通过边缘计算或发送给联网后台进行海量数据检索与比对,对出入口和卡口的人员进行严格的控制或精确识别。

(一)人脸识别原理

当有人员的人脸进入设定检测区域时,前端摄像机会检测人脸并抓拍最佳识别度的人脸,业务需要时可以同时根据每张脸的大小和各个主要面部器官的位置信息生成人脸特性数据,把采集到的人脸与人脸特性数据发送给后端服务器进行智能业务处理。

后端服务器可以根据需要把抓拍到的人脸直接放入人脸图片库,用于后期的业务处理;或者后端服务器直接利用前端摄像机发送的人脸特性数据进行比对操作,以确定当前拍摄到的人员是否为人脸特性数据库内设定的黑名单人员,可以防止危险状态进一步发展。图10-8所示为人脸抓拍原理示意图。

(二)人脸识别功能应用

跟狱政系统进行对接,在点名处架设人脸抓拍相机,同时部署比对查看的客户端(可实现手持终端查看点名情况),犯人通过相机时,比对成功,摄像机给出提示音,如没有提示音需要犯人重新经过,确保不出现漏点名情况。在后台实时进行

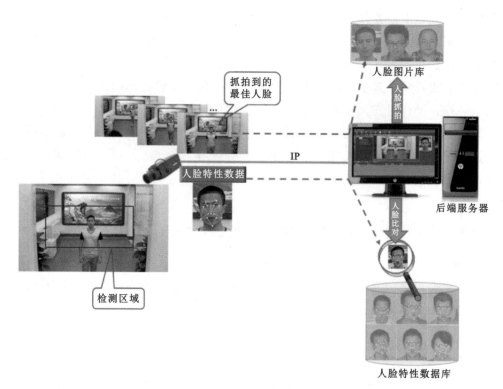

图 10-8 人脸抓拍原理示意图

点名结果统计,形成报表。便于民警对所管辖犯人的出勤情况进行高效的管理,减轻民警的工作强度,提高狱政管理效率。

人脸动态导入当地的安置帮教人员、社区矫正人员和其他需要关注的人员人像照片及信息(包含姓名、性别、身份证号、家庭住址、人脸照片等信息),系统可对前端人脸抓拍设备抓拍的人脸与布控库进行实时比对,当抓拍人脸与布控库的人脸相似度达到设定报警阈值时,系统以短信或微信方式通知人员,并进行实时自动报警。图 10-9 所示为人脸动态比对预警。

三、声纹识别

声纹识别是一项根据语音波形中反映说话人生理和行为特征的语音参数,自动识别说话人身份的技术。由于每个人的生物特征具有与其他人不同的唯一性,不易伪造和假冒,所以利用声纹识别技术进行身份认证,安全、准确、可靠。声纹识别的语音采集装置造价低廉,只需电话、手机或麦克风即可,无需特殊的设备。声纹识别用于远程会见、远程调解、会议转写、会见监听、日常谈话等场景下实现人员身份识别和鉴定,也可用于音频文件转写为文字文件时标注对话双方(多方)的角色识别。

图 10-9　人脸动态比对预警

四、指静脉识别

目前静脉识别技术主要包括手指静脉、手背静脉及手掌静脉。指静脉识别技术是一种新的生物特征活体识别技术，其原理是人手指中流动的血液可吸收特定波长的光线，可用该波长光线对手指进行照射，从而得到手指静脉的清晰图像，并进行分析和处理。指静脉识别原理如图 10-10 所示。

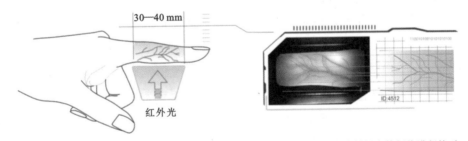

(a)手指通过指静脉模块中的近红外光照射　　(b)获取静脉图像并提取特征值进行比对

图 10-10　指静脉识别

由于指静脉隐藏在身体内部，被复制或者盗用的机会很小，受生理和环境因素的影响小，具有较高的识别性，指静脉识别技术通常应用在高保密与高安全性需求的场合。

五、视网膜识别

视网膜识别扫描的是眼底的血管图像。在视网膜的图像上可以看到两种类型的血管，其中毛细血管不仅特征不明显，还容易受到外界干扰（可以参考熬夜后满眼血丝的眼睛）。而视网膜上主要血管的特征比较明显，不易受到外界干扰，可以作为身份识别的特征。学术界仍普遍认为视网膜的多样性足以支持高精度的身份识别。视网膜识别属于近距离有感知的生物识别技术，精准度较高，一般用于安全级别较高的场所。

六、虹膜识别

虹膜是位于人眼表面瞳孔和巩膜之间的圆环状区域，其结构不一且具有极高的唯一性，即使是同卵双胞胎也不会有相同的虹膜，同时虹膜又具有高度的稳定性，童年过后，虹膜基本不会变化。但是虹膜的采集装置比较昂贵，在监狱安防系统中有少量应用。在已公布的大规模数据集测试中，虹膜是目前较为可靠的生物特征之一。

七、签名识别

签名识别在应用中具有其他生物识别所没有的优势，人们已经习惯将签名作为一种在交易中确认身份的方法。实践证明，签名识别是相当准确的，因此签名很容易成为一种可以被接受的识别符。手写电子签名模拟了客户实际签名的过程。识别过程为人员首先用电子签名笔在VTM的操作屏上签名，操作屏是电子压力屏，能采集签名的力度、粗细等笔迹，再综合签名时间、身份证图片等信息，送到第三方的认证中心的数字签名服务器进行数字证书的加密，生成符合法律要求的电子协议，该协议具有唯一性、合法性、防篡改性。事后，该电子协议还可以通过解密算法对人员的笔迹进行还原，用于法律上的举证，从而形成一个完整的鉴定体系。

八、步态识别

步态识别，使用摄像头采集人体行走过程的图像序列，进行处理后同存储的数据进行比较，来达到身份识别的目的。步态识别作为一种生物识别技术，具有其他生物识别技术所不具有的独特优势，即在远距离或低视频质量情况下的识别潜力，且步态难以隐藏或伪装等。步态识别主要是针对含有人的运动图像序列进行分析处理，通常包括运动检测、特征提取与处理、识别分类三个阶段。

九、热成像技术

红外热成像技术用于制造红外热像仪，通过对标的物的红外辐射探测，并加以信号处理、光电转换等手段，将标的物的温度分布的图像转换成可视图像的设备。红外热像仪将实际探测到的热量进行精确的量化，以面的形式实时成像标的物的整体，因此能够准确识别正在发热（有体温）的在暗视区或故意隐蔽的人和动物，用于监狱、戒毒场所巡逻,也可用于司法行政系统各类公共场所的无感知体温监测。在司法行政大楼、服务大厅、监狱、戒毒所、社区矫正中心对夜视环境进行监测、生产中心用电用火安全监测或对人员体温进行监测都有较好的应用前景。

十、红外线夜视技术

用一种特殊的透镜,物体在视野中发射的红外线可以聚集在一起,红外探测器元件上的相控阵可以扫描会聚光。探测器元件可以产生非常详细的温度数据,称为温度谱。在大约 1/30 秒的时间内,探测器阵列就可以获取温度信息并制作温度谱。该信息是从检测器阵列的视野中的数千个检测点获得的,探测器元件产生的温度谱被转换成电脉冲,这些脉冲被传输到信号处理单元,一个集成了精密芯片的电路板,可以将探测器元件发射的信息转换成可以被显示器识别的数据。信号处理单元向显示器发送信息,从而在显示器上显示各种颜色。颜色强度是由红外线的发射强度决定的,图像是通过组合来自探测器元件的脉冲而产生的,一般应用在夜视仪上,用于夜间视觉条件较差环境的巡逻。

十一、智能语音能力平台

(一)语音识别

语音识别引擎与说话人无关,为自助语音终端提供连续语音识别功能。针对语音识别应用中面临的方言口音、背景噪声等问题,基于实际业务系统中所收集的涵盖不同类型背景噪声的海量语音数据,通过先进的区分性训练方法进行语音建模,使语音识别在复杂应用环境下均有良好的效果。

系统具备的特性有以下几个方面。

1) 支持中文的常见语句听写

语音识别对于日常使用的常用对话有着很高的识别准确率,包含短信类、生活、交通、娱乐、科技、数字数值、名人、互联网热词、新闻等领域。

2) 支持中文标点智能预测

语音识别使用超大规模的语言模型,对识别结果语句智能预测其对话语境,提供智能断句和标点符号的预测。

3) 端点检测

端点检测是对输入的音频流进行分析,确定用户说话的起始和终止的处理过程。一旦检测到用户开始说话,语音开始流向识别引擎,直到检测到用户说话结束。这种方式使识别引擎在用户说话的同时即开始进行识别处理。

4）噪声消除

在实际应用中，背景噪声对于语音识别应用是一个现实的挑战，即便说话人处于安静的办公室环境，在语音中也难以避免地会有一定的噪声。语音识别系统应具备高效的噪声消除能力，以适应用户在千差万别的环境中应用的要求。

5）大词汇量、独立于说话人的健壮识别功能

满足大词汇量、与说话人无关的识别要求。产品可以支持数万条语法规模的词汇量；并能适应不同年龄、不同地域、不同人群、不同信道、不同终端和不同噪声环境的应用环境。

6）置信度输出

置信度反映了识别结果的可信程度。语音识别引擎可以在返回识别结果时携带该识别结果的置信度，应用程序可以通过置信度的值进行分析和后续处理。

7）说话人自适应

当用户与语音识别系统进行多次会话过程中，系统能够在线提取通话的语音特征，自动调整识别参数，使识别效果得到持续优化。

8）术语识别，文本顺滑显示

语音识别针对场景下多位陈述人说的接、处警术语都能够转换成对应的文字信息，并且对于案件中涉及的个性化信息词语，如公司名、地名、人名、物名等，通过输入的方式，实现识别词库的快速更新。

9）针对识别结果能够进行二次智能纠正

针对第一次识别错误的结果，能够根据陈述人后面说话的识别结果对第一次的错误结果进行纠正，从而表明系统具备自主学习的能力。

（二）语音合成

语音合成是将文本信息转化为语音数据的技术，语音合成系统的合成引擎在完成文本到语音数据的转化过程中可以简单分解为两个步骤来处理。文本先经过前端的语法分析，通过词典和规则的处理，得到格式规范，携带语法层次的信息，传送到后端。后端在前端分析结果的基础上，经过韵律方面的处理，得到语音的时长、音高等信息，再根据这些信息在音库中挑选最合适的语音单元，语音单元再经过调整和拼接，就能得到最终的语音数据。

系统具备的特性有以下几个方面：

1. 高质量语音

将输入文本实时转换为流畅、清晰、自然和具有表现力的语音数据。

2. 多语种服务

整合了多语种语音合成引擎，可提供中文、中英文混读、纯正英文，以及中国

方言，如粤语、粤语英文混读的语音合成服务。

3. 多音色服务

提供丰富、风格多样化的音色选择，如浑厚的男声、温柔甜美的女声、标准地道的英语男女声，等等。用户可供根据不同应用业务需要，选择最适合应用场景的语音风格，并支持实时动态的音色切换。

4. 高精度文本分析技术

保证了对文本中未登录词（如地名）、多音字、特殊符号（如标点、数字）、韵律短语等进行智能分析和处理。

5. 多字符集支持

支持输入 GB2312.GBK、Big5.Unicode 和 UTF-8 等多种字符集，普通文本和带有 CSSML 标注等多种格式的文本信息。

6. 多种数据输出格式

支持输出多种采用率的线性 Wav，A/U 率 Wav 和 Vox 等格式的语音数据。

7. 提供预录音合成模板

对合成文本中符合语音模板固定成分的文本使用发音人预录语音，非固定成分使用合成语音。这种方法有利于改进定制领域合成效果，简化定制流程，加快定制速度，同时也使得预录音的使用更自然、更灵活，满足更广泛的应用需求。

8. 灵活的接口

提供多种开发语言、背景音管理接口和预录音管理接口，便于在多种环境下进行系统的集成。

9. 语音调整功能

开发接口提供音量、语速、音高（基频）等多种合成参数动态调整功能。

10. 配置和管理工具

合成引擎提供统一进行配置和管理的工具，完成全局参数配置、用户词典、用户规则、定制资源包管理等功能。

11. 效果优化

合成引擎提供以定制资源包和 CSSML 为代表的多种针对实际应用环境进行合成效果优化的方法。

12. 背景音和预录音

合成引擎能够提供背景音和预录音的功能，从而大大提高合成语音的自然度和表现力。

（三）语义理解

语义是指语言描述的事物所代表的含义，以及这些含义之间的关系。语义理解是对自然语言的含义进行理解给出适合的指令集合，从而实现智能人机交互。语义理解（NLP）指将一句自然语言转化为计算机可读的结构化数据（见图10-11）。

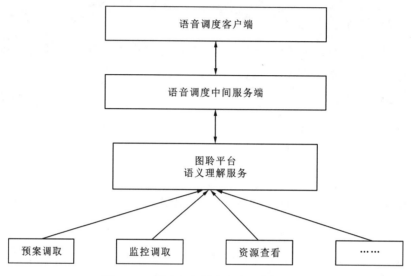

图 10-11 语义理解服务平台逻辑架构图

例如"明天北京天气怎么样"这句自然语言中，经过语义理解分析，会将这句话解析成关键词。

中文语义分析技术主要是针对文本类数据进行处理，分析模型主要有：热点问题分析模型、环比热词分析模型、政策性问题分析模型、群体性事件挖掘模型等。

1. 热点问题分析模型

利用中文语义分析技术对文本内容进行关键词提取，对关键词进行分析并绘制词云分布图，同时形成规律性分布图，热词高发的区域分布图以及和热词相关联词汇树形图。

2. 环比热词分析模型

利用中文语义分析技术对文本内容进行关键词提取，并对关键词进行环比分析，找出波动较大的热词，并根据波动热词进行规律性分析和区域分析，形成和波动热词相关联的词汇树形图。

3. 政策性问题分析模型

利用中文语义分析技术对文本内容进行关键词提取，并对关键词进行分析，挖掘出因政策的原因而产生的上升和下降波动。从而发现政策发布对社会层面的影响。

4. 群体性事件挖掘模型

采用中文语义分析技术和机器学习的分类聚类算法对文本内容进行分析，从海量的工单中挖掘出高相似度的工单，通过人为判断这些高相似度内容的事件是否为群体性事件。

由于司法行政的人民调解纠纷信息和12348咨询内容均为半结构化数据，每类数据里面均包含用户对事件的描述信息，所以符合这种算法的分析模型。

十二、智能语音调度系统

1. 语音转写

将用户的语音指令实时转写成文本，以便用户核对指令内容。

2. 指令解析

将指令文本内容通过语义理解，解析为第三方业务系统能够执行的结构化数据。如可实现通过语音调取监控视频、进行地图定位、查看警力、预案资源等。

3. 打开业务系统

用户语音输入"打开×××系统"之类的句式，语音调度执行打开业务系统首页的操作，将×××系统打开。

4. 智能问答

通过建立专业问答库，将业务知识转化为问题和答案式的结构化数据，为用户提供快速的语音问答功能。

用户可通过语音输入需要解答的问题，系统需识别用户的问题意图，通过语义相似度分析，将最匹配的答案返回给用户。

示例：

用户：当事人在外地通过什么方式缴纳诉讼费？

语音调度：可以通过北京法院审判信息网（www.bjcourt.gov.cn）进行网上银行缴费。

若FAQ答案配置多条，支持每次随机一条返回。

5. 播报

将异常提示、指令执行结果、业务答案以语音的形式播报出来，给用户提供更友好的交互体验。

6. 个性化换肤

支持用户根据业务系统风格和个人喜好，选择适合的调度系统皮肤。

7. 地图操作

支持用户根据业务需要口述打开地图，能根据模糊描述和精确描述指令呈现地图的具体位置、图层以及与地图关联监控设备的语音操控。

十三、印章、印文比对

利用计算机图像计算能力,实现司法行政日常办公和司法鉴定业务中印章、印文的智能识别和比对。印章印文鉴定对可疑印文和印章的鉴认识别,通过检验,鉴别可疑印文的真伪,分析确定伪造方法,鉴定不同文件上的两个印文是否为同一印章所盖印等,为某件调查提供线索和证据。检验的方法主要有以下几种。

1. 利用计算机视觉系统目视法

多数不用印章直接伪造的印文有各自的特点,用肉眼或借助显微镜观察可发现其与印章所盖印的印文的差别,从而确定伪造的事实和伪造方法。对伪造印章盖印的印文也可通过观察判断伪造方法。

2. 对图像特征标示法

观察可疑印文和样本印文各个特征,标示出异同点并进行比较分析。

3. 计算机像素测量比较法

在可疑印文和样本印文相同部位确定若干基点,分别测量并比较两印文上相应基点间距离和位置。还可直接测量和比较印文直径及文字、线条的长短和粗细。

4. 图像分割划线比较法

在两相比较的印文的相同部位各选若干基点,互相连成直线;或以一两个基点为圆心,以相同半径划弧形线。比较同位线条通过的文字、线条部位是否相同。

5. 图像拼接比较法

将可疑印文和样本印文制成同倍大照片,选定相应部位,分别裁剪下一部分,相互交换拼接,观察比较拼接部位的文字、线条是否吻合。检验时需注意印章在保管和使用过程中产生的胀缩、磨损、腐蚀、断裂,以及由于按压力大小、衬垫物软硬、蘸用印泥多少等引起的非本质变化。

十四、笔迹、签名比对

签名识别在应用中具有其他生物识别所没有的优势,人们已经习惯将签名作为一种在交易中确认身份的方法。实践证明,签名识别是相当准确的,因此签名很容易成为一种可以被接受的识别符。手写电子签名模拟了客户实际签名的过程。识别过程是人员首先用电子签名笔在VTM的操作屏上签名,操作屏是电子压力屏,能采集签名的力度、粗细等笔迹,再综合签名的时间及身份证的图片等信息,送到第三方的认证中心的数字签名服务器进行数字证书的加密,生成符合法律要求的电子协议,该协议具有唯一性、合法性、防篡改性。事后,该电子协议还可以通过解密算法对人员的笔迹进行还原，用于法律上的举证，从而形成一个完整的鉴定体系。

十五、OCR 分割与识别

OCR（optical character recognition）文字识别，指电子设备（例如扫描仪或数码相机）检查纸上打印的字符，然后用字符识别方法将形状翻译成计算机文字的过程。本系统将业务需要提供针对身份证等图片的识别能力。具体可应用于人民调解的钉钉端等。

十六、身份证识别

身份证识别是指使用技术对身份证信息自动提取，并对身份证信息按要素格式化输出，供计算机系统管理。目前身份证识别技术有两种方式。

1. 身份证芯片识别

身份证芯片信息读取器采用国际上先进的 Type-B 非接触 IC 卡阅读技术。通过内嵌的专用身份证安全控制模块（SAM），以无线传输方式与第二代居民身份证内的专用芯片进行安全认证后，将芯片内的个人信息资料读出，再通过计算机通信接口，将此信息上传至计算机。安装在计算机中的阅读软件，将这些信息解码成文字和相片进行显示和存储。

2. 利用 OCR 技术识别表面信息

身份证表面信息识别技术使用成熟的 OCR 文字识别技术，通过手机或者带有摄像头的终端设备对身份证拍照，并对身份证照片做 OCR 文字识别，提取身份证信息。支持对二代居民身份证正反面所有 8 个字段进行结构化识别，包括姓名、性别、民族、出生日期、住址，以及身份证号码、签发机关、有效期限等。

身份证识别技术主要用于监狱、戒毒场所家属和帮教人员身份鉴别，自助法律服务设备的用户身份确认和网上自助办理业务的信息上传。

十七、RFID 识别

RFID（射频识别）是一种无线通信技术，可以通过无线电信号识别特定目标并读写相关数据，而无需识别系统与特定目标之间建立机械或者光学接触。

无线电的信号是通过调成无线电频率的电磁场，把数据从附着在物品上的标签传送出去，以自动辨识与追踪该物品。某些标签在识别时从识别器发出的电磁场中就可以得到能量，并不需要电池；也有标签本身拥有电源，并可以主动发出无线电波（调成无线电频率的电磁场）。标签包含了电子存储的信息，数米之内都可以识别。与条形码不同的是，射频标签不需要处在识别器视线之内，也可以嵌入被追踪物体。

许多行业都运用了射频识别技术。将标签附着在一辆正在生产中的汽车上，厂方可以追踪此车在生产线上的进度。仓库可以追踪药品的所在。射频标签也可以附于牲畜与宠物上，方便对牲畜与宠物的积极识别（积极识别的意思是防止数只牲畜使用同一个身份）。射频识别的身份识别卡可以使员工得以进入锁住的建筑部分，汽车上的射频应答器也可以用来实现收费路段与停车场的费用的交费。

某些射频标签附在衣物、个人财物上，甚至于植入人体之内。由于这项技术可能会在未经本人许可的情况下读取个人信息，所以也可能会有侵犯个人隐私忧患。

十八、二维码技术

二维码又称 QR Code，QR 全称 Quick Response，是一个移动设备上流行的一种编码方式，它比传统的 Bar Code 条形码能存更多的信息，也能表示更多的数据类型。

二维条码/二维码（2-dimensional barcode）用某种特定的几何图形按一定规律在平面（二维方向上）分布的黑白相间的图形记录数据符号信息的；在代码编制上巧妙地利用构成计算机内部逻辑基础的"0""1"比特流的概念，使用若干个与二进制相对应的几何形体来表示文字数值信息，通过图像输入设备或光电扫描设备自动识读以实现信息自动处理。它具有条码技术的一些共性，每种码制有其特定的字符集，每个字符占有一定的宽度，具有一定的校验功能等。同时还具有对不同的信息自动识别及处理图形旋转变化点的功能。

十九、传感器技术

传感器广泛应用于社会发展及人类生活的各个领域，如工业自动化、农业现代化、航天技术、军事工程、机器人技术、资源开发、海洋探测、环境监测、安全保卫、医疗诊断、交通运输、家用电器等。

人们为了从外界获取信息，必须借助感觉器传感器官。单靠人们自身的感觉器官，在研究自然现象和规律以及生产活动时是远远不够的。为适应这种情况，就需要传感器。因此可以说，传感器是人类五官的延长，又称之为"电五官"。

传感器早已渗透诸如工业生产、宇宙开发、海洋探测、环境保护、资源调查、医学诊断、生物工程，甚至文物保护等极其广泛的领域。可以毫不夸张地说，从茫茫的太空到浩瀚的海洋，以至各种复杂的工程系统，几乎每一个现代化项目，都离不开传感器。

由此可见，传感器技术在发展经济、推动社会进步方面的重要作用。世界各国都十分重视这一领域的发展。相信不久的将来，传感器技术将会实现一个新的飞跃。

二十、Wi-fi 嗅探识别

Wi-fi 俗称无线宽带，其实就是 IEEE802.11b 的别称，是由一个名为"无线以太网相容联盟"（Wireless Ethernet Compatibility Alliance，WECA）的组织所发布的业界术语，中文译为"无线相容认证"，它是一种短程无线传输技术，也是一种十分重要的 WLAN 技术。

Wi-fi 有很多优点：一是无线电波的覆盖范围广；二是传输速度非常快，可以达到 100 Gbps；三是布线简单，成本低廉。因此，用 Wi-fi 实现定位是 WLAN 中定位技术的重要组成部分。

基于无线网络 Wi-fi 的实时定位系统（RTLS）是业界最精确、最简便可行、最具成本效益的实时定位系统，它也是一种基于信号强度的定位系统。

二十一、GPS 卫星定位系统

GPS 卫星定位系统由 24 颗工作卫星组成，使得在全球任何地方、任何时间都可观测到 4 颗以上的卫星，测量出已知位置的卫星到用户接收机之间的距离，综合多颗卫星的数据就可知道接收机的具体位置。GPS 的优点在于无辐射，但是穿透力很弱，无法穿透钢筋水泥。通常要在室外看得到天空的情况下操作。信号被遮挡或者削减时，GPS 定位会出现漂移。

二十二、北斗卫星导航系统

北斗卫星导航系统（BeiDou Navigation Satellite System）是中国正在实施的自主发展、独立运行的全球卫星导航系统。系统建设的目标是建成独立自主、开放兼容、技术先进、稳定可靠的覆盖全球的北斗卫星导航系统，促进卫星导航产业链形成，形成完善的国家卫星导航应用产业支撑、推广和保障体系，推动卫星导航在国民经济社会各行业的广泛应用。

北斗卫星导航系统由空间端、地面端和用户端三部分组成，空间端包括 5 颗静止轨道卫星和 30 颗非静止轨道卫星，地面端包括主控站、注入站和监测站等若干个地面站，用户端由北斗用户终端以及与美国 GPS、俄罗斯 GLONASS、欧洲 GALILEO 等其他卫星导航系统兼容的终端组成。

北斗卫星导航系统自身的特点有以下几方面：

（1）"北斗"具有定位和通信双重作用，具备的短信通信功能，这是 GPS 所不具备的。

(2) "北斗"定位精度在 20 米左右。
(3) "北斗"终端价格已经趋于 GPS 终端价格。
(4) "北斗"采用的接收终端不需铺设地面基站。
(5) 灾难中心的船只一秒钟就可以通过"北斗"发出信息。

二十三、超宽带（UWB）定位技术

超宽带通信系统利用持续时间为纳秒或亚纳秒级的窄脉冲作为载体进行数据传输，使得信号可以占有数 GH 的带宽，超宽带通信信道容量大、穿透能力强、辐射功率谱密度低、对信道衰落不敏感、抗多径干扰和电磁干扰能力强等。特别适合应用于室内环境下的高速通信及精确定位与跟踪。常采用基于 TOA、TDOA 的定位方法实现定位。

二十四、ZigBee 技术

ZigBee 是一种新兴的短距离、低速率无线网络技术，它介于射频识别和蓝牙之间，也可以用于室内定位。它有自己的无线电标准，在数千个微小的传感器之间相互协调通信以实现定位。这些传感器只需要很少的能量，以接力的方式通过无线电波将数据从一个传感器传到另一个传感器，所以它们的通信效率非常高。ZigBee 最显著的技术特点是它的低功耗和低成本。

二十五、CSS 定位技术

（CSS）Chirp 信号又称线性调频信号，最先应用在雷达领域，随着声表面波（SAW）器件发展，其扫频带宽不断增大，已经具有了一般超宽带信号的特点。Chirp 扩频信号具有时间分辨率高、抗多径能力强、传输速率高、功耗低和系统复杂度低等特点，非常适合用于室内目标定位。

二十六、无人机防控技术

无人驾驶飞机简称"无人机"，是利用无线电遥控设备和自备的程序控制装置操纵的不载人飞行器。无人机实际上是无人驾驶飞行器的统称，从技术角度定义可以分为：无人固定翼飞机、无人垂直起降飞机、无人飞艇、无人直升机、无人多旋翼飞行器、伞翼无人机、扑翼无人机等。无人机绝大部分采用 2.4 GHz、5.8 GHz 无线上行遥控信号进行控制。

可使用无人机反制产品，对监狱、戒毒所上空进行防护。无人机反制设备具有以下特征。

（1）侦测和干扰打击的无人机类型一般无线电工作频率为 2.4 GHz/5.8 GHz/

130～3000 MHz 频段范围内的各类"低、慢、小"无人机，这类无人机包括以多旋翼型为主的消费类和工业类无人机、以固定翼为主的工业类和娱乐类无人机。

（2）干扰和反制措施方式。采用全自动化、智能化、7×24 小时无人值守的工作方式。一是全自动模式，侦测和干扰打击不需任何人工参与。二是半自动模式，自动侦测识别，但在干扰打击前进行询问，由人工确定后实施干扰打击。三是净空模式，对全周或指定角度空域实施不间断的持续扫描式干扰，可有效阻止使用无线电工作的无人机在禁飞区、防御区或警戒区的起飞和飞入。四是人工模式，侦测、识别和干扰打击均由人工操作，该模式主要由技术人员实施。

（3）无线电干扰打击能力。干扰打击半径一般在监狱周围 1 公里以上。采用全向干扰方式，能对干扰范围的所有目标进行干扰打击，干扰的信号对象包括工作在 2.4 GHz、5.8 GHz、1.5 GHz、433 GHz、915 GHz 频段的无人机上行遥控信号、下行遥测和图传信号。

无人机在监狱、戒毒所上空的监舍区、教学楼、活动区、生活区、行政办公楼和驻监武警营区等场所上空绕飞和悬停，可能存在投放毒品、危险物品，拍摄监管设施等重大隐患，影响监狱、戒毒所的管理安全。应对无人机采取干扰、反制等措施，以避免对监狱、戒毒所造成不良影响。

二十七、自动巡航机器人

机器人是自动执行工作的机器装置。它既可以接受人类指挥，又可以运行预先编排的程序，也可以根据以人工智能技术制定的原则纲领行动。它的任务是协助或取代人类的工作，例如生产业、建筑业或是危险的工作。

自动巡航控制（Cruise Control）可以让处于移动状态的机器装置借助视频摄像头、雷达或红外线探测器等设备，利用人工智能算法形成对周围空间的感知，并自动控制机器快速、准确到达目标地址或按既定路线移动。

自动巡航机器人用于监狱、戒毒系统，可减少重复、危险岗位警力分布；自动巡航机器人可搭载人脸识别系统、语音识别系统、语音合成喊话系统、视频摄像头、红外摄像头、热成像系统和雷达等装置，可实现监管场所的全天候巡逻，生产生活区域的点名、巡查，监管场所空域的无人机防控。

二十八、周界地感线圈

地感线圈是一个振荡电路，用于检测是否有汽车经过以及经过的速度。其作用原理：在地面上先造出一个圆形的沟槽，直径大概 1 米，也可以是面积相当的矩形沟槽，在沟槽中埋入两到三匝导线，这就构成了一个埋于地表的电感线圈。

这个线圈是振荡电路的一部分，由它和电容组成振荡电路。振荡信号通过变换送到单片机组成的频率测量电路,便可以测量这个振荡器的频率。

当有大的金属物如汽车经过时,由于空间介质发生变化引起了振荡频率的变化(有金属物体时振荡频率升高),单片机便可以测出变化的频率值,即可以感知有汽车经过。同时这个信号的开始和结束之间的时间间隔又可以用来测量汽车的移动速度。

地感线圈用于监狱、戒毒所大门和周界外围的监测并与视频监控联动,用以对监狱、戒毒所周边环境,特别是大型移动装备(比如汽车、装甲车)进行感知和报警。

二十九、振感隔离网

振感隔离网是在传统隔离网的基础上部署振动光纤传感器形成可联动报警的狱内隔离防护网。基于激光干涉原理的分布式光纤传感系统能够实现对振动信号的报警。当有振动作用在传感光缆上时,光缆内传输光信号的相位,偏振态等参量会发生变化;光信号被接收后,进行高速采集与实时处理,根据信号的特征判断出破坏信号与干扰信号。该系统能够监控光缆的运行状态,对破坏光缆安全进行有效预警。

振动信号作用在光纤上时,由相位差变化导致干涉输出的光强发生变化。

振动光纤系统使用高灵敏度的光纤传感器,实时监控各种周界设施上的振动信号,对入侵防护区域的信号发出报警,并进行防区定位。系统能无遗漏地监测非法破坏、翻越防护区域等行为,通过声光报警联动,能及时提醒安保人员处理警情,并对入侵对象起到警示作用;结合视频联动,有助于监狱或戒毒民警对入侵图像进行复核与识别,并有效地排除误报警。

三十、高压脉冲电网

高压脉冲电网(高压脉冲电子围栏)是智能型脉冲电子周界阻挡防范报警系统的简称,是基于"阻挡威慑为主,报警为辅"的目前国际最新周界安防理念的新一代周界防范报警系统。基本原理就是发出高压脉冲,由脉冲发生器(主机)和前端围栏组成的智能型周界系统。具有防盗、报警等高安全等级的周界防范功能。

高压脉冲电网相对于传统周界安防产品,它具有一定的优越性,高压脉冲电子围栏在起到阻挡作用的同时,对人体无伤害,能够真正实现阻挡、威慑和报警作用。同时,高压脉冲电子围栏具有极低的误报率,并且其安装调试方便,可靠性高,在起到报警作用的同时,更具有威慑力。另外,高压脉冲电子围栏系统以主机设备为核心,系统结构简洁,从安装调试、维护、使用寿命等综合因素来考虑显然比其他周界安防产品是一个更好的选择。

第十三节 远程可视通信能力

一、系统理解

远程可视通信能力以互动可视化司法视讯云平台为总承平台，对司法行政所辖视频、音频内容进行统筹管理。

视讯云系统实现对视频会议接入、管理、联动进行各现场、部门的现场微观细节管控，实现司法行政宏观分布与微观细节相结合，与各相关系统进行互动，提供司法行政与所辖部门单位异地多会场视频会议，辅助进行视频远程会见、视频远程调解、视频咨询和视频公证等工作。司法可视通信平台运行架构如图 10-12 所示。

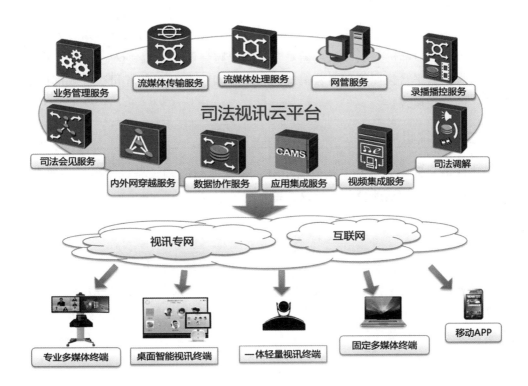

图 10-12　司法可视通信平台运行架构

二、功能概述

（一）功能描述

（1）在云上建立视讯云平台，平台具有互动视频会商、会议内容存储等功能，并实现互动可视化视讯云平台与大数据平台的相关业务提供视频通信的相关服务接口实现平台间的有效融合。

（2）在司法行政部门和各级单位配置注册的互动可视化管控客户端，司法行政部门和各级单位可通过管控客户端调用云平台的数据内容，实现召开远程多方互动视频会议及调看历史会议视频。

（3）视讯云平台采用"互联网＋司法云"理念，平台可同时在司法专网和互联网使用，保证平台能实现移动可视，实现视频在司法行政工作中无处不在。

（4）公众可用移动端扫描二维码接入司法行政服务端提供可视化交谈、咨询、办理业务等。

司法视讯云平台实现司法行政部门和各级单位分会场之间视频、语音和数据的共享。系统配置可靠的互联方式，满足全系统视频会议、电话会议、远程指挥等。

司法视讯云平台按照管理运营模式架构，可实现一对多（省司法行政部门和各级单位）的管理模式。

（二）系统组成

司法视讯云平台主要由视频控制中心、视频通信终端设备、录播管理服务器、视频辅助设备、音频辅助设备、会议管理系统等组成。

（三）网络

传输网络要实现信息资源一体化，解决与相关系统合作共享难、传输速度慢等问题，以全量接入、一体汇聚、联通共享的理念，以一张大带宽、大缓存、低延时、高可靠、易运维的传输网建设为重点，电子政务外网满足建设网络的要求，从而通过电子政务外网来传输司法视讯云平台的音视频服务数据。

第十四节　视频行为分析能力

智能视频监控逐渐成为周界防范产品的"合作伙伴"，智能视频分析技术，通过对视频信号进行处理、分析及内容理解，提取视野范围内运动个体的运动特征，通过将运动特征与一定预设规则的比较，让计算机自动"理解"视频内容，当发现满足一定规则条件的"行为"时，实现智能化自动报警。

智能分析检测类型有以下几种。

一、自动目标分类

智能分析系统采用最新视频图像分析识别技术，对画面中的各种物体，包括人的识别、车辆的识别，以及箱、包等各种物体的识别。智能化分析的前提在于，必须准确无误地识别画面中的各个目标，才能进行高准确度的智能化分析。

二、警戒线识别

监控的周边是监狱（戒毒所）重点区域，监控要预估所有不安定因素。利用境界线检测功能，在围墙四周设置警戒线，有人翻越围墙，马上就能报警，以便及时阻止在押人员逃脱或者外部侵入。

在监狱（戒毒所）围墙上，部署此模块可自动检测运动目标穿越警戒面（称为虚拟线）的行为，围墙越界检测、逆向行驶等，同时在围墙出口检测人员跨线或徘徊现象，系统会及时发出预警信号。

在视频画面中画一条虚拟警戒线，一旦监控视频画面中有人、车辆或者其他物体穿越这条警戒线，周界报警视频智能处理器可以自动发现并产生报警。跨越警戒线又分为单向跨越和双向跨越，单向跨越规定从某一个方向跨越警戒线才产生报警，而从另外一个方向出现跨越行为时不产生报警。当有犯人出现异常行为，穿越警戒线，进入禁区等，智能视频分析系统就会报警通知值班民警。

三、区域看防识别

在监狱（戒毒所）中的一些区域比如操场、劳动场所，会防止服刑犯人进入或者其他外来人员进入，可以设置安全区域识别、检测是否有人、物体或车辆进入预定区域；支持区域范围的自定义设置，可以是任意形状；以设置虚拟区域范围方式进行监测，保护某些不允许服刑犯人进入的禁区；在一定时间内不允许别人进入或者离开；有人、车辆或者物体进入或者离开某一个特定区域，周界报警视频智能处理器会发出进入报警，通知值班民警。

四、消失出现识别

在监狱（戒毒所）中的一些区域比如操场，指当有人、车辆或者物体出现在画面中的监狱（戒毒所）中设定的某个区域，会引发进入识别。出现识别与进入识别都是针对画面中的虚拟区域产生的分析识别，两者的区别在于进入识别强调的是物体从外部进入到区域；而出现识别强调物体突然出现在特定区域。

消失识别是针对出现识别而言的，当人、车辆或者物体突然从某个特定区域消失，即可产生消失识别。消失识别强调的是物体从特定区域中突然消失了，而离开识别强调的是物体从区域中离开的动作。当出现异常行为，智能视频分析系统就发出报警通知值班民警。

五、逆行识别

在监狱（戒毒所）的通道或者其他关键场所，智能视频分析系统对反向运动的人、物体或车辆进行检测，产生一个逆行识别。当出现异常行为，智能视频分析系统就发出报警通知，值班民警当即进行报警处置。

六、异常奔跑识别

在监狱（戒毒所）的通道或者其他关键场所检测是否有人员快速运动，产生一个异常奔跑识别。当出现异常行为，智能视频分析系统就会发出报警，通知值班民警防止犯人逃离。该识别可以有效防止突然逃跑、追逐打架等突发事件。

七、遗弃物品识别

在监狱（戒毒所）一些重要生产生活场所，当画面中某人遗弃某物体或者从某车上丢下一物体，都会引发弃置识别。监控人员第一时间发现不明包裹被遗弃，防止犯人通过一些不正当的手段传递违禁物品。

八、物品丢失识别

在监狱（戒毒所）一些重要生产生活场所，当视频画面中的某个物体被取走，即可产生取走识别事件。该物体应该存在，却被人偷走，智能化分析系统能够及时捕获这样的异常行为，智能视频分析系统就发出报警，通知值班民警。该识别特别有利于针对监狱（戒毒所）人员私藏、偷盗一些工具进行危害活动。

九、限制徘徊识别

在监狱（戒毒所）内部一些指定区域或者监狱（戒毒所）外围等其他地方，检测是否有可疑人、物体或车辆在指定的区域内长时间停留，当滞留或者徘徊时间超过预设值，系统将报警。智能分析系统则会对该类行为进行分析并报警，监狱（戒毒所）监控中心可以当即联系现场人员进行甄别处置，防止有人勘察监狱（戒毒所）的建筑结构等信息。

十、剧烈运动识别

在监狱（戒毒所）生产生活场所出现打架斗殴等剧烈运动情况，将产生一个剧烈运动识别事件，智能分析系统则会对该类行为进行分析、报警。当出现异常行为，智能视频分析系统就会发出警报通知值班民警及时处理问题，防止事态进一步扩大，有效加强管理。

十一、人员聚集识别

在监狱（戒毒所）生产生活场所出现一定数量的人员聚集的时候，智能分析系统产生一个人员聚集的警报通知值班民警，监控中心可以当即联系现场人员进行甄别处置，将可能出现的异常情况消灭在萌芽状态，确保监狱（戒毒所）安全、犯人安全。

十二、摔倒识别

在监狱生产生活场所出现人员突然发生摔倒现象时，智能分析系统产生一个人员摔倒的报警信息通知值班民警。监控中心即通过现场视频判断发生的事件，可以当即联系现场人员进行甄别处置。

十三、智能跟踪

在监狱生产生活场所，当主摄像机检测到有可疑情况发生的时候，如监狱服刑人跨越警戒线，进入、离开警戒区域，或在警戒区域徘徊等，主摄像机发送指令控制从摄像机进行云台旋转和镜头缩放，锁定触发报警的目标并对其进行自动跟踪，使目标持续放大以显示在画面中央，这样监狱监控中心可以看到更清晰的目标特征，以利于实时判断和事后对照取证。

十四、人数统计

监狱宿舍楼出入口是犯人进出的必经通道。在重要通道门口做进出人数统计，比对进入及离开出入通道的具体人数，可以有效辅助民警的日常管理工作。

十五、图像骤变识别

在监狱安装大量的摄像机，如果有人处于某种目的移动摄像机或者其他情况，智能视频分析系统检测视频图像是否有巨大变化，如摄像头被遮挡和大幅度移动使场景发生变化；当发生爆炸等情况，视频的光亮度异常强烈等。智能化分析设备能够自动捕捉这类行为，通知监狱监控中心值班民警及时纠正问题，预防和杜绝恶意破坏等违法行为，并根据现场录像查找原因。

十六、视频质量诊断

针对监狱安装的大量的摄像机，利用视频质量诊断技术来检测监控系统中存在的各种视频常见故障，对于因使用过程中出现的故障（雪花、滚屏、模糊、偏色、画面冻结、增益失衡和云台失控等）进行视频质量诊断，有效预防因硬件导致的图像质量问题及所带来的不必要的损失，为视频监控的持续、有效提供坚实的基础。出现视频质量问题，系统诊断后会马上报警，通知监狱监控中心值班民警即时处理问题，打造一个万无一失的监狱视频监控体系。

1. 主要优势

智能视频分析技术的主要优势主要有以下几点。

（1）主动响应现场的侵犯行为，报警发出时间为毫秒级。

（2）当发现可疑目标或事件时，自动预警、报警、锁定和跟踪目标。这给民警处理安防事件留有充分的准备时间，事件发生时能迅速出击，锁定并始终掌握目标的踪迹，及时准确地处理安防事件。

（3）高效的数据检索和分析功能，能够快速在视频录像记录中查询到调查对象的图像信息，大大提高了工作效率。

（4）减轻安防管理人员的工作强度，缓解工作压力，提高工作效率。

（5）适应各种恶劣天气、光线条件。

2. 主要目的

智能视频分析的主要目的有以下几点。

（1）化"被动监控"为主动监控——事前预警。

（2）计算机代替人工完成实时监视任务——事中处理。

（3）在海量视频数据中快速搜索目标/事件——事后取证。

自动检测出视频画面中闯入禁止区域的人或物体，在发出入侵警报的同时提供实时的抓拍图片和视频。闯入报警内容包括：绊线穿越，支持单向、双向穿越或压线。可以根据需要，设置单条或多条绊线；区域入侵，支持进入、离开、突然出现、突然消失等多种行为。可根据需要，同时设置单个或者多个任意多边形区域。

第十五节　视频 3D 矫正技术

视频 3D 矫正技术一般用于鱼眼全景融合和掀顶式监控视频融合中。

鱼眼摄像头是一种成本低、易于获取和安装的监控摄像头,可以独立实现大范围无死角监控,但其变形较大,不利于观察和发现问题。有的鱼眼摄像头提供三分或四分独立画面,又造成了视觉理解上的障碍。针对室内场景,提供鱼眼摄像头的三维全景融合,可以很方便地扩展到大范围的一体化顶视图,从"天上"看掀顶式的实时场景全貌。3D 矫正用于掀顶式实时场景,如图 10-13 所示。

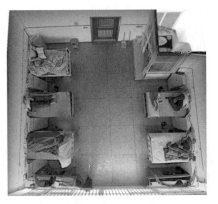

原始圆形畸变图像　　　　　　矫正融合后的三维鱼眼图像

图 10-13　掀顶式实时场景对比

第十六节　数据可视化能力

针对数据可视化软件整体规划,为实现高效灵活的网络应用平台,加强协作,提高司法行政系统整体工作效率,保证信息资源高效地收集、传输、存储和共享,实现单点登入、统一认证,建立统一的、基于角色的和个性化的信息访问、集成平台,为未来各类信息系统建设奠定良好的基础。

数据可视化系统分为数据层、分析引擎层与用户接口层。数据可视化系统架构如图 10-14 所示。

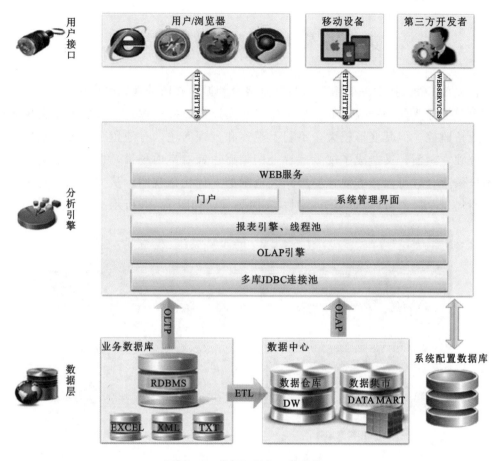

图 10-14　数据可视化系统架构图

第十七节　时钟服务

时钟服务用于统一司法行政系统信息化所有设备时钟，给所有设备授时的服务。从技术层面分析，时钟服务可以保障所有设备、接口、数据备份、数据同步有统一的时间标准。从业务层面分析，司法行政的所有业务都涉及法律问题，有数据存证和数据固定的要求，只有统一的时钟服务才能保证业务系统数据时间标签的一致性。

一、总体要求

NTP 时间服务器必须采用模块化结构，具备"北斗"和 GPS 输入模块、时钟模块、NTP 输出模块、通信管理模块等基本结构，在设备加电工作的情况下，每一个模块可以单独插拔、更换。"北斗"、GPS、时钟及输出模块必须冗余配置,支持双电源冗余输入。

二、时间源要求

内置北斗卫星接收机和 GPS 接收机,直接跟踪同步于 UTC 时间。同步于"北斗"或 GPS 时,相对于 UTC 时间的误差不能超过 100 ns。配置冗余的北斗卫星接收机和 GPS 接收机,实现互备。当 GPS 接收机不可用时,能自动倒换到北斗卫星接收机上工作;当北斗卫星接收机不可用时,能自动倒换到 GPS 接收机上工作。接收机倒换不能影响时间输出精度。

三、防雷要求

为防止雷电对设备影响,馈线部分必须加装北斗和 GPS 专用的防雷器;北斗卫星接收机、GPS 接收机与时钟模块必须是相互独立的模块。

四、高可用要求

系统应支持 E1 输入,当卫星信号不可用时,能够接收通信网的频率信号或外部铯原子钟信号,而提供持续的高精度的时间输出。

五、时间输出要求

输出 NTP 网络时间协议,为计算机网络提供 NTP 网络时间服务。NTP 网络接口采用 SFP 模块,根据需要配置成光口或电口的网络接口。NTP 时间标签必须为硬件时间标签,标签精度优于 300 ns。NTP 应支持 MD5 安全协议。

六、时钟与守时要求

设备能内置铷原子钟与晶体钟模块的任意组合,当 GPS 失效时,利用内置的时钟守时,继续提供 NTP 时间服务。

七、配置双铷钟模块

采用铷原子钟时,自身频率准确度优于 $5E-9$;采用晶体钟时,频率准确度优于 $4.6E-6$。当 GPS 失效时,铷原子钟 5 天的守时能力优于 50 μs;晶体钟 24 小时的守时能力优于 100 μs。主备时钟模块倒换时不能影响时间输出精度。

八、监控管理

设备至少要具有 3 个 RS232 串口和 1 个以太网接口，终端可以通过任何一个接口对设备进行操作和维护，以太网接口应至少支持 4 个 TCP/IP 连接。设备应能区分至少 3 级口令级别，根据口令级别多设备进行操作和维护。最高级别的管理员应能添加、修改、删除低级别的用户，应具有图形化界面的监控管理软件，通过图形化界面对设备进行操作和维护。

九、电源

采用 48VDC 通信电源，冗余电源配置，只有单电源工作也能够支持设备满配。

第十八节　即时通信系统

一、系统理解

即时事务实时响应是高效便捷的通信手段，司法行政系统信息化需要一种基于 PC 和移动终端的即时事务实时响应通信系统。在此系统中需要一个专门的即时事务实时响应模块，来加强内部部门与部门之间、用户与用户之间的信息交流。

二、功能描述

1. 即时提醒

对于司法行政办公人员，每天的工作任务很多，提供实现多种形式（弹出窗口、动画、声音等）的主动提醒定制工具。用户可以根据自己的喜好或做事风格，定义到期提醒、事务限办日期等。

2. 文件收发

单文件自动接收，多文件多点传输：办公人员可以随时向其他人员或用户组发送多个文件、目录等，文件在传输过程中采用压缩传输，单文件发送到达目的地按预设置目录自动接收。

3. 图形化显示的组织结构

将司法行政机关的组织结构以树状图形化的方式显示出来，可以使工作人员对整体有更进一步的了解。为方便个人谈话记录查询，可选择不同的时间段和不同的谈话人员，随时查看自己与他人的谈话记录，记录可以直接保存成纯文本，用各种文本浏览器进行浏览。

4. 在线用户查询功能

提供多种在线用户查询方式，包括按姓名拼音查询、按条件查询（按照用户的号码、部门、姓名、昵称等查询）和查看所有在线用户等，可以方便地查找到目标人员。

5. 系统广播

有权限的使用者可以通过服务器向系统的每个用户发送广播信息。

6. 网络会议

系统提供网络会议室，支持多人在线进行会议讨论交流。

7. 远程管理

具有系统管理员权限的用户可以通过网络连接系统服务器实现在线远程管理。

8. 短信发送与管理

加密传递和内嵌手机短信网关对短信服务提供支持，同时支持离线消息。

用户可以直接调用短信功能模块，实现短信的单发和群发功能。管理功能包括账户管理、权限管理、短信限额、资费管理、信息库管理、查询管理等内容。

9. 集中用户管理平台

该模块提供可以集中用户管理的界面，并通过接口实现与统一用户管理模块的集成。

10. 提供公共接口

具有标准的系统功能接口，支持其他业务系统调用，实现多方式的主动提醒。

11. 服务器互连

服务器与服务器之间支持互连，客户端可以登录不同的服务器上，实现信息交互。

12. 系统管理功能

可以查询用户邮件和短信权限、设置权限、查询用户发送短信条数、建立用户、删除用户、查找用户等功能、初始化通讯列表、发送广播消息等。系统还支持数据备份、日志管理等功能。

13. 点对点视频通信

支持点对点视频通信，支持用户点对点利用摄像头进行视频通信，并支持通信过程中的文字交流和语音交流，并支持白板和文件共享功能。

第十九节　应用服务器中间件软件

中间件（Middle Ware）是一类连接软件组件和应用的计算机软件，它包括一组服务，以便于运行在一台或多台机器上的多个软件通过网络进行交互。该技术所提供的互操作性，推动了一致分布式体系架构的演进，该架构通常用于支持并简化那些复杂的分布式应用程序，它包括 Web 服务器、事务监控器和消息队列软件。

中间件是基础软件的一大类，属于可复用软件的范畴。顾名思义，中间件处于操作系统软件与用户的应用软件的中间。

中间件在操作系统、网络和数据库之上，应用软件之下，总的作用是为处于自己上层的应用软件提供运行与开发的环境，帮助用户灵活、高效地开发和集成复杂的应用软件。在众多关于中间件的定义中，比较普遍被接受的是 IDC 表述的：中间件是一种独立的系统软件或服务程序，分布式应用软件借助这种软件在不同的技术之间共享资源，中间件位于客户机服务器的操作系统之上，管理计算资源和网络通信。

一、基本功能

中间件是独立的系统级软件，连接操作系统层和应用程序层，将不同操作系统提供应用的接口标准化、协议统一化，屏蔽具体操作的细节，中间件一般提供如下方面的支持：

1. 通信支持

中间件为其所支持的应用软件提供平台化的运行环境，该环境屏蔽底层通信之间的接口差异，实现互操作，所以通信支持是中间件一个最基本的功能。早期应用与分布式的中间件交互主要的通信方式为远程调用和消息提供两种方式。通信模块中，远程调用通过网络进行通信，通过支持数据的转换和通信服务，从而屏蔽不同的操作系统和网络协议。远程调用是提供给予过程的服务访问，只为上层系统提供非常简单的编程接口或过程调用模型。消息提供异步交互的机制。

2. 应用支持

中间件的目的是服务上层应用，提供应用层不同服务之间的互操作机制。它为上层应用开发提供统一的平台和运行环境，并封装不同操作系统提供 API 接口，向应用提供统一的标准接口，使应用的开发和运行与操作系统无关，实现其独立性。中间件是耦合的结构，标准的封装服务和接口，有效的互操作机制，为实现应用结构化和方法开发提供有力的支持。

3. 公共服务

公共服务是对应用软件中共性功能或约束的提取。将这些共性的功能或者约束分类实现，并支持复用，作为公共服务，提供给应用程序。提供标准、统一的公共服务，可减少上层应用的开发工作量，缩短应用的开发时间，并有助于提高应用软件的质量。

二、分类

1. 事务式中间件

事务式中间件又称事务处理管理程序，是当前运用较广泛的中间件，其主要功能是提供联机事务处理所需要的通信、并发访问控制、事务控制、资源管理、安全管理、负载平衡、故障恢复和其他必要的服务。事务式中间件支持大量客户进程的并发访问，具有极强的扩展性。由于事务式中间件具有可靠性高、极强的扩展性等特点，主要应用于电信、金融、飞机订票系统、证券系统等拥有大量客户的领域。

2. 过程式中间件

过程式中间件又称远程过程调用中间件。过程中间件一般从逻辑上分为两部分：客户和服务器。客户和服务器是一个逻辑概念，既可以运行在同一计算机上，也可以运行在不同的计算机上，甚至客户和服务器底层的操作系统也可以不同。客户机和服务器之间的通信可以使用同步通信，也可以采用线程式异步调用。所以过程式中间件有较好的异构支持能力，简单易用，但由于客户和服务器之间采用访问连接，所以在易剪裁性和容错方面有一定的局限性。

3. 面向消息的中间件

面向消息的中间件，简称为消息中间件，是一类以消息为载体进行通信的中间件，利用通过高效可靠的消息机制来实现不同应用间大量的数据交换。按其通信模型的不同，消息中间件有两类：消息队列和消息传递。通过这两种消息通信模型，不同应用之间的通信和网络的复杂性脱离，摆脱对不同通信协议的依赖，可以在复杂的网络环境中高可靠、高效率地实现安全的异步通信。消息中间件的非直接连接，支持多种通信规程，达到多个系统之间的数据的共享和同步。面向消息中间件是一类常用的中间件。

4. 面向对象中间件

面向对象中间件又称分布对象中间件，是分布式计算技术和面向对象技术发展的结合，简称对象中间件。分布对象模型是面向对象模型在分布异构环境下的自然拓广。面向对象中间件给应用层提供不同形式的通信服务，通过这些服务，上层应用对事务处理、分布式数据访问、对象管理等方面的处理更简单易行。OMG 组织是分布对象技术标准化方面的国际组织，它制定出了 CORBA 等标准。

5. Web 应用服务器

Web 应用服务器是 Web 服务器和应用服务器相结合的产物。应用服务器中间件可以说是软件的基础设施，利用构件化技术将应用软件整合到一个确定的协同工作环境中，并提供多种通信机制、事务处理能力及应用的开发管理功能。由于直接支持三层或多层应用系统的开发，应用服务器受到了广大用户的欢迎，是目前中间件市场上竞争的热点，J2EE 架构是目前应用服务器方面的主流标准。

6. 其他

新的应用需求、新的技术创新、新的应用领域促成了新的中间件产品的出现。如，ASAAC 在研究标准航空电子体系结构时提出的通用系统管理 GSM，属于典型的嵌入式航电系统的中间件，互联网云技术的发展云计算中间件、物流网的中间件等随着应用市场的需求应运而生。

三、基本特点

（1）满足大量应用的需要。

（2）运行于多种硬件和 OS 平台。

（3）支持分布式计算，提供跨网络、硬件和 OS 平台的透明性的应用或服务的交互功能。

（4）支持标准的协议。

（5）支持标准的接口。

第十一章　应用系统设计总体要求

第一节　应用系统设计基本原则

软件系统是信息化建设的灵魂，应用系统设计原则是软件开发的"指挥棒"，一个应用系统好不好用、功能强不强大、智不智能都需要遵循这个基本原则。因此，应用系统设计和开发需要遵循以下"六个'凡是'"的原则。

（1）凡是计算机能完成的都让计算机完成。

各业务系统内和业务系统间的数据采集、传输、交换、存储都要求计算机自动完成。杜绝不必要的邮件发送、U盘复制、分类统计、手写备忘等工作。

（2）凡是需要人工录入和信息输出的都提供PC、移动端（手机、平板、智能眼镜）界面。

录入时尽量以拍照识别、语音识别、手势识别、选项录入、伴随收集等方式。输出时都要求用批量导入、钉钉、微信、支付宝城市生活、小程序等实现，并且可分享、可收藏、可评论。所有功能可在移动端（手机、平板、智能眼镜）实现，并伴随移动设备的声音、视频、图片、指纹、地图定位、设备ID、软件参数，环境数据一同收集。

（3）凡是有数据产生的，要求数据源头唯一，所有数据不需要重复录入、多头录入，保障数据源头唯一、完整、正确、安全。

任何数据的增、删、改、查，以及机构的增、撤、拆、改、并，都要求数据一致、有历史数据溯源、数据血源关联。

（4）凡是有数据需求的，要求数据共享、流程协同。

所有用户的绩效、工作量、工作轨迹都由系统自动生成。所有数据都能便捷录入、所有工作过程在网上流转，所有节点数据、过程数据应有尽有，用户才会安心使用，才能实现智慧决策，所有数据增、改、删轨迹可查。

（5）凡是对系统有操作（或交互），一定要有反馈信息，无论从视觉、听觉、触觉，以短信、微信、语音电话、电子邮件等方式呈现，让用户体会到交互的感觉，让用户有安全感、信任感、好感。

任何界面都要有信息反馈入口和通信方式呈现,让用户的任务需求和建议都能及时反馈到系统中,实现用户反馈多入口、一后台的统一管理。

(6) 凡是有信息录入、传输、交换、存储、复制、展现,都要有相应安全保障措施以确保稳定、安全、可控、可查。

第二节 多语种、多文字、无障碍浏览

一、多语种、多文字

多语种、多文字设计是针对用户使用界面的一种友好设计,司法行政系统业务要满足国际化用户和少数民族用户需求,在一些必要的业务应用和网站上可使用外文界面和少数民族文字界面设计,方便这些用户正常办理业务和使用网络资源。

二、无障碍浏览

信息无障碍指的是任何人在任何情况下都能平等、方便、无障碍地获取信息并利用信息。以互联网环境为例,互联网产品可以被老年人、视障者、听障者、读写障碍人士等用户顺利使用。

近年来,随着互联网的快速发展,很多人已经广泛使用电子政务,政府也越来越多地以在线方式向大家提供信息和服务。目前,我国各省、市、县的残联都开通了网站,积极推动残疾人证智能化工作,发展"互联网+残疾人服务"。为了让残障人士能无障碍地使用电子政务,给他们提供更便捷、高效的服务,司法行政系统网站的无障碍建设尤其重要。网站构建的所有内容都应该尽可能具有包容性、易读性和可读性,为每一个人设计,为每一个人服务。

根据不同类型的用户群体,应该思考如何为他们设计和提供更高效的服务,让所有人都能平等、方便、无障碍地获取信息。

1. 为视障人士设计

使用良好的颜色对比度、适合阅读的字号,使用颜色、图形和文字结合的方式传达信息,支持键盘导航,可为非文本内容添加替代文本。

2. 为听障人士设计

为视频添加字幕,通过标题、图片、列表等方式分解内容,保持内容清晰简洁、有逻辑的版面布局。

3. 为运动障碍人士设计

支持键盘导航，交互元素易于点击。

4. 为读写障碍人士设计

使用图形、图片和文字结合的版式设计，保持一致的对齐方式，保持内容清晰简洁。

5. 为老年人设计

使用较大的字号，浏览路径简单明确，减少手动输入，交互元素易于点击。

无障碍设计并不意味着会让网站变得不好看；相反，它会在考虑不同需要时融入一些条件限制。在这些条件限制中去探索如何让设计能适用于所有用户，为每一个人设计，为每一个人提供更好的司法政务服务。

第三节 UI 设计

为保证系统具有良好的易用性和友好性，需要通过合理的功能界面设计保证系统所有功能界面风格和操作流程一致；通过合理的功能界面设计保证界面美观、简洁、高效，界面各部件的布局保持合理性和一致性；通过合理的功能界面设计保证界面颜色调和、提示清晰、窗口大小适当，使用方便。

系统应使用 Ajax（异步局部更新）技术，减少页面的刷新，使用户在使用系统的过程中，感觉更加方便、快捷，从而提升用户体验。

当多个业务应用系统由多个不同软件开发团队开发时，尤其要注意 UI 界面的一致性，确保各开发团队使用统一的色系、窗格大小、边框类型、选项类型、文本编辑风格、操作习惯、标识标志等。

第四节 移动应用

一、架构设计

移动应用随着移动互联网和智能终端发展而快速发展，并且被大众普遍接受和喜爱的应用形式。选择司法行政业务系统的移动化实现方式，需要根据司法行政业务职能、业务方式、用户喜好和信息化发展趋势等多重因素。常见的在智能终端上移动应用形式有 App、微信、支付宝城市服务、钉钉等。App 是在移动操作系统环境下开发的专门应用,微信、支付宝城市服务、钉钉等则是移动操作系统环境下开发的基于云应用的第三方移动平台。司法行政机构并不是从事商业运营的机构,司法行政业务也并不是每个人每天都需要使用的,因此,保障司法行政移动端应用长期驻留公众手机,不因操作系统升级而必须不断对 App 进行升级,方便信息传播、方便普法宣传、用户推广等多重因素,选择第三方移动平台更适合司法行政系统移动应用建设。

移动云应用将基于第三方移动云平台进行二次开发,通过调用平台接口与组件,根据具体办公、业务的需求,研发移动端后台信息系统及移动云的前端应用,配合第三方移动云平台的后台配置系统,实现移动云应用在功能和架构上的完整性,系统架构如图 11-1 所示。

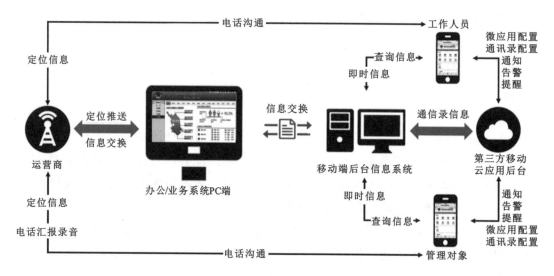

图 11-1　移动应用系统架构图

1. 移动端后台信息系统

移动端后台信息系统作为移动云应用的核心,主要实现三方面功能:

(1) 与办公自动化系统及各业务系统对接,实现 PC 端系统与移动端系统的信息交换,保证移动端与 PC 端数据的一致性和准确性;

(2) 移动端后台信息系统负责移动前端应用的信息查询、调用以及负责从前端应用获取输入的信息,如图片、文字,推送至 PC 端办公或业务系统;

(3) 移动端后台管理系统同时承担向第三方移动云应用后台(如 App、钉钉、微信、QQ)的信息推送,实现通讯录信息上云,从而移动前端应用可以通过调用第三方移动云应用后台的接口,实现通知、告警、提醒等第三方平台的默认功能。

2. 第三方移动云应用后台

第三方移动云应用后台同时与移动端后台信息系统及移动前端应用发生信息交

换，具备基于通信信息的通知、警告、提醒，向移动前端应用提供 UI 框架、通讯录配置和微应用配置的功能。

3. 移动前端应用

移动前端应用，面向各级司法行政机构工作人员和管理对象，如社区服刑人员等，是在手机上供用户使用的具体应用，从移动办公平台角度，用户是部、省、市、县的工作人员；在移动业务平台角度，则面向各业务科室的基层工作人员和管理对象人员。移动端所产生的定位信息及移动端的电话沟通需要通过运营商网络实现。

4. 办公/业务系统 PC 端

办公/业务系统 PC 端，对应司法行政办公自动化系统；移动业务平台，则对应各存在移动工作场景的业务系统。所有从移动端产生的数据都将按照实时要求通过移动端后台信息系统向办公/业务系统 PC 端后台实现同步。

二、微信

微信服务号为企业和组织提供更强大的业务服务与用户管理能力，主要偏向服务类交互，适用人群为媒体、企业、政府或其他组织，目前全国用户超过 10 亿。用于司法行政公共法律服务业务比较合适，如法律咨询、人民调解申请、公证预约、鉴定申请、法考报名等。微信是一款典型的社交类 App，因此用于公共法律服务中不仅可以给用户提供友好的操作体验，而且他的自媒体属性，也便于公共法律服务的自媒体宣传、推广和相互分享。

三、支付宝城市服务

支付宝城市服务以生活号为入驻运营者的识别码，是为企业、组织和个人提供直接触达用户的服务产品，是用户连接运营者的交互视窗。入驻的生活号运营者可以通过生活号产品开展信息推送、服务输出、交易场景打通和会员关系管理等，包括但不限于交管、户政、社保、公积金、税务、交通、法律服务等公共生活类服务。

由此可见，支付宝城市服务生活号可以用于司法行政公共法律服务业务，如法律咨询、人民调解申请、公证预约、鉴定申请、聘请律师、法考报名等，但支付宝属于电子商务平台的可信任第三方担保平台，其交易属性大于社交属性，在公共法律服务的普法、宣传、分享、推广上要略逊于微信和钉钉。

四、钉钉

（一）基本功能

钉钉是可以进行沟通和协同的多客户端平台，支持多个系统，以及手机和电脑间文件互传。

钉钉公司作为阿里巴巴旗下合资公司，具有一定的专业性和权威性；钉钉也是阿里旗下专门为中小型企业、组织机构量身打造的 OA 工具。

钉钉可以集合邮箱、商务电话、业务讨论群等工作的常用功能，大大提高了工作效率。

（二）基于钉钉的信息安全保障

钉钉有公安部信息系统三级等级保护认证。

1. 企业密钥

数据享受国密级别安全保护，企业数据使用加解密技术方案，对敏感数据的保护贯穿整个数据安全生命周期，达到银行级数据加密水平。

2. 存储级别

基于 SSL/TLS 协议以加密形式传输数据，以确保端到端的网络传输安全。

3. 私密空间

第三方加密算法不仅支持行业标准的加密算法，还支持国密算法。

钉钉依托阿里巴巴集团安全部十多年攻防安全技术沉淀，自主研发的动态防入侵系统，可实时监测平台的安全状况，通过虚拟组织蓝军、红军攻防对抗，不断提升入侵检测及安全应急响应能力。

（三）基于钉钉平台整体性能保障

支持 10 万客户端同时在线，并可以根据用户规模水平扩展。

客户端消息 10 秒到达率大于 90%，系统服务稳定可用性大于 99.99%。

打开手机 App 启动时间 99% 用户能在 1 秒完成。

系统支持 AES 算法 256 位密钥加密存储。

第三方加密需使用 SM4 国密对称算法，密钥长度和分组长度不低于 128 位。

移动视频会议支持 1080P 和 720P 切换，能够自动针对网络带宽及丢包率，进行 TCP 和 UDP 模式自适应切换。支持在会议过程中实时将桌面及文档共享给其他参会者，支持最高十六方同时参加。

（四）钉钉与传统 App 开发平台对比

1. 钉钉平台具备日常办公的常用功能

钉钉平台的初始定位就是从日常移动办公的角度出发，因此，钉钉平台已经具备了较成熟完善的日常办公相关功能。例如：通知公告、考勤打卡、日常审批、工作日志、智能填表甚至电话会议等。有些功能可以直接使用，大大节约了研发时间和研发成本。

2. 钉钉平台具有良好的兼容性

钉钉移动应用可以同时兼容安卓操作系统和苹果操作系统。使用钉钉平台进行二次开发，开发的业务应用可以同时嵌入安卓版的钉钉和苹果版的钉钉。采用苹果版钉钉研发时间和成本较安卓版的可以减半；而且应用发布和更新都不需要经过苹果公司的审核，节约了时间和成本。同时，钉钉平台已经能够兼容市面上常用的各种手机，对于不同机型、不同尺寸的屏幕都具备良好的兼容性。借助钉钉平台进行开发，基本可以不用再去考虑兼容性方面的问题。

3. 钉钉平台具有良好的稳定性

钉钉平台已经在市面上推广使用了很长时间，钉钉的稳定性已经得到了良好的验证。

钉钉在云端有良好的抗压能力。

依托钉钉平台开发移动应用，应用底层的稳定性和抗压能力能够得到良好的保障。如果独立开发 App 移动应用，很多开发时间需要花在保持平台的稳定性上面，及需要通过较长一段时间的改进完善才能够达到良好的稳定性。

模块化权限分配，整合基层特点，方便基层工作。

基于钉钉的应用平台可以把多个基层应用的模块根据成熟的权限分配体系展现在一个账户下，对于司法行政基层中一个人承担多个角色的应用，可以极大地方便基层工作人员展开相关业务，提升工作效率。

五、其他 App

App 是在移动操作系统环境下针对具体业务开发的移动端应用软件，App 具有完善的业务功能、便捷的操作、友好的界面等特点，可以很好地把司法行政业务运行于 PC 端的所有应用搬迁到智能移动终端上，但受到移动操作系统版本限制，当移动操作系统版本升级时，App 也应做相应升级才能保证业务应用的稳定性。由于现在移动端操作系统还在不停地发展、完善，因此 App 随操作系统升级而升级也成为一种常态。

第五节　智 能 提 醒

智能提醒是解决人工操作不易全面、及时、周到地给用户提供应知或应做的信息，要求以短信、电话、微信、钉钉等便于用户接收和确认的方式把消息传送给用户。

司法行政系统信息化在设计、升级时应充分考虑各应用系统在各应用场景、各应用环节设置智能提醒功能，智能提醒接口要遍布"数字法治 智慧司法"体系全领域。设计智能提醒任务应从以下触发因素考虑。

1. 动作触发

动作触发是指在司法行政各信息化系统中进行操作时，出现保存、确认、提交、发布、退回、撤销等动作且需要下一操作用户知晓、操作、确认时，可以触发智能提醒接口，以适当形式发送智能提醒信息。如申请公证、鉴定，发布通知、会议，行政审批结束等操作时，需要给相关人发送消息。

2. 事件触发

事件触发是指司法行政信息系统内部由于某种工作机制设置的域值（阈值）达到限制值时而触发提醒相关人的消息推送。如当"司法云"已使用的存储空间达到总容量的80%时，某网络系统通联状态为断开时，同一人同一套房在多个不同公证机构进行公证等，事件触发消息接口发送给相关人员信息。

3. 时间触发

时间触发是指在司法行政信息系统中，在逻辑上对某种操作或某种状态有时效要求时，顺计时时长、倒计时时长、周期性日期时间点或给定日期时间点达到触发条件时，给相关人发送提醒消息。如司法鉴定人每一个自然周期年需要年审，某项行政审批需要在三个工作日内审核等都应该在时间到达前一段时间告知相关人。

4. 智能延迟

智能延迟是指在司法行政信息系统中，当动作、事件、时间触发因素导致智能提醒发送消息时，应自动判断消息发送形式和时间是否妨碍相关人的正常工作和生活。如犯人家属可能在凌晨在网上申请远程会见，此时不易通过短信提醒工作人员进行审批操作，而应该将此类信息延迟至第二天的工作时间提醒。

第六节　基于消息中间件的用户、字典和行政区划同步方案

每个业务系统都有独自的业务体系而产生包含业务逻辑的业务数据，包括用户、组织机构、行政区划和字典数据等。一旦这些基础数据发生变更就需要修改各业务系统对应的业务数据，这必然会让运行维护的工作量加大也会让数据不一致的可能性增加。所以需要一种消息分发同步机制来解决各业务系统的基础数据同步问题。

使用较多的是消息中间件技术 MQ（Message Queue，消息队列或消息中间件），消息中间件有 ActiveMQ、RabbitMQ 等。以 ActiveMQ 为例，相对来说 ActiveMQ 在可扩展性、事务性等方面更胜一筹。

ActiveMQ 由 Apache 出品，是能力强劲的开源消息总线。ActiveMQ 是一个完全支持 JMS1.1 和 J2EE1.4 规范的 JMS Provider 实现，尽管 JMS 规范出台已经很久了，但是 JMS 在当今的 J2EE 应用中仍然扮演着特殊的角色。特性如下：

1. 支持多种语言和应用协议编写客户端

语言：Java、C、C++、C#、Ruby、Perl、Python、PHP。

应用协议：Open Wire，Stomp REST，WS-Notification，XMPP，AMQP。

2. 完全支持 JMS1.1 和 J2EE1.4 规范（持久化，XA 消息，事务）

ActiveMQ 可以很容易内嵌到使用 Spring 的系统里，而且也支持 Spring2.0 的特性。

3. 支持多种传送协议：in-VM，TCPSSL，NIO，UDP，JGroups，JXTA

支持通过 JDBC 和 journal 提供高速的消息持久化，从设计上保证了高性能的集群，客户端-服务器，点对点。

4. 支持 Ajax，支持与 Axis 的整合

可以很容易调用内嵌 JMS Provider，进行测试。

由于司法行政系统信息化平台包含众多的业务系统，为了保证各业务系统的用户、机构、字典、行政区划等基础信息的一致性，系统应采用基础支撑平台对用户、机构、字典、行政区划等基础信息进行统一管理，并采用基于消息中间件的方式实现各个业务系统的基础信息一致性。

如基础支撑平台增加一个用户，系统将通过以下流程实现数据在各个业务系统之间的流转。以新增用户的消息同步流程进行举例。

新增用户的消息同步流程如图 11-2 所示。

流程步骤如下：

（1）基础支撑平台新增用户数据，并形成新增用户的消息；

（2）基础支撑平台将新增用户消息发往 MQ 消息中心。

各个业务系统监控 MQ 消息中心的数据变化，判断数据变化是否与本业务系统数据相关。如果相关，将变化的数据保存在各自的业务系统中并进行相应的业务数据调整；如果不相关，则不做操作并继续监控 MQ。

MQ 主题消息类型包含用户变更、部门变更、字典变更、区划变更、角色变更，角色群组关联表、用户群组关联变更等。

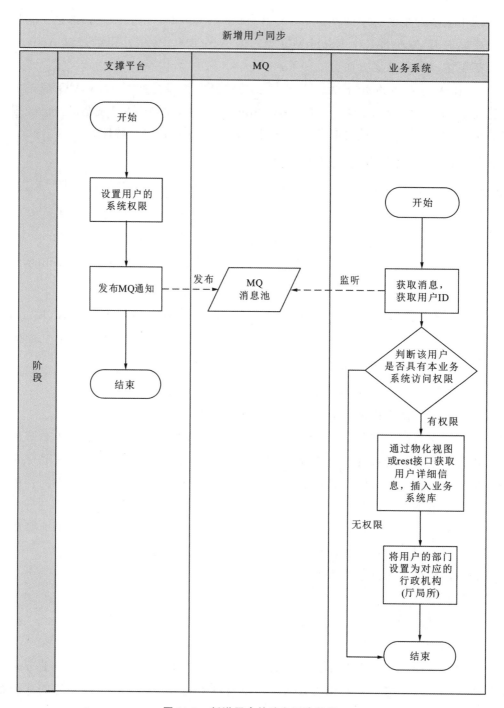

图 11-2 新增用户的消息同步流程

第十二章 司法行政网络规划与建设

为使所有系统软件和应用软件有一个良好的运行环境，所有数据有一个安全、通畅的存储与交换平台，需要对网络、设备、设施、安全、保障提出必要的设计要求，以优质的基础环境，为应用系统提供良好的运行环境，进而为用户提供满意的服务与体验，从而提升司法行政履职效能。

第一节 网络设计概述

司法行政系统网络建设规划应满足现在和将来一段时间信息化建设总体规划和要求，充分考虑网络种类、云架构、数据共享交换、应用服务和网络安全等多重因素。整体规划中应考虑司法部要求的以电子政务外网为基础的司法行政网络要求，各省因政法工作需要建设的政法网（专网）、重要文件传输的专网和公众使用的互联网。在各地新建"司法云"数据中心的基础上，网络系统如何设计可以充分利用数据中心资源，通过虚拟化平台和分布式数据中心管理平台，形成逻辑统一的资源池，并通过分布式云数据中心统一管理平台功能为各个业务系统、大数据平台提供统一的基础设施服务。

一、建设目标

司法行政业务、大数据中心、数据交换共享平台、数据灾备中心网络总体建设目标：

(1) 借鉴互联网思维及服务理念。
(2) 建设顺应司法行政发展趋势的动态云网络。
(3) 实现网络可编程。
(4) 建立功能模块化、规模可伸缩、资源可调配的网络架构。
(5) 支持云主机以及对应的网络与安全策略在物理分散的数据中心之间动态迁移。

为保证司法行政业务的正常开展，各级司法行政单位需要接入电子政务外网。

二、建设内容

司法行政系统组网内容如下：

1. 动态可调配的基础网络

采用网络虚拟化等技术，构建司法行政数据中心网络。统一网络资源服务：构筑统一资源服务平台，为各个应用提供统一的基础网络资源服务。使应用在开发过程中，可以不用再考虑网络基础资源的设计，只需专注于业务的设计。统一网络资源服务包括虚拟网络服务、弹性IP服务、弹性负载均衡服务等。

2. 具有适度先进性的SDN网络

在数据中心的业务专网网络服务区利用SDN技术构建高速、可靠、敏捷的基础网络，并通过控制器与数据中心云平台互通，向业务系统提供灵活、简便的资源管理、业务开通、发放与迁移服务。

三、建设原则

基于数据中心的高安全性、高扩展能力和可管理性的业务需求，司法行政系统网络架构的总体规划遵循结构化、模块化和层次化的设计理念，业务平面、管理平面和存储平面三个平面分离，实现网络层次清楚、功能明确，数据资产安全和管理便捷，提高系统的可扩展性、安全性和可维护性。

根据司法行政不同业务功能区域之间的隔离需求，将数据中心的网络按照功能的不同分成多个业务区域，各业务区域之间实现网络不同程度的隔离。

四、建设要求

1. 结构化

结构化设计便于上层协议的部署和网络的管理，可提高网络的收敛速度。司法行政系统网络结构化设计体现在适当的冗余性和网络的对称性两个方面，一般采用双节点双归属的架构实现网络结构的冗余和对称，可以使网络设备的配置简化、拓扑直观，也有助于协议设计分析。

2. 模块化

模块化的设计方法，将司法行政系统网络划分为不同的功能区域，核心区用于承接各区域之间的数据交换，是整个司法行政系统网络的核心枢纽，各接入区用于不同类应用的分类接入。服务器根据应用功能、用户访问特性、安全等级等要求部署多个区域，使整个司法行政系统网络的架构具备伸缩性和灵活性，同时也便于安全域的划分和安全防护的设计实施。

3. 层次化

随着接入交换机性能和密度的提升，以及服务器虚拟化的广泛使用，对于中小规模的云，网络结构设计可采取两层扁平结构，分为核心层和接入层（接入和汇聚交换机合并）。通过分层部署可以使网络具有很好的扩展性，无需干扰其他区域就能根据需要增加接入容量；提升网络的可用性，隔离故障域，降低故障对网络的影响范围；简化网络的管理。

第二节　司法行政网络平台建设需求分析

司法行政网络平台建设需要考虑以下因素：

1. 用户范围

司法行政系统各类软件和应用的用户有公共法律服务的公众用户；各级司法行政机构的公务人员；调解委员会的调解员；律师、公证员、鉴定人、志愿者；监狱戒毒场所的人民警察、在押人员及在押人员家属；社区矫正管理人员和社区服刑人员；安置帮教的工作人员和企业联络人员。

2. 业务范围

司法行政对公众的业务如法律资源、行政审批、行政复议；司法行政系统内警衔管理、指挥中心、OA等；政法业务之间的审前调查、律师阅卷、行政执法督查等；对其他政府机构的协同办公、执法监督、普法宣传等；犯人家属的远程会见、可视亲情电话等。

3. 国家政策与本地规章

按国家相关部门要求，全国性的网络只允许建设互联网、电子政务外网、电子政务内网。

4. 安全要求

司法行政系统的主要职责是统筹全面依法治国、科学立法、执法监督、刑罚执行、为公众提供服务，但并不代表不需要在安全网络上传输数据，因为这些数据涉及个人隐私和未成年人保护。所以，司法行政系统网络建设同样要考虑网络的边界安全、传输安全、应用安全等。

第三节 "数字法治 智慧司法"及网络基础架构

网络拓扑图如图 12-1 所示。

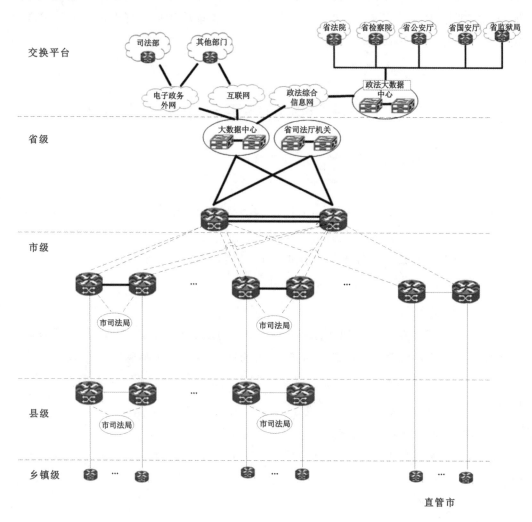

图 12-1 网络拓扑图

司法行政系统需接入的网络系统一般为四套,分别为政法专网、电子政务内网、电子政务外网和互联网。不同的网络应用于不同业务,司法行政业务主要为基于政法专网的政法业务管理系统、政法办公综合管理系统等面向机关单位人员的应用,以及基于电子政务外网和互联网的全省司法行政服务为民服务平台等业务。

为达到可靠性,需考虑以下要求:

核心交换区各部署两台数据中心核心交换机,网络采用接入加核心的扁平化设计，核心交换机采用大容量的框式交换机便于扩展。云防火墙、Web 应用防护网关、数据库审计网关等设备都旁挂在核心交换机上。

核心交换机作为数据中心的核心网元设备，其可靠性直接决定了数据中心的可靠性，它的硬件可靠性依靠各个模块自身可靠性以及冗余来保障。关键部件全部冗余，所有模块支持热插拔，主控板 1∶1 备份、交换网板 N+M 热备份、电源 N+N 和 N+1 备份、风扇框 1+1 备份，保障模块故障切换业务无中断。

核心交换机软件可靠性，需要支持不间断路由（Non-Stop Routing，NSR），它是一种在具有主用主控板和备用主控板的设备上实现协议控制平面不感知系统控制平面故障的可靠性技术，优点在于它是一种自包含技术，不需要邻居协助，不存在互通性问题，NSR 的关键技术是实现控制平面倒换而邻居不感知。需要支持双向转发检测 BFD（Bidirectional Forwarding Detection），它是一个通用的、标准化的、介质无关、协议无关的快速故障检测机制，用于快速检测、监控网络中链路或 IP 路由的转发连通状况。

系统可靠性依靠架构设计来保障，通常包含节点设备冗余与链路可靠性设计。

节点设备冗余：两台核心交换机支持横向虚拟化，从而使网元节点变成一个，在有效实现节点设备冗余的同时简化了网络拓扑，消除了环路，而且易管理。

链路可靠性：在整体网络方案中，交换机与交换机互联采用多个物理端口捆绑为一个链路聚合口，在增加链路带宽的同时任意一个端口的震荡均不会影响整网路由的震荡。同时，在单物理端口互联链路中，为了保证链路故障的快速收敛，设备通过端口自适应特性，自动感知链路故障。

司法行政机构在业务上会与其他单位有数据交互，两张网构成一张大网。

总体网络示意图如图 12-2 所示。

司法行政机构的总体网络架构采用扁平化方式组网。扁平化方式降低了网络结构复杂度，简化了网络拓扑，提高了转发效率，并且具备横、纵向的架构弹性。在数据中心扩容时，可以根据需要将合并的核心/汇聚层再分解开，演变到核心、汇聚、接入三层结构，具体来说二层扁平化的网络架构具备以下要求：

（1）简化网络管理，降低投资成本，降低维护管理成本。

（2）简化网络拓扑，降低网络复杂度，提高网络的性能，支撑高性能的服务器流量。

（3）提高网络利用率，支撑云计算技术的资源池动态调度。

（4）提高网络可靠性。二层网络结构，可以结合虚拟集群和堆叠技术，解决链路环路问题，减少网络的故障收敛时间，从而提高网络可靠性。

（5）绿色环保。简化二层网络还能降低电力和冷却需求，这对数据中心网络尤为重要。

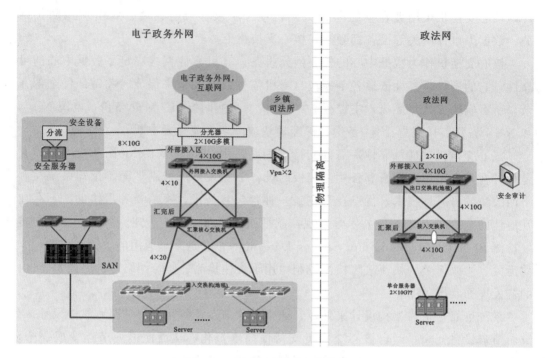

图 12-2 司法行政总体网络结构图

（6）扁平化组网。将二层边缘延伸至数据中心核心交换机，通过统一部署高性能核心交换机及独立防火墙，提供二层范围内资源互访控制与安全策略控制，从而可将二层网络扩展至多个物理分区范围。大范围的二层网网络与服务器虚拟化技术相结合，形成 IT 资源池，实现服务器资源灵活部署与调度。

第十三章 安全防护体系

第一节 总体理解

安全规划需要充分考虑长远发展需求,统一规划、统一布局、统一设计、规范标准,并根据实际需要及投资金额,突出重点,分步实施,保证系统建设的完整性和投资的有效性。在方案设计和项目建设中应当遵循以下的原则。

一、统一规划、分步实施

在建设过程中,全方位、多层次地综合考虑司法行政机构服务存在的网络安全问题,运用信息系统工程的观点和方法论进行统一的、整体性的设计,为后继的安全实施提供基础保障,通过逐步实施,来达到信息网络系统的安全强化。从解决主要的问题入手,伴随信息系统应用的开展,逐步提高和完善信息系统的建设,充分利用现有资源进行合理整合的原则。

二、合规性和规范化

司法行政机构信息系统的规划和建设,应严格遵循国家网络安全等级保护(三级)标准和行业有关法律法规及技术规范的要求,同时兼顾参考国际上较为成熟的ISO27000、CSA的成熟范例,从技术、运行管理等方面对项目的整体建设和实施进行设计,充分体现标准化和规范化。

三、适度安全

任何信息系统都不能做到绝对的安全,在安全规划过程中,要在安全需求、安全风险和安全成本之间进行平衡和折中,过多的安全要求必将造成安全成本的迅速增加和运行的复杂性。适度安全也是等级保护建设的初衷,因此该安全规划在进行设计的过程中,一方面要严格遵循基本要求,从物理、网络、主机、应用、数据、虚拟化、虚拟网络等层面加强防护措施，保障信息系统的机密性、完整性和可用性，另一方面，也要综合考虑业务和成本的因素，针对信息系统的实际风险，提出对应的保护强度，并按照保护强度进行安全防护系统的设计和建设，从而有效控制成本。

四、技术管理并重

网络安全问题从来就不是单纯的技术问题，把防范黑客入侵和病毒感染理解为网络安全问题的全部是片面的，仅仅通过部署安全产品很难完全覆盖所有的网络安全问题，因此必须要把技术措施和管理措施结合起来，更有效地保障信息系统的整体安全性。

五、先进性和成熟性

安全体系应当在设计理念、技术体系、产品选型等方面实现先进性和成熟性的统一。第一，产品必须成熟，更加遵守标准。第二，供应商必须与用户签署相关合同协议，这有助于用户满足合规性的需求。第三，选择目前和未来一定时期内有代表性和先进性的成熟的安全技术，既保证当前系统的高安全可靠，又满足系统在很长生命周期内有持续的可维护和可扩展性。

六、动态性

网络安全问题不是静态的。信息系统安全保障体系的设计和建设，必须遵循动态性原则。必须适应不断发展的信息技术和不断改变的脆弱性，必须能够及时地、不断地改进和完善系统的安全保障措施。

七、经济性

规划在满足共性、兼顾特殊安全的基础上。通过安全厂商采购适度的安全服务，集中防护充分利用现有资源，在可用性的前提条件下充分保证系统建设的经济性，提高投资效率，避免重复建设。通过分层次和专业队伍安全运维，实现统一管理，降低运维成本。

第二节 网络安全域拓扑结构

一、安全域划分

网络安全是数据中心安全最重要的一道防线,为确保服务的安全可靠,"司法云"数据中心设计采用模块式划分区域:

(1) 敏感区域如电子政务外网区域、互联网区域,在接入时均以硬件防火墙隔离,并严格实施身份认证、审核及日志记录确保数据安全。

(2) 互联网接入端连接 IPS、防火墙、上网行为管理进行边缘防护。

(3) 核心网络旁挂内部防火墙,确保"司法云"内部网络安全,同时通过旁挂 IDS 设备确保数据中心各网络区域安全。

二、司法行政机构政务外网接入区安全设计

在司法行政机构政务外网接入区边界串联部署防火墙、入侵防御、病毒过滤等安全产品,提供专业的抗拒绝服务攻击、访问控制、入侵防范、恶意代码防范等网络安全功能。

三、互联网接入区安全设计

在互联网接入区边界串联部署抗 DDOS、负载均衡、防火墙、入侵防御、病毒过滤、上网行为管理等安全产品,提供专业的抗拒绝服务攻击、访问控制、入侵防范、恶意代码防范等网络安全功能。

四、安全管理区安全设计

该区域主要部署特定安全产品的管理服务器及通用的安全服务平台,如堡垒机、防病毒服务器、入侵检测、日志审计、数据库审计等。需要在区域边界部署防火墙产品提供网络访问控制。

五、数据中心区安全设计

数据中心区具有在司法行政机构数据中心串联部署防火墙,提供专业的抗拒绝服务攻击、访问控制、入侵防范、恶意代码防范等网络安全功能。部署备份一体机,提供各类数据与应用的备份恢复,并且提供业务灾难接管功能。

六、政务外网与互联网数据交换安全设计

政务外网与互联网数据交换是在司法行政机构互联网区与政务外网区之间的数据交换,采用防火墙、入侵防御、病毒过滤、堡垒机等安全产品,提供专业的抗拒绝服务攻击、访问控制、入侵防范、恶意代码防范等网络安全功能。实现数据交换并检测数据的可靠性、完整性、安全性。

附录 "数字法治 智慧司法"标准名录

《全国司法行政信息化总体技术规范》(SF/T 0008—2017)
《全国司法行政系统指挥中心建设技术规范》(SF/T 0009—2017)
《全国司法行政视频会议系统建设管理规范》(SF/T 0010—2017)
《全国司法行政信息资源交换规范》(SF/T 0011—2017)
《全国司法行政系统网络平台技术规范》(SF/T 0012—2017)
《全国安置帮教信息采集及数据交换技术规范》(SF/T 0019—2017)
《全国法律援助管理信息系统技术规范》(SF/T 0024—2017)
《全国公共法律服务平台建设技术规范》(SF/T 0013—2017)
《全国公证综合管理信息系统技术规范》(SF/T 0023—2017)
《全国监狱信息化应用技术规范》(SF/T 0014—2017)
《全国律师综合管理信息系统技术规范》(SF/T 0022—2017)
《全国人民监督员管理信息系统技术规范》(SF/T 0026—2017)
《全国人民调解管理信息系统技术规范》(SF/T 0018—2017)
《全国社区矫正管理信息系统技术规范》(SF/T 0015—2017)
《全国社区矫正人员定位系统技术规范》(SF/T 0016—2017)
《全国司法行政戒毒信息化应用技术规范》(SF/T 0021—2017)
《全国司法行政信访管理信息系统技术规范》(SF/T 0020—2017)
《全国司法鉴定管理信息系统技术规范》(SF/T 0025—2017)
《全国司法所管理信息系统技术规范》(SF/T 0017—2017)
《智慧监狱 技术规范》(SF/T 0028—2018)
《司法行政移动执法系统技术规范》(SF/T 0049—2019)
《司法数据资源平台和司法共享服务平台技术规范》(SF/T 0050—2019)
《监管场所异常事件视频监智能分析系统技术规范》(SF/T 0051—2019)
《信息技术 数据质量评价指标》(GB/T 36344—2018)

参考文献

[1] 王电．公安信息化概论［M］．北京：清华大学出版社，2011．

[2] 孙培梁．智慧监狱［M］．武汉：华中科技大学出版社，2014．

[3] 杨东霞．以法治助力乡村振兴［N］．通辽日报，2019-12-24（03）．

[4] 谢贞发．基本公共服务均等化建设中的财政体制改革研究：综述与展望［J］．南京社会科学，2019（5）．

[5] 孙钰．提高乡村公共产品供给效能［J］．光明日报，2019-06-18．

[6] 段忠贤，刘强强，黄月又．政策信息学：大数据驱动的政策科学发展趋势［J］．电子政务，2019（8）：2-13．

[7] 陈一帆，胡象明．大数据驱动型的公共决策过程创新及效果评估——基于SSCI和SCI的文献研究［J］．电子政务，2019（8）：14-27．

[8] 郑代良．关注中国社会智库发展中存在的问题［N］．中国社会科学报，2019-07-19．

[9] 李文钊．公共政策研究的范式变迁及其超越［J］．中国人民大学学报，2019（4）：98-107．

[10] 王帮元．新型智库数据共享平台构建研究——以安徽省公共政策研究评估中心为例［J］．安徽行政学院学报，2019（3）：63-67．

[11] 陈秉华．浅谈信息化技术在司法行政工作的应用［J］．法制博览，2019（9）：298．

[12] 刘益良，袁勇，孙志中．新时代智慧公共法律服务体系建设的实践与思考［J］．中国司法，2019（3）：95-101．

[13] 孙威蔚，马韵洁，张金良．基于大数据的司法行政管理服务平台研究［J］．数字通信世界，2019（3）：222．

[14] 陈柏峰．法治社会的辨识性指标［N］．北京日报，2019-06-17．

[15] 袁艳霞．瞄准短板精准发力 推进城乡融合发展［N］．经济日报，2019-06-04．

[16] 陈一新．勇攀新时代政法领域全面深化改革新高峰［N］．人民日报，2019-01-24．

[17] 王玉龙，王佃利．需求识别、数据治理与精准供给——基本公共服务供给侧改革之道［J］．学术论坛，2018（2）：147-154．

[18] 杨金洲．以人民为中心发展思想的理论逻辑与价值意蕴［N］．光明日报，2018-11-27．

[19] 刘志阳．技术革命交汇期怎样实现创新赶超［N］．解放日报，2019-08-13．

[20] 徐增阳，张磊，翟延涛．不断提升公共服务水平［N］．人民日报，2019-12-17．

[21] 邢伟．以标准化促公共服务均等化［N］．经济日报，2019-02-20．

[22] 秦祥然，秦祖智．依法治国背景下公共法律服务均等化路径浅析［J］．法制与社会，2019（34）：127-129．

[23] 周俊．公共服务购买中政府与社会组织合作的可持续性审视［J］．理论探索，2019（6）：5-12．

[24] 余莉琪，李永华，陈雪松．智慧监狱安防应用［M］．北京：中国法制出版社，2017．

致 谢

感谢以下司法行政机构提供了相关材料供本书参考：

司法部信息中心

北京市司法局

上海市司法局

天津市司法局

重庆市司法局

山东省司法厅

广东省司法厅（含广州市司法局、深圳市司法局）

江西省司法厅（含南昌市司法局、赣州市司法局、赣州监狱）

江苏省司法厅（含南京市司法局、苏州市司法局、苏州监狱）

湖南省司法厅（含长沙市司法局）

贵州省司法厅（含贵阳市司法局）

云南省司法厅（含昆明市司法局、云南省第一监狱、五华监狱、云南省第一戒毒所）

河北省司法厅（含河北省监狱管理局、戒毒局、石家庄市司法局）

内蒙古自治区司法厅（含自治区监狱局、自治区戒毒局、呼和浩特第二监狱）

西藏自治区司法厅（含监狱管理局、戒毒局、拉萨监狱、自治区监狱、曲水监狱、自治区未管所、堆龙戒毒所、昌都司法局、山南司法局、林芝司法局、当雄县司法局）

湖北省司法厅（含武汉市司法局、武昌区司法局、宜昌市司法局、襄阳市司法局、咸宁市司法局、潜江市司法局、仙桃市司法局、恩施土家族苗族自治州司法局、省监狱管理局、省戒毒管理局、省社区矫正局、襄阳监狱、襄北监狱、襄南监狱、汉江监狱、广华监狱、荆州监狱、孝感监狱、省未管所、省女子监狱、省狮子山戒毒所、省女子戒毒所、省未戒所、黄冈戒毒所）

感谢以下公司（按汉语拼音排序）参与司法行政系统信息化建设，并提供了相关建设方案供本书参考：

阿里巴巴网络技术有限公司
北京百度网讯科技有限公司
北京大视景科技有限公司
北京飞利信科技股份有限公司
北京航天世纪投资咨询有限公司
北京华宇信息技术有限公司
北京旷视科技有限公司
北京数字冰雹信息技术有限公司
北京天融信科技有限公司
北京小鱼易连科技有限公司
广州聚星源科技有限公司
杭州叙简科技股份有限公司
湖北省楚天云有限公司
湖北邮电规划设计有限公司
华为技术有限公司
华信咨询设计研究院有限公司
科大讯飞股份有限公司
浪潮集团有限公司
律品汇科技（北京）有限公司
南京擎天科技有限公司
上海百事通信息技术股份有限公司
深圳市腾讯计算机系统有限公司
武汉达梦数据库有限公司
武汉实为咨询监理有限公司
无锡中铠信息咨询服务有限公司
新华三技术有限公司
中国长城科技集团股份有限公司
中国船舶集团有限公司第七二二研究所